江苏地域文化

JIANGSU DIYU WENHUA

徐四海 ◎ 编著

东南大学出版社
SOUTHEAST UNIVERSITY PRESS
·南京·

内 容 提 要

本书以江苏地域文化为研究对象，共分四编。第一编总论，以时间为经、内容为纬，阐述江苏历史沿革、地理生态、文化形成和各时期文化发展特征、经济、教育、宗教、语言、文化遗产等内容。第二编至第四编按江苏地理特点，分为苏南、苏中、苏北三编。每编均按设区市独立成章，阐述其历史沿革、行政区划、市区县地名溯源、地理生态、经济资源、交通建设、地域文化特征、文化遗存、非物质文化遗产、宗教民俗、政治经济、科技教育、文学艺术、名特地产以及旅游资源等。书末附录《江苏省世界文化、灌溉工程遗产名录》《江苏省世界文化遗产预备名单》《江苏省人类非物质文化遗产代表作名录》《江苏省国家级、省级非物质文化遗产名录（摘录）》《江苏省县以上行政建制地名解读》等。

图书在版编目(CIP)数据

江苏地域文化 / 徐四海编著. —南京 ：东南大学出版社，2023.3
　　ISBN 978-7-5766-0703-1

Ⅰ.①江… Ⅱ.①徐… Ⅲ.①地方文化—研究—江苏 Ⅳ.①G127.53

中国国家版本馆 CIP 数据核字（2023）第 023358 号

责任编辑：张丽萍　　责任校对：李成思　　封面设计：王 玥　　责任印制：周荣虎

江苏地域文化

编　著	徐四海
出版发行	东南大学出版社
社　址	南京市四牌楼2号(邮编：210096　电话：025-83793330)
经　销	全国各地新华书店
印　刷	南京玉河印刷厂
开　本	787 mm×1092 mm　1/16
印　张	15
字　数	387 千字
版　次	2023 年 3 月第 1 版
印　次	2023 年 3 月第 1 次印刷
书　号	ISBN 978-7-5766-0703-1
定　价	52.00 元

本社图书若有印装质量问题，请直接与营销部联系，电话：025-83791830。

目　　录

第一编　总　　论

第一章　江苏地域文化的形成与特征 ……………………………………（3）
　　第一节　江苏地域文化的基本定义与类型划分 …………………………（3）
　　第二节　江苏地理与生态 …………………………………………………（5）
　　第三节　江苏历史沿革与方言分布 ………………………………………（7）
　　第四节　江苏宗教述略 ……………………………………………………（11）
　　第五节　江苏地域文化的传统特征 ………………………………………（13）

第二章　江苏经济文化特征 ………………………………………………（15）
　　第一节　农业立本 …………………………………………………………（15）
　　第二节　工业领先 …………………………………………………………（16）
　　第三节　商业发达 …………………………………………………………（19）
　　第四节　老字号彰显地域特征 ……………………………………………（20）

第三章　江苏教育的文化积淀 ……………………………………………（23）
　　第一节　古代教育体系及其特征 …………………………………………（23）
　　第二节　崇尚教育的社会风气 ……………………………………………（25）

第四章　江苏各时期地域文化发展特征 …………………………………（30）
　　第一节　先秦时期 …………………………………………………………（30）
　　第二节　秦汉时期 …………………………………………………………（31）
　　第三节　六朝时期 …………………………………………………………（32）
　　第四节　隋唐五代时期 ……………………………………………………（36）
　　第五节　宋元时期 …………………………………………………………（37）
　　第六节　明清时期 …………………………………………………………（39）
　　第七节　清代后期 …………………………………………………………（43）
　　第八节　民国时期 …………………………………………………………（45）

第二编　苏南地域文化

第五章　南京地域文化 …………………………………………………………（49）
第一节　历史沿革与国际交往 ……………………………………………（49）
第二节　地理交通与文化特征 ……………………………………………（51）
第三节　历史文化遗产 ……………………………………………………（54）
第四节　地方特产与旅游资源 ……………………………………………（64）

第六章　镇江地域文化 …………………………………………………………（68）
第一节　历史沿革与国际交往 ……………………………………………（68）
第二节　地理交通与文化特征 ……………………………………………（69）
第三节　历史文化遗产 ……………………………………………………（71）
第四节　地方特产与旅游资源 ……………………………………………（76）

第七章　苏州地域文化 …………………………………………………………（79）
第一节　历史沿革与国际交往 ……………………………………………（79）
第二节　地理交通与文化特征 ……………………………………………（80）
第三节　历史文化遗产 ……………………………………………………（82）
第四节　地方特产与旅游资源 ……………………………………………（88）

第八章　无锡地域文化 …………………………………………………………（93）
第一节　历史沿革与国际交往 ……………………………………………（93）
第二节　地理交通与文化特征 ……………………………………………（95）
第三节　历史文化遗产 ……………………………………………………（96）
第四节　地方特产与旅游资源 ……………………………………………（102）

第九章　常州地域文化 …………………………………………………………（106）
第一节　历史沿革与国际交往 ……………………………………………（106）
第二节　地理交通与文化特征 ……………………………………………（107）
第三节　历史文化遗产 ……………………………………………………（109）
第四节　地方特产与旅游资源 ……………………………………………（115）

第三编　苏中地域文化

第十章　扬州地域文化 …………………………………………………………（121）
第一节　历史沿革与国际交往 ……………………………………………（121）
第二节　地理交通与文化特征 ……………………………………………（123）

第三节　历史文化遗产 ··· (124)
　　第四节　地方特产与旅游资源 ·· (132)

第十一章　泰州地域文化 ··· (136)
　　第一节　历史沿革与国际交往 ·· (136)
　　第二节　地理交通与文化特征 ·· (137)
　　第三节　历史文化遗产 ··· (139)
　　第四节　地方特产与旅游资源 ·· (144)

第十二章　淮安地域文化 ··· (147)
　　第一节　历史沿革与国际交往 ·· (147)
　　第二节　地理交通与文化特征 ·· (149)
　　第三节　历史文化遗产 ··· (150)
　　第四节　地方特产与旅游资源 ·· (155)

第十三章　南通地域文化 ··· (159)
　　第一节　历史沿革与国际交往 ·· (159)
　　第二节　地理交通与文化特征 ·· (160)
　　第三节　历史文化遗产 ··· (162)
　　第四节　地方特产与旅游资源 ·· (166)

第四编　苏北地域文化

第十四章　徐州地域文化 ··· (171)
　　第一节　历史沿革与国际交往 ·· (171)
　　第二节　地理交通与文化特征 ·· (172)
　　第三节　历史文化遗产 ··· (174)
　　第四节　地方特产与旅游资源 ·· (181)

第十五章　宿迁地域文化 ··· (185)
　　第一节　历史沿革与国际交往 ·· (185)
　　第二节　地理交通与文化特征 ·· (186)
　　第三节　历史文化遗产 ··· (188)
　　第四节　地方特产与旅游资源 ·· (193)

第十六章　连云港地域文化 ·· (196)
　　第一节　历史沿革与国际交往 ·· (196)
　　第二节　地理交通与文化特征 ·· (197)
　　第三节　历史文化遗产 ··· (199)

第四节　地方特产与旅游资源 …………………………………………………（204）

第十七章　盐城地域文化 ………………………………………………………（208）
　　第一节　历史沿革与国际交往 …………………………………………………（208）
　　第二节　地理交通与文化特征 …………………………………………………（209）
　　第三节　历史文化遗产 …………………………………………………………（211）
　　第四节　地方特产与旅游资源 …………………………………………………（217）

附录 ………………………………………………………………………………（220）
　　一、江苏省世界文化、灌溉工程遗产名录 ……………………………………（220）
　　二、江苏省世界文化遗产预备名单 ……………………………………………（220）
　　三、江苏省人类非物质文化遗产代表作名录 …………………………………（221）
　　四、江苏省国家级、省级非物质文化遗产名录（摘录） ………………………（221）
　　五、江苏省县以上行政建制地名解读 …………………………………………（222）

主要参考文献 ……………………………………………………………………（232）

第一编　总　论

第一章

江苏地域文化的形成与特征

江苏建省始于清代康熙六年(1667年),取当时江宁、苏州二府之首字而得名,简称"苏"。

江苏地处中国东部沿海地区中部,长江、淮河下游,东濒黄海,北接山东省,西连安徽省,东南与上海市、浙江省接壤,是长江三角洲地区的重要组成部分。境内平原广阔,水网密布,丘陵分散,优良的地理条件使得这片土地成为闻名于世的富庶之地。在漫长的历史进程中,江苏为中华文明做出了巨大贡献,形成了独特鲜明的地域文化。

第一节 江苏地域文化的基本定义与类型划分

一、江苏地域文化的基本定义

江苏地域文化,顾名思义就是指江苏这一特定地域范围内所具有的各种文化要素,以及由这些要素构成的整体文化面貌的总特征。关于文化的概念,据不完全统计,国内外有260多种定义,各家的出发点不同所得出的结论也不尽相同。

上古时期,"文""化"是两个不同的概念。"文"的本义是指花纹、纹理,所谓"物相杂,故曰文"(《周易·系辞下》),以后又引申出许多解释,诸如文字、文采、文章等,已经接近"文化"一词的现代意义;"化"则主要指事物动态变化的过程,《庄子·逍遥游》中有"化而为鸟,其名为鹏"的句子,后来"化"又引申为风俗、风气、教化等,其中"教化"的引申义与现代人理解的"文化"一词最为相近。

"文化"合为一个词的时间是在西汉以后,西汉刘向的《说苑·指武》中记载:"凡武之兴,为不服也,文化不改,然后加诛。"按照当时的理解,"文化"就是"以文教化",与武力惩治相对,"文化"的这种意思后来被广泛使用,比如"文化内辑,武功外悠"(晋束晳语)、"设神理以景俗,敷文化以柔远"(南朝齐王融语)等,"文化"均是相对于"武功"而言,与现代意义上的"文化"内涵及其特征有显著的不同。

当代的文化一词,有狭义与广义之分。狭义的文化概念专指人类所创造的一切意识形态成果,是人类精神文明的基本组成部分。广义的文化概念就是我们现在普遍使用的"文化"概念,是五四运动前后通过翻译西方的相关词语(拉丁文 cultura),并借用我国历史上固有的"文明""文化"等词而产生的。在西方,最初"文化"主要指栽培、种植,由此引申出性情陶冶、品德教化等含义。英国人类学家泰勒在1871年所著的《原始文化》一书中,对文化作了系统阐释:"文化或文明,就其广泛的民族意义来说,乃是包括知识、信仰、艺术、道德、法律、习俗和任何人作为一名社会成员而获得的能力和习惯在内的复杂整体。"泰勒这里已经把文化作为一个精神文化的综合整体来考虑了，对后世产生了重要影响。美国文化学者克罗伯和克拉克洪1952年发表的《文化的概念》一文，对文化概念进行了详细考察和整理，他们认为：文化既是人类行为的产物，也是决定人类行为的某种要素。

广义的文化概念又称"大文化"，对其最简单的划分是物质文化与精神文化的两层划分。目前在研究文化体系的构成时，从文化形态学的角度来分层的四层说是运用得比较普遍的一种划分。四层说从物态文化、制度文化、行为文化和心态文化四个层面来划分文化的组成。

物态文化层，也称物质文化层，它是人的物质生产活动及其产品的总和，是"物化的知识力量"，属实体文化，如服饰文化、饮食文化、建筑艺术文化等，均属物态文化层。物态文化可以满足人类最基本的衣食住行等方面的生存需要，直接反映了人与自然的关系，反映社会生产力的发展水平。

制度文化层，是人类在社会实践中形成的各种社会规范，如家族制度、婚姻制度、官吏制度、经济制度、政治法律制度以及伦理道德等。制度文化反映出人与人之间的关系和一系列处理这些关系的准则，这些准则是动态的，在不同的时代，制度文化有着不同的形态。

行为文化层，是人类在社会实践中，特别是在人际交往中形成的约定俗成的行为习惯，如礼仪、民俗、风俗等。行为文化具有三大特征：一是约定俗成并反复履行，如我国的春节、清明节、端午节、中秋节、重阳节，西方的复活节、圣诞节、情人节。二是形式类型化、模式化，如春节贴对联、元宵节吃汤团、端午节包粽子和中秋节吃月饼等。三是时间上代代相传的传承性。

心态文化层，也称精神文化、社会意识，是指人类在社会实践和意识活动中长期形成的价值观念、审美情趣、思维方式和心理活动等。心态文化是文化的核心，可分为社会心理和社会意识形态两大内容。社会心理是暂时的，有流动性和变化性，表现为要求、愿望、情绪、风尚等；社会意识形态一般指经过社会科学家系统总结了的认识，这样的认识经过了物化形态的固定而传播，如文学作品、绘画、书法、雕塑等。

物态文化、制度文化、行为文化和心态文化这四个层面并不是互相排除、互不相融的，而是相互依存、相互渗透的，它们共存一体，只是侧重点不同而已。

二、江苏地域文化的类型划分

各地文化的差异，究其根源是自然环境有所分别。自然环境影响人们的生活方式，生活方式影响到文化精神。后来的文化交流，虽然可使文化的固有风貌得以充实、丰富，但是不会从根本上改变这种区域文化的原始形态。横穿江苏南京、扬州、泰州、镇江、常州、无锡、苏州、南通8个设区市的长江和纵横江苏徐州、连云港、宿迁、淮安、盐城、扬州、泰州、南通8个设区市入江、入海的淮河，把江苏区分出苏北、苏中地域文化富含汉风特质和苏南地域文化绽放吴韵的差异，而江海的交汇，又给苏中、苏北地域文化注入开放、包容的元素。纵贯江苏徐州、宿迁、淮安、扬州、镇江、常州、无锡、苏州8个设区市的京杭大运河更是把苏北、苏中、苏南地域文化紧紧地连在一起，吴韵的灵动细腻、汉风的博大粗犷与海洋的汇通致远交相呼应,互融互补。特殊的区位优势,使江苏地域文化的积淀呈现出鲜明的多元性和善于"变通"、兼收并蓄与巧于融合的交融性以及富于展现、不断创新的开放特征,深藏着异于其他地域文化的基本特点和个性。

根据四个层面的划分,江苏作为一个行政区域,它又由多个次区域文化组成。关于这些次文化区域的划分,学术界有三分法、四分法、五分法等几种观点。其中三分法、四分法也各有不同。三分法有按地理特征分为苏南地域文化、苏中地域文化、苏北地域文化的。四分法则将江苏地域文化细分为"四主区"和"四亚区"。"四主区"主要包括楚汉文化、吴文化、金陵文化、维扬文化。楚汉文化是以国家历史文化名城徐州为中心的区域性文化;吴文化主要指环绕太湖的苏、锡、常地区的文化;金陵文化是以国家历史文化名城南京为中心的区域文化;维扬文化是以国家历史文化名城扬州为中心的区域文化。"四亚区"包括:地处金陵文化、吴文化和维扬文化接合部的镇江地域文化(也称京口文化);地处楚汉文化、维扬文化接合部和我国南北文化接合部的淮安地域文化;地处海派文化、吴文化和维扬文化接合部的南通地域文化(也称江海文化);远离各文化主区、特色显著的盐城地域文化(也称海盐文化)。

王长俊教授的《江苏文化史论》一书按历史文化特征把江苏境内的区域文化分为五大块:即以苏、锡、常地区为中心的吴文化;以南京、镇江为中心的金陵文化;以徐州、淮安、宿迁以及连云港、盐城西部地区为中心的徐淮文化;以扬州、泰州为中心的维扬文化;包括南通、盐城东部地区及连云港东部海岸区域的苏东海洋文化。吴文化,是以春秋时期建都无锡梅里(今无锡梅村一带)的吴国为基本形制,以吴方言为语言文化特征,以目前太湖附近的苏州、无锡、常州三市为中心地带的文化圈。金陵文化,也称"宁镇文化",宁指今南京市,镇指今镇江市(唐代亦称金陵)。三国时期孙吴建都京口(今镇江市区),随后又移都建业(今南京),自此形成金陵文化圈。金陵文化以江淮方言与吴方言的并存互融为其语言文化特征,以今南京、镇江为中心地带。徐淮文化,也称"楚汉文化",以项羽西楚王国和西汉王朝的巍巍雄风为地域文化的标志,主要指以今徐州市、淮安市、宿迁市为中心的文化圈。维扬文化,取名于南北朝诗人庾信《哀江南赋》中的名句"淮海维扬,三千余里",明代曾置维扬府,后改为扬州府,有"淮左名都"之称,以扬州、泰州为中心地带。苏东海洋文化,主要指以沿海的南通市、盐城市和连云港市为中心的文化圈,苏东有954千米海岸线,由此而形成其地域文化特色。

按文化特征分类的四分法,则把前述五分法中的苏东海洋文化分解到前四个文化区中。按文化特征分类的三分法,则把江苏地域文化分为吴文化、维扬文化和徐淮文化三大板块。学术界对这一分法一直存在分歧,金陵文化究竟归于苏中还是归于苏南,目前还没有令人信服的结论。此外,还有按水系水域把江苏地域文化分为长江文化、淮河(包含古黄河)文化、运河文化、海洋文化、湖泊文化五种类型的。本书按地理特征,把江苏地域文化分为苏南地域文化、苏中地域文化和苏北地域文化三种类型。

第二节 江苏地理与生态

江苏省的地理位置介于东经116°21′～121°56′、北纬30°45′～35°08′之间,地跨长江、淮河南北,辖江临海,扼淮控湖,属于亚热带和温带过渡区,具有明显的季风气候特征。境内春季冷暖多变,夏季炎热多雨,秋季天高气爽,冬季寒冷干燥,四季分明,气候特征明显。全省气温和降水变化除受纬度影响外,还与距离海洋远近有关。年平均气温等值线呈东西走向,南北温差约为2.7 ℃。年降水量540～1 569毫米,自东南沿海向西北递减。全省大致以淮河至苏北灌溉总渠一线为界,以南属于亚热带湿润季风气候,以北属于温带湿润季风气候。

　　江苏陆域总面积为10.72万平方千米,海域总面积约为3.75万平方千米。陆域面积约占全国土地总面积的1.12%。全省总体地势低平,水网密布,其中平原占86.9%,低山丘陵及岗地占13.1%,而域内河流、湖泊水域占16.9%。江苏自西向东倾斜的地势走向与全国地势走向一致,南北高而中间低则体现出自己的特点,这也是江苏河流、湖泊众多的重要原因。江苏有大小湖泊300多个,其中50平方千米以上的湖泊15个,列入省湖泊保护名录的重要湖泊154个。全国五大淡水湖,江苏得其二:太湖2 427.8平方千米,居第三位;洪泽湖2 069平方千米,居第四位。江苏有滁、淮、沂、沭、泗、苏北灌溉总渠等大小河流和人工河道2 900多条,其中列入省骨干河道名录的重要河道723条。江苏跨江滨海,海岸线954千米,管辖海域面积约3.75万平方千米。万里长江在江苏境内流淌433千米,横穿8个设区市。我国七大江河之一的淮河,流域面积26.5万平方千米,江苏占有3.93万平方千米,覆盖连云港、徐州、宿迁、淮安、扬州、泰州、盐城、南通等8个设区市近50个县(市、区)。而全长1 794千米的京杭大运河,流经江苏757千米,纵贯大江南北,穿越8个设区市。

　　江苏境内以平原为主,有黄淮平原、江淮平原、滨海平原和长江三角洲四部分。黄淮平原位于苏北灌溉总渠以北,为华北平原一部分。江淮平原南北介于通扬运河与苏北灌溉总渠之间,著名的里下河平原位于其中,其海拔高度大部分在50米以下,最低处仅1米。滨海平原在串场河以东,是海积平原,由黄河夺淮后的泥沙淤积而成。长江三角洲以扬州、镇江为起点,直至入海口。

　　除平原外,江苏北部边缘和西南部地区有少量的低山丘陵分布。北部边缘为鲁南山地的南向延伸,自东向西有云台山、马陵山等两列山地,西南部地区有宁镇山脉、茅山山脉、老山山脉和宜溧山地等。江苏低山丘陵海拔一般在400米上下,连云港市境内的云台山主峰高624.4米,为苏北第一高峰;宜兴市境内的黄塔顶高611.5米,为苏南第一高峰。

　　江苏拥有特殊的以水为载体的地理环境,水文化底蕴深厚,素有"水乡"之称。从苏北的连云港到苏中的盱眙、苏南的苏州等地,都留下了大禹治水的印记。境内大江、大河、大湖、大海,诸体皆备。众多的河流湖泊为江苏提供了优良的水运条件,省内有2 200多条航道,总长约2.3万千米,占全国内河航运总里程的五分之一。其中,苏南航运网以太湖为中心,重要通航河流有锡澄运河、张家港、望虞河、吴淞江、太浦河、丹金溧漕河、南溪河、武宜运河等;苏北航运网以里下河为中心,重要通航河流有东西向的淮河、苏北灌溉总渠、通扬运河、通吕运河、射阳河、黄沙河、新洋港、灌河,以及南北向的徐洪河、淮沭新河、盐河、卤汀河、串场河、泰州引江河等。南京港是万吨级海轮深入长江的终点,为长江航运中的最大港口,货物吞吐量居全国内河港第一位。长江北边的大河有淮河和人工疏通的苏北灌溉总渠,也是东西走向。境内南北走向的京杭大运河起于浙江余杭,在镇江和扬州处越江而过,与长江呈十字相交。大运河全程分为五段,其中三段在江苏境内,总长达757千米,而且几乎没有被废弃过,至今仍然是运河航运的主要河道。

　　江苏东部临海,沿海滩涂、浅海面积辽阔,沿海渔场面积达10万平方千米,吕四渔场、海州湾渔场都是我国著名的大渔场。良好的海岸地理条件,为江苏提供了优良海运基础,连云港港口是我国八大海港之一。

得于水的滋润,江苏农业大部分地区以水稻为主,副业以淡水养殖为胜;城市和集镇大多依河而建,水乡特征极为鲜明。

长江天堑将江苏分为南北两部分,江苏省13个设区市中,地处江南的有苏州、无锡、常州、镇江4市,位于江北的有徐州、连云港、淮安、盐城、宿迁、扬州、泰州、南通8市,南京市辖区地跨长江南北,但市区大部分在长江以南。截至2022年底,江苏已通车的跨江桥隧有18座,最著名的是20世纪60年代建成的南京长江大桥。

江苏省的人口数居全国各省份第四,2022年末全省常住人口为8 515万人。人口密度794.3人/平方千米,居全国各省份之首。其中城镇常住人口6 288.89万人,城镇化率为74.4%。江苏是工业大省,同时农业经济发达,以占全国3.4%的耕地生产出占全国5.5%的粮食、7.6%的蔬菜、3.4%的肉类、6.9%的禽蛋和7.4%的水产品。

银杏为江苏的省树,茉莉花为江苏的省花。省树、省花不仅是江苏省的文化符号,也是江苏人精神和品格的象征。

银杏树是我国最古老珍贵的特有树种。诗人郭沫若曾吟诗赞道:"亭亭最是公孙树,挺立乾坤亿万年。云去云来随落拓,当头几见月中天。"银杏高耸挺拔的身姿、坚韧不拔的品格、刚毅顽强的精神,象征着江苏文化的悠久、厚重,江苏人坚毅、智慧、包容的优秀品格,同时也是健康长寿的标志。全省种植的银杏已超过50万亩,树龄超过500年的有288株。银杏全身都是宝,经济价值非常高。

茉莉花芳香纯正,清雅而幽远。宋代诗人王十朋的《茉莉》诗赞曰:"茉莉名佳花亦佳,远从佛国到中华。老来耻逐蝇头利,故向禅房觅此花。"茉莉名与实相称,随迁而安,品格高洁,符合江苏人不张扬、朴实无华而又进取向上、自强不息的精神操守。旋律优美的民歌《茉莉花》诞生于江苏,传唱世界,影响广泛。茉莉花已成为江苏乃至中国魅力的一个符号。

截至2022年,江苏共与全球64个国家缔结352对国际友好省州和城市、430多对友好交流省州和城市,总量居全国第一。

进入21世纪,江苏工业化、城镇化、国际化进程持续推进,特别是全省实施城镇化战略,苏南工业化、城镇化水平持续提升,苏中已经崛起,苏北积极振兴,城镇经济快速发展,各地推进农民集中居住,全省城镇人口比重继续保持稳定上升态势。

第三节　江苏历史沿革与方言分布

自清康熙六年(1667年)江苏建省,至今虽然只有300多年,但江苏的历史非常悠久。考古发现表明,早在旧石器时代,江苏大地上即有人类繁衍生息,新石器时代的文化遗址则星罗棋布,在各个历史时期,江苏地区一直都在中国的政治、经济和文化生活中扮演着重要的角色。同时,江苏在积极参与中华文化的发展过程中,也逐渐形成并确立了自身的文化特征。

一、史前时期

江苏是中国古代文明的发祥地之一。1993年在南京市东郊汤山葫芦洞发现的两块直立猿人头骨化石表明,约50万年前就有古人类在此活动。而在此之前,1954年考古工作者于泗洪县双沟镇东下草湾发现的人类化石，据测定距今约5万～4万年。古人类学界称之为下草湾人，又称"泗洪新人"。江苏境内还发现了多处距今约一万年的古人类遗址。南京溧水区神仙洞内发现的木炭屑，表明当时先民已经掌握了火的使用；东海县瓜墩文化遗址出土的20多枚石镞，说明当时先民已经开始使用原始弓箭。

进入新石器时代，江苏境内的著名文化遗址遍及全省，北部有江淮至海滨地区的青莲岗文化、大汶口文化、龙山文化，南部有环太湖地区的马家浜文化、南京地区的北阴阳营文化，以及崧泽文化和良渚文化。这一时期以原始农业为主，出现偶婚制。崧泽文化居民已进入"男耕而食，妇织而衣"的父系社会；良渚文化时期，偶婚制已进步为夫妻婚制，并且有了夫尊妻卑的观念。

二、夏商周时期和春秋战国时期

夏商周时期，江苏地区大致分为两部分。苏北地区分属徐州和青州，淮南和江南属扬州。北部居民被称作徐夷、淮夷，或东夷、九夷，江南居民被称作南夷或南蛮。此地夷人善射，夏时奉鸟为图腾，政治上经常结盟抗拒中原的政权，如周公摄政时徐与奄、淮夷联合反周，西周晚期徐夷与东夷联合再反周王。

春秋时江苏分属于吴、楚、宋，战国时为越、楚、齐的一部分，后归属楚国，江苏境内的大国是吴国、越国和后来的楚国。西周初，周族的泰伯、仲雍在江南建立勾吴，春秋初期吴伯称王。公元前515年，阖闾杀吴王僚自立为吴王，重用伍子胥和孙武，打败楚国，成为"春秋五霸"之一。阖闾之子吴王夫差继续扩张势力，南服越，北败齐，一度与晋争霸中原；另一大国为越国，越王勾践败于夫差后卧薪尝胆，数年后乘夫差争霸中原而后方空虚时出兵灭吴；楚怀王时染指越国，越不敌被灭，吴越之地尽归楚。

这一时期，江苏文化是以东夷文化为基础结合中原文化元素形成的区域性文化，吴文化、越文化和楚文化的内容都与中原文化有别，但总体上都在积极地与中原文化互融，并对中原文化的发展起到积极的推动作用。也许是因为南方文化力量的相对弱小，所以，本地文化的影响和重大作用的发挥往往都体现出以智取胜的色彩，比如孙武的《孙子兵法》和范蠡的经商故事，都是中华民族智慧的结晶，智慧的作用成为本地文化立足于世的基本点。

三、秦汉时期

公元前221年，秦始皇灭六国，建立了中国历史上第一个中央集权的统一王朝。秦始皇统一中国后实行的是郡县制，秦代江苏江北之地为泗水郡、东海郡和琅邪郡，江南之地为鄣郡和会稽郡。秦末陈胜吴广起义后各地反秦，先是项羽灭秦、都彭城自立西楚霸王，后来刘邦乌江杀项羽争得天下，建立西汉王朝（公元前206年）。汉代郡国并行，江苏分属于扬州、徐州刺史部和吴楚等诸侯国。其中都于广陵（今扬州市区）的吴国势力最大，策划并组织了"七国之乱"。"七国之乱"后，景帝改吴国为江都国，广陵改名为江都。武帝时，诸侯王的封地被缩小，治民之权被取消，王国变成和郡一样的地方行政机构。武帝为广陵复名，置广陵郡，后再改为广陵国，封其子刘胥为广陵王。东汉明帝时，广陵王为其同母之弟刘荆。

秦末的农民起义和刘汉王朝的建立，使江苏地域文化能够在中华文明发展的进程中发挥出巨大作用。政治方面，许多重大事件和历史人物都与本地有关，从"楚虽三户亡秦必楚"到刘邦建立汉王朝，秦汉之际的风云人物大都出于江苏。西汉惠帝、文帝、景帝时期，是江淮之间和苏南地区经济发展的第一个高峰,广陵等地的富庶已达到"富可敌国"的程度。但是,与中原地区相比,江南仍属"地广人稀,饭稻羹鱼,或火耕而水耨"(《史记·货殖列传》)地区。

四、魏晋南北朝时期

公元220—589年,中国进入魏晋南北朝时期,南方先后建立了东吴、东晋、宋、齐、梁、陈等汉族政权,史称"六朝"。三国时,江淮以北地区属于曹魏政权,长江以南地区则属于孙吴政权。赤壁之战前,镇江是孙权政权的政治中心,建安十六年(211年)迁都秣陵(今南京),次年筑石头城,改名建业,传说是因为诸葛亮认为"钟山龙蟠,石头虎踞,帝业之宅也"。太康元年(280年),西晋灭吴。西晋初,今江苏境内的长江以南属扬州的丹阳、晋陵、吴郡等郡,长江以北主要属徐州的彭城、下邳、东海、临淮、广陵等郡。东晋南朝时江南地区行政区划设置复杂,江淮之间则是南北双方争夺的中间区域,陈时江北则基本属于北齐、北周。

魏晋南北朝是本地文化发展的一个转折点。这一时期中原战乱频仍,大量汉族居民南迁,使得南方大量土地得到开发,同时,他们还带来了先进的耕作经验和技术,为南方经济的发展提供了有利的条件。移民的增加还使江南得到了大量的优秀文化人才,极大地促进了江南的文化发展。随之而来的是我国政治中心、经济中心和文化中心的逐渐南移。

五、隋唐五代时期

公元581年,隋文帝统一中国,江苏北部大致属徐州,淮河以南地区大致属于扬州。公元618年,李唐王朝建立。唐代江苏境内分属苏州、常州、润州(今镇江市)、扬州、楚州(今淮安市)、海州(今连云港市区)、徐州。唐太宗贞观元年(627年)分全国为十道,今江苏分属于全国十道中的河南、淮南、江南三道。五代时,中国历史再次进入分裂和政权频繁更迭的时期,江苏先后属吴、南唐、吴越等南方小王朝。

隋朝建立后,南北大运河的开凿,为江苏的经济腾飞提供了千载难逢的契机。广大乡村借水而兴,许多城镇因河而盛,特别是江南的地位日益提高。唐至五代时期,江南社会相对于中原地区比较安定,中原地区的各类人才纷纷被吸引到南方。"安史之乱"给中原地区造成巨大破坏,导致北方居民再次大规模南迁,南方经济得到持续发展。自五代以后,中国的经济中心再也没有离开南方。

六、两宋时期

公元960年,发动陈桥兵变的赵匡胤建立了宋王朝。宋代是我国历史上最为积弱的朝代,北宋版图屡被侵蚀,南宋时则只剩江淮以南的半壁河山。北宋时期,江苏分属两浙路、江南东路、淮南路和京东西路。南宋时期,江苏分属两浙路、江南东路和淮南东路等三路,淮河以北则为金人占领,金将淮北分划为山东西路和山东东路两路。

两宋期间,江苏经济在全国占有举足轻重的地位。北宋时期,淮南、江东是全国提供财赋最多的地区。靖康之难后,偏安一隅的南宋相对于少数民族政权统治下的北方要安定得多,经济发展的社会条件优越,使得南方的农业经济全面超过北方。尤其需要指出的是,全国人口的南北分布,两宋之交是个转折点,以前北多于南,之后则南多于北了。

七、元代时期

公元1271年,忽必烈定国号为元,1279年灭南宋。元代是我国历史上第一个少数民族建立的全国性政权。元代政权下,江苏长江以南属江浙行省,以北属河南行省。

元初,由于长期战乱和元朝统治者的破坏性政策,江南经济遭到巨大破坏。元代中期以后,治国政策有所变化,南方经济在元代中晚期得到了部分恢复。

八、明代时期

1368年,元末农民起义中势力强大的朱元璋在应天(今南京)建立了自己的政权,作为都城,随后应天改名南京,再称京师,即直隶。明成祖建号永乐后,将都城北迁,南京改为留都,称南直隶。明代时期的南京,不仅指今江苏境内地域,还包括今安徽省和上海市部分地区。今江苏境内当时分置应天府、淮安府、扬州府、苏州府、常州府、镇江府、徐州府等。

明代政治中心基本在北方,南方主要是以繁荣的经济来发挥自己的地域影响力,并且由于经济的支持和安定的社会环境,江南在文化方面的发展也领先于其他地区。这一时期江苏人口进一步增加,明万历六年(1578年)的官方统计显示,南直隶的苏州府有600 755户,松江府218 359户,常州府有254 460户,三府合计1 073 574户,户数超过了中原大省河南、陕西的总和。

九、清代时期

清初,改明代的南直隶(即南京)为江南省,康熙六年(1667年)析江南省为江苏和安徽两省,江苏省名为"江宁府"与"苏州府"合称之简称,此为"江苏"得名之始。

十、近现代时期

1840年鸦片战争爆发,1842年,清王朝签订了屈辱的中英《南京条约》,中国开始逐步沦为半殖民地半封建社会。此为近代的开始。1853年,太平天国在南京定都,改名天京,并在已占领的苏南地区建天京省、天浦省和苏福省。1911年武昌起义爆发,同年11月5日江苏宣布独立,12月2日江浙联军攻克南京。1912年中华民国在南京成立临时政府,孙中山任临时大总统。同年4月袁世凯篡夺革命果实,江苏沦为北洋政府的势力范围。1927年国民革命军北伐,3月占领南京,4月确定南京为首都。5月江苏省政府在南京成立并于1929年将省会迁往镇江。1940年汉奸汪精卫在南京成立伪国民政府,而江苏省政府先后迁驻扬州、淮阴(今淮安市)和皖北。1945年抗战胜利,国民政府还都南京,江苏省政府迁回镇江。1949年4月23日,人民解放军占领南京。

鸦片战争以后,中国社会经济结构发生了巨大变化。社会巨变中,江南是首先进入近代工业时代的地区之一,同时也是受帝国主义列强威胁最严重的地区之一。

十一、当代时期

1949年6月,江苏全境解放。境内析为苏北、苏南行署区及南京市3个省级行政区。1953年1月,3个省级行政区合并,恢复江苏省建制,省会设在南京。此后,江苏省内的行政区划有过多次调整。截至2022年末,全省有南京(副省级市)、镇江、苏州、无锡、常州、扬州、泰州、淮安、南通、徐州、宿迁、连云港、盐城等13个设区市,分辖95个县(市、区),包括55个市辖区、19个县、21个县级市。

十二、江苏方言

从使用的方言看,江苏境内可分为3个方言区,即江淮方言区、吴方言区、北方方言区。

江淮方言是北方方言的分支。江苏境内的江淮方言区,分布于南京、扬州、镇江、淮安、盐城等市和南通、连云港两市的一部分地区。再进一步划分,可分为扬淮、南京、通泰3片。扬淮片包括扬州、淮安、盐城、连云港(除赣榆区)和镇江润州区、丹阳、句容,宿迁泗阳、泗洪、沭阳;南京片包括南京市除高淳区外其他各区;通泰片包括泰州市区、泰兴、兴化,盐城东台、大丰区,南通崇川区、如皋、海安、如东。(盐城的响水、滨海两县沿海地区有山东移民。大丰区有吴语区移民。)

吴方言是现代汉语八大方言之一。江苏境内吴方言区分布于苏州、无锡、常州3市和南通、镇江、南京3市的一部分地区。再进一步划分,可分为苏州、常州两片。苏州片包括苏南东部的常熟、太仓等市和江北的南通海门区、启东市;常州片包括苏南西部的宜兴、高淳等地和江北的通州(部分地区)、靖江(部分地区)。

江苏境内北方方言区分布于徐州市和连云港、淮安、宿迁3市的一部分地区。再进一步划分,可分为徐州、赣榆两片。徐州片包括徐州市区、丰县、沛县、睢宁、邳州、新沂,宿迁市区;赣榆自为一片,特点较为接近山东胶东方言。该区方言与山东、河南方言较接近,按其语音系统属于中原官话。

全省三大方言区地域分布相对集中,但不够完整。江淮方言与吴方言在江苏境内的交界大体以长江为界,但边界线并不与长江完全重合。江北启东、海门、通州(部分地区)、靖江(部分地区)仍说吴方言,江南南京、镇江等地已属江淮方言。溧水、句容、金坛、丹阳、靖江、通州为江淮方言与吴方言交界地带。边界线上方言交互影响,语言现象复杂多样。如金坛、溧水两地原本都属吴方言区,但近半个世纪以来,江淮方言逐步渗入,现今市区已普遍说江淮方言,公共交际不再说吴方言;老年人之间及农村还有吴方言存在,但已日渐衰微。

第四节 江苏宗教述略

江苏佛教、道教、伊斯兰教、基督教、天主教五大宗教齐全。

佛教东汉时传入江苏。汉以后,佛教逐渐遍布江苏各地。东晋时,江苏兴建了众多寺庙,建康(今南京)有著名的瓦官寺、长干寺等。南北朝时,江苏寺庙林立,有"南朝四百八十寺"之说。隋唐年间,高僧辈出,扬州鉴真和尚不畏艰险,东渡日本,传播佛教律宗和中国文化。元、明、清期间,江苏佛教仍十分盛行。民国年间,江苏各地几乎村村有庙庵。南京栖霞寺是三论宗祖庭。唐贞观年间(627—649年),法融禅师在金陵牛首山创牛头宗。五代时(907—960年),文益禅师在金陵清凉院(今清凉寺)创法眼宗。明万历年间(1573—1619年),古心和尚在南京古林庵(今古林公园)弘扬南山律宗,并派弟子分赴全国各地弘律。清末,杨仁山创办金陵刻经处和佛学研究会。清末到民国年间,江苏佛教大办佛学院,为佛教界培养了大批人才。

道教在江苏源远流长。据传,秦代时就有李明真人在句曲山(今句容茅山)炼丹。西汉时,"三茅真君"(茅盈、茅固、茅衷)自陕西到句曲山采药修炼。东汉时,太平道创立不久,徐州和扬州即为其主要活动地。东汉五斗米道创始人张道陵是沛国丰(今徐州市丰县)人。晋代道教在江苏发展迅速,著名道士有句容葛洪、海陵王冶和王鹿女等。南北朝时在茅山形成了上清派道团,江苏成为中国道教盛行地之一。元代,北方全真道、真大道传入江苏。清乾隆五年(1740年),茅山道派传入台湾。民国时期,江苏建立了道教组织。新中国成立初,全省有道教宫观530余座,道士(道姑)5 000余人,主要分布于镇江、常州、无锡、苏州、泰州、南通、扬州等地。

伊斯兰教最初从海路传入江苏扬州,距今已有1 300多年历史。宋代,穆罕默德十六世裔孙普哈丁到扬州传教,并建立了江苏最古老的清真寺,即仙鹤寺,距今已有700多年。明代定都南京后,南京回族人口大增,朱元璋于洪武元年(1368年)敕建清真寺于三山街,即今净觉寺前身。明代后期,江苏出现了王岱舆、张中、伍遵契等一批伊斯兰教学者。清代,以刘智为代表的一批伊斯兰教学者,普遍开展以儒家思想诠释伊斯兰教经典的译著活动。民国时期,先后在南京成立了中国回教俱进会支会、中华回教协会分会。日军侵略中国后,清真寺破败冷落,穆斯林宗教生活长期陷入困境。

基督教于1840年第一次鸦片战争以后传入江苏。从1843年起,先后有30个基督教派在江苏活动。美国圣公会1845年传入江苏,是最早传入江苏的教派。至1949年新中国成立前夕,江苏约有基督教徒5万余人、教堂540余所。据2019年数据,全省信徒发展到150多万人,登记的活动场所近4 500处,教牧人员和义工传道近6 000人。南京爱德印刷有限公司是全国性圣经印刷基地,至2019年11月11日累计印刷各种文字的圣经2亿册。

天主教由意大利耶稣会传教士利玛窦(1552—1610)于明万历二十七年(1599年)传入江苏。利玛窦在南京正阳门(今光华门)里购得一处官邸,作为教士住院和教堂。万历三十一年(1603年),又在南京洪武庙(今中山门外四方城)建教堂。万历四十一年(1613年),意大利传教士艾儒略到淮安传教,复又至常熟传教,并建教堂一所。天启四年(1624年),意大利籍传教士王丰肃(后更名高一志)到镇江传教,镇江堂成为天主教老堂口之一。清顺治年间(1644—1661年),扬州、无锡、苏州始建教堂。康熙二十四年(1685年),罗文藻正式在南京就任主教之职,成为天主教史上第一位中国籍主教。同治九年(1870年),南京石鼓路天主堂建成。光绪二十六年(1900年),扬州自成总铎区,下辖会口19处,教徒有900余人。清末,江苏各地(包括上海)天主教有教徒10万余人,主要分布在上海、苏州、扬州、徐州、南通一带。民国期间,天主教发展到东台、盐城、大丰、句容、溧水等地。在江苏许多地方相继建立了一批教堂和教会学校、医院、孤儿院等社会慈善机构。

截至2016年,全省有宗教信众约500万人,各类教职人员近万人,依法登记的宗教活动场所6 100多处,其中寺观、教堂940多处。佛教有全国重点保护寺庙13处。道教茅山道院为全国重点宫观。苏州玄妙观、泰州城隍庙和太仓天妃宫为全国重点文物保护单位。镇江润州道院、常州白龙观、苏州城隍庙、无锡洞灵观、无锡水仙道院、无锡三山道院和南通城隍庙等宫观也都素有盛名。截至2023年2月,全省有宗教院校15所,其中基督教金陵协和神学院是基督教唯一的全国性院校。中国佛学院栖霞山分院、中国佛学院灵岩山分院、江苏神学院(原名江苏省基督教圣经专科学校)等院校在全国都有一定影响。

第五节　江苏地域文化的传统特征

长江、黄河两大水系在黄海和东海之滨冲刷出绵延千里的平原、丘陵、河网、湖泊和大陆架。这两大水系在海洋的拱卫、滋养中，发育、形成了传承数千年的江苏文明。在几千年文明发展的过程中，形成了江苏地域文化的特征。作为中国历史上最富庶的地区和文化中心之一，江苏不仅在历史上对我国传统文化的发展做出了积极的贡献，而且在现实中也对我们认识和发扬光大祖国的传统文化有着积极的意义。江苏地域文化有着丰富的内容，从大的方面着眼，我们从以下三个方面概括江苏地域文化的传统特征。

一、水文化形成的智慧特征

江苏地处长江、淮河的下游，湖泊众多，河流密布，人、水合一，水、人一体，水的特征最为充分地显示出了江苏人灵动秀丽的性格，使江苏人形成了勤思、善思和奇思的优良传统。首先是勤思。江苏人凡事爱动脑筋而不使蛮力，比如先秦时期的《孙子兵法》，处处体现着多想办法、多动脑筋的指导思想，它的深刻性来自作者强烈的思考欲望，与当时中原诸子的著作有着明显不同的风格。其次是善思。江苏人眼界开阔，思维敏捷，不仅善于抓住机遇，而且在时机的等待上也善于从大处做好工作，准备之细、忍耐之坚，都是有口皆碑的。比如汉初风云人物张良的"运筹于帷幄之中，决胜于千里之外"、韩信早年的"胯下之辱"，都是我们耳熟能详的故事。再次是奇思。历史上，江苏出了许多富于奇思妙想的人物，他们的创新精神给我们留下了丰富的人文财富，比如，当代历史学家顾颉刚提出"层累地造成的中国古史"观，形成了以"疑古"为旗帜的"古史辨派"，解决了许多前人遗留的问题。

二、南北文化交流形成的包容特征

中国历史上文化有南北之分的说法，当代学者有海洋文化圈和大陆文化圈之说，两种说法从根本上看是基本一致的，即有两个大的文化内容。这两大文化从地理上看以长江为交汇点，江苏就处于这两大文化的交汇点上，促使本地文化形成了价值多元化、富于交融性和社会和谐的包容特征。首先，价值多元化。江苏人在价值取向上不偏执，三十六行行行出状元，最突出的表现是历史上江苏虽重儒学但并不轻商，工商同道，在儒学之外的商业等领域里获得成就的人同样可以获得社会的尊重。其次，富于交融性。历史上，西晋末年的"永嘉之乱"、唐代的"安史之乱"和两宋之交的"靖康之变"等社会动荡使北方文化大规模进入江苏，但江苏地域文化并没有受到冲击，相反是迅速吸收新的文化元素，在文化大交流中形成新的文化中心，文化交融使江苏地域文化充满了活力。再次，社会和谐。江苏的地理位置使江苏地域文化有主动接受外来文化的条件，也有被动接受外来文化冲击的可能，这使江苏地域文化始终处于一种开放的发展形态，不封闭，不排外，和谐之风自古有之。对待矛盾少有激烈的行为，而是柔性化解，求同存异。"和气生财"不仅是本地广泛遵守的商业法则，而且是本地民风的一种表现，和睦相处成为本地居民的自觉追求。

三、富庶安定形成的尽善特征

一般而言，富庶安定最易形成安于现状、不思进取的思想，然而江苏人不这样。江苏人追求尽善,地尽其力、事尽其心和人尽其才,富庶安定的地域条件为之提供了可以实现这个追求的物质基础和社会环境。地尽其力:江苏没有闲人,没有闲地。比如,古城扬州就是依靠运河水道而发展起来的商业城市,唐代即有"扬(扬州)一益(成都)二"之说。再如,清代苏南已经开始试种双季稻,一年两熟,充分利用了江南的气候条件。事尽其心:江苏人做事唯精而弃粗,小心谨慎,事事推敲,这不是一般意义上的精明之道,而是务求认真的求善之道。人尽其才:康熙在《示江南大小诸吏》中评价江苏的地位是"东南财赋地,江左人文薮",那时就认识到江苏在全国的地位都与人才相联系,人才的培养、人才的吸引、人才的重用,这些都是江苏地域文化发展最直接和最重要的因素。

第二章

江苏经济文化特征

魏晋南北朝时期,中国的经济中心开始南移,从那以后,江苏成为全国经济最发达的地区之一,也是全国赋税的重要来源地。在做出巨大经济贡献的同时,江苏经济也在发展过程中形成了自己的鲜明经济特色。第一是均衡发展,在全国经济发展中,江苏在农业、工业和商业这三大经济领域中都处于领先的地位。第二是充满活力,历史上,江苏经济始终处于超越自我、敢为天下先的发展形态中,即使是在遭受战乱、自然灾害的严重影响后,也可以最迅速地恢复、发展起来。第三是文化含量高、儒工商同道,科技发展为江苏经济提供着重要支撑,江苏商人亦儒亦商,重利也重义。

第一节 农业立本

江苏的农业经济发展历史悠久,物产丰富,在中国占有举足轻重的地位。连云港市锦屏山将军崖的原始壁画就反映了本地先民对农业的重视。在长22.1米、宽15米的岩壁上,刻画了人面、星象、农作物等各种符号,这充分显示了当时人们对人与农业以及农业与节气之间的理解,尤其是在人面像中,几乎每个人面都有一条线将其与下面的禾苗、谷穗等作物连接起来,表达了那个时代的人们对土地的崇拜和对农业的依赖。

由于得天独厚的地理环境,到新石器时代,江苏成为发达的粮食产区,从出土的炭化作物谷粒中我们可以认识到当时农业发展的水平。到了风云跌宕的战国时期,称霸一时的吴国更是以粮食丰收、给养充足而问鼎中原。据记载,越王勾践臣服吴王夫差以后,曾向其借粮,夫差一次就拿出稻粟万石,可见吴国粮仓之殷实。

两汉时期,江苏农业继续发展,但是仍没改变人们"地广人稀,火耕水耨"的认识。东晋以后,随着政治中心的南移,经济中心也开始了南迁之路,这客观上给江苏农业发展带来了重要契机。战乱所导致的北方人口的南迁,不仅带来了充足的劳动力,更重要的是带来了先进的耕作技术和生产经验,这为唐代以后江淮地区成为中央政权的经济支柱打下了基础。"安史之乱"以后,由于北方经济凋敝,每年须从江淮运送300万石粮食供应长安。

此后,历经宋元两代的发展,江淮地区的农业地位再没有被动摇过。宋代由于农作物品种的改良,江苏一带成为全国农业收成最高的地区,当时流传着"苏常熟,天下足"的民谚。入元以后,这一地区的经济作物如棉花种植等也相当普遍,江苏松江在元代至元年间(1264—1294年)成为棉花由南向北推广的中继站。

明清以来,太湖地区成为中国当之无愧的第一产粮大区,据明末宋应星估计,江南水稻的总产量约占全国粮食产量的70%。同时,苏州府和松江府等地是明代著名的产棉基地。当时南通一带生产的"通花"最为著名,该品种"力韧丝长",质量上乘,冠绝亚洲。

在江苏农业经济发展史中,农业生产工具、农作物品种和水利灌溉设施这三个要素是我们审视江苏地区农业发展历程的重要方面,可以使我们从中感受江苏独具特色的农业文明。

1. 农业生产工具。考古发掘资料表明,距今六七千年的新石器时代,人们普遍使用磨制石器,并学会了制造复合工具。江苏地区在这一时期比较重要的文化遗存有:淮安青莲岗文化、苏州草鞋山文化、南京北阴阳营文化,以及后来的崧泽文化等,这些文化遗存见证了人类历史上第一次真正意义上的社会大分工的出现。从出土的大量生产工具可以推测出,农业已成为当时人们满足物质生活的主要手段。经历过青铜时代的变迁之后,长江下游一带较早地进入了铁器时代。铁制农具是真正意义上的第一种广泛应用于农业生产的金属工具。铁制农具以及牛耕的广泛使用,极大地提高了农业生产效率,使大规模的农田开发和精耕细作成为可能。《国语·吴语》中记载:"农夫作耨,以刈杀四方之蓬蒿。"耕作农具和技术的改善,为江苏地区自宋以后成为全国的产粮中心奠定了坚实的基础。

2. 农作物品种。江苏气候温暖,雨水充沛,得天独厚的条件使其既适宜种植水田,又有利于旱作农业的发展。江苏有着悠久的水旱两地耕作史,这从苏州草鞋山、淮安青莲岗等地出土的炭化稻粒以及从邳州大墩子、新沂三里墩出土的炭化粟粒、高粱粒中可以得到证明。在培育农作物优良品种方面,江苏的贡献也相当突出,宋代的水稻名种苏州地区最多,昆山有33个品种,常熟有40余个品种。元朝苏州府的太仓,以盛产"鹤王棉"享誉中外。清康熙年间(1662—1722年),苏州织造李煦试种并推广双季稻,使得单产量成倍提高。除本土作物以外,明清时期还大量引入海外作物品种在江苏试种,如番薯、花生等,这也构成了江苏农业富有时代特征的一大特色。

3. 水利灌溉设施。江苏的水利建设最早可以追溯的时期,现已不可考证。据传说,在大禹治水时代,江苏地区就留下了鲧禹父子的足迹。相传禹曾三次到淮河源头桐柏山,将淮水水怪无支祁锁在淮安的龟山脚下。禹还到达太湖地区进行治理,经过他的努力,太湖得以"三江既入,震泽底定"。春秋时期,吴国兴建了江南最早的水利工程泰伯渎。此外,伍子胥奉吴王阖闾之命开凿胥溪,胥溪既宽且深,不仅可以灌溉,还便利了交通。吴王夫差时开凿的邗沟,贯通了长江与淮河两大水系。战国后期,楚国春申君黄歇在无锡惠山开凿无锡塘,在语昭湖开凿语昭渎,在胥卑开渠沟通了太湖。此外,他还治理松江,疏浚入海水道,据传黄浦江就是为纪念黄歇而命名的。秦统一以后,江苏地区兴建的大小水利设施,各代都有,不胜枚举。历史上有名的人物如北宋范仲淹、沈括,清代张之洞等,都在江苏留下了其主持水利设施的足迹。

第二节 工业领先

在江苏经济的发展中,工业的发展也做出了巨大的贡献。江苏的工业一向在全国占有相当大的比重。这样的格局,离不开江苏传统经济所打下的基础。江苏的传统手工业种类繁多,历史悠久,享誉中外,直至今日,许多品种仍然居于全国的前列。

在传统工业方面,纺织业、陶瓷业、冶铸业、造船业和盐业等在江苏历史上都有着辉煌的成就。

一、纺织业

江苏纺织业的历史可以追溯到新石器时代,在苏州草鞋山遗址中出土的三块葛布残片,是我国目前发现的时代最为久远的纺织品实物之一。从残片的纺织工艺来看,当时的手工纺织技术已经达到较高的水平。以后历朝历代,江苏的纺织业一直负有盛名。六朝时期,江南素以出产麻葛织品而著称,东晋末年刘裕出兵灭后秦,将长安的"百工"迁至建康(今南京),设立"锦署"专司织锦生产,此后江南的丝织业逐步发展壮大。唐代江浙一带的丝织品远销海外,深受欢迎。日本人当时把海运过去的丝织服饰称作"唐船吴服"。南宋末年,江南已经出现棉纺织业,但水平不高。到元代时,棉纺织业的发展突飞猛进,黄道婆在其中做出了重要的贡献。明代苏杭地区的丝织业一度领跑全国,成为江南丝织业中心。清朝康熙至嘉庆年间(1662—1820年),南京丝织业在全国首屈一指,被称为"云锦之乡"。清朝在江南所设立的三个织造局有两个在江苏,分别为江宁织造和苏州织造,其中又以江宁织造最为重要。明清时期的棉纺织业更是蒸蒸日上,尤其是松江,被时人誉为"衣被天下",可见其盛。到了清中叶以后,南京和南通的棉纺织业后来居上。南京土布以结实耐用而著称,其过硬的质量,连称雄于世的英国布匹都难以与其匹敌而只能望尘莫及。

江苏历来是纺织业大省,行业门类齐全,产业链十分完整。2021年有350多万从业人员,纺织产业总量连续37年位居全国第一。

二、陶瓷业

从已有的考古发现来看,长江下游地区是我国境内较早出现陶器的地区之一。到了东汉时期,宜兴的南山窑已经成为中国的制陶中心之一,不仅烧制黑陶,还烧制铅釉陶。三国孙吴时期,南山窑已经能够烧制青瓷器,但是质量不如越窑,其主要产品仍然是陶器。宋代,宜兴已经不再烧制瓷器,而是专工陶器的烧制,这为明清时期宜兴成为中国的"陶都"奠定了基础。宜兴以紫砂陶著称于世,而紫砂陶的烧制可以上溯至宋代,相传其产地为范蠡故居所在的丁山蠡野村。随着紫砂工艺的不断完善,宜兴紫砂陶器的艺术品位和文化价值不断攀升。到明代正德(1506—1521年)以后,紫砂壶因其色泽古朴、质坚形美而备受推崇。尤其是作为高级工艺品,既可以将茶文化与陶文化有机贯通,同时又能与诗、书、雕、画等艺术形式结合,所以收藏紫砂壶逐渐成为一种文化现象。这也是紫砂陶赢得"名器名陶,天下无类"美誉的根本所在。

江苏是全国重点陶瓷产区之一,产品有日用陶瓷、艺术陶瓷、化工陶瓷、特种陶瓷等近万个品种,远销世界50多个国家和地区。

三、冶铸业

冶铸业在江苏也具有十分悠久的历史,早在青铜时代,江苏就以出产铜、锡、铅等金属而闻名。从已经出土的众多西周春秋时期的青铜器来看,江苏地区的青铜器形状以及纹饰都带有浓厚的吴越文化特色,因此又被称为"吴冶"。除此之外,江苏还是我国冶铁技术的发源地,早在春秋战国时期,以苏州为中心的冶铁技术就开始成熟。传说干将、莫邪为吴王阖闾所铸的宝剑上布满龟裂纹和水波纹,当代冶工专家据此推测这两把剑已经是钢质剑。到了吴王夫差时期,吴国的冶铸工场无论从数量还是规模上在当时都名列前茅,这些工场不仅生产武器,而且还生产农具。汉魏之后,江苏的冶铁技术有了很大进步,南朝时谢平、黄文庆采用的"杂炼生鍒"法被称为"中国绝手"。隋唐时期,扬州的金、银、铜器制作闻名天下,尤其是扬州的铜镜,因工艺精湛、设计巧妙而备受皇室青睐。

江苏自古就是冶铸业大省,2022年粗钢、钢材产量达2.68亿吨,在全国各省市中排名第二。

四、造船业

江苏以水乡著称,舟船的制造自然十分发达。常州西郊具有2 500多年历史的春秋淹城遗址中,出土四条独木船,最大的一条有11米长。令人惊讶的是这些船是由整棵桢楠木挖凿而成,印证了《周易·系辞下》所说的"刳木为舟"。春秋晚期,吴国已经能够造出各种实战的舰船,大型楼船作旗舰,称为"余皇"。三国时期,最强大的水军是在孙吴军中。军事之外,民用船只多用于漕运。秦汉大帝国出现后,大规模漕运开始,江苏许多地方成为船只建造和调度的中心。隋唐时期,随着大运河的开凿,扬州成为全国的水运和造船中心。除内河的船只外,海船也有很大的规模,高僧鉴真第一次东渡日本的海船就是在扬州新河赶造的。郑和下西洋时使用的巨型宝船是在南京建造的。今天南京宝船遗址公园里还有三个巨大的当年使用的船坞。

江苏现为全国造船业第一大省。2022年造船完工量1 743.3万载重吨,占全国份额的46%,世界份额的21.8%。南通、泰州、扬州3市集聚了全省80%左右的船舶制造能力。

五、盐业

江苏地区的盐业主要指两淮盐业,具有悠久的历史。淮盐,顾名思义以淮河为界,淮河南为淮南盐,淮河北为淮北盐。在我国数千年产盐历史中,两淮地区是主要的产盐区。明清时期,淮盐以色白、粒细、质量上乘作为贡盐,在全国享有很高的知名度。

汉高祖十二年(前195年)吴王刘濞立国广陵,出于强国和谋反的意图,分别在仪征、泰州两地开山铸钱,煮海为盐,由此富甲一方。

唐代以后,全国的经济中心逐渐南移,吴越地区人口逐渐稠密,物产丰富,商业流通趋于繁荣,淮南盐业得到长足的发展。宋代的官收盐利,在中央财政岁入中占据重要地位。据《两宋财政史》统计,两淮盐产量常占全宋盐产量的三分之一到二分之一。又如北宋末年,两淮盐利收入约为1 500万贯至2 405万贯,而当时全国盐利最高额总数为3 113万贯,由此可见,两淮盐利约占全宋盐利的二分之一至三分之二。

盐业的繁荣造就了扬州历史上园林文化的发达。扬州八怪等画家在扬州的立足,扬州饮食文化的发展,与盐商有着密切的关系。泰州地区由盐官、盐商赞助修建的文化遗迹也比比皆是。可以说,发达的盐业生产和盐业贸易是造就扬州和泰州文化昌盛的重要原因之一。

江苏现在仍是产盐大省。2022年原盐产量达593.98万吨,居全国各省市第二。

六、近代工业

近代工业时代,是江苏再次为全国经济发展做出巨大贡献的时代。进入近代社会,江苏在机器大工业生产方面一直走在全国前列。随着洋务运动的开展,第一批"师夷长技以自强"的官办军工和以"实业救国"为目标的民族资本就诞生在江苏,并逐渐成长为当时实力雄厚、影响巨大的民族工业。

　　1. 官办近代工业。1863年,李鸿章在苏州创办的苏州洋炮局是江苏最早的近代企业。淮军攻占苏州后,李鸿章从英国购进一批英国生产的军火制造及维修设备,从此结束了我国过去一直以手工工具制造军火的历史。李鸿章在创办苏州洋炮局的同时,还在上海(当时属苏松太道,隶属江苏)创办了江南机器制造总局,该局受到清政府的高度重视。出于维护统治的目的,其生产规模不断扩大,产品范围也日益广泛,最终发展成为洋务派创办的规模最大的近代工业企业。另外,李鸿章于1865年升任两江总督后,将苏州洋炮局迁至督府所在地南京,更名为"金陵制造局",这是南京第一个近代工业企业,该局不仅产品质量可靠,而且还为中国培养了一支优秀的工程技术队伍。

　　2. 民族资本工业。早在鸦片战争以前,江苏就出现了"官督商办"的民族工业,到了甲午战争以后,江苏出现了资本主义发展的第二次高潮。从1895年到1911年,江苏民族资本家创办的工矿企业资本达5 000银元以上的共计115家,以无锡、苏州、南通、上海最为集中。其中,荣氏兄弟因其经营的茂新、福新面粉公司和申新纺织公司实力雄厚而被称为"面粉大王"和"棉纱大王",其面粉生产能力约占当时全国民族资本面粉加工业的三分之一。另一民族资本家刘鸿生,在苏州创办了鸿生火柴公司。鸿生火柴公司在与诸多国外"洋火"品牌的竞争中逐渐壮大,刘氏被时人称作"火柴大王"。此外,无锡薛氏父子由于对缫丝业的成功经营而被冠以"缫丝大王"的美誉。

第三节　商业发达

　　江苏地区农业和手工业的发达带来了商业的繁荣。随着商品经济的发展,江苏境内的许多地区成为商品集散地和交通枢纽,贸易的兴盛带动了城市的繁荣。

　　三国时,苏州是太湖流域的经济中心和商品集散地。到唐代,苏州已成为江南运河的交通枢纽,人口稠密,百工兴旺。宋代时,人们用"上有天堂,下有苏杭"来形容苏州的繁荣程度。历经元明清三代的发展,苏州到清代成为天下"四聚"之一。

　　孙吴定都建业(今南京,后改名"建邺""建康"),为南京商业发展打下了经济、政治和文化基础。南朝时,建康已经成为全国最大的商业城市,人口超过百万。唐宋时期,虽因商业中心移至扬州而稍受影响,但明朝前期定都于此,使得南京再度繁华。到清代乾隆年间(1736—1795年),南京城有居民8万户,约45万人口,城内街市店铺林立,商贾云集。

　　扬州也是江苏十分重要的商业中心之一。扬州建城,是春秋时期吴王夫差的军事需要,因攻打齐国需要疏通粮道,遂开凿邗沟,形成了扬州的雏形。此后,扬州的发展就与运河息息相关,密不可分。汉初吴国时,扬州(时称广陵)就以"国用富饶"著称。至隋代,京杭大运河的开通对扬州的发展起到了关键性作用,处于大运河与长江交汇处的扬州拥有得天独厚的地理位置,顺理成章地成为当时南北漕运的中心,并由此带来空前的繁荣。这种繁荣一直持续到南宋时的金兵南下。由于战乱的破坏,扬州成为"废池乔木,犹厌言兵"的空城。元代的兵祸和清初的"扬州十日",更是给这座城市带来了毁灭性的破坏。虽然如此,由于扬州不可替代的地理位置,其经济很快得以恢复,到清乾隆年间(1736—1795年)又再次成为南北漕运的咽喉和贸易重镇。

城市的繁荣,商业的发达,促进了餐饮业的大发展。秦汉之后,有关江苏餐饮美食的记载频频见于典籍。苏菜主要由淮扬菜、苏锡菜、南京菜、徐州菜组成,其中南北又各有差别。苏菜整体擅长烹制鲜活淡水产品,讲究刀工、造型,注重火候,口味喜好咸甜、淡雅清鲜,重原汁原味,擅长炖、焖、煨、蒸、烧等烹调方法。

第四节 老字号彰显地域特征

一、老字号文化特点和意义

老字号是指历史悠久,拥有世代传承的产品、技艺或服务,具有鲜明的传统文化背景和深厚的文化底蕴,取得社会广泛认同,形成良好信誉的品牌。民间说法就是"老牌子"。江苏经济的高度发达和厚实的历史积淀,造就了江苏文化中的一个突出特点,这就是老字号文化特征鲜明。老字号的历史,也是苏商形成和发挥影响的一个缩影,这些老字号所秉持的经营理念,则成为江苏商业文化的重要内容。

1. 才子文化培养的儒商。江南自古多才子,这一点在江苏经济发展上的体现就是苏商中读书人多,知书达理者多,不以巧取豪夺图暴发,而以勤劳智慧求发展。儒家中庸的思想给商人们提供了和气生财的理念、和谐共进的追求。可以说,才子文化使苏商表现出更多的儒商气质。江苏老字号就充分体现出儒商特点,儒商气质使江苏老字号更加看重传统道德,自觉地以传统道德创业,以传统道德兴业,以传统道德守业。老字号能够百年不衰,就是因为苏商的才子底蕴使他们在价值追求上将经商的智慧与守德画上等号。在江苏的老字号中,很少见有欺诈顾客的事件发生,在全国的商业活动中,各代苏商在外的口碑都很好,他们是靠自己的聪明才智来获得经济收益。南京马祥兴菜馆在创业初期就为了保证菜肴质量而定下"宁倒菜、不倒牌"的原则,以此而声名鹊起,奠定了百年老店的基础。从老字号的招牌名称就可以见到儒商的追求,如苏州市吴江区震泽镇有100多年历史的老店存心德药店,就是其创始人邵泉富根据父亲的遗愿而由"介眉堂"改来,寓意"存心为父争气,以道德经商"。

2. 热爱祖国的优良传统。魏晋南北朝起,中国的经济中心就开始南移,至唐宋,中国的经济中心已经完全落在了南方,其中又以江苏为经济重镇。这样的经济地位使江苏人在经商的同时,始终有热爱家乡为国分忧的情怀,有以富民强国为己任的自觉性,这样的传统代代相传。如被誉为民族商业先驱的南京中央商场,就是由爱国社会名流在20世纪30年代发起成立。其发起人在《中央日报》上刊登《创办中央商场缘起》疾呼:"环顾国中,惟舶来品是尚。衣必洋化,食必西餐,举凡日用诸品,莫不以服用外货为豪侈,每年入超数万万元……经济一端,已足致我死命,故居今日而言,救国虽条理万端,要其切实易行者,则惟有提倡国货……"进而提出:"建筑中央商场,招商设肆,以推销本国国货及各省土产为目的……"

3. 促进经济发展的中坚。老字号的创办者往往都是社会中有号召力之人,他们的经济活动对江苏乃至全国的经济发展都产生过巨大影响。如南通有斐大酒店,创办人就是清末状元、近代著名实业家张謇,他在1914年招集股本成立"南通有斐旅馆合资有限公司"。又如,南京中央商场的发起者就有张静江、李石曾、曾养甫和茅以升等30多位社会名流。

4. 经济发展的历史见证。江苏老字号中，很多都是百年老店。这些老店历经沧桑，其自身的存在和发展，都记载着行业的兴盛和环境的变迁，是名副其实的活字典。例如，许多老店在开业初期都有自己的生存与民族实业发展息息相关的经历，有20世纪50年代中期公私合营的经历，以及改革开放后重新振兴的经历。这些经历，无一不是与江苏经济发展的大环境紧密相连的。

5. 近现代发展的借鉴意义。目前，江苏的老字号中，百年老店比比皆是。这一百年光阴，也正是我国近代和现代的历史时期，民族实业从困难中成长、壮大，其中的创业守成经验，不仅对认识历史有意义，对建设祖国现代化无疑也具有丰富的借鉴意义。

6. 文化大省的一个窗口。老字号是经济现象，也是文化现象。一方面，江苏的老字号门类齐全，品种繁多，几乎涵盖了衣食住行各个行业；另一方面，在行业齐全中又表现出鲜明的地方行业特色，如老字号中饮食与医药的商铺几乎占了一半。江苏上下努力建设文化大省，老字号的振兴、保护和相关的研究是不可或缺的内容，老字号文化已经成为展示江苏文化强省面貌的一个窗口。

二、各业老字号

江苏老字号创业时间早，历经沧桑，对江苏经济发展做出了巨大贡献。在现代化的进程中，老字号经过适时的结构调整和民族传统特色的发扬，仍然充满生机，但也有一些老字号遇到了发展困难等问题，亟须得到社会各界的关注。江苏省政协文史委员会编写的《江苏老店》中收入116家老字号，基本涵盖了目前仍然活跃于江苏各地的老字号。

1. 餐旅业老字号。民以食为天，中国人自古就将饮食文化与历史文明的发展紧密联系，作为江南重地的江苏，也为饮食的发展做出了重要贡献。徐州的彭祖有中国"第一位职业厨师"的美誉，徐州还曾经因此得名"彭城"。老字号中，餐饮业占有很大比例。同时，餐旅不分，旅社、宾馆也是江苏老字号中的一个重要内容。

江苏各地著名的餐旅业老字号：南京市有马祥兴菜馆、南京韩复兴清真食品有限公司、南京清真绿柳居菜馆、南京刘长兴餐饮有限公司、南京江苏酒家、南京奇芳阁菜馆、南京清真安乐园菜馆、南京蒋有记包饺店、南京永和园酒楼和状元楼菜馆；苏州市有陆稿荐熟肉店、松鹤楼菜馆、石家饭店、王四酒家（常熟）、山景园菜馆（常熟）、采芝斋（茶食糖果）、稻香村（茶食糖果）、黄天源糕团店、叶受和（茶食糖果）、木渎乾生元、谷香村（同里，茶食糖果）、奥灶馆（昆山，奥灶面）和太仓肉松；无锡市有伊斯兰菜馆、聚丰园大酒店、喜福楼饭店、三凤桥肉庄、功德林素菜馆、徐嘉和茶食店、拱北楼面馆、王兴记馄饨店和丰收糕团店；镇江市有宴春酒楼；扬州市有富春茶社、明月轩茶社、冶春茶社、小觉林素菜馆、养和园饭店（兴化，今属泰州）、菜根香饭店、绿杨旅社、大麒麟阁茶食店、九如分座茶社和共和春饺面店；徐州市有花园饭店；淮安市有养和园和文楼蟹黄汤包；宿迁市有黄狗猪头肉；南通市有南通有斐大酒店、崇海旅社、老松林饭店（如皋）、白蒲三香斋茶干店（如皋）、老万和林梓潮糕店（如皋）和如皋麒麟阁食品店；连云港市有陆安顺面食店（灌云）。

2. 医药业老字号。强身健体是中国人的一贯追求，在漫长的文明发展史中，医药业成为一个与人民生活紧密联系的特殊行业。江苏气候宜人，生活水平高，人们对健康的生活质量有着非常大的热情，因而对医药行业有着普遍的需求和更高的要求。另外，发达的经济和商业文化也为医药行业的发展提供了有力的支持，许多老字号的质量、信誉在业内有口皆碑,获得了极高的社会声誉。

江苏各地著名的医药业老字号:南京市有南京白敬宇制药有限公司、南京同仁堂药业有限责任公司;苏州市有雷允上诵芬堂、宁远堂、沐泰山药铺、潘资一药铺、天益生药铺、良利堂(陆良利堂)、童葆春堂(常熟)、王鸿翥药铺、问心堂(吴江)、存心德药店(吴江)和养和堂药店(盛泽);无锡市有大吉春参药店和健康参药店;扬州市有大德生药店、同松参号;泰州市有树德堂药店、黄桥仁源生药店和上池斋中药店(兴化);徐州市有广济堂药店、怀济堂药店(丰县)和郝全生堂药店(睢宁);宿迁市有三和药店(沭阳)和韩氏牙科(沭阳);南通市有广生德大药房(如皋);连云港市有天成公药店和三和兴药店。

3. 百货业及其他老字号。百货是指以衣着、器皿和一般日用品为主的商品的总称,与民生有着密切的关系,百货业也因此在社会生活中有着非常重要的地位。江苏百货业的老字号历史悠久,而且规模也较大,在近现代江苏民族商业的发展中,江苏百货业老字号做出了很大的贡献。在现代化的进程中,许多老字号与时俱进,如民族商业的先驱南京中央商场、百年醋王镇江恒顺醋业成功上市,使江苏百货业的老字号获得了更大的发展空间。

江苏各地著名的百货业老字号:南京市有南京中央商场、南京李顺昌呢绒服装店、南京吴良材眼镜店、南京精益眼镜店、南京四明眼镜店和南京光明眼镜店;苏州市有春蕾茶庄、乾泰祥绸布店、元大昌酒店(糖烟酒)、窑湾绿豆烧酒坊、沈广茂洗染店、姜恩序堂(国画颜料)、恒孚银楼和馀昌钟表店;镇江市有宴春酒楼、恒顺醋业和丹阳恒升酱醋厂;扬州市有中堡童记醉蟹(兴化,今属泰州)、扬州三和酱菜公司、扬州四美酱品厂、紫罗兰理发店、谢馥春香粉铺、亨得利钟表店、扬州浴室、万兴大典(典当行,兴化,今属泰州)和新兴池浴室(兴化,今属泰州);泰州市有新泰丰(靖江);徐州市有徐州恒顺万通食品酿造有限公司、老同昌茶庄、八集豆腐厂(睢宁)、贡家酱园(睢宁)和信昌老酱园(新沂);南通市有海潮浴室;连云港市有生庆公茶庄、馨祥酱园、苏兴泰酱园(赣榆)、许氏隆泰店(杂货,灌云)、汪恕有滴醋和王开照相馆。

第三章

江苏教育的文化积淀

江苏地区自古推崇人才培养,历来重视教育事业。在各个领域里,历代都有一批成就卓著、声名远播的杰出人物。据统计,从东晋至今,江苏籍的学者人数始终居全国之首,这与江苏地区发达的教育有密切的关系。

第一节 古代教育体系及其特征

江苏古代的官学、学塾、书院、义学并驾齐驱,造就了江苏地区完善的封建教育体系。

一、官学

西汉元朔五年(前124年),汉武帝诏令天下郡国皆立学官。成帝河平三年(前26年)至阳朔元年(前24年),何武任扬州刺史,巡幸所至,"必先即学宫见诸生,试其诵论,问以得失,然后入传舍"(《汉书·何武传》)。这是江苏官学最早的文献记载。

魏晋南北朝时期,江苏地区成为东南政治、经济和文化的中心,从而带动了江苏教育的发展。吴主孙权好学不倦,十分重视教育。黄龙二年(230年),孙权诏立都讲祭酒,以教学诸子。孙权之子景帝孙休于永安二年(259年)再次诏立国学,并"按旧制置学官,立五经博士"。东晋建武元年(317年),在建康(今南京)始建太学。太学由国子祭酒(相当于校长)主持,以经师、博士、助教为主要教学人员。学生入学后叫太学生,又称博士弟子。建康太学学宫多达百余间,太学生有百余人。宋文帝元嘉十五年(438年),开始设立儒学馆、史学馆、文学馆和玄学馆。这种分专业招生的教学模式是我国教育史上的一项创举,为唐代设置律学、书学、算学、医学等专科学校开创了先例。梁武帝萧衍大监四年(505年)设置五经博士,广开学馆。梁武帝指派文学侍从周光嗣编撰的《千字文》,被公认为世界教育史上问世最早、流传最久、影响最大的识字课本,与宋代编的《三字经》《百家姓》配套,同为我国古代启蒙教育的必读教材。齐梁时,在南京鸡笼山设立士林馆,延集才俊、学者在此讲学,听课者甚多。

隋文帝统一中国后,废止九品中正制,兴办学校。隋炀帝大业二年(606年)设进士科、明经科,"以策试取士",建立了科举制度。唐代,经济的繁荣带来教育的昌盛,唐高祖武德七年(624年)诏诸州、县令置学,江苏地方官学有了初步发展,学校制度已较完备,地方州、县如吴州(今泰州)、溧水、海州(今连云港)、句容、高淳等均已立有官学。

宋代官学迅猛发展,据《江南通志》和《江苏省志》统计,江苏地区在宋代兴建的官学共有35所。明洪武元年(1368年)朱元璋在南京称帝。他非常重视教育,命詹同、吴彤为国子博士,魏观、吴琳为国子助教。次年,改集庆路学为国子学。洪武十四年(1381年),因原国子学过于窄促,遂于南京鸡鸣山下另行改建,称国子监。国子监生待遇优厚,膳食、衣冠、被褥等均由国家供给,明太祖、明成祖还常从监生中选拔官吏。南京国子监对今江苏地区官学的发展影响极大。这一时期,府学、州学、县学已经成了各级官府的必设机构。

二、私学

由私人开设的各类学校称为"私学"。从办学形式看,私学分为四种类型:① 散馆,由一名热心办学而又德高望重的当地人首倡,其他群众响应集资兴办书塾;② 族塾,由一姓家族利用本氏祠堂或本族富户空屋,共同出资聘请教师所办书塾,塾中所收一般都是本族子弟;③ 家塾,也称家馆、东馆、专塾、座馆,是富有之家独自出资延师所设的书塾,主要用来教育自家的子女,有时也兼顾近亲子女的教育;④ 门馆,又称私馆,是由塾师自备房子,或在自己家中设馆办学,招收学生。

从教育内容看,学塾可以分成蒙馆、经馆、混合馆三种。① 蒙馆以启蒙教育为目标,主要招收年龄较小初入学的孩子,教学任务是识字、诵读、写字,教学内容为《三字经》《百家姓》《千字文》及《幼学琼林》《龙文鞭影》《朱子家训》等。在蒙学阶段,民间有不成文的规定,一般要求学生能认识两千个汉字。② 经馆又称学馆,以准备科举应试为主要目的。学生一般十五六岁,都有蒙馆学习的经历,教师的水平也较高,一般为秀才,有些富贵人家还不惜重金延聘廪生甚至举人负责教读。教学内容主要是《大学》《中庸》《论语》《孟子》《诗经》《书经》《周易》《春秋》《左传》《古文观止》以及八股文等。教学活动包括朗读背诵、教师讲析、学生回讲与写作。写作主要是写八股文,有时也吟诗作对,训练学生的思维和应对能力。③ 混合馆即蒙馆与经馆之混合。三种书塾之中,混合馆的形式最为普遍。

江苏学塾教师的水平与资历相对较高,其中有不少都由举人和地方上的宿儒、名士充任。例如,清代吴县(今苏州市吴中区)张鹏"以时文教授",许多人拜他为师,曾培养出钱棨、陈初哲两名状元,还有会元及进士一二十人,名重当时。高水平的教师必然带来高水平的学塾教学,从而造就高水平的人才,并形成江苏地区教育事业的良性循环和可持续发展态势,而它们又反过来进一步巩固了江苏尊崇教育的文化心理与价值取向。

三、义学

又称义塾,是免收学费的学塾。就读于义学的多是贫家子弟,不但学费分文不取,有的还免费提供教材、文具、衣履、伙食。北宋时期,范仲淹在家乡吴县(今苏州吴中区)天平山麓为族中子弟设立义学,开展识字等启蒙教育,这是现在所知江苏兴办义学的最早记录。南宋绍兴年间(1131—1162年),苏州设立孔氏义学,用以教授孔氏子弟。宋代江苏除苏州范氏义学、孔氏义学外,还有崇明义学一所、扬州义学两所等。元代,无锡强以德在女贞观崇义坊置强氏义塾。清代提倡兴办义学尤力,不但下令各省、府、州、县设立义学,而且规定义学由府、州、县监督管理,并酌情给予学童一定的补助,因此江苏各地特别是江南地区遍设义学。

四、书院

书院是我国古代的高等学府,最初为官方藏书、校书之所,宋代书院作为专事讲学、研究学问的教育场所。经过唐末五代长时期的战争,各地官学受到极大破坏,即使幸存下来,也是徒具形式。面对官学衰微,私人创办书院的现象应运而生。江苏是书院兴盛发达的地区。最早创办的茅山书院,是宋初全国六大书院之一,由宋初真宗年间(998—1022年)句容处士侯遗(字仲逸)在茅山西北创建。其在此聚徒讲学,先后达十余年。赵宋南渡,我国理学大盛,一些理学大师往往以书院为阵地,通过讲学来传播自己的理学思想和学术主张。元人据有江南后,南宋遗民多不愿出仕,学者们纷纷自创书院,倾心讲学。文献记载,当时江南新建书院143所,恢复65所,改建19所,其中重要书院有江宁的南轩书院、江东书院、昭文书院,苏州的鹤山书院、浦里书院、文正书院,常熟的文学书院,昆山的玉峰书院,江阴的澄江书院等。明初致力于官学,专重科举。正德(1506—1521年)之后,官学再度衰微,"学校积弛,一切循故事而已",于是书院再次兴盛起来。

讲学活动是书院的重要特征。讲学有两种,一是学术传播的讲学,目的在于阐发儒经要义,或传授学派学术思想的要领;一是讲会,这种讲会属于学术研究性讲学,不限于书院内部进行,可以扩大到院外。江苏历代书院讲会以东林书院为最。东林书院讲学,既继承王阳明学派的讲会方式,又具有开明的思想见解。参与讲会的东林学者,思想活跃,"辩难蜂起",气氛热烈。当时政治腐败,奸佞当道,内阁首辅沈一贯善于迎合帝后意旨,结党营私,专擅朝政,排斥异己。顾宪成、高攀龙等长期在东林书院讲学,清议朝政,影响很大,一时成为左右全国政治舆论的中心。清初,朝廷对书院采取抑制的政策,并于顺治九年(1652年)明令禁止另创书院,以控制舆论,防止书院群聚结党。但因江苏特别是苏南地区书院教育影响深远,朝廷政令虽严,江苏却禁而不止。顺治年间(1644—1661年),江苏先后新创或重修了文昌书院(江宁)、杏坛书院(丹徒)、三山书院(丹徒)、梅岩书院(昆山)、安道书院(昆山)等。雍正十一年(1733年),诏允各省建立书院,江苏书院复兴。

第二节 崇尚教育的社会风气

崇尚教育的社会风气和民间风俗习惯,为江苏营造了浓郁的传统教育环境。作为教育的对象和学习的主体,江苏人也以读书为乐,这集中表现为江苏文化家族的兴起。

北宋吴县(今苏州市吴中区)范氏家族的代表人物范仲淹,幼孤贫苦读,真宗大中祥符八年(1015年)进士,仁宗庆历三年(1043年)曾任参知政事,卒谥文正。其论著"非虚饰词藻者所能比"。范仲淹家风好学,次子范纯仁、三子范纯礼和四子范纯粹,均擅文学,至仕,学问皆有所成。

再如沈周一支。沈周为明代画坛一代宗师,他的诗文亦在他人之上,时人称为"三绝"。他的成就,与其家学深厚不无关系。沈氏是吴中典型的文化世家,沈周的曾祖沈良、祖父沈澄、父沈恒、伯父沈贞、弟沈豳、长子沈云鸿等无不精通诗文书画,自其曾祖到其儿,一门五代,相承相继。

沈周的弟子文徵明一家是流寓江南的文化家族中的一个典型。文氏祖籍巴蜀,后唐时迁出,逐步流寓到吴地,自文徵明祖父文洪始,文氏一支始以文称于世。文徵明之父文林与沈周相交甚厚,文徵明与其兄文奎均以沈为师。文氏家族人才辈出,文伯仁、文彭、文奎、文嘉、文元善、文肇祉、文震孟、文震亨、文秉、文乘等,皆在诗坛负有盛名,前后历经八代不衰。

古代的家庭,担负着生产、生活、文化教育、宗教、法律等多重职能。古代的文化教育是家庭与师承二者关系的结合体,师承关系在古人眼中犹如父子关系,"一日为师,终身为父","师即父,父即师",在浓重的文化氛围以及重视家教师承的文化网络中,这种表现则更为突出。为了不辱没门风,众多弟子兢兢业业,惴惴自奋,"不以得之深自多,而以负之重自惧"。这种沉重的心理激励和压力,刺激着众多文化世家的弟子,形成一种良性循环,使这种文化家族得以代代相传,绵延不断。兄弟登甲、父子状元、祖孙状元、叔侄状元,累出不穷,在科举史上传为佳话。同时,随着家族的扩大、繁衍,不断派生、演变出新的文化群体、文化世家。久而久之,形成了一种以家族为单位的、文化积淀不断深厚、文化承继累世不衰的文化特色。

文化家族并不仅仅局限在书画、诗文等领域,医学、科学、技艺等各方面都有世代相传的文化氛围,也有不少属全能型,涵盖面之广,也是其他地区所少有的。文化家族的兴盛,也体现着江南地域教育的兴盛。

一、科举制度对教育的影响

隋炀帝大业二年(606年)设进士科,为我国科举制度之始。科举制度的建立是我国历史上一个重大的举措,打破了魏晋时期以来的"上品无寒门,下品无势族"的积弊,令许多有才能的寒士有机会施展抱负,进入仕途,对文化教育事业的发展有特别重大的意义和影响。从此以后,科举出身便成为士子所竭力追求的理想前程。科举制度实际上是一种教育考试制度。科举考试取中的人数直接反映了一个地区的教育水平和文化水平。

我国古代科举考试的科目很多,尤以唐代为最。有秀才、明经、进士、明法、明字、明算等"常贡之科"(即常科),还有道举、童子、三礼、三传等特设科目(即特科)。至明代,科举考试程序在沿袭以前各代的基础上更加严密和完备,形成了院试、乡试和会试体制。院试由各省学政主持,取中者为秀才。乡试由皇帝钦命的正、副主考官主持,取中者为举人,第一名称解元。会试由礼部主持,取中者为贡士,第一名称会元;贡士必须参加皇帝在宫殿中举行的殿试,殿试由皇帝亲自主持,另派阅卷大臣协助,凡贡士一般都被录取,取中者统一为进士,其中第一名称状元,第二名称榜眼,第三名称探花,状元、榜眼、探花合称三鼎甲。进士科取中人数是衡量一个地区传统文化教育成果的一项重要指标,在各代的科举考试中,江苏籍的考生都有很好的成绩。明代,全国共取中进士22 980人,其中江苏籍进士有2 721人,占全国进士总数的11.84%;取中状元89人,其中江苏籍状元17人,占全国状元总数的19.10%。清代,据《清代科举考试述录》和宣统《江苏省通志稿·选举志》的统计,全国共取中进士26 391人,其中江苏籍进士2 923人,约占全国总数的11.08%;取中状元112人,其中江苏籍状元49人,占全国总数的43.75%。

科举制度的实施对于发展教育起了重要的积极作用。科举考试向社会各阶层开放,调动了中下层地主阶级学习的积极性,使更多人有机会通过学习提高自己的人文素质,有利于民智的开发,在一定程度上推动了教育的普及化和平民化。

二、近代以来江苏学校教育的发展

鸦片战争以后,中国开始逐渐沦为半殖民地半封建社会。直到1949年,中国社会性质才发生了根本的变化。随着历史的发展,江苏教育也经历了十分深刻而又非常复杂的变革过程。

（一）近代教育

1. 近代新式学堂和教会学校。同治六年（1867年），清政府在江南机器制造局附设机器学堂，这是当时江苏所办的第一所新学，与中国第一所新式学堂——北京同文馆几乎同时设立。随后，光绪十六年（1890年）建南京水师学堂，光绪二十一年（1895年）建南京陆师学堂。鸦片战争后，西方传教士利用不平等条约，获取了在华办学进行教育渗透的特权，纷纷进入内地创办教会学校。同治三年（1864年），法国传教士在扬州创办达义小学堂。同治十年（1871年），美国传教士在苏州创办小学堂。光绪十年（1884年），美国教会在镇江创办润州书院，1888年美国传教士福开森又在南京创办汇文书院等。教会所办的洋学堂是帝国主义列强对我国进行文化侵略的重要手段，但在客观上也介绍了许多西方的科学技术和新思想，培养了一大批新式的知识分子。

2. 兴办新学。甲午战争后，掀起维新变法运动。光绪二十四年（1898年），光绪准设京师大学堂，设管学大臣统辖全国学务，标志近代教育由舆论酝酿进入实践。光绪二十九年（1903年）颁布《奏定学堂章程》，史称"癸卯学制"。癸卯学制以"中学为体、西学为用"为指导思想，以尊孔读经为教育宗旨。光绪三十一年（1905年）正式下令废科举，兴学堂，江苏也掀起一股兴办新学的热潮，如张之洞在南京创办了江南储才学堂，后改为江南高等学堂。无锡举人杨模向官商筹募经费，建俟实学堂。俞复、吴眺等集资创立无锡三等公学堂，在江南陆师学堂中附设南京矿路学堂，这是江苏最早的技术学校。江阴南菁书院也被改为江苏省高等学堂，设政、艺两科。美国教会在苏州中西、博学两书院的基础上建立东吴大学，这是外国教会在中国创建的最早的大学之一。两淮盐运使程仪洛创设仪董学堂（江苏省扬州中学前身）和笃材学堂（扬州市东关中心小学前身）。光绪二十八年（1902年），清廷批准创办三江师范学堂，学生由苏、皖、赣三省选送，后易名两江师范学堂，即南京高等师范学校的前身。还有南通张謇兄弟集资创建私立通州师范学校，沙元炳创办如皋公立简易师范学堂等。当时还创办了一批新式女子学堂，如苏州的兰陵女学、景海女学、振华女学，无锡的竞志女学等。这些女学开风气之先，是男女平等观念的体现，具有反封建的重要意义。随着大批新式学堂的兴办，旧的教育制度逐步解体，江苏近代教育体系的雏形初步形成。

（二）现当代教育

1. 民国壬子癸卯学制。辛亥革命推翻帝制，孙中山在南京就任中华民国临时大总统，成立了中华民国教育部，蔡元培为首任教育总长，立即着手对封建旧教育进行改造。1912年1月颁发的《普通教育暂行办法》和《普通教育暂行规程之标准》，以法令的形式巩固了资产阶级民主革命的教育成果。1912年9月，在蔡元培主持下，制定了教育的基本政策，颁布了《壬子癸卯学制》等一系列教育法令。1913年8月，对壬子癸卯学制进行修改与补充，在摒除癸卯学制的封建性方面作了努力，反映了资产阶级的利益和要求，标志着我国教育进入了一个新的历史阶段。

2. 新文化运动推动下的教育改革。1915年的新文化运动和1919年的五四运动高举"民主""科学"两面大旗，猛烈批判了传统的文化教育思想，对全国的教育产生了革命性的影响。在新文化运动的推动下，江苏的教育事业有了迅速的发展。首先，又有一批高等学校扩充或建立。金陵大学、江阴南菁高等学堂增设了理、工、农、林等科。新建的学校中有我国最早培养纺织专门人才的南通纺织专门学校，最早培养水利专门人才的河海工程专门学校，最早培养高级妇女人才的金陵女子大学。在两江师范校址筹建的南京高等师范学校,则是我国最早的四所高师之一。随后,在此基础上创建了东南大学,这是一所规模较大、学科齐全的综合性大学,以后演变为中央大学、南京大学。其次,初等、中等教育也有一定发展。根据当时教育部公布的统计数字,民国五年(1916年),江苏有初等学校6303所,居全国第五位,普通中学27所,居全国第六位;民国六年(1917年),江苏有师范学校17所,居全国第一位;民国八年(1919年),江苏有实业学校51所,居全国第一位。民国十七年(1928年),俞庆棠在苏州创立社会教育学院,同时筹办劳农学院,后两院合并,改名为江苏省立教育学院,成为我国第一所正规的培养民众教育人才的高等学校。

3. 抗日战争时期及抗战胜利后的教育。抗日战争爆发后,江苏大片土地沦陷。作为应变措施,一部分学校迁到上海租界办学,一部分学校则流亡到内地办学,更多的学校或停办,或在乡村坚持办学。江苏的教育事业遭到严重的摧残。日本侵略者在沦陷区的学校中推行奴化教育,激起了广大师生的反抗和抵制,抗战救亡的爱国主义浪潮不断高涨。与此同时,敌后抗日根据地的干部教育和群众教育蓬勃发展。根据中共中央的指示,根据地兴办了许多干部学校,如在盐阜区办了抗大五分校和总校、鲁迅艺术学院华中分院;淮北区办了抗大四分校和行政学院;淮南区办了抗大八分校;苏中区办了抗大九分校等。另外,还创办了一批普通大专学校,如江淮大学、华中医学院、华中新闻专科学校等。从1941年起,每年冬春都开展大规模的冬学运动,对群众进行思想政治教育与时事教育,并开展扫盲活动,建立民校、识字班、夜校等。根据地的教育,培养和造就了20余万干部和专业人才,在江苏教育史上写下了光辉的篇章。

4. 新中国成立后的国民教育。1949年6月,江苏全境解放,江苏教育也揭开了新的一页。新中国成立初期,江苏省各级人民政府接管了旧时代遗留下来的全部公立学校、教会学校和私立学校,并在"教育为工农服务,教育为生产建设服务"的方针指导下,对旧学校的教学秩序、组织结构、工作人员、学科设置及课程、教材等进行整顿和改造,使学校呈现出一派新气象。

20世纪50年代中期到60年代中期,是江苏教育事业有较大发展的时期。从1953年起,全省各级各类学校普遍执行国家部颁的教学计划和教学大纲,注重提高教学质量。在1958年开始的"大跃进"中,全省出现了大办教育的热潮,当时全省新办农业中学6568所。到1960年,全省有高校80所、中专学校354所、普通中学1855所、小学44153所。实践证明,"大跃进"时期江苏教育事业发展过快,超过了国民经济的承受能力,违背了教育与经济协调发展的规律。1961年,中央决定对国民经济实行"调整、巩固、充实、提高"的方针,对教育事业也进行了大幅度的调整,全省的教育工作又走上了健康发展的道路。

5. 改革开放新时期的教育。1976年10月,中共中央一举粉碎"四人帮",1977年高等学校恢复统一招生考试制度。1978年5月,江苏省委召开大会传达全国教育工作会议精神,会议要求尊重教师的劳动,提高教学质量。会后,恢复和新建一批高等学校和中等专业学校,并分批进行提升和评定教师职称工作。先后恢复中小学教学研究室、省教育学会等机构,开展教、学、研活动。1980年,在江苏省高教局的倡导和主持下,创办了南京市金陵职业大学,这是全国第一所实行"收费、走读、不包分配、择优推荐"的地方性职业大学。与此同时,成人教育也呈现崛起之势。1979年江苏广播电视大学创立,为全省100余万有志青年提供了接受高等学历继续教育的机会,在特定的历史时期为江苏的教育事业和经济建设做出了巨大贡献;2012年,更名为江苏开放大学,秉承创新、开放、融合、共享的办学理念,面向全社会成员开展本专科学历继续教育。

进入21世纪后,江苏教育领域发生了深刻变化,呈现出前所未有的新局面,教育的改革和发展取得了令人瞩目的成就,教育整体水平和综合实力在全国名列前茅。截至2022年末,全省有普通高校(含民办高校)168所,高等学校数在全国31个省、市、自治区中排名第一。其中本科院校78所,专科院校90所。在校生251.9万人,其中硕士博士研究生30万人。高等教育毛入学率达65%。南京大学、东南大学、南京航空航天大学、南京理工大学、南京农业大学、河海大学、中国矿业大学、江南大学、苏州大学、南京师范大学、南京医科大学、南京林业大学、南京信息工程大学、中国药科大学、南京中医药大学、南京邮电大学等16所高校为国家级"双一流"建设高校,占全国147所"双一流"建设高校的10.88%,排名仅次于北京市。全省有成人高校8所,连同普通高校,共有118所高校举办高等学历继续教育,2022年末,在籍生达128万人。2021年,学前三年教育普及率达98%以上,九年义务教育巩固率100%,高中阶段教育毛入学率99.1%。中等职业教育在校生规模位居全国前列。

江苏教育发达,人才辈出,区域科技创新能力居全国首位。当代两院院士中江苏籍人数为全国各省市第一。截至2022年末,在江苏工作的两院院士118人,其中在高校任教的79人。

第四章

江苏各时期地域文化发展特征

第一节 先秦时期

先秦时期,诸子文化已经显示出地域特色:儒家以鲁为中心,道家主要源于楚,法家源于三晋,成就于秦。同时,各大区域文化也在形成之中。春秋战国时期影响比较大的有齐鲁文化、三晋文化、秦文化、楚文化、吴越文化、巴蜀文化、燕文化等。与其他文化相比,江苏境内的吴越文化还处于比较落后的状态。不过,道家始祖老子曾在楚沛地(今徐州市沛县)居住达10年之久,孔子曾前往沛地向老子访学,儒道黄老学术文化进入发展时期。

这一时期江苏境内各民族仍处在融合之中,本地区的一些地域文化还是中华文化中的民族类型。在居于中原的华夏民族兴起的时候,今江苏南北各地(东夷、淮夷、百越等)还被少数民族所据,直到商周交替之时,这种远离华夏各自延续的局面才逐渐发生改变。西周初年的泰伯奔吴,以华夏文化结合百越文化建立吴国,则是这种格局被打破的标志。

这一时期江苏地域文化史上的重大事件有:

1. 史书记载在公元前11世纪的西周初年,周族的泰伯、仲雍从中原来到江南,建立勾吴国。中原移民和当地土著融合在一起,按照当地居民习俗"断发文身",并在当地土著居民的拥戴下,开创了吴国的历史。吴文化是江苏地区最早产生重要历史影响的地域文化之一。

2. 建立了江苏地区最早的一批城市,开凿了我国最早的两条运河。城市在中国出现非常早,各地都发现了数目不等、规格不一的新石器时代晚期的城市遗址。只是江苏地区显得比较突出,史料中明确记载的江苏各城市均建于商至春秋时期。史载商王武丁四十三年(前1208年)灭彭,彭为商城邑。据此,徐州最迟在公元前1208年建城。苏州建城始于公元前514年,《吴越春秋》说,阖闾元年(前514年),阖闾使伍子胥在姑苏建筑大城;《越绝书》记载,公元前472年范蠡在吴越西境筑越城(今南京长干里),为南京古城的雏形,这些为政治目的和军事目的建设的城市,后来均逐渐成为一定区域的经济中心和文化中心。

本地区境内还新开凿了两条运河——胥河(也称胥溪)和邗沟。公元前506年,孙武率军西伐楚国经过的胥河是最早的人工运河;公元前486年吴王夫差在今扬州筑邗城,并开凿了沟通长江与淮河的邗沟,是现今京杭大运河最早开凿的河段。《中国历史大事编年》将胥河和邗沟并列为世界上最早的人工运河。当时开拓运河虽主要是军事用途,却为后来的经济发展和文化传播做出了贡献。

3. 春秋战国时期，江苏境内出现了三支具有代表性的区域性文化，即吴文化、越文化和楚文化。区域内文化之间、本地文化与中原诸文化之间的交流往往是以战争的方式进行的。春秋中期，吴王寿梦以江北的邗邑（今扬州）为政治、军事重镇，自称邗王。吴王阖闾任用伍子胥和孙武，西破强楚，攻克郢都，成为"春秋五霸"之一。公元前494年，吴军大败越军，越王勾践投降为奴。吴王夫差争霸中原时，越军攻入吴国。越灭吴后，吴国的都城吴邑（今苏州）成为越国的都城之一。公元前333年，楚威王"大败越"，楚从西向东、从北向南，渐次占领"故吴地"（《史记·越王勾践世家》）。楚文化全面覆盖了本地区，并与当地的传统文化结合，形成了带有强烈楚文化特色的地域文化。其中，江北彭城之西称为西楚，彭城以东至江南吴邑称为东楚。西楚是楚汉文化的重要源头。

军事文化和稻作文化是本时期江苏地区的特色文化。

军事文化包括军事理论和兵器制作两个方面。军事理论以《孙子兵法》最具代表性。齐人孙武经伍子胥推荐，以《孙子兵法》取信于阖闾。孙武的《孙子兵法》是千古不朽的军事巨著，比较系统地阐述了他的军事理论和战略战术思想，揭示了战争的许多规律，提出了一些著名的军事原则，如"知己知彼，百战不殆""兵无常势，水无常形""令之以文，齐之以武""上兵伐谋，其次伐交，其次伐兵，其下攻城"等，至今仍然为世界各国军事家所重视。江苏地区的剑器制作是领先于中原地区的。早在西周时期，铜剑就开始在江苏流行，是江苏青铜文化中最富特色的器物之一。春秋后期，吴越间铸剑技艺超绝，名剑频出。吴人干将、莫邪是当时最著名的铸剑师。

江苏自古以来就是稻作农业发达的地区之一。卫斯《中国史前稻作文化的宏观透视》一文中所列举的97处史前时代稻作农业遗存中，江苏境内就有17处，包括苏州草鞋山遗址、海安青墩遗址、高邮龙虬庄遗址等，遗址数量仅次于长江中游的湖北省，是长江下游发现稻作遗址最多的省份。一般认为：中国北方属于麦菽文化，南方属于稻作文化。北方的麦菽文化推崇儒学，儒家的理想在于社稷钟鼎，充满理性精神，注重人与社会的协调，重视伦理道德规范和内省模式；南方稻作文化推崇道家，道家志在山林，充满浪漫气息，注重人与自然的和谐，强调审美人生和宗教观念。因此在文学方面，北方有朴实无华的《诗经》，南方有奇幻瑰丽的《楚辞》。儒、道是中华文化的两大源头，儒道互补，一同构成中国文化思想的主导形态和文化发展趋势。

第二节　秦汉时期

秦汉时期，国家的统一使多元文化整合的速度加快，而整合后的一统文化，具有强大的向心力和凝聚力。秦统一文化的举措包括书同文、车同轨、度同制、行同伦、地同域等，增进了广阔地域间人们社会生活和文化心理的同一性，为中华文化共同体的形成奠定了坚实的基础。汉语、汉字等沿用至今的文明成果，在秦汉时期已基本定格。秦亡以后，汉代统治集团继续了大一统帝国的模式。

这一时期江苏地域文化史上的重大事件有：

1. 江苏地区的民族转型基本完成。经过从楚威王到汉武帝200多年的文化整合，江苏境内各地域文化已变成汉族文化的地区类型之一。吴越地区由夷越文化变为汉族文化，这是吴越文化的第一次转型。这次转型属民族属性的转型。

2. 楚汉文化基本形成并产生重要的历史影响。秦汉之际的风云人物多为楚汉文化区的人士。陈胜起义时打出的口号是"大楚兴",建立政权的名称是"张楚",响应陈胜起义也以楚文化范围内的项羽和刘邦势力最强。在吴地起义的宿迁人项羽,军事骨干是八千江东子弟,但他后来自封为"西楚霸王"而不是"吴王"。沛县人刘邦包围项羽时,让项羽军心动摇唱的是"四面楚歌"。刘邦政权的政治背景和文化渊源,决定了汉代文化是对楚文化和秦文化的双重继承和双重扬弃。

3. 刘邦建立西汉王朝后,在江苏境内封立了一些侯国,其中最为著名的是广陵(今扬州)的吴国,这说明当时吴地的经济和政治中心都在江北,扬州城也由此迎来了历史上的第一次繁荣。吴王刘濞凭借自己强大的经济实力,联合都于彭城(今徐州)的楚王刘戊以及其他五个诸侯国,发动了反抗中央政权的"七国之乱",吴楚军是叛乱的主力,虽然最终失败,但说明当时江苏的经济实力和军事实力还是值得重视的。

秦汉时期江苏地区在中华文明发展的进程中发挥比较突出的作用是在楚汉文化区的学术文化和道教文化上。

这一时期,刘安、刘向等王室子弟在学术上的成就尤其引人注意。淮南王刘安(前179—前122),沛郡丰(今徐州市丰县)人,"招致宾客方术之士数千人",编著《淮南子》一书。书中涉及哲学、美学、军事学、法学、文学、伦理学、神话学等许多方面,是江苏学术文化史上的第一部巨著。刘安最先肯定《楚辞》的价值。他说:"《国风》好色而不淫,《小雅》怨悱而不乱,若《离骚》者,可谓兼之矣。"又说,屈原之志,"虽与日月争光可也"。这是文学史上最早对屈原及其作品给予崇高评价的权威性论述,从而奠定了《楚辞》在文学史上的地位。刘向(前79—前8),字子政,彭城(今徐州)人,汉楚元王刘交四世孙。他在经学、目录学、文学诸方面颇有建树,刘向注《五经》、辑《楚辞》、撰《说苑》,又奉诏领校皇室图书,校勘订讹,编定目次,汇为《别录》,创立了中国校勘学和目录学,同时,还撰有《洪范五行传》《新序》《说苑》《列女传》等。《新序》是历史故事集,书中所载以春秋时事为多。《说苑》作品带有小说意味,对后世笔记小说的创作有一定的影响。刘歆(约前53—23),字子骏,沛(今徐州市沛县)人。曾与父刘向同校皇家藏书,继承父业,整理传授古文经本,成为古文经学派的创始人,所撰《七略》为中国第一部图书分类目录专著,在中国古代学术思想史上具有显著地位。

江苏在道教发展史上也有重要的地位。道教初创时分为两大派别,其中之一就是东汉末年张陵创立的五斗米道。张陵(34—156),沛国丰(今徐州市丰县)人,自称太上老君,凡入道者纳米五斗,故称五斗米道。张陵的五斗米道影响久远,后来演变为南北天师道。另一派别是张角创立的太平道。太平道规模庞大,信徒遍布青、徐、幽、冀、荆、扬、兖、豫八州,于公元184年发动了黄巾起义。现今的苏北地区当时几乎普遍都有太平道的组织。黄巾起义失败后太平道被禁,但仍流传于民间。

第三节　六朝时期

六朝时期是一个分崩离析的时代,先有魏、蜀、吴三国鼎立,西晋统一后仅半个世纪复又离乱。北方先有16国割据,后有北魏、东魏、西魏、北齐、北周;南方则有东晋、宋、齐、梁、陈。这种"朝代更迭如传舍,命运漂泊如转蓬"的社会现实,促使人们努力探求个人生命的意义和心性情理,从而为此后几百年间玄学和佛学的发展留下了充分的空间。文学以及其他门类艺术开始超越于实用和功利之上,成为独立的文化品种。

六朝时期,佛教文化开始对中国文化产生深刻影响。中国学术史上的魏晋玄学则是受佛教直接影响并成为魏晋时期的主要哲学思想的。传入中国的佛教吸收了道家、儒家的哲理伦常,形成天台宗、禅宗等中国化佛教宗派。

六朝时期也是继春秋战国以后又一次大规模民族迁移和民族融合的时期。西北部的一些被称为"胡"的民族,如匈奴、鲜卑、羯、羌、氐等陆续向内地迁移,与汉族人民杂居并很快汉化。典型的例子是北魏孝文帝推进鲜卑族汉化,他把都城从今山西大同迁到中原洛阳,改鲜卑姓为汉姓,鼓励鲜卑与汉人通婚。原居中原的汉族政权向东南方迁移,促进了江南地区的开发,促进了汉民族与南方少数民族的融合。在胡文化"汉化"的同时,胡族文化的一些内涵也被汉族文化吸收。胡文化的"汉化"与汉文化的"胡化"是同时进行的。

这一时期江苏地域文化史上的重大事件有:

1. 大量移民南徙,使得南方人口数量增加,大型城市开始在南方出现。西晋末年"永嘉之乱"开始的移民是中国历史上规模比较大的一次移民,一直持续了100多年。为了安置南迁移民,东晋时在今江苏境内设置侨郡23个、侨县75个,这些郡县集中于今江宁、镇江、扬州、泰州、淮安一带。移民的加入促进了这些地区的经济和文化发展。刘宋时,中原居民于元嘉二十七年(450年)、泰始二年(466年)又出现两个南迁高潮。移民使南朝人口得到很快增长,建康(今南京)周围的扬州、南兖州、南豫州等州郡约有240万人口。

由于东吴、东晋、宋、齐、梁、陈先后在建业(后改建康,即今南京)定都,建康成为中国南部的政治中心、经济中心和文化中心。六朝都城建康,"工商、流寓、童仆、不亲农桑而游食者,以十万计"。到梁武帝时建康成为中国历史上第一座人口超过100万人的大城市。金陵文化形成于这一时期,并产生全国性的影响。

2. 南北朝长期在江淮一带对峙,北方居民大规模南迁,多定居于江淮之间和宁镇地区,使江南得到了大量的优秀人才,促进了江南的文化发展。由此形成了江苏境内中古时代的两大语言板块:江淮语区和吴语区。

3. 吴地民风改变,由尚武变为尚文。汉代以前,吴越人的性格还是比较强悍的。《汉书·地理志》这样描绘吴越人的性格:"吴粤之君皆好勇,故其民至今用剑,轻死易发。"东晋以后,吴越故地民风发生了显著变化,从尚武转为尚文。这与生产力水平提高、社会环境的改善密切相关。东晋末年,孙恩、卢循起义,"海盐令鲍陋遣子嗣之以吴兵一千,请为前驱",遭到晋军主帅刘裕的拒绝,理由是"贼兵甚精,吴人不习战,若前驱失利,必败我军,可在后为声援"(《宋书·武帝纪》)。到了南朝,"南人怯懦,岂办作贼"(《宋书·顾觊之传》)已成官场定论。

道教文化和与此相联系的科技文化、书画艺术、文学批评和文选学、教育文化等是这一时期江苏文化中最有亮点的部分。书画艺术方面出现了王羲之、王献之父子等大书法家和顾恺之等大画家。科学技术方面出现了数学家祖冲之和医学家葛洪、陶弘景。文学方面除出现了谢灵运等著名诗人,还出现了诸如陆机的《文赋》、刘勰的《文心雕龙》、钟嵘的《诗品》等一批文学理论著作。

中国道教从西晋起开始了一个非常重要的时期,即神仙道教时期。这一时期是以吴地道教的本土化为特征的。道教从一种反抗者的宗教逐渐演变为统治者的宗教,从而能够在官方支持的环境氛围中得到发展。在道教的发展与变革史上,吴地方士葛洪、陆修静和陶弘景发挥了极为重要的作用。

葛洪(283—363),字稚川,自号抱朴子,句容人。葛洪丰富和完善了道教理论,认为"玄"是宇宙的本体,世界的一切皆由"玄"产生,只有掌握了玄道才能掌握永恒。葛洪认为道本儒末,道先儒后,但又相互补充。他主张神仙实有,凡人均可以通过学仙修道成为神仙。葛洪将神仙方术与儒家纲常名教相结合,提出神仙养生为内、儒术应世为外的理论,强调道教徒要以忠孝、和顺、仁信为本。他在《抱朴子》一书中记载了炼丹过程中的化学现象,辑医书《玉函方》《肘后救卒方》,在中国医学史上第一次记载了天花。

陆修静(406—477),字元德,出生于吴兴(今浙江省湖州市吴兴区)。陆修静对当时真伪混淆、源流不明的诸多道经进行了分类整理,辨别真伪,还创立了在道教史上具有深远影响的道教典籍分类法。陆修静将佛教的教义引入道教,不但使道教的教义变得精致起来,而且使南朝的道教教义有了儒、佛、道三教融合的色彩。陆修静还完善了道教的戒规仪式,制定了"九斋十二法"的斋醮体系,而且对斋仪的意义作了理论上的解释,使得道教斋法不仅有了系统的仪式,而且有了理论支撑。

陶弘景(456—536),字通明,丹阳秣陵(今南京市)人。陶弘景在道教史上的一项重要贡献就是创立了茅山宗。经过陶弘景数十年的苦心经营,茅山开始成为道教上清派的活动中心,上清派也因此被称为茅山宗。茅山宗的形成,标志着自葛洪以来江南士族道教徒创立官方化的正统道教的完成。从此之后,茅山派历代宗师人才辈出,在隋唐时成为影响最大的道教教派。陶弘景撰写的《登真隐诀》等道书,详细记载了上清派思神内视、导引、按摩等道术,也吸收了天师道的诸神上章、符咒驱鬼等道术。他还编纂了《真灵位业图》,该书网罗道教诸神,以图谱的形式列出,向人们描绘了一个独立于人间世界之外的神仙世界,形成了一个等级有序、统属分明的完整的道教神仙谱系。陶弘景通晓天文历算、山川地理,著有《天文星算》《帝代年历》《古今州郡记》;他还精于医理,重视临床经验,药物学造诣很深,首创以玉石、草木、虫兽、果菜、米实等名目对中药进行分类,著有《合丹药诸法节度》《太清诸丹集要》《养性延命录》《本草经集注》等。南朝时期的炼钢方法有多种,陶弘景发明的"灌钢"冶炼法是其中最先进的一种。

除了道教外,在科技方面取得杰出成就的还有祖冲之。祖冲之(429—500),字文远,南朝杰出的数学家、天文学家和机械制造家。祖冲之在数学方面的卓越成就,是求得了比较精确的圆周率,这项成果比国外早了近一千年。在天文历算方面,他经过深入细致的研究和严格的测算,指出天算历法家刘歆、张衡、刘徽、何承天等人的不足,大胆提出历法改革,重新编制了当时最为科学的历法"大明历"。

六朝时期是中国书法艺术与绘画艺术发展的重要阶段。书法方面,由于大批士族头面人物投入书法艺术创作,收藏、品评书法艺术作品成为一种社会风气。书法成为一种独立的艺术门类,涌现出许多在书法史上有影响力的书法家和作品。三国时期东吴书法家皇象,字休明,广陵江都(今扬州江都)人。其草书与严武的棋、曹不兴的画等并称"八绝"。传世墨迹除《天发神谶碑》之外,还有松江本《急就章》。西晋有墨迹流传的著名书法家有吴郡(今苏州市)人陆机(261—303),陆机善章草,有《平复帖》传世。他的章草在结体与章法上都更趋成熟,是由章草向今草过渡阶段有代表性的书体。其用行书写的《望想帖》,在书法史上亦极负盛名。东晋大书法家王羲之(303—361)、王献之(344—386)父子,建康(今南京市)人,并称"二王"。"二王"行草,历经各朝各代,一直被尊为正统书法的主流。南朝在书法史上占有重要地位的还有张融和萧子云。张融(444—497),吴郡(今苏州市)人,字思光,其书兼擅各体,尤善草书,镇江焦山上《瘗鹤铭》碑传为其遗迹(一说为陶弘景遗迹)。萧子云(486—548),齐高帝之孙,传世书迹有草书《千字文》、章草《史孝山出师颂》等。

这一时期的画坛也生机勃勃,产生了被后世称为"六朝四大家"的著名画家。"六朝四大家"中除曹不兴是浙江人外,其余三家都是江苏人,分别是东晋时无锡人顾恺之、刘宋时苏州人陆探微、萧梁时苏州人张僧繇,他们在人物画方面有着杰出的成就。顾恺之(345—409),字长康,小字虎头,晋陵无锡(今无锡市)人,号称"才、画、痴"三绝。兼擅人像、神仙、佛像、禽兽、山水等。顾恺之的画迹传世者除了著名的《维摩诘像》有摹本外,还有堪称杰作的《女史箴图》《列女仁智图》等。顾恺之不仅是中国绘画史上杰出的"画圣",同时也是一位有建树的、对后世绘画理论产生过深刻影响的画论家。传世的画论有《魏晋胜流画赞》《论画》和《画云台山记》。陆探微(?—约485),吴郡(今苏州市)人,南朝宋明帝时宫廷画家。在中国画史上,据传他是正式以书法入画的创始人。唐张彦远在《历代名画记》中载有他的画达70余件,题材十分广泛,从圣贤图绘、佛像人物至飞禽走兽,无一不精。张僧繇(生卒年不详),梁武帝天监年间(502—519年)为武陵王国侍郎、直秘阁知画事,历任右军将军、吴兴太守。他有较高的写实能力,曾为梁武帝分封在各地的王子画像。他在绘画艺术上的最大成就是突破传统,吸收西域晕染法,创立了"张家样"——凹凸画法,代表了吴道子出现以前最为流行的中国画风格。

六朝时期江苏文学在文学批评和文选学方面成就尤为突出。

陆机(261—303),字士衡,吴郡吴县(今苏州市)人,西晋著名诗人、文学家。他在取得丰富创作经验的基础上写作了《文赋》。《文赋》是我国文学理论批评史上第一篇完整而系统的专论创作的文章。文中提出的"诗缘情而绮靡"的思想,对于诗歌创作和诗歌理论的发展,具有开拓性意义。沈约(441—513),字休文,吴兴郡武康(今浙江省德清县武康镇)人。他不仅是著名的史学家,也是"永明体"的代表人物,在诗的声律上创"四声""八病"之说,揭示了汉语言文字独有的美感特征,对此后中国文学的发展,特别是对近体诗的产生与成熟,具有重要意义。代表作为《四声韵谱》。刘勰(约465—约521),字彦和,京口(今镇江市)人,30多岁时写成《文心雕龙》。全书体系完整,结构严密,是中国文学批评史上空前绝后的巨著。钟嵘(约468—约518),字仲伟,颍川长社(今河南许昌市)人。梁武帝天监十二年(513年)以后,写成诗歌评论专著《诗品》。全书将两汉至梁作家122人,分为上、中、下三品进行评论。在《诗品》中,钟嵘提倡风力,反对玄言;主张音韵自然和谐,反对人为的声病说;主张"直寻",反对用典,提出了一套比较系统的诗歌品评的标准。刘义庆(403—444),彭城(今徐州市区)人,编有《世说新语》,主要记述当时士大夫的言行。语言明练,善于传写人物的神情性格,是当时同类小说中的代表作。

随着各体文章的大量写作与积累,从大量文章中选出精品以便观览,成为当时社会各阶层人士的共同需求。江苏的文选学,起步早,影响大。其中影响最大的是萧统编的《文选》30卷、徐陵编的《玉台新咏》10卷。萧统(501—531),字德施,南兰陵(今常州市西北)人。梁武帝萧衍长子,卒后谥昭明,世称昭明太子。《文选》选入了从先秦到梁代(约前450—526年)将近千年间130多位作家的700多篇作品,是现存最早的一部文章总集,对后代文学发展影响极大。徐陵(507—583),字孝穆,东海郯(今山东郯城县)人。所编纂的《玉台新咏》专选当时的宫体诗以及古代歌咏妇女或与妇女有关的作品。

六朝时期,江苏地区的教育得到迅速发展。梁武帝时编辑的《千字文》是世界教育史上最早的识字课本。家族教育受到高度重视,南朝学者颜之推(531—约591),字介,建康(今南京市)人,著有《颜氏家训》20篇,是最早提倡家庭教育的著名教育家。

第四节　隋唐五代时期

隋炀帝开凿大运河沟通南北,促使江淮经济文化蓬勃发展,导致中国经济文化中心进一步南移。虽然中国的政治、军事重心长期保留在北方,但处于北方的京师,依靠大运河从江南源源不断地运来米粮丝帛,才能维持繁华。

隋唐是政治统一的帝国时代,军事上、政治上是北方统一南方,文化上则是南方影响北方更多一点。如唐诗中的格律诗,就是在永明体诗歌的基础上发展而成的。

这一时期江苏地域文化史上的重大事件有:

1. 大运河开凿后运河沿线的繁荣。当时扬州是南方的经济和文化中心,是仅次于长安、洛阳的全国第三大城市。以扬州为中心的维扬文化特征初步形成,在全国产生重要影响。

2. 相比之下,建康(今南京)则受到了多方面的沉重打击,在此后几百年间,不再是南方的政治、经济和文化中心。一直到五代,建康才再度繁华。南唐建都金陵,金陵又一次成为南方的政治、经济和文化中心之一。

隋唐时期的扬州不仅是东南商业重镇,也是对外开放的重要口岸。在中外文化交流方面有几个亮点:

唐代淮南律宗大师、扬州大云(今大明)寺和尚鉴真(687—763),受日本佛教界礼请,东渡传律,在经历了五次失败,双目失明之后,第六次终于东渡成功,他客居日本10年之久,在建筑、雕塑、绘画、书法、医药、饮食、酿造等许多方面均有建树,对日本文化产生过重大影响。

新罗(今韩国)人崔致远,少年入唐求学,18岁在唐入仕。在扬州为官数年,后离扬归国,传播汉文化,被誉为"东国文学之父""新罗文化的圣人",是韩国历史上第一位留下个人文集的大学者、诗人,被韩国学术界尊奉为韩国汉文学的开山鼻祖。

伊斯兰教创始人穆罕默德的门徒二贤于唐初传教扬州。据明代何乔远《闽书·方域志》记载:穆罕默德的"门徒有大贤四人,唐武德中(618—626年)来朝,遂传教中国。一贤传教广州,二贤传教扬州,三贤、四贤传教泉州",为伊斯兰教在江苏地区的传播做出了贡献。

隋唐五代时期,扬州的学术活动在语言文字方面的研究成就突出。扬州的语言学家研究领域主要有三个方面:一是雅学,代表人物是曹宪,著有《博雅音》《尔雅音义》。二是文选学,曹宪不仅精通文字训诂学,还著有《文选音义》,为隋唐文选学的开创者。曹宪的学生李善(?—689),广陵江都(今扬州)人。李善注《文选》,注重语词、典故的溯源。这种注书法对后代古籍整理工作影响深远。三是说文学,由南唐入宋的徐铉、徐锴兄弟专治《说文》,时称"大小徐"。徐铉校注了《说文解字》。徐锴著《说文解字系传》40卷及《说文解字韵谱》10卷。他们在文字训诂学发展史上占有重要地位。

盛唐时代广陵江都(今扬州)人李邕(678—747),兼工行、草书,是承前启后的代表唐代书法中兴的一代大家,以行书饮誉后代。传世作品中最有代表性的为《李思训碑》。

五代时江苏境内文化方面的突出成就在词作和绘画方面。

南唐重要词人有冯延巳、李璟和李煜,其中李煜最著名。冯延巳(903—960)的词作颇具个性,开一代风气。南唐后主李煜(937—978)的词作内容主要可分作两类:第一类为降宋之前所写,主要是反映宫廷生活和男女情爱,题材较窄;第二类为降宋后,李煜因亡国之痛,对往事的追忆充满感情而作,千古杰作《虞美人》《浪淘沙》《乌夜啼》皆成于此时。李煜词技艺娴熟,情境别致,被誉为"词中之帝"。

南唐时在都城金陵设立画院,史称"南唐画院",集中了一批有才华的画家进行专业创作,艺术活动异常活跃。如曹仲玄、周文矩、顾闳中、顾德谦、王齐翰、董源、徐熙、董羽、卫贤、赵干等蜚声大江南北的画家,都云集于此画院之中。顾闳中(910—980)的人物画用笔圆劲,设色浓丽,善于捕捉与描摹神情意态。传世的代表作《韩熙载夜宴图》就具有这些特色。此画取材于中书侍郎韩熙载夜宴宾客鼓吹作乐的场面,人物众多,且个个神情毕肖,栩栩如生。顾德谦(生卒年不详)喜好画道教神像画。他画的人物,神韵清劲,笔力雄健。传世作品有《太上像》《太上度关图》《太上采芝像》《四子太上像》《仙迹图》《洞庭灵烟图》等20余件。句容籍画家周文矩(生卒年不详)擅画人物、楼观、车马、山林、泉石等,尤工于仕女,多以宫廷贵族生活为绘画题材。在笔法上,周文矩多采用曲折战掣的线条表现衣纹褶皱,被称为"战笔"。存世作品有《重屏会棋图》《明皇会棋图》《琉璃堂人物图》等,均系摹本。王齐翰长于道释人物,所画多思致。其画笔法精细,高古优雅,传世名作有《勘书图》。南唐花鸟画家以徐熙最有代表性。他的花卉虫鸟,意在似与不似之间,是一位有创造性的画家。董源主要活动在南唐中主时期(943—961年)。他的《潇湘图》被画史视为"南派"山水的开山之作,存世作品有《夏景山口待渡图》《潇湘图》《夏山图》《龙宿郊民图》等。董羽善画鱼龙海水,他在金陵清凉寺画的《海水图》上有李煜八分书题字、萧远草书题名,人称"三绝"。赵干善于画山水、林木,喜作江南一带楼观、舟船、水村、渔市,间或点缀花竹于其间,有烟波浩渺之韵致,存世作品有《江行初雪图》《烟霭秋涉图》等。

唐代,扬州成为生产唐三彩的重要基地之一。扬州唐城出土的青花瓷,是我国发现的最早的青花瓷。

第五节　宋元时期

从北宋起,我国的城市就开始由政治、军事中心向工商业中心转化,演变为经济和文化的集散地。实物经济式微,货币大量流通,逐渐排斥布帛,成为唯一的一般等价物。市民阶层兴起,市井文化趋于活跃,反映市民生活的小说、戏曲在形式和内容上有所创新,为元曲和明清小说的繁荣开了先河。

宋代是儒学发展的一个重要阶段。宋儒以传统儒学融通佛学,衍生出体系宏大、影响深远的新儒学——理学。它以儒学为主体,兼收佛教与道教的思想元素。周敦颐与邵雍是理学体系的开山人物,张载、程颢、程颐奠定了理学的基础,南宋的朱熹是集大成者。

对雅文化的追求成为宋代的风尚,以婉约见长的宋词、雅致精美的宋画、清幽脱俗的文房清玩是其标志。苏轼提出的"士人画"概念使文人画走向成熟,两宋时期的许多大文人,如苏轼、黄庭坚、米芾父子等,他们以书法入画,实践并发展了文人画的水墨技巧,对后世文人画有巨大影响。

宋代君王重视文史资料的整理,组织编纂了"宋四大书",即《太平御览》《太平广记》《文苑英华》和《册府元龟》。司马光主持撰修的编年体通史《资治通鉴》是中国史学名著。

元初,大批信仰伊斯兰教的阿拉伯人、波斯人、中亚人随蒙古军进入我国,并分布到全国各地,这些人被称为回回人。在汉文化的长期熏陶下,他们除仍保持伊斯兰教信仰和与之相关的生活习俗外,基本上接受了汉文化的生活方式,使用汉族语言文字,逐渐形成中国历史上一个新的民族,即回族。元代的江苏同全国一样,回回人呈"大分散,小集中"状况,几乎遍布全省主要城镇,而在各地又相对集中在清真寺周围居住。

宋元时期也是我国古代科学技术成就最高的时期,在许多方面领先世界。其中,江苏地区的科学家成就突出。

这一时期江苏地域文化史上的重大事件有:

1. 黄河夺淮入海给苏中部分地区和苏北地区带来巨大的消极影响,从此灾害频繁,经济发展缓慢,并逐渐落后于江南。据史料记载,1400年至1900年的500年中,淮河流域共发生350次较大的水灾。同时,黄河不断决溢改道,使漕运河道随之不断改变。河身的不断淤高,又导致运河水量不足。

2. 江淮之间长期成为南北军事对抗的前线,进一步加大了区域内南北文化的差异。北宋末年的"靖康之难",导致中原居民大规模南迁。汴洛居民多迁至江淮地区和宁镇地区,北宋以来形成的"中原正音"在此地生根。南宋与金以淮河为界,由此形成了江苏境内方言由苏南吴语、江淮语、徐州语三分的基本格局。

3. 江苏境内的科学家在许多领域取得重要成就。具有代表性的有沈括所著《梦溪笔谈》,该书被称为"中国科学史上的里程碑";黄裳绘制的苏州文庙石刻《天文图》是世界上最古老的石刻星图之一;隐居于真州(今仪征市)西山躬耕的陈旉(1076—1156)写成《农书》;建康(今南京)府明医书院医谕陈自明所著《妇人大全良方》是中国第一部妇科专书。

4. 元朝重修大运河,既巩固了江南在全国的经济中心地位,也奠定了江北运河沿线在全国的运输枢纽地位。这种得天独厚的优势地位,造就了江苏南北共同的繁荣,也使当时的南京、苏州、扬州列名世界十大城市。

5. 棉花的广泛种植,促进了元代纺织业的革命性变化。松江乌泥泾(今属上海市)人黄道婆(1245—1330)从海南岛黎族妇女那里学会纺织技术后回到江南广泛传播。棉花的种植和棉布的普及,对社会经济生活产生深远的影响,从经济史和服装史的角度看,具有重大的文化意义。

宋元时期江苏境内的吴文化、金陵文化、维扬文化都有表现,已经显示出了沿江和沿运河文化成就突出的特点。

吴文化的书画艺术开始领先全国。名列"宋四家"的米芾(1051—1107),虽是襄阳(今属湖北)人,却长期寓居润州(今镇江市)。他书画兼擅,因其个性狂放,人称"米颠"。他的书法博采众长,传世书迹甚多,《苕溪诗帖》为其代表作品。米芾还是一位书论家,所著《书史》及《海岳名言》为古代书法理论著作中的重要文献。其子友仁(1074—1153),字元晖,亦能书画,人称"小米"。北宋著名书家中江苏籍的还有朱长文、叶梦得等。朱长文(1039—1098)一生著述丰富,所著《琴史》6卷为我国第一部乐器史专著,《墨池编》20卷为书学史上的重要理论著述。叶梦得(1077—1148),书法宗颜真卿,又参以米南宫(即米芾),遒劲浑厚,别具姿致,传世作品有《人至帖》等。

南宋江苏籍书家有范成大、颜直之、魏了翁等。范成大(1126—1193)为南宋四大家之一。其书法清新俊秀,真率洒脱,传世的《明州赠佛照禅师诗碑》,任意挥洒,极见性情。颜直之(1171—1222)工画人物,又擅小篆。魏了翁(1178—1237)书法秀润连绵,以行草见长,传世作品有《文向帖》等。

元人山水画首推"元四家"。"元四家"中,属今江苏籍的有两位。黄公望(1269—1354),常熟市人。工诗词,擅书法,亦通音律,长于词曲,50岁才开始山水画创作,在画史上被推为"元四家"之首。其山水画宗法"董巨",又得赵孟頫指授,终能自成一家。其画风对明清山水画影响甚大。传世画迹主要有《富春山居图》《天池石壁图》《九峰雪霁图》《溪山雨意图》《富春大岭图》等。倪瓒(1301—1374),无锡市人。其山水画简中寓繁,对明清文人山水画有深刻的影响,存世画迹有《春雨新篁图》《水竹居图》《江岸望山图》《渔庄秋霁图》《梧竹秀石图》等。寓居昆山的朱德润(1294—1365)也是一位著名画家,擅画山水、人物,对后世亦颇有影响。存世画迹有《秀野轩图》《林下鸣琴图》等。

在宋元南戏基础上形成的"昆山腔",经过不断革新,逐步形成一个新剧种——昆曲,是中国最古老的剧种之一,被誉为"百戏之祖"。

维扬文化区以教育家胡瑗和伊斯兰教的普哈丁传教为亮点。海陵(今泰州市)人胡瑗,是宋代教育的奠基者。一生志于学术与教育,曾以经学执教苏州吴中,被范仲淹聘为苏州郡学教授,旋任湖州州学教授。胡瑗倡行的"苏湖教法",因范仲淹建议,由宋仁宗诏令全国推广。胡瑗的学生中知名者众多。

普哈丁是伊斯兰教创始人穆罕默德的第十六世裔孙。南宋咸淳年间(1265—1274年)普哈丁来扬州传教,前后10年,死后葬在扬州。由普哈丁创建的仙鹤寺是扬州最早的清真寺,它与广州的怀圣寺、泉州的麒麟寺、杭州的凤凰寺并称东南沿海伊斯兰教四大名寺。

第六节 明清时期

1368年,朱元璋在应天(今南京)登基,随后改应天为南京,再称京师,即直隶。明成祖迁都北京后,南京改为留都,称南直隶。明代的南京,包括今江苏、安徽、上海,今江苏境内分置应天府、淮安府、扬州府、苏州府、常州府、镇江府、徐州府等。

清初,今江苏隶属江南省。康熙六年(1667年),析江南省为江苏和安徽两省,"江苏"之名正式使用。

明清两代,中国古典文化进入总结阶段。朝廷调动大量人力物力,编纂《永乐大典》《古今图书集成》《四库全书》等大型类书和丛书,这在世界文化史上也是罕见的文化工程。

明代前期,程朱理学依然炙手可热。自嘉靖至万历年间(1522—1619年),王守仁的心学成为学术主流,并形成强大的政治势力。对晚明社会生活造成较大影响的是王门后学王艮创立的泰州学派。明代末年,以利玛窦为代表的一批西方传教士进入中土,他们在以徐光启为代表的中国士人的帮助下,展开了空前的传播西学的工作,这是中国本土文化与外域文化的又一次大交汇和大碰撞,江苏则是这种文化碰撞的前沿省份之一。

明清时期产生了黄宗羲、顾炎武、王夫之等启蒙大师,也涌现了《徐霞客游记》《本草纲目》《农政全书》《天工开物》等科学杰作。清代乾嘉学派即朴学的实证精神得到空前发展,在对古典文化进行的总结和整理中,江苏地区的学者做出了重要贡献。

这一时期江苏地域文化史上的重大事件有：

1. 江苏全境首次在一个一级政区内。

2. 明初的半个世纪南京作为全国的政治和文化中心，推动了本地区的学术文化再度进入辉煌时期。

明清两代，江苏地区主要是以繁荣的经济来发挥自己的地域影响力。由于经济的支持和安定的社会环境，文化方面的发展也领先于其他地区。明清江苏地区在学术思想、诗文小说、书画艺术、园林建筑、教育等方面都取得突出成就。吴文化、金陵文化、维扬文化、徐淮文化、苏东海洋文化都各有突出表现。

王艮(1483—1541)，字汝止，泰州安丰场(今属东台市)人，创立泰州学派，主张从日常生活中寻求真理。王艮站在小生产者的立场上，批判君主专制政体和封建礼教，提出"百姓日用即道"，其学说在当时各阶层中广泛传播。泰州学派后起之秀李贽(1527—1602)，师事王阳明弟子王畿(龙谿)、王艮之子王襞(东崖)，成为明代中后期在思想界、文学界影响最大的思想家之一。著有《焚书》《续焚书》《藏书》《李温陵集》等。

乾嘉学派，又称朴学。乾嘉学派内部又有吴学、皖学、扬学之分。吴、扬两派均为江苏学人。学者认为："吴学最专，皖学最精，扬州之学最通。"

皖学代表者为戴震(1723—1777)。戴震，字东原，安徽省休宁县人。曾客居扬州，其学亦因"扬学"诸人承传而得光大。

吴学代表者惠栋(1697—1758)，苏州市吴中区人，著有《易汉学》《周易述》《古文尚书考》《九经古义》等。其弟子余萧客(1732—1778)著有《注雅别抄》《古经解钩沉》《文选纪闻》《杂题》《音义》等。

扬学继承戴震所创之皖学并加以发展，代表人物有段玉裁、焦循、阮元等。段玉裁(1735—1815)，字若膺，常州市金坛区人，名列"说文四大家"之首。肄业于扬州安定书院，系戴震弟子，著有《古文尚书撰异》《毛诗故训传定本》《经韵楼集》等，《说文解字注》为其一生最得意之作，历时30余年方成。王念孙(1744—1832)，字怀祖，高邮市人。代表作为《广雅疏证》《读书杂志》。因与段玉裁同出戴震门下，以声音通训诂，故世称"段王之学"。其子王引之(1766—1834)著有《经传释词》《经义述闻》。汪中(1744—1794)著有《广陵通典》《述学》内外篇、《容甫先生遗诗》等。所作《墨子序》《荀卿子通论》，对墨学、荀学给予高度评价。焦循(1763—1820)著有《里堂学算记》、《易学三书》(《易通释》《易图略》《易章句》)、《论语通释》、《孟子正义》、《曲考》(已佚)、《剧说》、《花部农谭》、《雕菰集》等。研究领域涉及数学、天文学、经学、史学、声韵学、训诂学、文学、戏曲理论等许多方面。阮元(1764—1849)，仪征市人。主持校刊《十三经注疏》，著有《四库未收书目提要》等。他主编的《经籍纂诂》106卷和主持汇刻的《皇清经解》(收180余种著作)，都是具有总结性意义的学术文化工程。

嘉道之际(1796—1850年)，常州市武进区人庄存与、刘逢禄开清代今文经学一派，人称"常州学派"。庄存与(1719—1789)所著《春秋正辞》，专言公羊家所谓微言大义，不斤斤于文字训诂。其弟子刘逢禄(1776—1829)著《公羊何氏释例》《公羊何氏解诂笺》《左氏春秋考证》《论语述何》《刘礼部集》等。刘氏以何休《解诂》论《公羊春秋》。所撰《诗声衍》提出古韵二十六部之说，成为黄侃二十八部分法的直接来源。宋翔凤(1776—1860)著有《论语说义》《过庭录》等。

明清江苏地区的文学成果尤为丰硕。明初诗坛有"吴中四杰"(高启、杨基、张羽、徐贡）。明代中期诗坛有"吴中四才子"（祝允明、文徵明、唐寅、徐祯卿）和"金陵四大家"（顾璘、陈沂、王韦、朱应登）。散文创作方面，当时文坛上的"前七子""后七子""唐宋派"都有江南文人参与或领导。小说创作方面，元末明初兴化人施耐庵的《水浒传》、淮安人吴承恩的《西游记》、寓居南京的吴敬梓的《儒林外史》都是明清长篇小说中的名作。

明代白话短篇小说创作以苏州人冯梦龙（1574—1646）纂辑的《三言》尤为突出。《喻世明言》（即《古今小说》）、《警世通言》、《醒世恒言》合称"三言"，共120篇，不少作品以市民为主角，具体生动地反映当时江南地区处在萌芽状态的资本主义生产关系和相应而来的新的思想意识。

据统计，明代全国知名画家约4 000余人，江苏一省就有1 700多人，几乎占了半壁江山。明代中叶，江苏画坛产生了著名的吴门画派，形成江苏绘画的又一高峰。该派创始人沈周与文徵明、仇英、唐寅并称为"吴门四家"或"明四家"。沈周（1427—1509）擅山水，笔墨豪放，风格浑厚沉着，间作工细之笔，于严谨中仍具浑成之势，人称"细沈"。所画多取景江南山川园林景物，喜用重墨浅色。兼画人物，亦别具神韵。其书法学黄庭坚，诗宗白居易、苏轼，名重于明代画坛。沈周晚年画风更为阔大雄浑。在继承家学、学习传统和对江南山水写生的基础上，形成了自己独特的风格。用笔刚劲老健，用墨苍润浑厚，意境深远抒情。传世画迹有《两江名胜图册》《庐山高图》《灵隐山图卷》《三桧图》等。文徵明（1470—1559）擅山水，亦兼擅花卉、兰竹、人物。其画设色浅淡，风格秀丽，细致温雅，名重当时，从学者甚众。传世画迹，以山水画为多，属于工细一路的则有《万壑争流图》《春深高树图》等。其书风流畅遒劲、安恬自然。唐寅（1470—1523）工画人物、花鸟，笔墨秀润，景物清雅生动，工笔、写意俱佳，尤工于仕女画。其山水画成就颇高，用墨能随物的阴阳虚实而起巧妙变化。传世作品有《山路松声图》《震泽烟树图》《江南农事图》《秋风纨扇图》《东方朔像》等。仇英（1498—1552）擅长大青绿着色山水，精工艳丽又秀雅。他的人物画功夫最出色，尤以仕女画见长，风格独特。传世作品有《赤壁图》《玉洞仙源图》《桃村草堂图》《剑阁图》《松溪论画图》《秋江待渡图》等。

吴门画派的影响巨大而深远。其流变为晚明的松江派，再变为清初的以"四王"为代表的娄东派和虞山派。

清代的江苏绘画派别林立，名家众多。在全国5 800位知名画家中，江苏一省占有2 700多人。其中活跃在吴中一带的"四王"（王时敏、王鉴、王翚、王原祁）、虞山派、娄东派，活跃在金陵的"金陵八家"，活跃在扬州的"扬州八怪"，他们共同把江苏绘画艺术推向了高峰。"四王"是清代山水画领域的中坚，都是今苏州地区人。"四王"加上吴历、恽寿平，则被称为"清六家"。王时敏（1592—1680），字逊之，号烟客，晚号西庐老人，笔墨苍润浑厚，所作山水多水墨，青绿甚少。王鉴（1598—1677）工山水，长于青绿设色，以烘染为主，风格华润平实。王翚（1632—1717）字石谷，开虞山派画风之先河。王原祁（1642—1715）画宗黄公望，喜用枯笔焦墨，用笔沉着，设色偏于浅绛，重彩之作，青绿朱赭，映带鲜明。吴历（1632—1718）笔墨以冷峻为主，格调高雅，画风沉雄。康熙年间入天主教，先后在嘉定、上海等地传教30余年，故其画往往带有西画色彩。恽寿平（1633—1690）初工山水，后多作花卉。重写生，自称学徐崇嗣没骨法，水墨淡彩，清润明丽。

除"清六家"之外的著名画家还有禹之鼎和蒋廷锡。禹之鼎（1647—1716）长于人物，尤工肖像。他的写真以白描为主，并以淡墨稍加渲染，又在两颧晕以淡淡胭脂赭石，使画面富于立体感。工笔设色,其画风秀润古雅。蒋廷锡(1669—1732)的绘画,一幅之中往往采用多种笔法,且能浑然一体,自然和谐。其画时常在花卉中点缀坡石细流,格外超逸、空灵,当时有"蒋派"之称。

"金陵八家"是指明末清初南京的八个画家:龚贤、樊圻、高岑、邹喆、吴宏、叶欣、谢荪、胡慥,其中成就最高者为龚贤。龚贤(1618—1689),昆山市人,寓金陵清凉山,筑半亩园。性孤僻,与人落落寡合,是一个隐居不仕,以诗文书画自娱的雅士。工山水,取法董源、吴镇,能自出机杼。作画重视写生,用墨层层染渍,苍润浓厚。尝自写小像作扫叶僧,故名所居为扫叶楼。所作《画诀》,言近旨远。兼工诗文,有《香草堂集》等传世。代表作《摄山栖霞图卷》等,均取材于南京附近实景。

"扬州八怪"是指乾隆年间(1736—1795年)在扬州以卖画为生的八个有代表性的画家:汪士慎、黄慎、金农、高翔、李鱓、郑燮、李方膺、罗聘。郑燮(1693—1765),号板桥,兴化市人。雍正举人,乾隆进士,曾任山东范县、潍县知县,后因得罪地方豪绅而罢官。能诗文,擅画兰竹,工书法。以书法笔法入画,自称"凡吾画竹,无所师承"。实际上他遍观宋元以来名家画迹,所谓"无所师承"云云,是强调创造性,既师法又能自运,不着痕迹罢了。金农(1687—1764),浙江省杭州市余杭区仁和镇人,客居扬州,以卖画为生。金农长于书法,自为一体,号曰"漆书"。所画梅竹、鞍马、人物、山水,自创一格,追求一种似与不似之间的情趣。所作以梅花为多,善用淡墨枯笔,造型奇崛,笔调朴拙。"扬州八怪"虽然各有自己的风格,但共同的特点却与清代其他花鸟画家不同。他们以徐渭、陈淳、石涛的方法,恣肆奇逸的笔墨,发挥了个人的创造力。他们因对传统的反叛和个性的张扬被人们称作"怪"。

康雍时期(1662—1735年)江都人袁江,擅长界画,所作楼台山水多曲折有致,笔墨严整。传世画迹有《海上三山图》《观潮图》《梁园飞雪图》等。其侄袁耀与其风格相近,传世作品有《拟阿房宫图》《邗江胜览图》等。二袁的界画楼阁,雍容端庄,建筑样式较以前有更多的变化,而且能绘巨幅大作,传世作品较多,对后来的界画家产生了不小的影响。

乾嘉时期(1736—1820年),还崛起了以张崟为代表的"京江画派"。张崟(1761—1829)祖籍江西,后迁居镇江,擅画山水,锐意出新。其《十二景》册页以及《山海长春图》等,章法严谨,落笔浓重,气象雄奇生动,韵味苍劲浓郁。其尤擅画松树,与当时镇江擅画柳的顾鹤庆并称为"张松顾柳"。

明清时期,江苏园林达到了相当高的艺术境界,其虚实动人的意境、诗画般的艺术手法、精巧秀丽的风格令人赞叹。具有代表性的苏州、扬州宅第园林,以石头文化丰富、建筑风格精巧秀丽为特点。这一时期,扬州还是全国的漆器制作中心和三大玉雕重地之一。同时,宜兴紫砂工艺发展成熟,名家辈出。

在中外文化交流中,以郑和七下西洋和利玛窦传教成就最为突出。郑和是明代航海家,他率领船队七次下西洋,先后到过东南亚、南亚、中东的 30 多个国家和地区。把当时先进的中国文化传播到海外,大大促进了中外经济文化的交流。中国输往亚非各国的物品种类和从各国进口物品的种类都有很大增加。史料记载,当时传入中国的物品有 165 种,长颈鹿、狮子、鸵鸟、斑马都是此时引进的。明成祖为纪念郑和航海平安归来而建造南京静海寺,寺内种植有郑和从西洋带回的各种珍贵植物。《郑和航海图》不仅记录了北辰星和华盖星的航海天文学资料,还是中国第一部关于海洋地理的世界地图。

江苏人民为郑和七下西洋做出了重大贡献。下西洋的海船大多是江苏境内的船厂制造的,其中最著名的龙江宝船厂在今南京市西北的宝船遗址公园内。郑和七下西洋皆以江苏太仓刘家港为始发港,归国后又在此驻泊。郑和船队输往亚非各国的物资,大部分是江南的手工业产品。

较早在中国传播西方科学文化的人是利玛窦、徐光启和魏源。利玛窦(1552—1610)是明末到中国的意大利耶稣会传教士。他绘制的《山海舆地图》曾多次刊刻印行;他和徐光启合作翻译的数学著作《几何原本》,把一种全新的演绎思维方法第一次介绍给中国知识界,对以模糊著称的中国传统思维方式来说是一个重大突破。徐光启(1562—1633)在中西文化交流上取得了多方面的成就。在天文历法方面,徐光启学习和翻译西方天文学说,主持修改历书,和传教士合作研究天文仪器,撰《简平仪说》《平浑图说》《日晷图说》《夜晷图说》等。在数学方面,他在所著《测量法义》《测量异同》和《勾股义》三书中,运用《几何原本》的原理来论证我国古代数学,把中国的数学科学向前推进了一大步。在农田水利方面,他曾师从意大利耶稣会传教士熊三拔学习泰西水法,聘请匠人依法制造各种治水工具,并加以推广,还编成《泰西水法》6卷,写成《宜垦令》《北耕录》等书,其中最重要的著作是《农政全书》60卷。魏源(1794—1857)的《海国图志》以翔实的资料介绍了海外(西方)的历史、地理、政治状况和科学技术,是我国近代史上最早的一部由中国人自己编写的有关世界各国情况的巨著。

明代江苏另一部理论和实践价值都很高的农业专著是明嘉靖年间溧阳人马一龙(1499—1571)所著的《农说》,书中详尽地总结了水稻的耕作技术。

明清时期江苏在科技方面值得一书的人物还有徐霞客和王锡阐。徐霞客(1586—1641),江阴市人。他经30年考察,足迹遍及10多个省,撰成的《徐霞客游记》,开辟了地理学上系统观察自然、描述自然的新领域,其中对喀斯特地貌的考察研究,比西方同类记载早一百多年。《徐霞客游记》既是系统考察祖国地貌地质的地理名著,又是描绘华夏风景的旅游文学佳作,在国内外具有深远的影响。王锡阐(1628—1682),苏州市吴江区人。清代天文学家、数学家。王锡阐终生不应科举,专心致力于天文历算,著有《晓庵新法》和《五星行度解》等。

第七节　清代后期

清代后期,清廷未对江苏的政区作重大的调整。19世纪中叶,太平天国定都天京(今南京),先后在其所辖苏南地区建立天京省、天浦省、苏福省。

以1842年中英签订《南京条约》为标志,中国逐步沦为半封建半殖民地社会。随着帝国主义列强的入侵,中国自然经济逐步解体,以商品经济为动力源的经济结构开始形成。从19世纪60年代开始,中国出现了模仿西方工业化模式,以"自强""求富"为目标的洋务运动。由李鸿章、张之洞、左宗棠等人相继设立的数十家兵工和民用企业,构成中国早期现代化的重要组成部分。

在兴办实业的同时,洋务派也开始兴办新式学堂,培养专业人才,以解决传统教育与近代化事业严重脱节的实际困难。除普通教育以外,实业教育、师范教育、军事教育、女子教育也兴办起来。近代文化教育事业的有机部分还有近代报刊的发行和出版机构的建立、图书馆和博物馆的建立。1897年创办于上海的商务印书馆和1912年创办于上海的中华书局是历史最久、影响最大的近代出版机构。1905年张謇创办的南通博物苑是我国第一家现代博物馆。

1905年废除科举制度具有象征意义,标志近代知识分子开始取代传统士大夫,对中国社会具有重要的影响。

这一时期江苏地域文化史上的重大事件有:

1. 19世纪中叶,江苏成为太平军和清军作战的主战场,这给南京和扬州等地带来了巨大的破坏。尤其是扬州,由于平汉铁路线建成和漕运改为海运,扬州逐渐被边缘化了。

2. 西洋文化和本土文化的融合在本地区产生了巨大影响,逐渐形成了兼取中西特色的海派文化,原属江苏省松江府的上海成为海派文化的中心。

3. 近代工业在江苏地区发展。在洋务运动中,江苏地区起步较早,李鸿章等人在江苏建立了以近代化机器为生产手段的军事工业,开江苏近代工业之先河。其中苏州洋炮局是江苏最早的近代工业企业,也是我国最早使用机器制造近代武器的近代化兵工厂。江南机器制造总局是当时洋务派创办的全国规模最大的近代工业企业,也是我国最早的新式综合性军工企业。1865年创办的金陵制造局是南京第一个近代工业企业。

1861年,长江出现轮船航运,由此形成中国近代的航运业。1872年在上海成立轮船招商局。甲午战争以前,江苏只有左宗棠支持下创办的徐州利国煤铁矿务局。甲午战争以后,江苏的民族工业出现高潮,先后有张謇创办南通大生纱厂、陆润庠创办苏纶纱厂、杨宗瀚主办无锡业勤纱厂等。

在经世致用、洋务运动和西方文化意识形态的影响下,江苏出现了陈述时弊、倡言变通、学习西方的改良派四大家。冯桂芬(苏州吴中人)在上海创办广方言馆(外语学校),他的著作是戊戌变法参考的主要依据之一。王韬(昆山人)游历英、法,创办《循环日报》,倡导变法自强。薛福成(无锡人),光绪即位时上《应诏陈言疏》,震动京师。所写《筹洋刍议》,表达了当时社会要求全面学习西方、发展资本主义的呼声。马建忠(镇江丹徒人)"专究西学",通晓外语,多次"上书言借款、造路、创设海军、通商、开矿、兴学、储材",更深刻、更典型、更系统地表达了资产阶级民主改良的政治要求。他的语言学著作《马氏文通》为中外文化的交流提供了一个范例,其宗旨为"教育强国"。

4. 近代教育起步并发展。光绪二十七年(1901年),美国教会在苏州中西、博习两书院的基础上建立东吴大学。宣统二年(1910年),美国教会的汇文书院与宏育书院实行合并,改组为金陵大学。

5. 文学艺术得到进一步发展。太平天国时期,江苏扬州出现了虞蟾、陈崇光、虚谷和尚等一批出色的画家。虞蟾(1785—1864)画风逸出"四王"轨范,大气磅礴,雄浑恣肆。他作画往往一气呵成,淋漓尽致。陈崇光(1838—1896)由画工而进入文人画行列,成就很高。他的大写意花鸟画,与太平天国壁画颇有相通之处。虚谷(1824—1896)擅花果、禽鱼、山水,喜用干笔偏锋,冷峭而新奇,匠心独运,自出一格。

清朝末年,著名小说作品大都出于江苏作家之手。《官场现形记》《老残游记》《孽海花》与《二十年目睹之怪现状》并称为中国近代四大谴责小说。前三部书的作者李宝嘉、刘鹗、曾朴皆为江苏人。《官场现形记》全书60回,以抨击腐败吏治为基本主题。刘鹗(1857—1909)的代表作《老残游记》全书20回,通过江湖医生老残在山东行医时的所见所闻,暴露了封建酷吏的罪恶,帮助读者认识晚清官僚政治的黑暗和残暴。曾朴(1872—1935)的代表作

《孽海花》以金雯青、傅彩云的故事为线索,广泛地描写了晚清宫廷内部的混乱,官吏的贪赃枉法和惧外情状,封建知识分子的醉生梦死,资产阶级民主主义革命的兴起等。

晚清被人称为"鸳鸯蝴蝶派"的小说家群大多为江苏人,上海是他们的活动中心。1906年吴趼人言情小说《恨海》和符霖哀情小说《禽海石》的刊行可作为"鸳鸯蝴蝶派"小说诞生的标志,此后数十年间"鸳鸯蝴蝶派"在中国文坛上占据相当重要的地位。

"鸳鸯蝴蝶派"作家中以苏州人为最多,扬州人其次,代表人物有周瘦鹃、包笑天、张恨水等。张恨水的《金粉世家》被誉为"民国《红楼梦》",他的另一部作品《啼笑因缘》将言情、社会、武侠熔于一炉,且展开了北京的风情画卷,让南方读者有别开生面之感。

第八节 民国时期

这一时期江苏的主要政区变化有:1912年江苏省省会由苏州迁南京;1927年蒋介石发动"四一二"反革命政变,定南京为首都;1928年上海与南京都作为中央特别市划出江苏;1929年江苏省省会迁镇江;侵华日军于1938年在南京成立伪维新政府,1940年汪精卫在南京成立伪中央政府,中国共产党领导的新四军在敌后建立抗日根据地,盐城较长时间为新四军军部所在地;1945年日本投降后,国民政府迁回南京,江苏省政府迁回镇江;1949年4月23日,人民解放军占领南京;1949年5月,改南京特别市为南京市,且为中央直辖市,江苏省苏北解放区成立苏北行署区,苏南新解放区成立苏南行署区。

这一时期江苏地域文化史上的重大事件有:

1. 1921年7月,中国共产党在当时还属于江苏的上海成立,随后中共江苏的各级地方组织逐步创建,共产主义思想在江苏逐渐传播。

2. 南京作为全国的政治中心,给本地区的文化带来很大变化,经济、文化、教育都有较大的发展。作为十朝都会的南京,民国期间的历史文化遗存十分丰富。

江苏经济在战乱频繁的间隙中艰难地发展。20世纪30年代是江苏近代工业大发展的时期,纺织、面粉、缫丝、机械是当时江苏的优势工业部门。无锡成为中国第三大工业城市。无锡丽新纺织印染公司是当时中国规模最大的纺织染联合企业,江苏省的面粉产量占全国产量的三分之一。无锡生丝、南京云锦、如皋火腿远销欧美。

20世纪30年代的江苏也是全国最发达的农业区域。1931年,全省小麦产量居全国第三,大麦居全国第一。据1933年统计,全省水稻种植面积居全国第三,占全国产量的12.5%。1936年,江苏棉花产量占全国产量的25%。日伪统治期间,发达的江苏经济遭到严重破坏和掠夺。

民国初期江苏教育有了新发展。一批高等学校新建,原有高校有所扩充,师范教育得到重视。1915年9月,南京高等师范学校开学,并迅速跻身民初我国建立的四所高师之列。20世纪20年代,江苏开始实行教育部颁布的初等、中等、高等三阶段教育的新学制,纷纷将旧式书院改为近代化的学校。当时的公立大学有国立东南大学(1921年后改组为中央大学)、江苏省立法政大学(1923年)、江苏省立医科大学(1925年)。私立大学有金陵大学(1911年)、金陵女子文理学院(1913年)。此外,还有苏州的东吴大学,南通的农业学校、医学专门学校和纺织专门学校。陶行知创办的晓庄师范、唐文治创办的无锡国学专科学校、荣氏创办的江南大学也很著名。这些高等学校,为我国近现代文化建设、科学研究、技术进步和经济发展,培育了无数的专家学者和建设人才。

　　民国期间,南京的大学聚集了不少文化教育界名人,如黄侃、胡小石、吴梅、王伯沆、吴贻芳等。在绘画艺术方面,江苏集中了一批名家,如徐悲鸿(宜兴)、吕凤子(丹阳)、陈之佛(原籍浙江余姚,寓南京)、吕斯百(江阴)、吴湖帆(苏州)、刘海粟(常州)、林散之(南京)、高二适(泰州)、傅抱石(原籍江西新余,寓南京)、钱松嵒(宜兴)、李可染(徐州)、华君武(南京)、吴冠中(宜兴)、伍必端(南京)等。

第二编 苏南地域文化

苏南是江苏省南部地区的简称,包括南京、镇江、苏州、无锡和常州5个设区市。苏南地处中国东南沿海长江三角洲中心,东靠上海市,西连安徽省滁州市,南接浙江省,北依长江、东海,是江苏经济最发达的区域,也是中国经济最发达、现代化程度最高的区域之一。土地总面积28 090平方千米,占全省土地面积的27.16%。2022年末,5市常住人口3 908.97万人,占全省总人口的45.9%,城镇化率为82.67%。

苏南是中国近代民族工业和吴文化、金陵文化的重要发祥地。苏南人以开放进取、兼容并包的精神,重商重实业的价值追求,重视教育科学的优良传统,创造了以江南水文化为基础、宁镇山文化为补充的苏南地域文化。其主要特征是自强不息,雄中孕秀,机智圆通,崇尚和谐,儒雅守规,秀美清润,开放进取。苏南地域文化为苏南在现代化过程中形成的"苏南模式"提供了重要的"文化力"源泉。

第五章

南京地域文化

  南京市,简称宁,别称金陵。江苏省省会,副省级市。南京位于江苏省西南部,长江下游苏、皖两省交界处,是中国东部地区重要的中心城市,全国重要的科研教育基地和综合交通枢纽、通信枢纽和科技创新中心,是长三角辐射带动中西部地区发展的重要门户城市,国家级历史文化名城。东接镇江市,西邻安徽省滁州市、马鞍山市,南接安徽省宣城市、江苏省常州市,北连安徽省滁州市、江苏省扬州市。全市总面积 6 587.02 平方千米。2022 年末,常住人口 949.11 万人,城镇化率 86.9%。2019 年被联合国教科文组织授予"世界文学之都"称号。

第一节 历史沿革与国际交往

一、历史沿革

  大约 50 万年前就有猿人在南京地域生活。南京东郊汤山葫芦洞的两块猿人颅骨化石,是目前发现最早的南京人类生活的遗迹。南京溧水区神仙洞发现的人类颞骨化石,距今约 1.2 万年左右。在今市中心鼓楼岗北阴阳营、江宁区陶吴镇昝缪等地发现的 200 多处新石器时代遗址中出土的大量陶器和石、骨制成的生活用具,表明这些地方 6 000~5 000 年前已有原始居民在这里耕作生息。南京浦口区泰山街道营盘山发掘的氏族墓葬遗址距今约有 5 000 年。南京周围发现的具有地方特色的"湖熟文化"距今约 5 000~4 000 年。在距今 3 000 多年的新石器晚期,南京沿江沿河地带已相当密集地分布着青铜器时代的居民聚落。

  周灵王元年(前 571 年),楚国在今六合设有棠邑,置棠邑大夫,为南京有历史记载的最早的地方建置。稍后,吴国在今市域南部固城湖畔置濑渚邑。春秋末年(前 495 年前后),吴王夫差在今朝天宫一带筑冶城,开办冶铸青铜器的手工业作坊。周元王四年(公元前 472 年),越国灭吴后,越相范蠡在今城南的古长干里(今中华门外雨花路西)筑城,后人称之越城。宋代山谦之著的《丹阳记》中有"蠡城金陵,居长干古越城中"的记述。此为南京建城之始,距今 2 490 余年。

  周显王三十六年(楚威王七年,前 333 年),楚威王熊商打败越国,于石头山置金陵邑(位于今清凉山附近)并"郡江东",为南京主城区建置政区治所之始,亦为南京的第一个名称。传说楚威王曾埋金于下关狮子山以北的江边,以镇东南紫金山的王者之气,故名金陵。

  公元前 221 年,秦统一全国。秦始皇南巡时,见金陵之地有王者之气,便于公元前 210 年改金陵邑为秣陵县,意为放养牲口的地方(秣,饲料)。其后还设置过丹阳、江乘和棠邑三县。两汉时期又增设湖熟县。东汉末年形成三国鼎立之势。汉献帝建安十六年(211年),割据江东一隅的孙权把政治中心由京口(今镇江)迁至秣陵(今南京秣陵关一带),次年在原楚国金陵邑城址修建石头城,以资守御,并取"建帝王大业"之意改称秣陵为建业。公元229年四月,孙权在武昌称帝。同年九月迁都建业,开创了南京建都的历史。

西晋太康二年(281年),东吴灭亡,西晋统一全国,调整行政建制,实行分而治之,把原建业析为秣陵、建邺、临江三县。太康三年(282年),晋武帝司马炎南巡至此,见"江外无事,宁静如此",改临江县为江宁县(南朝梁顾野王《舆地志》),江宁即得名于此时。公元313年,为避愍帝司马邺名讳,改建邺为建康。公元317年,晋琅邪王司马睿南渡,在建康故城建立东晋政权。此后,宋、齐、梁、陈相继定都于此,史称南朝。以南京为都城先后共有六个朝代,时间达360年之久,故南京有"六朝古都"之称。

公元589年,隋灭陈,实现了中国的统一。隋文帝杨坚实行抑制江南地方豪强势力的政策,诏曰:建康"城廪宫阙荡平耕垦",于石头城置蒋州。不久建康城池宫殿遭平毁,废为农田。在行政设置上,废丹阳郡及其下属的建康、秣陵等县,仅留下石头城(今南京清凉山附近)作为蒋州治所,管辖江宁、溧水、当涂三县。

唐初,延续隋的政策,六朝故都建康城很快衰落,一片破败景象。唐武德九年(626年),改江宁县为白下县。贞观九年(635年),复改为江宁县。乾元元年(758年),改江宁县为升州。唐中期以后,古城才逐渐恢复和发展。今天的十里秦淮历史风光带从这个时期开始逐渐形成。

五代十国时期,杨吴武义二年(920年),改升州大都督府为金陵府。公元937年,徐知诰改金陵府为江宁府。939年称帝后,徐知诰改国号为"唐",史称南唐。975年南唐为宋所灭。

北宋时,推行经济中心南移政策,江宁府经济进入新的繁荣时期。南宋时,处于宋金交战前线的江宁府,更名为建康府。元初改建康府为建康路,不久又改称集庆路。

1368年,朱元璋称帝,改集庆路为应天府。后又改称南京(取南部京城之意),大梁(今开封)为北京,实行南北两京制,南京即得名于此时。1378年,改南京为京师,南京第一次成为全国的首都,历洪武、建文、永乐三帝,前后53年。明初,人口大增,全城人口约70万人,明中叶以后增加到120万人。全城有100多个行业,尤以织造、印刷、造船、建筑四大手工业名盛天下。1420年,朱棣把京师由南京迁往北京,而往日的明朝政治中心南京成为陪都。

清初改南京为江宁府。清咸丰三年(1853年)太平军攻克江宁府,建立太平天国,改称天京,定为首都。1864年,清军反扑,攻破天京,太平天国运动失败,复改为江宁府。

1911年10月10日,辛亥革命一举推翻清王朝的君主统治。同年12月29日,起义的17个省代表在南京选举孙中山为临时大总统,国号中华民国。1912年元旦,中华民国临时政府在江宁府成立,孙中山宣誓就任临时大总统,改江宁府为南京府,后又改称南京。1927年,北伐军节节胜利,4月18日在南京成立国民政府,定南京为首都。

"六朝"、五代南唐、明朝、太平天国及中华民国先后定都南京,共453年,故南京又有"十朝都会"之称。南京历史上的名称之多,实为罕见。据史载,历代仅县以上建置的名称就有金陵、秣陵、建业、江乘、湖熟、建康、江宁、升州、白下、上元、集庆、应天、天京等40多个。

1949年4月23日南京解放,成为中央人民政府特别市。1953年1月1日,南京市与苏南、苏北行政区合并成立江苏省,改为省辖市,为江苏省省会。

二、行政区划与发展格局

南京市现辖玄武、鼓楼、秦淮、建邺、江宁、雨花台、栖霞、六合、浦口、溧水、高淳11个区。玄武区,因境内玄武湖而得名;鼓楼区,因境内明代所建的鼓楼而得名;秦淮区,因横贯全境的秦淮河而得名;建邺区、江宁区,分别以南京古称为区名;雨花台区,因境内雨花台而得名;栖霞区,因境内栖霞山而得名;六合区,因境内六合山而得名;浦口区,因濒临元代长江岸边的浦子口得名,后简称为浦口;溧水区,因境内溧水而得名;高淳区,因史上治所在高淳镇(今名淳溪镇)而得名。

南京工业基础雄厚,已形成以电子信息、石油化工、汽车制造、钢铁为支柱,以软件和服务外包、智能电网、风电光伏、轨道交通等新兴产业为支撑,先进制造业和现代服务协调发展的产业格局。现为中国国土规划中沪宁杭经济核心区的重要中心城市,国家重要的综合性交通枢纽和通信枢纽城市。

南京已建成全方位、立体化、大运量的交通运输网络,铁路、公路、水运、空运、管道五种运输方式齐全。高铁南京南站是亚洲地区最大的铁路枢纽中心,拥有现代化的通信体系。南京港作为天然良港已成为远东内河第一大港。

南京市科教文化资源丰富,区域金融地位突出,海陆空港和信息港联动发展,发挥带动中西部地区发展的重要门户作用,建设全国重要的科技创新中心、文化创意中心、长江航运物流中心和区域金融商务中心,成为国家创新型城市和国际软件名城。

南京与临近的镇江、扬州、淮安、芜湖、马鞍山、滁州、宣城8市以及常州市的溧阳、金坛组成了南京都市圈,实施区域商务合作,已取得成果。南京都市圈横跨江苏、安徽两省,土地面积约6.6万平方千米,占两省总面积的26.25%,人口约占总人口的22%。推进南京都市圈一体化建设已成为苏皖两省重要的区域发展战略。

三、广泛的国际交往

南京以开放进取的视野走向世界,20世纪70年代以来,与日本大阪市、神户市,美国圣路易斯市,意大利佛罗伦萨市、波利卡市,荷兰埃因侯温市,德国莱比锡市、哥廷根市,墨西哥墨西卡利市,塞浦路斯利马索尔市,韩国大田市,澳大利亚珀斯市,南非布隆方丹市,哥伦比亚巴兰基亚市,马来西亚马六甲市,比利时哈塞尔特市,文莱斯里巴加湾市,土耳其赛菲利希萨尔市,纳米比亚温得和克市等54个国家的101个城市结为友好合作城市,增进和密切了与世界各地城市的友好往来和经济协作关系。

第二节 地理交通与文化特征

一、地理与生态

南京市地跨长江两岸,南北最大纵距150千米,东西横距30~70千米,属宁镇扬丘陵地区,地势起伏,最大相对高差近450米。长江、秦淮河、滁河奔流其间,把地表形态切割成诸个地理单元,造就低山、岗地、河谷平原、滨湖平原和沿江洲地等各具特色的地貌。低山、丘陵、岗地占全市总面积的60.8%,平原、洼地占27.8%,水域约占11.4%。全市林木覆盖率为31.02%。

南京属亚热带季风湿润气候区,雨量充沛,四季分明,年平均温度 15.4 ℃。南京春秋短、冬夏长、冬夏温差显著,四时各有特色。

长江南京段长约 97 千米,万吨海轮可终年通航。江南有秦淮河,江北有滁河,为南京市境内两条主要的长江支流,其河谷平原为重要农业区。市区东倚主峰海拔 448.9 米的钟山,恰似虎踞龙盘,气势雄伟。

秦淮河为长江下游右岸支流,北源起于句容市宝华山北麓,南源起于溧水区东庐山,至江宁区禄口街道汇合,自西向东流经南京城区,干流长 110 千米。在南京武定门外分两支:干流称外秦淮河,绕城经中华门、水西门、定淮门外,至三汊河注入长江;另一支称内秦淮河,由通济门东水关入城,在淮清桥又分南北两支。南支为"十里秦淮",经夫子庙文德桥至水西门西水关出城汇入干流;北支即古运渎,经内桥至张公桥出涵洞口入干流。秦淮河历史上的航运和农业灌溉作用,孕育了南京古老文明,被称为南京的母亲河,中国"第一历史文化名河"。

滁河位于江淮之间,为长江下游左岸一级支流,发源于安徽省肥东县梁园镇,流经安徽省滁州市,马鞍山市含山县、和县及南京江北,至六合区龙袍街道入长江。干流长 269 千米,其中江苏境内长 116 千米,流域面积 1 750 平方千米。

二、丰富的经济资源

南京地区现代植物资源丰富,植物种类繁多。主要分布树种有马尾松、麻栎、栓皮栎、枫香等。还有部分外来植物,如雪松、火炬松、广玉兰等。

野生动物资源也很丰富,栖息、繁衍的国家级保护动物有中华鲟、白鳍豚、扬子鳄、河鹿、江豚、鸳鸯、长耳鸮、短耳鸮等。

南京境内已知的矿藏有 58 种,其中铁、硫的储量占全省的 40%,锶的储量和品位居全国和东南亚之首。六合境内还发现了蓝宝石矿,而蓝宝石是世界上少见的宝石品种之一。

南京地热资源非常丰富,已知的天然温泉有江宁区汤山、浦口区汤泉、琥珀泉、响水泉、珍珠泉等,水温一般在 22 ℃～60 ℃,属低中温热水,矿化度 1～2 克/升,为硫酸重碳型水或硫酸盐型水,可用于热水浴治疗疾病,也可用于育秧、养鱼,还可以开设温水游泳池,制造矿泉水饮料。

南京是中国重要的农业和商品粮基地之一,主要经济作物为油菜、棉花、蚕茧、麻类、茶叶、竹木、水果、药材等。境内长江两岸水网交织,湖泊密布,水域广阔,水资源极为丰富,是中国重要的淡水渔业基地之一。

南京工业门类较为齐全,石油化工、电子信息、车辆制造、钢铁、会展业、文化产业等为支柱产业,并依托雄厚的科教优势大力发展平板显示、集成电路、通信、光伏、汽车、风力发电设备、轨道交通设备、电力设备等产业链,积极拓展新能源、新材料、生物医药、新型光电、环保装备、航空航天、轨道交通装备、先进船舶制造等八大新兴产业领域。

三、网络化的交通建设

南京作为长三角三大中心城市之一、南京都市圈的核心城市、长江下游地区唯一省会城市和跨江发展城市,交通区位优势明显。2022 年,国家确定南京建设国际性综合交通枢纽城市。南京禄口国际机场是我国大型枢纽机场、华东地区的主要货运机场,航空货物与快件集散中心,现已开通国际、国内260多条航线。旅客年吞吐量曾突破3 000万人次。

南京港是我国率先跨入亿吨级的江海型内河港之一,是长江万吨海轮航道的终端,拥有万吨级泊位44个。对内连通长江流域及中原、华东、华南、华北地区等10多个省市,对外辐射80多个国家和地区近200个港口。2022年货物吞吐量超过2.71亿吨。

南京是连接华北、华东和华中铁路交通的重要枢纽,为华东地区重要的铁路枢纽,京沪、宁铜、宁西铁路在这里交汇,沪宁城际高速铁路和京沪铁路沪宁段已实现公交化。南京的铁路与俄罗斯、乌兹别克斯坦、哈萨克斯坦、蒙古、朝鲜等国实现了国际联运。南京南站汇集京沪、沪宁等多条铁路客运线路,成为亚洲最大的交通枢纽。

南京是国家综合交通枢纽,公路网密度居全国中心城市前列。对外公路交通都是高速相连,其中国家高速公路5条,国道4条。南京"一小时都市圈"已经形成。

南京市区公路网密集,主城主干道网骨架由"经六纬九"15条东西南北贯通的公路构成,市内"井"字形快速通道25分钟绕主城一圈。南京是国内(不含港澳台)第六个拥有地铁的城市,截至2023年2月共有12条营运线路,总长449千米,其中7号线路为全自动无人驾驶模式,日均客流量超过350万人次。南京长江大桥等5座跨江大桥、应天大街等3条过江隧道和地铁3号、10号线2条过江隧道,共10座桥隧已成为连接长江南北两岸的重要通道。

四、地域文化特征

在史前文化、六朝文化、明文化和民国文化积淀中形成的南京地域文化,具有厚重的文化内涵,在皇城都市的大气中透露出几分儒雅之气和豪杰之风,其主要特征如下:

一是文脉相承的龙凤文化。在中国封建社会发展过程中,龙凤已变异为皇权的象征。作为"十朝都会"的南京,深受皇权文化的影响,也表达了人们对南京繁荣昌盛,对和平、团圆、幸福、美满生活的寄托和憧憬。这在龙潭、龙蟠里、龙蟠路、龙池庵、回龙街、双龙街、凤凰街、凤凰台、凤台路、凤游寺、来凤街、丹凤街、仪凤门等地名中得到了充分展示。

二是浓厚的宗教文化色彩。在南京历史上,佛教、道教、伊斯兰教、天主教、基督教等都很繁荣。栖霞山、祖堂山、唱经楼、清凉山、鸡鸣寺、观音阁、承恩寺、五台山、西善桥、东善桥、三茅宫、蒋王庙、北极阁、洞神观、静海寺、天妃宫、礼拜寺巷、天堂街等地名表明了宗教文化曾经的辉煌。

三是浓郁的古商业文化气息。城市经济的兴盛,形成了城市工商业者、农户、士子、官宦、艺人和流动性商贩等多层的复合群体。颜料坊、红花地、踹布坊、估衣廊、纱帽巷、木屐巷、评事街(原名皮市街)、油坊巷、糖坊桥、胭脂巷、闺食营、宰牛巷、鸡鹅巷、冬瓜市、菱角市、鱼市街、铁匠营、木匠营、箍桶巷等地名就是明证。

四是朱门豪宅的士族文化和异彩纷呈的平民文化。如周处街、谢公祠巷、王府巷、汉府街、常府街、程阁老巷等显示了士族文化的特征。桃叶渡、莫愁湖、螺丝桥、胭脂井、大中桥、点将台、逸仙桥、中山门、三步两桥、斗鸡闸、虫人街、劳劳亭、狗耳巷、破布营等地名,彰显了平民文化的特征。

五是"唯才是举"的科举文化。中国实行了1 300年之久的科举制度,在南京的地名中留下了永久的记忆。例如成贤街、夫子庙、贡院、四牌楼、三牌楼、沈举人巷、朱状元巷、秦状元巷、上江考棚、下江考棚、状元境、三元巷、文德桥、文昌巷等。

南京话属于江淮方言。南朝以前,南京本土语音为中古吴语。晋代中原汉人南渡,中原雅语和吴语逐渐融合。明代定都南京后,将以南京音为基础的音系确立为全国通行的官话。之后,北洋政府以北京话为基础确立国语后,作为汉语官方标准语的南京官话在民国时期逐渐退出历史舞台。雪松为南京市市树,梅花为南京市市花。

第三节 历史文化遗产

一、史前文化遗址

南京地区现已发现多处史前文化遗址,以下几处最具代表性。

葫芦洞古人类化石遗址。位于南京城东约30千米处。1993年江宁区在对汤山街道雷公山北坡溶洞进行旅游开发挖掘时,于洞中发现2具古人类头骨化石、1枚完整的猿人臼齿化石以及2 000余件动物化石。命名为"南京猿人1号颅骨"的化石保存较完整,有额骨、顶骨、左眼眶以及部分面颊及鼻骨。铀系法测定距今约50万年,为一成年女性个体。命名为"南京猿人2号颅骨"的化石保存完整,有额骨、顶骨、枕骨等,2号颅骨化石厚重、粗壮,经多种方法精密测定,距今约24万年,为一成年男性个体。南京猿人颅骨化石是继"北京人""蓝田人""和县人"之后的又一古人类重大考古新发现,改写了南京及长江下游地区的人类发展史和区域开发史。

溧水神仙洞遗址。位于溧水城区东南约21千米的白马镇回峰山北麓。考古工作者在该洞中发现了一块距今1.2万年左右的成年女性右颞骨化石和一块邮票大小的陶片,同时还发掘了鬣狗、棕熊、豪猪等20余种动物的骨骼和牙齿化石。神仙洞中发现的陶片,是我国目前发现年代最早的陶器。神仙洞发现的人类化石为晚更新世至全新世之间的人类化石,它把江苏南部人类活动的时间推到了1万年以前。

北阴阳营文化遗址。位于鼓楼区北阴阳营,为距今约6 000~5 000年的原始村落遗址。东部的居住区,可以找到一些大大小小的房子遗迹。面积最大的35平方米,最小的不到10平方米。屋内地面用火烧烤过,墙壁用竹、木编织,并涂以草泥。屋内有灶坑、灶穴,附近有用来放置废物的灰坑。房子外面有椭圆形或长方形的炊煮食物的火塘。西部的公共葬地,死者被分层埋葬,有的地方叠层达三四层之多。每层用夹有烧土碎屑的土薄薄地掩埋。死者多为仰身直肢葬,头一律朝向东北,可能表示远古居民所信仰的灵魂去向。墓葬中有男有女,陪葬物品为锛、斧、鼎、钵、豆、罐、璜等。这些墓葬反映了母系社会以女性为生活和劳动中心的情况,死后男女各葬于本氏族的公共坟地中,氏族首领与氏族成员没有什么差别。

营盘山古墓葬群遗址。位于浦口区泰山街道营盘山北坡,为距今5 000多年的原始社会晚期氏族墓葬遗址。该遗址发掘了31座排列有序的墓葬,墓葬东西向排列,头向朝南,多为单人仰身直肢葬,仅有6座双人合葬。如此精心安排的氏族公共墓地,是氏族社会血缘纽带的证据。出土随葬品有陶器、石器、玉器等600多件。陶器有夹砂红陶和泥质灰陶,器形有带翘角状把手的盉形鼎、敞口球腹罐、盆、壶、钵、觚形杯等。石器有舌形穿孔石斧、石锛等。玉器数量占随葬品总数的一半,有装饰头部、颈部、胸部、臂腕的各种佩件,种类主要有玉璜、玉镯、玉环等。

湖熟文化遗址。因发掘于江宁区湖熟街道,故名湖熟文化,距今约5 000~4 000年。

该遗址出土的生产工具主要是石器,器形有斧、锛、刀、镰等,表明农业在当时生产中已占主要地位。石镞和网坠的数量也较多,说明渔猎仍占相当重要的地位。陶器大都是生活用的夹砂粗陶、泥质黑皮磨光陶、几何印纹陶和原始瓷器等。发掘的刀、斧、镞、鱼钩等小件青铜器和铜矿石,炼铜用的陶钵、炼渣等,表明当时的居民已掌握了青铜的冶铸技术。

二、历史文化遗存

南京市历史文化遗存数量众多,至 2019 年 12 月,有市级以上文物保护单位 516 处 591 个点,其中国家级重点文物保护单位 55 处 112 个点,省级文物保护单位 114 处 126 个点。2003 年明孝陵及明功臣墓入选联合国教科文组织认定的《世界文化遗产名录》。

朝天宫。位于秦淮区水西门内冶山,是江南规模最大、保存最为完好的一组古建筑。占地面积 3 万多平方米,依山而建。朝天宫的历史可上溯到公元前 5 世纪,在今朝天宫所在的冶山上曾建有南京最早的城邑冶城。吴王阖闾和他的儿子夫差都曾在这里设冶铸作坊制造兵器。相传干将、莫邪夫妇曾在此为吴王铸剑。东晋时期,兴建了一批亭台楼阁,这里成了园林。南朝时期,这里变成江南最早的科研机构"总明观"所在地。唐代改建为太清宫,成为道教宫观。宋代时,在此建文宣王庙,不久改为天庆观。元代先后改为玄妙观、永寿宫。明代发展成为南京最大的道观,朱元璋赐名朝天宫。清代咸丰年间改称冶山道院。现在的朝天宫整组建筑分为三列,当中是文庙,东侧为江宁府学,西侧为卞公祠堂。

石头城。位于南京城西清凉山一带,南北长约 3 000 米。此城原为楚威王的金陵邑,筑于楚威王七年(前 333 年),已有 2 300 多年的历史。石头城基础遗迹为赭红色,内有大量河光石,一般高出地表 0.3~0.77 米,最高处为 17 米,系自然山岩凿成。其西端有一段长达里许的赭红色砾岩构成的峭壁,历尽江水冲刷,岩壁凹凸不平,酷似鬼脸,故人称鬼脸城。城以石头山为范围,凭山为城,因江为池,历代帝王都以此为守卫南京的屏障。六朝时为石头城鼎盛时期,唐初开始废弃,明代定都南京后,古石头城已被包融于南京城垣之中。

雨花台。位于南京城南中华门外一千米处。公元前 472 年,越王勾践曾在此北面修筑"越城"。南朝梁武帝时,著名高僧云光法师曾在这里的高座寺山顶设坛讲经。前来听讲的僧侣多达 500 余人,数日不散。相传此举感动了如来佛祖,天空突然落花如雨,落地后的花儿都化作绚丽的石子,雨花台因此得名。曾经的繁华,给这里留下了雨花阁、江南第二泉、甘露井、方孝孺墓、木樨苑、曦园、梅冈等文化遗迹。由于战争等原因,近代以来雨花台逐渐变为荒芜之地。1927—1949 年,这里成了国民党反动派屠杀共产党人和革命志士的刑场。有近 10 万名共产党人和爱国志士为了中国人民的解放事业,在此献出了宝贵的生命。新中国成立后,党和政府在雨花台兴建了烈士陵园,陈列革命烈士英勇斗争的事迹,供人们瞻仰学习。

夫子庙。即孔庙,位于秦淮河北岸贡院街旁。始建于宋代(1034 年),是供奉和祭祀孔子的地方。以庙前的秦淮河为泮池,南岸的石砖墙为照壁,全长 110 米,是全国最长的照壁。六朝时,这里已相当繁华,乌衣巷、朱雀街、桃叶渡等处,都是当时名门望族所居。明朝时,夫子庙为国子监科举考场所在地,会考时,考生云集,因此这里集中了许多服务行业。每年农历正月初一到十八,都要在此举行灯会,热闹非凡。在夫子庙文德桥南面,三国时孙吴的卫戍部队驻此,因官兵皆身穿黑色军服,故其驻地被称为乌衣巷。

明城墙。最初称"应天府"城,明代开国皇帝朱元璋下令修建,历时 21 年始建成。明城墙以花岗石为墙基，用巨砖为墙，每块砖侧均有造砖者的府县官衙和年月日，规格一致。砖与砖之间用石灰、桐油、糯米浆等灰浆黏合，十分坚固。南京城墙全长33.676千米，有城门24个，是我国也是世界第一大城墙。600多年来，历经风雨沧桑和战乱等人为破坏，很多墙段损坏严重。清代以来对明城墙时有保护和维修，现存城墙24.743千米，有城门13座，水关2座。城墙上垛口有13 616个，窝铺200座。南京明城墙于2012年11月列入"中国明清城墙"申报世界遗产预备名单。

明孝陵。位于钟山南麓独龙阜玩珠峰下，明太祖朱元璋陵墓，背靠钟山，面临平川与前湖，已有600多年历史。整个神道呈弯弓形，弓腹环抱一座小山，旧名孙陵岗，三国时东吴孙权的墓就在此山上。后来孙陵岗广植梅花，更名为梅花山。由于避让孙陵岗，孝陵神道随地势而转折，在历代帝陵建筑中独树一帜。这种建筑设计的特点是蕴厚含蓄，藏而不露，使人不能一目了然，有"柳暗花明又一村"的感觉。

明故宫遗址。位于南京中山东路南北两侧，是北京故宫的蓝图，由皇城与宫城两部分组成，合称皇宫。明故宫殿宇重重，楼阁森森，雕梁画栋，万千门户，气势恢宏，曾为明初洪武、建文、永乐三代皇宫，长达53年之久。清代咸丰、同治年间，太平军与清军交战，明故宫遭到严重破坏，除了地下埋藏的石构件基础外，只剩下一片残垣碎瓦的废墟。现遗址上建有明故宫广场和午朝门公园。地面遗物有午门、东华门、西华门、内外五龙桥和刻有云龙鸟兽浮雕的石壁、石狮、石缸、石鼓等。

瞻园。坐落于夫子庙西侧较为幽静的瞻园路上，与无锡寄畅园、苏州拙政园和留园并称为江南四大名园。始建于明初，系明代开国元勋中山王徐达府邸的西圃。清顺治二年（1645年），该园成为江南行省左布政使署。乾隆皇帝巡视江南，曾驻跸此园，并御题"瞻园"匾额。清同治三年（1864年），清军与太平军交战，瞻园毁于兵燹。后经两度重修，已非原园面貌。现存瞻园占地8亩，南北长，东西窄，园区向纵深推进。园东部以一组古建筑为主，另有纵贯全园的曲廊，曲廊北端毗邻太平天国历史陈列馆。西部为园林，以假山及水榭著称。假山"仙人峰"相传为宋徽宗时"花石纲"遗物，静妙堂、鸳鸯厅等，均是园中佳作。观鱼亭入口处镶嵌在墙壁上的虎字碑更引人注目。碑宽约70厘米，高约1.5米。细细观察一笔挥就的"虎"字，端立雄视，虎头、虎嘴、虎身、虎背、虎尾清晰可辨，极像一只仰天咆哮的老虎，人曰"天下第一虎"。园内步步有景，处处有情，无论是一泓碧波、一块山石、一眼清泉、一方绿茵、一棵树木，还是一丛佳卉，都安排得十分巧妙，宛若天成。

阳山碑材。位于江宁区汤山街道阳山南坡，被称为南京的"巨石阵"。1405年，朱棣在"靖难之役"夺取帝位后，为告慰其父朱元璋，计划在明孝陵树碑而开凿了这块巨型石材。若按碑式垒起，总高度将达75米，重2.6万吨。该碑材见证了重要历史事件，也见证了前工业时代人类对自然的无畏挑战。

甘熙故居。位于秦淮区南捕厅和大板巷。甘熙（1798—1853），字实庵，晚清金石家、藏书家，祖籍安徽省歙县。甘熙故居建筑均为砖木结构，左右两组各为五进的深宅大院，规制整齐，现存九十九间半，是南京现存私人住宅中规模最大、保存最好的一座晚清住宅建筑群，现辟为南京市民俗博物馆。故居内原有津逮楼，为南京最大的私人藏书楼，当时有"甘氏津逮楼所藏之富甲于金陵"之说。

总统府。位于玄武区长江路。曾是太平天国天王府，晚清又把这里重建为两江总督衙门。天王府西花园的西侧有幢西式平房，原系清末两江总督端方的私人花厅，共7间。1912

年元旦,孙中山在这里就任临时大总统,将此作为总统办公室和会议室。西花园东北侧的一座中式楼房,后称中山堂,是孙中山先生的卧室、餐室和浴室,楼下是警卫人员的住房。国民党统治时期,天王府一度成为蒋介石的办公处,后又改为中华民国总统府。

中山陵。坐落于南京东郊紫金山第二峰小茅山南麓,东临灵谷寺,西毗明孝陵。陵园建筑由近代杰出建筑师吕彦直根据孙中山一再强调的"唤起民众,以建民国"的警言设计,寓"木铎警世"之意。陵墓坐北朝南,依山而筑,由南而北沿中轴线逐渐升高,依次为广场、石牌坊、墓道、陵门、碑亭、祭堂、墓室,面积共 8 万多平方米。从空中俯视中山陵,整个建筑群恰似平卧在碧绿绒毯上的警钟:山下孙中山铜像是钟的尖顶,半圆形广场是钟顶圆弧,而陵墓顶端墓室的穹窿圆顶,恰似圆形的钟摆锤。陵园建筑以民族传统风格为主,同时也巧妙自然地融合了西方近代建筑艺术的精髓,整个陵园采取传统的中轴线式排列,建筑群协调统一,浑朴自然,被誉为"中国近代建筑史上第一陵"。

南京民国建筑。建于 1912 年至 1949 年之间,融东西方建筑传统和现代风格于一体。具有保存价值的民国建筑现有 200 多处,包括陵寝、学校、办公楼、大使馆、公馆、饭店、住宅、商场、洋行、宝塔、公墓甚至监狱等。民国建筑中最著名的有中山陵、金陵大学(今南京大学)、金陵女子大学(今南京师范大学)、扬子饭店、福昌饭店、颐和路公馆区、逸仙小区、梅园新村、国民政府行政院等。它们雄壮而优雅地矗立在东方和西方、传统和现代历史文化的结合点上,成为民国文化的重要组成部分。

三、独特的非物质文化遗产

非物质文化遗产,又称无形遗产,是相对于有形遗产即可传承的物质遗产而言的概念,是指各民族人民世代相承的、与群众生活密切相关的各种传统文化表现形式和文化空间。例如民俗活动、表演艺术、传统知识和技能,以及与之相关的器具、实物、手工制品等。

截至 2022 年末,南京有非物质文化遗产 195 项。中国古琴艺术(金陵琴派)、中国传统制茶技艺及其相关习俗(南京雨花茶制作技艺)、南京云锦木机妆花手工织造技艺、中国雕版印刷技艺(金陵刻经印刷技艺)、中国剪纸(南京剪纸)5 个项目入选联合国教科文组织认定的《人类非物质文化遗产代表作名录》。有国家级非物质文化遗产 12 项,省级非物质文化遗产 76 项,市级非物质文化遗产 102 项。

南京云锦木机妆花手工织造技艺。云锦,因其绚丽多姿,美如天上云霞而得名。其浓缩了中国丝织技艺的精华,有"寸锦寸金"之誉。与成都的蜀锦、苏州的宋锦、广西的壮锦并称"中国四大名锦"。三国时东吴孙权的夫人能织龙凤花纹的织锦,宫中有上千名专门从事丝织的宫女。东晋时,迁洛阳锦工南来,设立斗场锦署,为史籍记载的第一个官办锦署。宋代时,我国的丝织产地重点移到江南,南京与苏州、杭州为三大特种织缎的重要产地。元代曾在南京设立专为皇帝、百官织造锦缎的东、西织造局。明代设内织染局、神帛堂、供应机房,织锦工艺日臻成熟,形成提花锦缎的地方特色。清代专设江宁织造署,云锦织造盛极一时。这一时期的云锦品种繁多,图案庄重,色彩绚丽,大量使用金线,形成金碧辉煌的独特风格,代表了南京云锦织造工艺的最高成就。

南京剪纸。由传统的剪喜花发展而来,融汇"北雄南秀"之长,形成了独特风格。南京剪纸具有工整挺劲、疏密有致、造型简练生动、内容朴实健康、图案丰富多彩、主体突出、整体和谐的特色。南京剪纸被誉为"花中有花,题中有题,粗中有细,拙中见灵"。代表人物有剪纸艺术家张吉根等。

金箔锻制技艺。指把高纯度的黄金,经过化条、拍叶、落开子、做捻子、打箔、出具、切箔等工序,捶打成薄如蝉翼的金箔的特种传统工艺。采用该技艺生产的厚度不超过 0.1 微米(1 微米等于 0.001 毫米)的金箔张张不毛不破,连针尖大的砂眼都不能有。主要用于佛像的贴金,宫廷建筑、器物、织物的原料以及名贵中成药的配方等。南京金箔生产的历史已近千年。元朝末年设置官营织染局,大量生产金箔。明代宫廷织物所用的金丝都是用金陵金箔切细搓成的。太平天国时建造天朝宫殿,曾专设金箔司。现今,北京故宫、人民大会堂、毛主席纪念堂、西藏布达拉宫、南京中山陵等建筑装饰的金箔都产自南京。

南京白局。明代织锦工人用南京方言演唱的一种民间曲艺。因演唱者不取报酬,白唱一局,故名"白局"。常用的曲牌主要有《满江红》《银纽丝》《穿心调》《数板》《梳妆台》《剪剪花》《下河调》《汉阳调》等,形成曲牌连缀体。曲目近百个,内容以反映现实生活为主。如《机房苦》是织锦工人对自身苦难的控诉,《抢官米》和《打议员》则反映了光绪二十四年(1898 年)和 1919 年南京发生的抢官米和打议员两起风潮。清末民初后,南京白局随着织锦业一起衰落。

东坝大马灯。高淳区东坝镇地区群众喜闻乐见的一种民间表演艺术。起源于唐,盛行于宋,历千余年而不衰。大马灯一般由七匹"马"组成,表演时,每匹"马"由两名健壮青年钻入"马腹",顶起"马体",模仿马的动作奔跑、腾跃,前面一人戴道具扮马头,后面一人曲身紧抓前面人的腰带,两人互相受到牵制,动作必须协调一致。表演时七匹战马昂首长啸,奋蹄奔腾,俨然疆场交锋,将假马演得栩栩如生,令人眼花缭乱、目不暇接。

麻雀蹦。民间舞蹈,因以模拟麻雀蹦跳为主要动作,故名。又因为开始流行于南京江宁区方山街道,故又名方山大鼓。相传明末时由河南移民带来,太平天国时期是"麻雀蹦"发展的鼎盛期。《天朝田亩制度》使农民有了土地,每年秋收后跳"麻雀蹦"以庆丰收。而舞蹈中所摆阵势,也与太平军作战时的某些阵法相似。大锣大鼓在舞蹈中既是道具,又是伴奏乐器。整个舞蹈节奏鲜明,动作形象生动,英武矫健,活泼热烈。近年"麻雀蹦"常在大型庆典中演出,深受群众喜爱。

此外,南京竹雕、仿古牙雕、雕花天鹅绒等技艺,高淳阳腔目连戏等民间戏曲,栖霞龙舞、江浦手狮等民间舞蹈,鲜花调(《茉莉花》)、高淳民歌等民间音乐也为南京独有,享誉全国。

四、祥和的民俗文化节日

南京的南北交往非常频繁,各地的民情风俗也在这里交融,使南京的民俗与全国各地的民俗有很多相同之处。南京主要的民俗活动有元宵灯会、清明踏青、端午节游秦淮、中秋圆月摸秋、重阳节登高、腊八节品粥、小年迎财神等。

秦淮灯会。又称金陵灯会,是流传于南京地区的特色民俗文化活动,主要在每年的春节至元宵节期间举行。秦淮灯会始于六朝,当时的盛况堪称全国之冠。明初以来,秦淮灯会逐渐享有"秦淮灯彩甲天下"的美誉。历史上的秦淮灯会主要分布在南京秦淮河流域,近几十年来,主要集中在"十里秦淮"东侧五里地段,核心区域包括夫子庙、瞻园、白鹭洲公园、吴敬梓故居陈列馆、江南贡院陈列馆、中华门瓮城展览馆及中华路、平江府路、瞻园路、琵琶路一带。秦淮灯彩的扎裱技艺也不断提高,并推动了南京剪纸、空竹、绳结、雕刻、皮影、兽舞、秧歌、踩高跷等民间艺术的发展。灯会期间,本地及四方游客每天均达30万人次以上。秦淮灯会已被列为国家级非物质文化遗产。

南京佛文化艺术节。"南朝四百八十寺,多少楼台烟雨中"。从东汉末年佛教东渐江南,到清朝末年杨仁山建立金陵刻经处,南京是一座名副其实的佛教之都。每年迎新年听钟声的艺术节活动通常在栖霞寺的钟楼举行。由寺院法师念经祈祷和平,祝愿民安,再由主持与宾客代表共同撞响铜钟108次,迎接新年的到来。

南京国际梅花节。梅花是南京市市花。探梅、赏梅是南京的民俗,自六朝至今不衰。如今,南京珍珠泉风景区、溧水区傅家边、市区的古林公园等处均有大片梅林可观,尤以南京东郊梅花山为最佳。每年的2月底至3月中旬,南京都要举办国际梅花节,参加梅花山主会场活动的人数多达50万人次以上。

此外,还有南京静海寺、天妃宫历史文化景区妈祖文化民俗节,南京秋栖霞红枫艺术节,"百年高淳"民俗文化展示节,中国温泉之乡·汤山温泉文化节,莫愁湖公园端午节国际龙舟大赛,中国南京固城湖螃蟹节,六合金牛湖茉莉花文化旅游节,阅江楼文化艺术节等民俗文化节日。

五、宗教文化述略

道教于东汉后期传入南京地区,并在当时政治生活和文化思想方面占有重要地位,因而出现了许多著名道教人士和道教宫观。仙鹤观(遗址在今南京仙鹤门附近)为南京最早的道观。唐代江宁道士许元长、王琼等,曾被召到长安给唐武宗讲道。朝天宫是南京现存最古老的道观遗址,三茅宫和北极阁也因道教而得名。

三国孙吴时期,西域佛教徒康僧会曾长期在建业(今南京)从事传教活动,孙权于公元247年特地为他造了一座建初寺,地点在当时最繁华的大市之后,故也称大市寺,这是江东地区有明确纪年的第一座佛寺。东晋时期,佛教逐渐中国化,得到了皇室和世家贵族们的普遍信仰,建康的佛寺相应地增加了不少。杜牧有"南朝四百八十寺"的诗句,但据今人统计,梁武帝时,建康都城佛寺超过500座。南朝的建康成了名副其实的佛都。

隋唐、五代及宋元时期,南京地区佛教时盛时衰,明代时佛教比较盛行。明成祖朱棣为了纪念其生母,在今中华门外建造大报恩寺和琉璃宝塔。大报恩寺规模很大,寺内殿宇极为壮丽,犹如皇宫。当时参观过大报恩寺和琉璃宝塔的外国商人和传教士,都认为其是中古时期的世界建筑奇迹之一,可以与罗马大斗兽场、亚历山大陵墓和比萨斜塔相媲美。清代后期,大报恩寺和琉璃宝塔毁于战火。2008年,在大报恩寺琉璃塔下发现宋代长干寺地宫,出土了震惊世界和佛教界的世界唯一一枚"佛顶真骨"和"感应舍利""七宝阿育王塔"等一大批世界级文物与圣物。2015年,在其遗址上建成大报恩寺遗址公园,主要建筑有遗址博物馆、南京佛教文化博物馆、报恩新塔、佛教文化创意工坊、明清街区等。

明朝后期,意大利传教士利玛窦曾三次来南京传教,建立教堂,延揽信众。现存最早的天主教堂为南京石鼓路天主教堂。该教堂最初建于明代,清代重修过,在江苏现存的天主教堂中,是建筑风格较为典型的一座。该教堂现为江苏省文物保护单位。

基督教于清同治六年(1867年)传入南京,1913年建成一座小礼拜堂,命名圣保罗堂(老堂)。1923年6月建成新的礼拜堂圣保罗堂,保存至今。

伊斯兰教约在南宋时期传入南京,原丰富路清真寺(又名一棵松礼拜寺)相传建于宋代。明初，一批西域归附官员和来自西域的钦天监博士迁居南京，朝廷为表恩赐，为其建造了清真寺。现在升州路上的净觉寺，即为明洪武二十一年(1388年)所建。南京清真寺在太平天国前有36座，太平天国时多毁于战火。

2022年末，南京市有天主教、基督教、佛教、伊斯兰教、道教五大宗教，信教群众约31万人，依法登记的宗教活动场所329处，宗教教职人员约680人。

六、完整的教育体系

南京兴办教育始于后汉，太学、府学、县学、书院、义学各种教育形式都出现过。六朝及明代前期，南京还是全国教育的中心。

明清时期，南京发展成为居东南各省之冠的文化教育中心。朱元璋对发展官学十分重视，改应天府学为国子监(地点在今夫子庙)。至永乐二十年(1422年)，国子监学生人数多达8 000人以上。我国古代最大的一部百科全书《永乐大典》是由国子监学生抄录的。国子监除本国学生外，还招收日本、高丽、暹罗等国的学生。国子监的课程，除四书五经外，还有外文，可以说我国大学开设外文课是从明代国子监开始的。

明初创立的"社学"以街道为区域，以年长者中有学问的为老师，教育街坊幼童子弟，这种形式比较普遍，是普及教育的一个创举。清代称之义学，仍仿照明制，按街坊来教授童蒙。

19世纪末期，近代中国的第一批新式学堂首先出现在北京、南京等地。南京这一时期创建的江南水师学堂、江南陆师学堂、铁路专门学堂(又称矿路学堂)、储才学堂(后改办为江南高等学堂)等，都培养了一批济世之才。1904年，清政府又正式颁布了新学制，在南京，从幼稚园(幼儿园)到大学，各个层次、各种形式、各种性质的学校如雨后春笋，遍布全市。

1912年中华民国成立后，南京已形成完整的教育体系，成为现代中国教育的中心之一，出现了一大批杰出的教育家。张之洞于1902年创办的两江师范学堂(初名三江师范学堂)，成为我国最早的高师学校之一。1923年，陈鹤琴创办南京鼓楼幼稚园(今南京市鼓楼幼儿园)，开展科学化幼儿教育实验。1927年3月，陶行知在南京北郊晓庄创办试验乡村示范学校(今南京晓庄学院)，开展乡村教育运动。

中华人民共和国成立后，南京各类教育蓬勃发展。现为中国高等教育资源最集中的五大城市之一，国家三大高等教育中心，国家四大科研教育中心。截至2021年末，有成人高等学校6所，在籍学生60余万人。有普通高等院校(含13所民办高校)51所，其中本科院校34所，专科院校17所。在校学生95.64万人，其中，硕士博士研究生17.79万人。南京大学、东南大学等13所高校为国家级"双一流"建设高校，入选的高校数仅次于北京和上海，位列全国第三。

七、繁荣的文学与文学理论

中国文学史，从六朝起就有许多作家、学者与南京结缘。六朝时期的陆机、谢灵运、谢朓、钟嵘、刘勰、萧统等文学大家，都长期居住在南京。其中，陆机著有我国文学批评史上第一篇专论创作的《文赋》；谢灵运和谢朓合称"大小谢"，是中国山水诗的重要推动者；钟嵘则著有我国第一部诗歌评论集《诗品》；刘勰著有现存最早的一部系统的文学理论专著《文心雕龙》,该书被称为"中国古代文论的集大成者……当时的一部文学百科全书";昭明太子萧统曾主持编撰了我国现存最早的一部古代诗文总集《文选》。

王昌龄(约698—约757),字少伯,盛唐著名诗人。曾做过七八年江宁县丞。在江宁期间,他创作了不少描绘江南秀丽风光的诗歌。其中《采莲曲》《芙蓉楼送辛渐》是诗史上难得的佳作。

李白(701—762),字太白,号青莲居士。唐代最伟大的浪漫主义诗人。一生曾多次来金陵游历或暂住,在金陵留下了许多美丽的诗篇。《登金陵凤凰台》是其最脍炙人口的佳作之一。

李煜(937—978),字重光,世称李后主。擅长诗文、音乐、书画,尤工词。词多以白描手法和贴切的比喻,直接抒发情感,形象鲜明,语言生动。早期作品反映宫中奢华的生活,风格绮靡,后期作品多为亡国之君的哀痛和对昔日生活的怀念。后人把他及其父李璟的作品,合刊成《南唐二主词》。

王安石(1021—1086),字介甫,号半山。在南京度过了青春时代,三次任江宁知府、两度守孝、两度辞相后居住在南京,先后生活了近20个年头,逝世后葬在南京钟山脚下。其诗词遒劲清新,散文雄健峭拔,为"唐宋八大家"之一。

吴敬梓(1701—1754),字敏轩,号秦淮寓客,安徽全椒县人。清雍正十一年(1733年)移居南京。吴敬梓能文善诗,尤以小说著称。传世之作《儒林外史》以揭露科举制度的腐朽黑暗为中心,展开社会批判,以讽刺的笔法刻画了上至进士、翰林,下至市井无赖的生动形象,被后世称为我国古典讽刺小说的奠基之作。

曹雪芹(约1715—约1763),名霑,字梦阮。曹家主持江宁织造前后长达60年。曹雪芹幼年和少年时代在南京享受过一段奢侈繁华的生活。曹家被革职抄家后,迁往北京居住,因家道中落而贫居北京西郊。在那里,曹雪芹创作了杰出的长篇小说《红楼梦》。

袁枚(1716—1798),字子才,浙江钱塘(今杭州市)人。曾任溧水、江宁等县知县。辞官后在江宁小仓山(今南京五台山)购置花园。这一带有许多池塘,袁枚加以改造,因山筑堰,随势取景,故称随园。袁枚论诗主张抒写性灵,对儒家的"诗教"则不以为然。著有《随园诗话》《小仓山房诗文集》等。

李渔(1611—1680),字谪凡,号笠翁。明末清初文学家、戏剧家、戏剧理论家。晚年在南京住了近20年,其著名理论著作《闲情偶寄》是在南京完成的。

八、辉煌的书画艺术

魏晋南北朝是中国书法第一个辉煌时期,南京地区涌现了众多的书法艺术巨匠。

陆机(261—303),字士衡。西晋著名文学家、书法家、文学理论家。他的《平复帖》现存有文字9行,一尺①多长,为我国现存最早的书法真迹,被视为国宝。

王羲之(303—361,又作321—379),字逸少,出生于建康(今南京)乌衣巷显赫的王家,东晋著名书法家。早年从卫夫人(铄)学书法,后来改变初学,草书学张芝,正书学钟繇。博采众长,备精诸体,一变汉魏以来质朴的书风,独创新体。他的正书、行书为古今之冠,人赞

---

① 中国古代各朝代度量制度不一,而现在1尺≈0.33米,1丈≈3.33米,所以全书中"尺""丈"不再另作标注。

其笔势"飘若浮云,矫若惊龙",为历代学书法者所崇尚,被奉为"书圣"。其作品真迹无存,传世者均为后人摹本。行书以《兰亭序》为代表作,草书以《初目帖》《十七帖》为代表,正书以《黄庭经》《乐毅论》等最著名。

顾恺之(345—409,又作346—407),字长康,小字虎头。时人称其"三绝":画绝、文绝、痴绝。传世作品有《女史箴图》《洛神赋图》等,人物形态逼真,性格鲜明。

东晋王珣(349—400)的代表作《伯远帖》,是我国书法艺术的精品,乾隆皇帝十分喜爱这幅作品,把它和王羲之父子的两件作品一起收入了《三希堂法帖》。

陆探微(?—约485),南朝刘宋时期画家,擅长画人物,以佛教人物画最多,同时也善于画山水、草木。六朝时期,齐代谢赫、梁代张僧繇和萧贲等,都是重要的绘画大家。

徐铉(916—991),字鼎臣,南唐文学家、书法家。最精小篆,其篆书高古质朴,沉着刚劲。其弟徐锴(920—974),字鼐臣,又字楚金,南唐文字学家、书法家。书艺与其兄徐铉并肩,书史上并称"二徐"。

南唐李煜(937—978),其书法作品有强烈的艺术个性,注意字的风骨,崇尚瘦硬,独创"金错刀"笔法,达到了较高的艺术境界。

明代大学士刘基(1311—1375),字伯温,元末明初政治家、文学家。擅行草,小篆被称为明代第一。明代解缙(1369—1415),字大绅,号春雨、喜易。擅狂草,尤以小楷精绝。此外,明代的宋广、宋克、沈度、徐霖等,清代的郑簠、邓廷桢等也都以书法名世。

明代吴门画派的文徵明(1470—1559)前来金陵画《金陵十景图》,其侄文伯仁画了《金陵十八景图》。江夏画派代表人物吴伟居来金陵画了《溪山渔艇图》,被明孝宗称为"画状元"。最著名的是明万历进士董其昌(1555—1636),字玄宰,号思白、香光居士。其画用笔洗练,墨色清淡,又擅书法,声望极高。

明末清初画家以龚贤、樊圻、高岑、邹喆、吴宏、叶欣、谢荪、胡慥等为最,号称"金陵八家"。他们都住在南京,隐居不仕,以书画为生,有时聚在一起,以诗酒自娱,且以"师造物"为主张,多取材于南京、江淮一带的实景,因而形成画派。其中,龚贤(1618—1689)富于民族气节,山水画和诗文成就最高,为"金陵八家"之首。

南京近现代书法家李瑞清(曾任江宁提学使)、于右任(国民党元老之一)、胡小石(南京大学教授)、林散之、高二适等,都以自成一家而著称于书林。林散之(1898—1989),原名霖,早年曾名"三痴",即取痴诗、痴书、痴画之意,"散之"即"三痴"的谐音。林散之以"草圣"之誉蜚声中外。

南京现当代画家徐悲鸿、吕凤子、刘海粟、魏紫熙、傅抱石、钱松岩、华君武、李剑晨等在全国均有较大的影响。

九、璀璨的学术群星

六朝时金陵汇聚了许多文人墨客,有不少从中原南下的学者在此讲学授徒,宣传学术思想,或著书立说、传播文化,或钻营政治、完成大业。

在佛教盛行的六朝时期,一些思想家不断进行反佛教的理论斗争。南朝初期,天文学家何承天(370—447)就在建康(今南京)进行了三次反佛教的斗争,批判佛教的因果报应说。南朝齐梁时期的范缜(约450—约515)以落花为喻,驳斥佛教的因果报应论,他还写了《神灭论》,否定神的存在,从而在根本上否定了佛教存在的意义。

南朝时，私家修史之风盛行，建康学者云集，因而不少史学名著相继问世。史学界对刘宋时范晔(398—445)所撰的《后汉书》评价最高。南朝宋文帝时，中书郎裴松之(372—451)为晋陈寿撰的《三国志》作注，受到史学界重视。南京最早的地方志书，是南朝刘宋时山谦之(？—约454)所撰的《丹阳记》与《南徐州记》。

明清两代，南京出现了一批学术名人和书籍。倪灿撰的《宋史艺文志补》，周在浚撰的《南唐书注》，汪士铎撰的《水经图注》《南北史补注》等，都有较高的学术价值。

近代的南京学术思想也比较活跃。如谭嗣同(1865—1898)于戊戌维新运动前，在南京候补知府期间写成《仁学》一书，抨击封建专制主义，阐述他设计的救世方案。虽然此书在他生前未能出版，但在主张维新的人物中流传甚广。在史学方面，民国吴廷燮(1865—1947)的《历代方镇年表》、缪荃孙(1844—1919)的《江苏省通志稿》、邓之诚(1887—1960)的《中华二千年史》都是在南京成书的，这些书在史学界有一定的影响。

1907年8月，江南图书馆阅览室在南京创办，由著名学者缪荃孙任馆长，这是江苏省第一所近代图书馆，也是我国最早的图书馆之一。1936年，中央图书馆在南京成立。

南京这片沃土孕育了一大批著名的语言学家，如孙吴时期的韦昭、东晋时著有《方言注》《尔雅注》的郭璞，南朝末年著有《音辞篇》的颜之推等。南唐徐铉、徐锴兄弟专治《说文》，徐锴以《说文解字系传》名垂中国语言学史。明代，南京人李登(著有《书义音义便考私编》)、江宁人焦竑(著有《焦氏笔乘》)在语音学方面做出了贡献，南京人胡垣所撰《古今中外音韵通例》，影响较大。当代著名的训诂学家、古文献学家徐复(1912—2006)，著有《秦会要订补》《后读书杂志》《〈訄书〉详注》等，主编有《传世藏书》等。

十、领先的科学技术

古代南京的科技也很发达，在冶炼、化学、数学、天文历法、医学、航海造船和印刷出版方面都有巨大的成就，在世界科技史上留下了灿烂的一页。

化学方面，我国古代从道教炼丹过程中发现了许多重要的化学原理。东晋时期，句容人葛洪在炼丹过程中发现了物质变化的规律。他发现炼丹可以游离分解出水银，总结出了化学反应的可逆性。南朝梁时陶弘景在炼丹时又发现用水银和其他金属组成的合金可以镀金镀银，发现了区别硝石和芒硝的方法，为后来发明火药打下了基础。他编撰的《古今刀剑录》记录了我国古代炼钢的方法，是最早记载我国古代炼钢技术的著作。

数学和天文历法方面，宋齐时代的大数学家祖冲之做出了杰出贡献。祖冲之在前人刘徽创造的用割圆术求圆周率的基础上，运用开密法，推算出圆周率数值在3.141 592 6和3.141 592 7之间。这是当时世界上最精确的数值。近千年后，到1427年，才被中亚数学家阿尔·卡西更精确地推算所替代。祖冲之编制的"大明历"，首次运用岁差测定每一回归年的天数，跟现代科学测定的数值只相差50秒。明代，在南京北极阁建造的观象台，是我国当时设备比较完善的一座天文台，比世界闻名的英国格林尼治天文台(建成于1670年)早258年。实际上，早在南北朝时北极阁就设有司天台。可以说，北极阁天文台是我国天文、气象学的发祥地。

我国古代的中医学是举世闻名的。葛洪通过长期实践和刻苦钻研，已能认识天花和结核病等多种传染病。他留下的关于天花的文字是我国对天花最早的记载。陶弘景撰写的《本草经集注》对后世本草有很大的影响，原书虽佚(在敦煌发现残本)，但历代本草均予收录。此外,他的《陶氏效验方》《补阙肘后百一方》和《药总诀》等都是著名的中医学典籍。

航海造船方面,南京也发展很早。早在东吴时期,南京就能造出长40多丈、载重千吨的舰船,并用此舰船组成远洋船队驶往东南亚地区。公元230年,船队曾驶往夷洲(今台湾),这是大陆和台湾交通的最早记录。明代,南京的造船业达到鼎盛时期,著名航海家郑和七下西洋的航船绝大部分都是在南京下关龙江船厂制造的。大船长44丈、宽18丈,有12个大帆,可乘坐千人;中等的船,长37丈、宽15丈,可乘坐四五百人。

第四节　地方特产与旅游资源

一、佳肴美食

南京的地方菜肴一向称为京苏菜(金陵菜),厨师则自称"京苏帮"。南京菜以选料严格、制作精细、突出主料、玲珑细巧、色泽艳丽著称,并按时令季节不断翻新品种。其风味特点主要表现在口味醇和、咸淡适中、适应面广。松鼠鱼、蛋烧卖、美人肝、凤尾虾为南京的四大名菜。

南京人喜欢吃野菜的习俗由来已久,素有"旱八鲜"和"水八鲜"的说法。其中"旱八鲜"通常指荠菜、芦蒿、枸杞头、马兰头、香椿头、苜蓿头、菊花脑、马齿苋等。这些野菜大多在早春上市,各具独特的清香野味,很受南京人的喜爱。"水八鲜"指一些可供食用的水生植物,通常指藕、菱、茭瓜、茭儿菜、慈姑、荸荠、水芹、芡实(又叫鸡头米)等。这些野菜不仅有独特的香味,而且还有药用价值,吃了可以预防多种疾病,并有滋补身体的功效。

夫子庙风味小吃,因工艺精细、造型美观、选料考究、风味独特而著称。其中魁光阁五香豆、五香茶叶蛋,永和园开洋干丝、蟹壳黄烧饼,奇芳阁鸡丝面、什锦菜包、麻油干丝、鸭油酥烧饼,六凤居豆腐涝、葱油饼,蒋有记牛肉汤、牛肉锅贴,瞻园面馆的红汤爆鱼面、薄皮包饺,莲湖甜食店的桂花夹心小元宵、五色糕团等,被誉为"秦淮八绝"。南京夫子庙秦淮风味小吃是我国四大小吃群之一。

二、名特地产

南京板鸭。用盐卤腌制风干而成,分腊板鸭和春板鸭两种。因其肉质细嫩紧密,像一块板似的,故名板鸭,其制作技术已有600多年的历史,曾作为贡品送往北京。南京板鸭的特点是色香味俱全,外形饱满,体肥皮白,肉质细嫩紧密,食之酥、香,回味无穷。

南京桂花鸭。又名南京盐水鸭,此鸭皮白肉嫩、肥而不腻,具有香、酥、嫩的特点。相传制作技术已有1 000多年历史。每年中秋前后的盐水鸭色味最佳,因值桂花盛开季节制作,故美名曰桂花鸭。张通之撰的《白门食谱》记载:"金陵八月时期,盐水鸭最著名,人人以为肉内有桂花香也。"桂花鸭"清而旨,久食不厌",为下酒佳品。

南京云锦。锦是我国古代丝织工艺的最高代表。南京云锦以金线、银线、孔雀毛等名贵材料织作,因其绚丽多姿、美如天上云霞而得名,至今已有约1 600年历史。元、明、清三代,均为皇家御用品,有"寸锦寸金"之称。因其丰富的文化和科技内涵,被专家誉为中国古代织锦工艺史上最后一座里程碑,被公认为"中华一绝"。2009年,南京云锦织造技艺入选联合国教科文组织《人类非物质文化遗产代表作名录》。

雨花石。也称文石、观赏石,是一种天然玛瑙石,主要产于南京六合区及仪征市月塘一带。经地矿学家考证,雨花石形成于距今 250 万~150 万年之间。地球岩浆从地壳喷出,四处流淌,凝固后留下孔洞,涓涓细流沿孔洞渗进岩石内部,将其中的二氧化硅慢慢分离出来,逐渐沉积成石英、玉髓和燧石或蛋白石的混合物。其中的颜色和花纹,是岩石中夹杂物在逐渐分离、不断沉积的过程中形成的。雨花石上的山川云彩、人物神仙、花鸟虫鱼,色彩艳丽、变化万千。人们常将雨花石"养"在水盂中,陈列案头,作为观赏之物。

三、迷人的旅游资源

南京市中山陵风景区和秦淮河风光带在 20 世纪就被国家确定为国家级旅游景区。其他的著名景区和景点达数百处之多。

栖霞山。古称摄山,因该山盛产可以养生的药草而得名。南朝刘宋时,佛教信徒来此隐居,后又舍宅为寺,名"栖霞精舍",后因寺改摄山为栖霞山。在我国佛教史上,栖霞山千佛岩和舍利塔都具有很高的地位,20 世纪初在石窟中发现了两只南朝的"飞天",曾轰动一时。栖霞山景色秀丽怡人,春季桃花明媚,樱花怒放,一派大好春光;秋天红叶漫山,似火似霞,蔚为壮观,曾被乾隆誉为"金陵第一明秀山"。现今,山道上留有苏轼、米芾等历代文人骚客的摩崖石刻,多达两千余处,是宝贵的原迹书法长廊。

栖霞古寺。位于栖霞山中峰西麓。始建于南朝齐永明七年(489 年),与天台国清寺、山东灵岩寺、当阳玉泉寺并称中国佛教四大丛林。栖霞古寺在清咸丰五年(1855 年)毁于大火,现今的栖霞寺由方丈宗仰法师于 1919 年主持重建,占地 40 余亩。栖霞寺被称为"三论宗祖庭"。据说全国现在只有两座三论宗寺院,北有草堂寺,南有栖霞寺。栖霞寺周边还有舍利塔、千佛岩、三圣殿、般若台等佛教胜迹。舍利塔,始建于隋文帝仁寿元年(601 年),为收藏舍利子之用,是南京现存四座舍利塔中最负盛名的一座。千佛岩在舍利塔的后面,主要是南朝齐永明二年至梁天监十年(484—511 年)开凿的。后来,唐、宋、元、明各代相继在纱帽峰都有开凿,连同南朝开凿的在内,现在岩上有佛龛 349 个、大小佛像 900 余尊,号称千佛岩,是我国南朝时南方唯一一处大型石窟群像。

鸡鸣寺。位于南京城北鸡鸣山东麓。南朝时梁武帝在鸡鸣埭兴建同泰寺,从此这里成为佛教圣地。当时寺中有 6 座大殿、10 余座小殿和佛堂,规模宏大,盛极一时,被誉为南朝四百八十寺之首。大同三年(537 年),同泰寺因雷击起火,大部分建筑被烧毁。南唐在此建净居寺,宋代重建法宝寺。明代洪武二十年(1387 年),在此建鸡鸣寺。清代同治年间重修,规模有所缩小。现存山门、观音殿、大雄宝殿、豁蒙楼、景阳楼、韦驮殿、弥勒殿、念佛堂、药师佛塔、藏经楼、法堂、毗卢宝殿、胭脂井等建筑。

灵谷寺。位于南京东郊紫金山东南山麓,初名开善寺,是南朝梁武帝为纪念著名僧人宝志禅师而兴建的精舍。历代时毁时建。明代洪武年间在此建无量殿,明太祖朱元璋赐名灵谷禅寺。无量殿因供奉无量佛而得名,又因整座建筑全用砖石砌成,无梁无椽,故又称无梁殿。古灵谷寺占地 500 余亩,四周松柏苍翠,环境幽雅,极富林泉野趣。现存的灵谷寺为同治六年(1867 年)建的龙神庙,规模虽小,却藏有玄奘法师顶骨,极为珍贵。

清凉山。又名石头山、石城山,位于南京城西。宋代以前,长江紧靠该山西侧,惊涛拍岸,地势险要,是眺望"三山半落青天外,二水中分白鹭洲"的佳处。清凉山树林茂密,最西面是透迤蜿蜒的石头城。山上有南唐所建的清凉寺,石头山因寺而改名清凉山,现存古寺仅余最后一进。清凉寺后是南唐避暑宫遗址,从避暑宫遗址沿林间小路上山,迎面的崇正书院规模较大,布局严谨,飞檐翘角,高低参差,门窗梁柱,古朴庄重。

石佛庵石窟。位于江宁区汤山街道桦墅村,距今已有600多年历史。据专家考证,这里的石窟造像为"藏传密宗千佛组合",是南京地区仅有的一处藏传密宗佛教石窟艺术,十分珍贵。目前暴露在外的石窟有8个,每窟有佛像一尊,大小不一,造型均为禅定跌坐。

净觉寺。位于南京升州路,始建于明代洪武二十一年(1388年)。1430年净觉寺遭火灾被毁,时恰逢郑和准备第七次下西洋的前夕,明宣宗特准郑和动用国库资金重建净觉寺。清嘉庆年间(1796—1820年)重修时敕建砖雕牌坊一座。现存净觉寺占地4 000平方米,建筑总面积1 650平方米,寺门临街南开,有院落四进,建筑有望月楼、正殿、后殿、阿訇斋及南北讲堂等。礼拜堂后有高墙一座,相传为明代所建,为南京寺庙中最高的墙壁。

石鼓路天主堂。因位于南京石鼓路而得名。相传最初建于明代,为意大利传教士利玛窦所创办。清代同治九年(1870年)重修过。北伐战争中遭到严重破坏。1928年,国民政府拨款重修。堂内有礼拜堂、钟楼、厢房等建筑,还保留了四块很有历史价值的清代碑刻,对于研究天主教在中国的传播和中国近代史有重要的价值。

基督教圣保罗堂。坐落在南京太平南路。1923年落成,是南京第一座正式的基督教礼拜堂。规模不大,但典雅精细,是典型的西欧乡村式小教堂。所有的窗座、门扇、墙中部环箍、钟楼顶屋、城堡式的垛堞和封盖以及内柱脚、拱座全是采自高资山的白石。堂内的读经台、讲座台、洗礼池、圣坛和栏杆等也是用白石磨光精制而成的。

基督教莫愁路堂。位于南京莫愁路。坐东朝西,呈十字架形,是典型的英式建筑,砖木结构。穹隆式屋顶上覆以方形水泥平瓦。正立面幕墙由哥特式尖券门和细长尖券窗组成整体饰面,并用白水泥浮雕和白色磨石构成一个大的尖形拱券,高达17米。拱券顶部为星际和十字架组合成的图案。殿内有8根人字形木柱,木结构屋架由两侧向中央逐级出挑,并逐级升高,每级下面有一个圆弧形撑托和一个下垂的装饰物。

玄武湖。原名桑泊、后湖、练湖等,位于南京城东北,三面环山,一面临城。六朝以后,由于泥沙淤积,水草丛生,湖深日浅,加之历代的围湖造田,湖面日小。现今的玄武湖周长10千米,面积约437公顷,略小于杭州西湖。玄武湖周边名胜古迹众多,如吴国水师练兵处、明城墙和城门、鸡鸣寺、九华山等。

莫愁湖。本名石城湖,位于南京水西门外,清凉山脚下。相传南朝宋、齐年间,洛阳女子莫愁家境贫穷,15岁那年父亲病死,被迫卖身葬父,远嫁金陵。她同情穷苦人,常用自己的积蓄接济乡邻。其善行遭到爱财如命的公公反对,因不堪忍受公公的诬陷凌辱而投湖自尽。后人将石城湖改称莫愁湖纪念她。此湖水陆面积共58.36公顷,胜棋楼是其著名景点。传说明代开国大将徐达与朱元璋对弈,徐达在棋盘上摆出了"万岁"字样,朱元璋大喜之下将莫愁湖赐予徐达,此楼因此得名。

天生桥。位于溧水区胭脂河上,其结构形式极为罕见。该桥原基础为一座长5千米、高15～30米的红色沙岩石岗。因桥是在天然的岩石上开凿而成的,故称天生桥。桥全长34米,宽8～9米,桥面厚8.9米,桥面距河底35米。把一块巨大的带状岩石镂空而成桥梁,相传是当时水利建筑师李新的杰作。

淳溪老街。位于高淳区淳溪街道。老街全长800余米,宽3.5米,两边用青灰石纵向铺设,中间用胭脂石横向排列,整齐美观,色调和谐。店铺房屋多为明清双层楼宇式建筑,砖木结构,挑檐、斗拱、垛墙、横桁、镂窗,风姿古朴典雅,造型别致。

六合石柱林。位于长江北岸六合区东北 18 千米处的桂子山。方圆 200 余亩(1 亩≈666.6 平方米),规模宏大,气势雄伟,四周群山环抱,景色秀丽。石柱林中央的高柱区,柱高 30 米,垂直生成,呈菱形状,整齐划一,如参天古木树干紧挨,笔直挺拔,蔚为壮观。南侧柱区,石柱较短,柱体垂直。北侧柱区,石柱与地面呈 45 度倾斜,似万炮昂首,气势雄壮。

南京梅花山。位于南京市玄武区紫金山南麓明孝陵正南、中山陵西南,是首批国家级风景名胜区,与上海淀山湖梅园、无锡梅园和武汉东湖梅园并称中国四大梅园,有"天下第一梅山"之誉。南京植梅始于六朝,历久不衰,已有 1 500 多年历史。1929 年孙中山奉安南京中山陵后,在孙陵岗建中山陵纪念性花木区,栽培了大片梅花,后面积不断扩大,品种逐年增多。如今植梅面积达 1 530 余亩,有近 500 个品种的 4 万余株梅树,并以品种奇特著称。山顶建有博爱阁、观梅轩等建筑,横匾上"博爱阁"三字选自孙中山的手迹。

第六章

镇江地域文化

镇江市,简称镇。位于江苏省西南部,长江下游南岸。长江和大运河在这里交汇,自古襟吴带楚,控南拒北,是长江下游水陆交通枢纽、军事重镇、国家级历史文化名城。东接常州市,西邻南京市,北与扬州市、泰州市隔江相望。全市总面积 3 847 平方千米,约占全省土地面积的 3.6%。2021 年末,常住人口 321.72 万人,城镇化率 79.88%。

第一节　历史沿革与国际交往

一、历史沿革

镇江历史悠久,西周康王时(前 1020—前 996 年),为宜侯(仲雍的曾孙)的封地。"宜"是镇江第一个有据可考的地名。春秋时,镇江属吴。当时把边远偏僻或少数民族聚居的地区称作方,因"宜"地偏僻,沼泽众多,水多红藻,地多赤柳,故名朱方。《左传·襄公二十八年》载:"(齐庆封)奔吴。吴句余予之朱方,聚其族焉而居之,富于其旧。"朱方是春秋时吴国唯一见录于史籍记载的地名。

周元王三年(前 473 年)越灭吴,朱方(今镇江)属越。周显王三十五年(楚威王六年,前 334 年),楚灭越,在朱方置云阳县,此为镇江最早的行政建制,后改称谷阳县。秦始皇三十七年(前 210 年),始皇帝东巡时,听信术士之言,说谷阳(今镇江)京岘山有王气,遣赭衣囚徒,凿断山脉,裁其直道,以败其势,并改谷阳县为丹徒县(取红衣囚徒之意),属会稽郡(今苏州)。

西汉景帝前元三年(前 154 年),丹阳县属江都国,武帝元狩二年(前 121 年)江都国除,复属会稽郡。东汉永建四年(129 年)丹徒县属吴郡(今苏州)。

东汉建安十四年(209 年),割据江东的孙权自吴郡(今苏州)移驻丹徒(今镇江)。在北固山前峰筑城池,时称京城(建于高丘之上的城池),此为镇江最早的城池。《三国志·吴书·孙韶传》:"后为将军,屯京城。"因京城凭山临江,地当江南运河入江之口,故得名京口里,简称京口。宋代《嘉定镇江志》载:"京上郡城,城前浦口,即是京口。"

三国吴嘉禾三年(234 年),改丹徒县为武进县,属毗陵典农校尉,寓意孙权要北拒曹操,必须以武力前进。

西晋太康三年(282 年),复改武进县为丹徒县,为毗陵郡(今常州)所治。永嘉五年(311 年),改毗陵郡为晋陵郡,丹徒县属之。

隋开皇九年(589 年),丹徒县并入延陵县,移治京口,属蒋州(今南京)。开皇十五年

(595年)置润州,因城东润浦渡口而得名。隋炀帝大业三年(607年)废为延陵县。大业六年(610年),拓开江南运河"自京口至余杭(今杭州)八百余里"。

唐武德三年(620年),复置丹徒县,为润州所治。开元年间(713—741年),润州刺史齐澣于江北新开伊娄河,在江南移漕路自丹徒口至城西京口港,设京口堰,使大运河与长江在京口交汇,南北运河相接,京口港成为这一交叉水系上的枢纽港,极大地促进了镇江经济的发展。

北宋徽宗政和三年(1113年),升润州为镇江府。因此地背山面江,为镇守江防重地,故名镇江。此为镇江行政建制得名之始。元、明、清三代一直沿用此名。辛亥革命后改为丹徒县。

1928年,改为镇江县。1929年至1949年,镇江为江苏省省会。1949年镇江解放,设立镇江专区,析镇江县为县级镇江市、丹徒县。1983年3月,实施市管县体制,镇江市升格为设区市。

二、行政区划与发展格局

镇江市现辖丹徒、京口、润州3个区和丹阳、句容、扬中3个县级市。丹徒区、京口区、润州区,均以镇江古称为区名;丹阳市,秦时以邑界杨树生丹得名丹杨,宋代改称丹阳,沿用至今;句容市,因境内勾曲山(今名茅山)山形似"已",勾曲而有所容,故名;扬中市,因位于扬子江(长江)下游的江中而得名。

镇江和南京同属一个都市圈,山水相连、文化同根、联系紧密,宁镇(扬)地区同城化发展有利于两地重大基础设施对接、产业合作和公共事务协作管理,推进南京龙潭、仙林、汤山、湖熟与镇江下蜀、宝华、黄梅、郭庄跨界区域共建共享。镇江市产业基础较好、自然生态良好,打造全国重要的高端装备制造、新材料产业基地和区域物流基地、技术研发基地、创意生活休闲中心、现代山水花园城市、旅游文化名城已成为其发展格局。

三、国际友好交往

20世纪80年代以来,镇江市与日本津市、仓敷市,美国坦佩市,德国曼海姆市,土耳其科贾埃利市,巴西隆德里纳市,韩国益山市等16个城市缔结为国际友好城市,与智利科金博市、比利时那慕尔市等20多个城市结为友好交往城市,促进了中外文化交流与外向型经济的发展。

第二节 地理交通与文化特征

一、地理与生态

镇江地处黄金十字水道长江和京杭大运河的交汇点。东西最大直线距离95.5千米,南北最大直线距离76.9千米。丘陵山地占全市总面积的51.1%,圩区占19.7%,平原占15.5%,水域占13.7%。境内地貌走势西高东低,南高北低。市区自西向东分布着五州山、十里长山、东山、九华山、黄山、观音山、鸡笼山、磨笄山等,东郊零星分布着汝山、横山、京岘山、雩山等残丘,除五州山、十里长山高度超过300米,其余山丘高度均在100～200米;城区分布着金山、焦山、北固山、云台山、象山等高度低于100米的孤丘,总体上形成一水横陈、连岗三面的独特地貌。沿江洲滩属长江新三角洲平原区,丹阳东南部则属太湖平原区,海拔高度 5～10 米。平原以潜育型水稻土为主。

镇江地处长江下游南岸,受海洋性气候的影响,终年温暖湿润,属北亚热带季风气候。四季分明,春季回暖早,升温快,冷暖变化大。年平均气温 15.4 ℃。

全市有 60 余条河流,其中以人工运河为多,总长 700 余千米。水系分北部沿江地区、东部太湖湖西地区和西部秦淮河地区。长江镇江段岸线长 103.7 千米,京杭大运河流经境内全长 42.6 千米,从京口闸到谏壁闸与长江交汇,贯穿新老市区。市内诸多山丘林立,遥相呼应,气象非凡。

二、经济资源

镇江矿产资源主要集中在宁镇山脉,有铁、铜、锌、钼、铅、银、金和石灰石、膨润土、白云石、大理石、磷、耐火黏土、石膏、石墨等。其中石灰石品质优良,储量 30 多亿吨;膨润土矿 1.5 亿吨,储量居全国第三。此外,在宝华山发现了省内第一处大型红柱石矿,开发前景广阔。

境内植物落叶阔叶树有麻栎、枹树、黄连木、山槐、枫杨等;常绿阔叶树有青风栎、苦槠、石楠等,林木覆盖率达 25.6%。句容宝华山自然保护区有木兰科中最珍稀的宝华玉兰。鱼类资源较为丰富,青鱼、草鱼、鲢鱼、鲤鱼等淡水养殖鱼类和鲍鱼、鲶鱼、鳝鱼等非人工养殖鱼类均有大量出产。长江鱼类有 90 多种,其中刀鱼、鲥鱼、鳗鱼、回鱼、河豚是名贵品种;白鳍豚、中华鲟等是我国珍稀动物。

镇江是南京都市圈的核心层,拥有世界主要的锚链生产基地、全球单厂规模最大的高档铜版纸生产基地、中国最大的汽车发动机缸体和醋酸生产基地。镇江将逐步发展为以机械、化工、造纸为三大主导产业,以电子信息、新材料、交通设备、食品、电力为五大优势产业,以船舶及船用设备、工程电器、五金工具、眼镜、香醋等十大产业集群为主体的长三角地区重要的先进制造业基地。

三、交通建设

镇江是长江与京杭大运河、上海经济圈和南京都市圈的交汇点。京沪高铁、沪宁城际高铁,沪蓉高速公路、扬溧高速公路、312 国道、104 国道穿城而过,沪宁高速公路贯穿句容、丹阳两市,支线与镇江市区相连。润扬长江大桥贯通南北,将镇江与长江北岸的扬州及京沪高速公路连为一体,铁路、公路交通已实现网络化。

镇江是国家级水路主枢纽和省级公路主枢纽城市。镇江港是国家一类开放口岸,全国主枢纽港之一,-10 米以下深水岸线长 85 千米。高资港区、龙门港区、谏壁港区、高桥港区、大港港区、扬中港区构成镇江港口群体。现拥有万吨级以上泊位 58 个,和世界上 71 个国家和地区的 288 个港口建立了外贸运输业务。2022 年货物吞吐量达 2.25 亿吨。苏南大运河镇江段为全国第一条国家级文明样板航道。水运已成为镇江城市兴起与发展的重要命脉。

镇江与周边的南京禄口国际机场、苏南硕放国际机场、常州奔牛国际机场均有高速公路相通,实现了无缝对接。

四、地域文化特征

镇江与古都南京有深厚的历史渊源。6 000多年前已有人类在此生活。三国东吴政权的政治中心先设在京口(今镇江),后迁往秣陵(今南京)。南朝宋、齐、梁三代帝王的故里都在镇江。南朝石刻、著名寺庙分布在镇江的比比皆是。其文化有以下几个特征:

一是龙凤文化根脉绵长。镇江与南京曾几度同为一个行政区,与南京地域文化有许多相同之处。如回龙街、龙岗、龙城、龙山村、龙背山、巢凤村、凤坛村、凤塘、凤凰村等地名,跟南京许多地名一样,都留下了龙凤文化的深深烙印。

二是宗教文化底蕴深厚。市区的金山江天禅寺、焦山定慧寺,句容市的宝华山隆昌寺和茅山道院均为全国重点文物保护单位。境内佛、道相望,护佑着这片土地上的老百姓。观音山、玉皇殿、庵背后、庵东村、宝塔路、博爱村、道士庄、三茅镇、皇都寺、弥陀寺巷等地名,充满宗教气息,斯文秀美,沿用至今。

三是山水文化美不胜收。镇江处于长江和京杭大运河交汇处,旖旎多姿的金山以"寺裹山"著称;雄奇秀美的焦山以"山裹寺"闻名;古迹众多的北固山以险峻称雄;南山国家森林公园青山连绵,古木幽深,昭明太子读书台、文苑、增华阁、赵伯先墓等点缀其中。

镇江西北部的话属江淮方言,东南部的话有明显的吴方言特征。江淮方言与吴方言并存。市树为广玉兰,市花为杜鹃花。

第三节 历史文化遗产

一、史前文化遗址

镇江境内已发现多处史前文化遗址,以下几处具有重要的文化价值和考古价值。

凤凰山遗址。位于丹阳市延陵镇凤凰山。遗址为一椭圆形土丘,表面是耕土,其下大约2.2米以下为文化层,叠压的文化层共有8层,其中第8层是新石器时代马家浜文化层。第一次出土了腰沿釜、鸭足鼎、鸡冠耳盆、素面鬲等300多件文物。第二次出土了商周时期的墓葬、灰坑、沟、塘等多处遗迹以及大量属于湖熟文化的器物和遗存,为新石器时代马家浜晚期文化。凤凰山遗址将丹阳文化史提前到了6 000多年前。

大港烟墩山土墩墓。位于丹徒区大港镇东烟墩山南麓。此墓出土了随葬青铜礼器鼎、簋、鬲、盂、觥等12件。其中"宜侯夨簋"上有铭文126字,记载了周武王、成王伐商赏赐之事,以及康王改封虞侯为宜侯的经过,成为西周初年井田制与奴隶制以及"吴为周裔"的实物佐证。"宜"即今镇江、丹徒一带,说明镇江有文字记载的历史已有3 000多年。

丹阳商周台形遗址。古人居住的高出周围地面2~10米,外观呈圆形或椭圆形的土台,考古学上称为台形遗址。丹阳境内已发现古代台形遗址44处,其中小星台、村头山和墩山3座遗址为典型的商周时期台形文化遗址。这3座紧连在一起的遗址,总面积约4万平方米,是一个规模较大的村落遗址。出土的石斧,形状扁平,已打制成形,尚未磨光;陶片、陶器为红砂陶,有圆锥形鼎足、尖锥形鬲足和罐鬲的口沿等。

龙脉团山遗址。位于润州区西南郊七里甸镇龙脉团山,是商周时代土著荆蛮族聚居地,属于台形遗址。遗址文化层较厚,早期为中原商代,晚期为西周至春秋时期。曾采集到多种石器与几何印纹陶片、原始青瓷片。陶片以夹砂红陶为主,还有少量黑陶、硬陶等。

断山墩遗址。位于丹徒区丁岗镇平昌村东南。东西长约11米,南北宽约225米,高出地面约8米,文化层堆积高达4米。出土绳纹、编织纹、梯格形印纹、回纹等60多种纹饰的夹砂红陶和灰陶及少数原始青瓷。遗址中夯土台基和柱础,台基底部、房屋柱础之间埋有人骨架。房屋中有灶以及大量烧土和制坯用的陶板子、不合格的废弃陶器。此外,还出土了鹿、象、牛、猪的牙齿化石和石斧、网坠、纺轮、铜剑等生产工具和兵器。据考证,为西周前期至春秋时期遗址,是镇江地区吴文化的重要遗存。

二、历史文化遗存

2022年末,镇江市有国家级重点文物保护单位13处,省级文物保护单位54处,市级文物保护单位125处。

西津渡与西津渡古街。西津渡位于镇江城西云台山麓,依山临江,是镇江通往江北的唯一渡口。三国以来,这里一直是兵家必争之地。西津渡古街始建于六朝,历经唐、宋、元、明、清历代建设,留下了如今的规模,全长约1 000米。现存建筑多为明清时期的砖木结构,飞檐雕花的窗栏均油漆成朱红色,给人以飞阁流丹的气势和审美感受。古街展示着津渡文化、租界文化、民国文化和工业文化四个不同时代的历史文化层,被誉为"中国古渡博物馆"。

南朝齐、梁帝王陵墓石刻。指位于丹阳市陵口镇的12座南朝齐、梁两代帝王陵墓前的石刻。每座帝王陵墓前都安放有一对带有双翼的石兽。左首为双角天禄,右首为单角麒麟。石兽与底座系一整形巨石,造型丰伟,姿势如踞,线条流畅,细腻而奔放,代表了南朝石雕艺术坚实、浓厚、雄秀、优雅的风格。陵墓区入口处两边的麒麟和天禄身高、体长均为4米,重30余吨,遍体纹饰华美,气势雄伟傲岸,是丹阳现存最为壮美的一对石刻。陵口镇因此得名。

焦山碑林。位于镇江市焦山东麓的宝墨轩内。现存南朝、唐、宋、元、明、清的碑刻463方,分艺术、文苑、纪事类陈列,有真、草、隶、篆各种书体,琳琅满目,不仅是书法的珍品,也是极其重要的史料。焦山西麓沿江一线的摩崖石刻,尤以六朝摩崖石刻中号称"大字之祖"的《瘗鹤铭》最为著名。

焦山《瘗鹤铭》。原刻在焦山西麓石壁上,后遭雷击崩落长江中,现仅存残字90余个,移置在焦山观音庵中。焦山宝墨轩刻有《重立瘗鹤铭碑记》。《瘗鹤铭》署名为"华阳真逸撰,上皇山樵正书",本是一篇哀悼家鹤的纪念文章,内容虽不足道,但其书法意态雍容,格调高雅,堪称逸品,是我国书法史上的著名碑刻。此碑的拓本及字帖名震海内外,是研究书法艺术之代表。它是成熟的楷书,但可从中领会楷书发展过程中篆、隶书的笔势。

昭关石塔。位于镇江市西云台山北麓,北临长江。因塔上刻有"昭关"两个字,故名昭关石塔。该塔是喇嘛式石塔,塔下半部用块石垒砌,成四根石柱,顶部铺满条石,筑成一框架形台座,下面可以通行人马。石塔即建于台座上。塔高4.69米,塔座、塔身、塔顶三部分皆用青石雕刻而成。塔座用两个相同的须弥座叠成,须弥座上为覆莲圆座和扁鼓形塔身。再上有13圈带形浮雕,象征13层天,上置法轮和圆形仰莲小座,轮上刻有"八宝"二字,其上便是塔顶。石塔台座东西两面的横额上有相同的刻字,左右分别镌刻有丹徒、镇江的知县、知府等题名。

英国领事馆旧址。位于镇江市西津渡古街五十三坡上。1858年,清政府被迫与英国签订了《天津条约》,指定镇江为通商口岸之一。1864年,英国开始在云台山上建筑领事馆。1888年初,镇江洋捕殴毙华人,群众愤怒焚毁了领事馆及巡捕房等。清政府于1889年拨款重建,1890年竣工。现存建筑即当时重建。该馆共占地17亩有余,有5幢房屋,均为砖木结构。最高的为办公大楼,其余为领事馆人员的宿舍、餐厅及娱乐场所等。

三、非物质文化遗产

2022年末,镇江市有市级以上非物质文化遗产182项,其中国家级非物质文化遗产有金山寺水陆法会仪式音乐等11项。省级非物质文化遗产民间文学类的有白蛇传传说、董永传说、华山畿传说和《华山畿》等,民间音乐类有南乡田歌等,民间美术类有玻璃雕绘画、上党挑花、灯彩、扬中竹编等,传统手工技艺类有天鹅绒织造、恒顺香醋酿制、封缸酒酿造技艺等37项。市级非物质文化遗产134项。

金山寺水陆法会仪式音乐。水陆法会,又称水陆道场、悲济会,是中国佛教经忏法事中最隆重的一种仪式。内容为诵经设斋,礼佛拜忏,追荐亡灵。主要活动有熏坛洒净、遣使发符、请上堂、供上堂、请下堂、供下堂、奉浴、施食、受戒、送圣等。举行这些法事活动,最少7昼夜,最多达49天。参加法事的僧人少则48人,多则上百人。金山寺水陆法会仪式自举办起,距今有1400多年的历史。其音乐融合了南北朝以后各朝代的音乐成分,表达净化心灵、行善积德、向往天下太平的美好愿望,具有重要的大乘修行宗教价值,以及音乐、绘画、语言、仪式等艺术价值。

茅山道教音乐。为镇江句容市与常州金坛区交界处的茅山道院创建的音乐。始创于南朝梁代陶弘景,经隋唐之兴盛,宋、元二朝宫廷之宠幸,得到了很大的发展。茅山道教音乐吸收了宫廷音乐与道教全真派、正一派音乐的精华,演奏包括器乐和声乐两大部分。器乐包括曲笛、笙、箫、二胡、中胡、皮鼓、锣、钹、木鱼、阮、扬琴、琵琶等。在调性上宫商角徵羽五调皆用,在行腔上高亢有力,形成了茅山派特有的音乐体系,和苏南其他地区的道教音乐有明显的区别。

丹徒田歌。又称南乡田歌、秧田歌、田山歌、插田歌、薅秧歌等,主要流行于镇江丹徒区南乡的上党、宝堰、荣炳、三山、上会、黄墟一带。田歌是过去农民在劳动时自发创造的民歌形式,格调清新,风格多样,音韵流畅,语言简洁明快,乡土气息浓郁,融汇了南乡人民的聪明才智。现今丹徒境内流传的民间文化,都明显带有早期吴文化的痕迹。

华山畿传说和《华山畿》。相传南朝宋时,南徐(今镇江)有一个读书人到云阳走亲戚,经过华山,天晚时住进客栈,遇见一位女子,貌如天仙,读书人竟因此相思而死。女子知道此事后,悲痛万分,她唱道:"华山畿,君既为侬死,独活为谁施?欢若见怜时,棺木为侬开。"棺木真的应声而开,女子从容不迫地躺了进去。人们将他们合葬在华山,称为神女冢。女子所唱的《华山畿》流传开来,后被收入《古今乐录》一书。

上党挑花。流传于丹徒区南郊上党镇及其周边地区的一种传统民间手工艺品,至今已有300多年历史。挑花时,先把白布或蓝布固定在竹架上,再用针将五彩丝线挑制在底布的经线、纬线网格上,形成色彩绚丽、立体感强的各种图案。图案色泽鲜艳,明暗错落有致,就像一幅精美绝伦的国画,洋溢着浓浓的乡间情调。

四、民俗文化节日

镇江地区文化节日主要有:焦山桂花节、南山杜鹃花节、中日友谊梅樱节、茅山道教文化艺术节、茅山香期庙会,以及金山寺除夕撞钟迎新活动等。

茅山香期庙会。每年从农历腊月二十四日开始至来年三月十八日结束,时间近3个月。庙会期间,周边地区多达数十万善男信女纷纷来此烧香敬神祈福。香期庙会第一天称为"开山门",也是道教奉祀灶神的日子。从这一天起,茅山三宫五观要将用不完的腥荤之物统统埋掉,进行3个月的封斋吃素食,以表示对祖师的虔诚恭敬和对香客的尊重。除夕夜,茅山道观的年夜饭极为丰盛(全为素食),这是因为要与三茅祖师共度除夕之夜。此时,茅山道士同除夕赶到茅山的香客,分坐数桌,济济一堂,谈笑风生,共祝岁岁平安,阖家幸福。香客称赞道士"人在山上就是仙",道士则赞扬香客"心向山上就能成仙"。待到新旧年交接的子时,随着钟声和爆竹声,香客们争先恐后地涌向太元宝殿,抢着向三茅真君上第一炷香和蜡烛,为的是讨个吉兆,新的一年一定能得好运,万事如意。除夕之夜和香期庙会期间,九霄宫还要安排香客坐夜念经,请道士"放焰口",祈祷消灾延寿、超度亡灵、国泰民安、人寿年丰等,给善男信女们以心灵和精神上的安慰。所有宗教活动都严格按照斋醮法事的仪式进行。农历三月十八日整个香期庙会结束时,所有的奏折都要焚化,称作"交箓"。

五、宗教文化述略

西汉时,陕西咸阳茅盈、茅固、茅衷三兄弟来到镇江句容的句曲山采药炼丹,救民济世。传说茅氏三兄弟后来升仙,当地人民为纪念他们,把句曲山改称茅山,道教则尊茅氏三兄弟为三茅真君。

东汉末年,道教发展迅速,并逐步传播到全国大部分地区。东晋时期,句容人葛洪在茅山采药炼丹,并著有《抱朴子》等巨著,将道教发扬光大。南朝齐梁时期,名士陶弘景隐居茅山40余年,他集儒、佛、道三家创立了道教茅山派。唐宋以来,茅山被誉为天下"第一福地,第八洞天"。茅山道教宫观经历代扩建,宋元两代进入极盛时期,宫、观、庵、院达257座,殿宇房屋超过5 000间,道士数千人。茅山成为我国道教正一派"上清宗坛"的所在地。太平天国时期,茅山遭兵燹之祸,山上的宫观毁坏十分严重。至清代末年,仅存崇禧万寿宫、九霄万福宫、元符万宁宫等三宫和德佑观、仁佑观、玉晨观、白云观、乾元观等五观。1938年,日寇扫荡茅山,焚毁了90%以上的道院房屋。现在修复和新建的建筑有九霄万福宫、元符万宁宫、睹星门、灵官殿、碑亭、万寿台、三天门、太上老君老子露天神像等。

东汉兴平元年(194年),佛教传入镇江,焦山上兴建了普济寺。西晋和东晋时期,先后又建起昌国寺、大同寺(在丹阳)、义和寺、观音院(在句容)等。从南朝宋起,各朝统治者笃信佛教,佛教在镇江、句容、丹阳逐渐兴盛,修建了大量的寺庙。焦山定慧寺、金山江天禅寺首创水陆道场,名闻全国及东南亚,宝华山隆昌寺成为全国律宗第一山。镇江现存寺庙,主要有定慧寺、江天禅寺、隆昌寺、甘露寺、绍隆寺、鹤林寺、竹林寺、招隐寺等。

伊斯兰教自唐代起传入镇江,在镇江仁安坊阜民街建有礼拜寺。元代至顺年间(1330—1333年),镇江城内信奉伊斯兰教的人口近600人。清代,伊斯兰教"以儒诠经",使镇江的伊斯兰教得到较快的发展。镇江市现有城西清真寺、丹阳燕子巷清真寺和句容东大街清真寺等穆斯林活动场所。

基督教于公元 13 世纪至 14 世纪的元代传入镇江,先后建有大兴国寺等 6 所教堂。明代万历年间(1573—1620 年),意大利人利玛窦将天主教传入丹阳。清代初年,天主教又传入镇江。1840 年鸦片战争以后,镇江作为当时的通商口岸,基督教的发展达到鼎盛时期。镇江市区现存的主要活动场所是大西路福音堂。1984 年和 1985 年,句容、丹阳两市分别于所在市区重建了基督教堂。

镇江道教、佛教、天主教、基督教、伊斯兰教五教俱全,2022 年末,有登记在册的信众 83 593 人,依法登记的活动场所 62 处,宗教教职人员 209 人。

六、历史文化名人

刘勰(约 465—约 521),字彦和,祖籍山东莒县,生于京口(今镇江)。南朝文学理论家、文学批评家。曾官县令、步兵校尉、宫中通事舍人,颇有清名。其文学主张对萧统影响很大。所著《文心雕龙》系统论述了文学的形式和内容、继承和革新的关系,提出艺术创作中的形象思维问题,开研究文学形象思维的先河,是中国文学理论批评史上第一部有严密体系的文学理论专著。

萧统(501—531),字德施,梁武帝萧衍长子,梁天监元年(502 年)立为太子,谥昭明,史称昭明太子。酷爱读书,记忆力极强。五岁就读遍儒家的"五经",读书时,"数行并下,过目皆忆",更喜欢"引纳才学之士,赏爱无倦",身边团结了一大批有学识的知识分子。编著有《文集》《英华集》《古今典诰》与《文选》,其中《文选》是我国历史上最早的一部诗文选集。

沈括(1031—1095),字存中,号梦溪丈人,钱塘县(今杭州市)人,北宋政治家、科学家。嘉祐八年(1063 年)进士,神宗时参与熙宁变法,受王安石器重。历任太子中允、检正中书刑房、提举司天监、史馆检讨等职。元丰三年(1080 年),出知延州,驻守边境,后因永乐城之战牵连被贬。晚年移居润州,隐居梦溪园。精通天文、数学、物理学、化学、地质学、气象学、地理学、农学和医学。其巨著《梦溪笔谈》集前代科学成就之大成,在世界文化史上有着重要的地位。

米芾(1051—1107),字元章,世居太原。自宋元祐二年(1087 年)起,定居京口达 20 年之久。米芾绘画艺术的成功得益于镇江的秀丽山水,所创风韵独特的"泼墨画水、水墨点染、烟云掩映树石,浓浅融为一体"的米氏云山,使我国的山水画创作"变古创新"。镇江焦山碑林中的"城市山林"、北固山多景楼上的匾额"天下江山第一楼"为米芾书迹。米芾后病死在淮安,归葬镇江南郊黄鹤山。

马相伯(1840—1939),丹阳市马家村人。中国近代史上杰出的教育家、爱国民主人士。曾在上海创办震旦学院和复旦公学(今复旦大学前身)。辛亥革命后,曾任北京大学代理校长、袁世凯总统府高等顾问等职。长于演说,有"中国第一大演说家"之称。为纪念其爱国、爱乡精神,丹阳人以其名创办"相伯农校"。

赛珍珠(1892—1973),出生于美国,在镇江生活达 18 年之久,称中文为"第一语言",视镇江为"中国故乡",在中国及镇江的生活经历,为其创作提供了丰富素材。1938 年获诺贝尔文学奖,其获奖作品大部分取材于中国。

华罗庚(1910—1985),丹阳市访仙镇人,幼时移居金坛。著名数学家。留学英国剑桥大学。中国解析数论、矩阵几何学、典型群、自守函数论、多复变函数论等多方面研究的创始人和开拓者。将"优选法""统筹法"创造性地运用于国民经济领域。撰写专著10部,论文200篇,科普著作10部,为中国数学事业的发展做出了突出贡献,被芝加哥科学技术博物馆列为当今世界88位数学伟人之一。

第四节 地方特产与旅游资源

一、佳肴美食

红烧河豚。河豚呈锤形,紫鳍青背白肚皮,头圆尾小眼睛细,无鳞有荆刺,无胆含剧毒,镇江境内盛产此鱼,清明前后食之,味道尤美。制作此鱼,先将河豚眼睛、内脏、鳃全部去净,严格漂洗至血水全无为止。然后炒锅点火烧热,入油,将葱结、姜片煸香,入河豚、五花肉、鲜笋片,煸透后烹绍酒,入酱油、绵白糖,加入河蚌、火腿、蟹黄油、母鸡、五花肉调制的高汤,入虾籽、精盐,大火煮沸,小火焖透后收稠汤汁,装盘。

水晶肴蹄。又叫镇江肴肉,精选猪前蹄,采用传统工艺腌制后,再经烹饪煮制而成。成品皮白肉红,透明晶亮,肥而不腻,食不塞牙。如果佐以姜醋,更增风味。传说很久以前,镇江城外有家小酒店,一天夫妻俩在腌制咸肉时,将硝错当成了盐,但又不舍得将腌好的肉扔掉,就准备洗洗干净自己吃。说也奇怪,当俩人将洗干净的蹄子煨烂之后,满屋奇香,还引来一位白胡子老者,一定要吃。夫妻为难地说:"那是硝过的肉,不能当菜。"老者却满不在乎地说:"硝肉不当菜,正好搭茶吃。"老者吃完肉,也不道谢,出门牵上驴子,倒骑着就走了。原来,这老者正是八仙中的张果老。后来"硝肉、硝肉"地念着、传着,就变成现在的"肴肉"了。

镇江锅盖面。就是用大锅下面条,将小锅盖放在大锅里,面条在小锅盖下面,受热均匀,面锅不潽,面既不会生,也不会烂,不软不硬,很好吃,因出自镇江,故名。镇江锅盖面已有150多年的历史,也称小刀面、跳面,属浓碱型面条。因面锅里放锅盖,又是合伙开店,所以镇江的面店又称"伙面店",下出来的面条,人们爱称"锅盖面"。

京江脐。又名金刚脐,因该点心外形像泥塑金刚之肚脐而得名。传统京江脐,以特制面粉、花生油、白砂糖、酵面、碳酸钠、糖、桂花等为原料,制作包括发酵、拌碱、成型、烘烤等环节。刚出炉的京江脐像立体雪花状,六只角棱角分明,吃起来松软香脆,还可掰开,用开水和肉汤泡着吃。老年人吃面时,常放在面汤里泡食,别具风味。还有一种喷洒红糖水,熟了呈红色的糖脐,因为易于消化,妇女生育后常以之为滋补食品。

二、名特地产

镇江恒顺香醋。以镇江地产优质糯米为原料,历经"制酒、制醅、淋醋"三大流程,大小40多道工序精制而成。成品香醋色、香、酸、醇、浓俱全,酸而味鲜,香而微甜,存放愈久味道愈醇,不易变质。以之作调料,可提味增香,去腥解腻,并具有开胃口、助消化的作用。民间有杜康造酒儿造醋的传说。说杜康儿子黑塔用21天制得酸甜的黑水,以"廿一"加"酉"造出了"醋"字。晚清时,恒顺香醋就名闻遐迩。该醋独特的固态分层发酵工艺已被列入国家级非物质文化遗产名录。

丹阳封缸酒。以丹阳产的粒大、均匀、洁白、性黏、味香的优质糯米为原料,配以当地玉乳泉水和特制酒药,经低温糖化发酵;当糖分达到一定浓度时,兑加 50 度以上的小曲米酒,并立即严密封闭缸口;养醅一定时间后,按比例勾配灌坛,再严密封口贮存 2~3 年即成。其酒色棕红、明亮,香气浓郁,口味香醇。40 度的酒含糖分 28% 以上,色泽棕红,醇香馥郁,酒味鲜甜;14 度以上的为黄酒中的上品。

宝华玉笋茶。以句容宝华山国家森林公园种植的茶叶单芽为原料,经特殊工艺精心炒制而成。成品茶条索挺直紧结,色泽翠绿,香气清鲜持久。在透明茶具中冲泡,汤色浅绿明亮,芽尖朝上,亭亭玉立杯中,似雨后春笋,故名玉笋茶。品之,香醇爽口,余味悠长。

三、丰富的旅游资源

镇江具有"城市山林"和"真山真水"的独特风貌。市区北部金山、北固山和焦山,组成风景各异的"三山"风景区。南部的南山国家森林公园,青山连绵,古木幽深,昭明太子读书台、文苑、增华阁和赵伯先墓等点缀其中。西津渡古街存有六朝至清代的历史踪迹。此外,还有宝塔山公园、伯先公园、河滨公园、梦溪园、赛珍珠旧居等。句容市有佛教"律宗第一山"隆昌寺和以"宝华玉兰"著称的宝华山国家森林公园,有集江南名山、道教圣地、革命根据地于一体的茅山风景名胜区。

焦山定慧寺。位于镇江市区东北的长江中流。焦山海拔 71 米,周长 2 000 余米。因东汉名士焦光隐居于此而得名。定慧寺始建于东汉兴平年间(194—195 年),原名普济寺,元代改称焦山寺。康熙皇帝来此巡游,改名定慧寺,沿用至今。定慧寺规模宏大,明代为全盛时期,僧侣近 3 000 人。寺内万佛塔堪称佛教建筑史、绘画雕刻艺术史上的瑰宝。周边水域广阔,山寺隐约,林木苍翠,环境幽美,亭台楼阁错落相接,山体与寺庙浑然一体,宛若缥缈于长江之中的人间仙岛。

金山寺。位于镇江市区西北部金山上。金山海拔约 44 米,周长 520 米,原为长江中流的一个岛屿,形胜天然。清代光绪末年,江岸北移,金山与陆地始连成一片。金山寺始建于东晋建武年间(317—318 年),初名泽心寺。唐代名僧裴头陀修复泽心寺,在掘土垒石时挖出了黄金,唐皇敕名金山寺。南宋时期,金山寺达到鼎盛。寺庙坐北朝南,分三路依山就势上延,错落起伏。大门西开,正对长江。康熙南巡时赐名江天禅寺,但自唐以来,仍习惯称其金山寺。主要建筑有天王殿、大雄宝殿、藏经楼、方丈室、慈寿塔及大小观音阁楼等。

甘露寺。位于镇江市区北固山后峰顶上,故北固山有"寺冠山"之说。甘露寺以其铁塔闻名于世。铁塔始建于宋代,九级八面,造型精美。原塔于明代海啸时倾塌,仅存最下面三层。1960 年修复甘露寺铁塔时,在塔基三尺半处发现地宫。地宫内有一长方形大石函,中有小石函数只。小石函中有 700 多颗佛舍利,数量之多前所未有。最珍贵的是一只石函中藏有 11 颗释迦牟尼佛祖舍利。

九霄万福宫。简称九霄宫,坐落于句容茅山主峰大茅峰顶,始建于西汉。元代延祐三年(1316 年)敕建圣祐观,专祀大茅真君茅盈。明代万历二十六年(1598 年),得敕建殿宇,赐名九霄万福宫。极盛时宫内有建筑百余楹,雄伟壮观,金碧辉煌。太平天国、抗日战争时期,道宫先后被毁。现存建筑系近年重建,前有广场,东西各建山门一座。门墙壁上刻有"第一福地,第八洞天"八个大字。入宫首先是灵官殿,拾级而上为太元宝殿,殿后有三茅飞升台,台后为二圣殿,左右分别建有白鹤厅、养真仙馆、迎旭道院、花厅、仪鹄道院、道舍、斋堂等,均依山借势,层层而上,气势非凡。

元符万宁宫。简称元符宫,坐落于茅山积金峰南面山腰处。始建于唐代,兴盛于宋代。殿宇层层依山势而上,房舍院院相连,金碧辉煌,气势雄伟。前是睹星门,正中有天宁万福殿;后有宝箓殿、北极阁、万寿台、九层台、宗坛祠、句曲山神祠、本宫神护圣侯祠,以及东秀、西斋、观云、后明、野隐、勉斋、栖碧、东斋、乐泉、览秀、云林、真隐、监斋 13 房道院。宋哲宗在位期间,因该宫道士刘混康治病有方,为表彰其医术高明,曾赐予八件珍宝,现存四宝:玉印一颗、玉圭一块、呵砚一座、玉符一道。

宝华山。位于句容市西北。原名花山,因盛夏时黄花满山而得名。古时"花"和"华"通用,亦称华山。南朝梁代高僧宝志和尚(句容市人)晚年登山结草为庵,设坛讲经传教,致使此山名声大振。宝志和尚圆寂后,为纪念这位开山祖师,改称宝华山。该山为宁镇山脉的最高峰,素有"林麓之美,峰峦之秀,洞壑之深,烟霞之胜"四大奇景。以山命名的宝华玉兰为宝华山特有树种,是 300 万年前的新生代植物。现为国家级森林公园。

隆昌寺。位于句容宝华山,始建于公元 502 年,最初名宝志公庵。明万历三十三年(1605 年),明神宗赐大藏经及"护国圣化隆昌寺"匾额。清康熙四十二年(1703 年),康熙皇帝登宝华山,赐"慧居寺"匾额。乾隆皇帝六次上宝华山,为大雄宝殿亲笔题匾"光明法界"。鼎盛时期有殿宇 999 间半。明清以来为全国最大的传戒道场,全国 70% 以上的僧侣曾到这里受戒。日本、泰国、缅甸、印度等国家,慕名来此朝佛受戒的也不少,并赠送过玉佛、石佛、铜磬等宝物。现在重要建筑和遗物有:铜殿、无梁殿、御碑亭以及几口大铁锅。铜殿为重檐歇山琉璃瓦顶,外有石柱方亭。结构精巧,雕刻细腻。殿内原供奉观音大士像,四壁刻画为如来诸菩萨像等。铜殿两侧的无梁殿为单檐歇山顶,三间两层楼阁式。整幢建筑无梁无柱,不用寸木,内部纯系砖垒拱券,外部是仿木结构殿堂形砖雕,出檐短,起翘低,似北京北海的无梁殿。大铁锅一次可煮 1 000 多斤米。寺中还珍藏有皇帝用过的枕头、拐杖,王羲之写的"鹅"字,岳飞的《满江红》手迹和唐伯虎的书画等文物。

太平禅寺。位于扬中市三茅镇双跃村境内,前身为下东岳庙,始建于清康熙年间(1662—1722 年)。原有大小殿堂百余间,为扬中历史上规模最大的佛教寺院。"文革"期间,遭到严重破坏。1995 年重建时改为太平禅寺。大雄宝殿坐北朝南,雄踞寺院中央,琉璃覆顶,飞檐翘角,画栋雕梁,为江南晚清建筑风格,雄伟壮观。门额"大雄宝殿"四字,由时任全国佛教协会会长赵朴初亲笔题写。

"五卅"演讲厅。位于镇江云台山南麓伯先公园内。1926 年落成,为重檐歇山式顶,四檐角飞出上翘,全长 28 米,宽 19 米。屋脊两端置吻兽,两边山墙有雕花图案,为两层砖木结构,底层四面有环廊。室内东端为讲台,楼上四周有楼座,整个建筑古朴庄重、幽雅大方。墙基南北两面各有白石题刻一方,上写:"中华民国十四年八月镇江各界纪念'五卅'惨案建筑此厅永志不忘。"厅内设有镇江"五卅"运动文物资料陈列馆。

正仪坊。又称黼黻文明坊,位于丹阳城内西门大街,建于明代。牌坊为三门式,横跨西门大街,花岗岩质地。清代整修时又加青灰色构件,上刻"黼黻文明"四字,意即经过此坊时,要衣冠整齐,注意礼仪。

第七章

苏州地域文化

苏州市,简称苏,古称吴、姑苏、平江等。位于江苏省东南部,长江三角洲中部。是长江三角洲经济圈重要的经济中心,苏南地区的工业中心,环太湖都市圈和苏锡常都市圈的核心城市,中国大陆六大经济中心城市(上海、北京、广州、深圳、苏州、天津)之一,国家级历史文化名城。苏州东依上海市,西抱太湖(太湖70%水域属苏州),紧邻无锡市并隔湖遥望宜兴市和常州市,北濒长江,与南通市隔江相望,南临浙江省,与嘉兴市接壤,所辖太湖水面紧邻湖州市。全市总面积8 657.32平方千米。2022年末,常住人口1 291.06万人,城镇化率81.93%。2014年被联合国教科文组织授予"世界手工艺与民间艺术之都"称号。

第一节 历史沿革与国际交往

一、历史沿革

史前文化是苏州地域文化的源头。大约1万年前太湖的三山岛上就有人类生活,之后在太湖周围逐步出现了大量的古人类聚居地。苏州周围的古人类遗址主要属于7 000～6 000年前的马家浜文化、6 000～5 000年前的崧泽文化、5 300～4 100年前的良渚文化。苏州有文字记载的历史在3 000年以上。相传商代末年,周太王古公亶父的长子泰伯、次子仲雍为避让君位而逃避到当时被称为荆蛮之地的江南。他们入乡随俗,"断发文身",后来建国,国号为"勾吴"。传19位后寿梦继位称王(前585年),吴国始有确切纪年。公元前514年,阖闾从无锡梅里(今梅村一带)迁都至姑苏(今苏州)。吴王阖闾下令伍子胥督造城池,称"阖闾大城",是为苏州建城之始。

公元前248年,楚国春申君受封于吴,并以苏州(吴墟)为首邑。公元前222年,秦始皇平定江南,于此置吴县,隶属会稽郡,并为会稽郡郡治。这是历史上称吴县之始。

汉高祖六年(前201年),刘邦置荆国,吴县属荆国。荆国废,改置吴国。吴国灭,又改置江都国。吴县先后属吴国、江都国。江都国废,吴县复隶会稽郡,仍为会稽郡郡治。东汉顺帝永建四年(129年),析会稽郡另置吴郡。晋武帝太康元年(280年),吴郡属扬州。咸和元年(326年),改吴郡为吴国。

南朝宋永初二年(421年),复称吴郡。梁天监二年(503年),改吴郡为吴州。隋文帝开皇九年(589年),改吴州为苏州。苏州得名于姑苏山,故别称姑苏。姑苏山,一名姑胥山,在今苏州市西南15千米处。山上建有姑苏台,山因台而得名。

隋大业元年(605年),苏州改称吴州,后又改为吴郡。唐武德四年(621年),复为苏州。贞观元年(627年),苏州属江南道。开元二十一年(733年),苏州属江南东道。天宝初年改为吴郡。乾元元年(758年),复为苏州。光化元年(898年),改称中吴府。后唐又改为中吴军。

北宋初,改中吴军为平江军,隶江南道。因苏州的城基与三江(太湖支流松江、上江、娄江)的水平面持平,故名平江。宋政和三年(1113年),升苏州为平江府,属江南道浙西路。元世祖至元十三年(1276年),升平江路,属江淮行省。

明太祖吴元年(1367年),改平江路为苏州府,隶江南行中书省。永乐十九年(1421年),以江南为南直隶省,苏州府属之。清初,苏州府属江南省。康熙六年(1667年),江苏、安徽分省后隶江苏省。江苏巡抚、江苏布政使、苏州府治同驻苏州一城。咸丰十年(1860年),太平军攻克苏州,建立苏福省,改苏州府为苏州郡,为苏福省省会。

1912年,改苏州为吴县,属苏常道,并为道署所在地。1927年4月废苏常道,直属江苏省。1949年4月27日,吴县解放,析吴县城区设立县级苏州市。1953年1月,江苏省建制恢复后,改为省辖市。1983年,实行市管县体制,苏州市下辖吴县、常熟、吴江、昆山、太仓、张家港等6个县(市)。

二、行政区划与发展格局

苏州市现辖姑苏、虎丘、吴中、相城、吴江5个区和常熟、张家港、太仓、昆山4个县级市。姑苏区,以苏州古称为区名;虎丘区,以境内名胜虎丘而命名;吴中区,以地处古吴国中心区而得名;相城区,因古吴国曾于阳澄湖畔"相其地,欲筑城于斯"而得名;吴江区,以境内吴淞江的简称而得名;昆山市,以城西的昆山而得名;太仓市,因元代在此设太仓卫而得名;常熟市,以境内土地肥沃,水旱不侵,岁得常稔而得名,为国家级历史文化名城;张家港市,以境内天然良港张家港而得名。

苏州市历史文化底蕴深厚,科技创新资源集聚,体制机制完善,工业园区有先行先试的引领作用,为全国重要的先进制造业和现代服务业基地,也是国际文化旅游胜地和创新创业宜居城市。苏州以"科教兴市、外向带动、可持续发展"为战略,培育以高新技术为经济增长点的外向型经济,发挥现有人才、产业、环境的优势,打造具有国际竞争力的先进制造业基地、具有全球影响力的产业科技创新高地、具有独特魅力的国际文化旅游胜地、具有较强综合实力的国际化大都市已成为当前苏州的发展格局。

三、国际友好交往

20世纪80年代以来,苏州已与意大利威尼斯市、加拿大维多利亚市、日本池田市、金泽市、美国波特兰市、罗马尼亚图尔恰县、韩国全州市、拉脱维亚里加市、埃及伊斯梅利亚市、法国格勒诺布尔市、荷兰奈梅亨市、丹麦埃斯比约市、巴西阿雷格里港市、马达加斯加塔那那利佛市、德国康斯坦茨市、新西兰陶波市、马尔代夫马累市、澳大利亚洛根市等58个城市缔结为友好城市,加强了国际城市间的经济、文化往来。

第二节 地理交通与文化特征

一、地理与生态

苏州市境内地势低平,平原占总面积的54.8%,自西向东缓慢倾斜,海拔高度3～4米,阳澄湖和吴江区一带仅 2 米左右。丘陵和西部山区以及太湖诸岛,占总面积的 8.6%,水域占总面积的 34.6%,拥有太湖三分之二以上水域,有各级河道 2 万多条。长江苏州段岸线长 158 千米,京杭大运河穿越境内 82.35 千米。

苏州地处温带,四季分明,气候温和,雨量充沛。2021 年平均气温为 18.3 ℃,年降水量 1 318.6 毫米,3—8 月份的降水量占全年雨量的 65% 左右。境内著名的湖泊西有太湖和漕湖;东有淀山湖和澄湖;北有昆承湖;中有阳澄湖、金鸡湖和独墅湖。太湖水量北泄入江和东进淀泖后,经黄浦江入江;运河水量由西入望亭,南出盛泽;原出海的"三江",现由黄浦江东泄入江,形成苏州市的三大水系。

二、经济资源

苏州土地肥沃,物产丰富。农业主产水稻、麦子、棉花、油菜籽、蚕桑、林果、香粳米、鸭血糯和太仓白蒜。特产有碧螺春茶叶、长江刀鱼、太湖银鱼、阳澄湖大闸蟹等。素有"鱼米之乡""丝绸之府""人间天堂"之美誉。

温暖湿润的气候、交错纵横的河港、星罗棋布的湖荡,为境内动植物的生存、繁殖提供了优越的自然条件。据统计,境内动物种类在 400 种以上,植物约千余种。优越的平原水乡环境为鸟类、鱼类、贝类等动物提供了良好的生存空间。植物中大多数已为人工栽培,包括农业种植的粮、油、果、茶、蔬菜,园林所培植的观赏性花卉、草木,以及城市绿化所种植的树木。

境内矿产资源较丰富,有高岭土、瓷石、硫、花岗石、石灰石、石英、煤、天然气、铜、铁、铅、镉、银、磁铁等。其中高岭土、花岗石等非金属矿产以储量丰富、质量优异,名冠全国。

电子、钢铁、电气、化工、纺织、通用设备制造是苏州市的六大支柱行业。现已形成抢抓苏南现代化示范区建设的机遇,主动适应经济发展新常态,优化产业结构,转型和升级经济发展方式,培育经济增长新动力,释放创新驱动新活力的局面。苏州市在加快发展国有经济、城乡集体经济的同时,大力发展非公有制经济,私营个体经济成长快速。

三、交通建设

苏州交通便利,水路有长江、京杭大运河,铁路和公路有沪宁城际高铁、京沪高铁、沿江高速公路,312、204 等多条国道,是江苏省通往上海市、浙江省的"东南门户"。境内高速公路总里程超过 600 千米,高等级公路总里程超过 5 000 千米。农村实现村村通公路,全市 95% 的乡镇实现 15 分钟上高速公路。沿水路北上,可经镇江、扬州、淮安直抵北京市的通州,南下可达浙江省嘉兴市、杭州市等。

苏州港是国家沿海主要港口、国家对外开放一类口岸,是上海国际航运中心集装箱枢纽港的重要组成部分,是江苏省最重要的集装箱干线港之一,有张家港、常熟港和太仓港三个港区。2022 年货物吞吐量超过 7.28 亿吨。苏州市拥有优良的长江港口岸线资源,可用于港口开发的岸线达 61.7 千米。太仓港区是长江入海口河口型天然良港,紧邻上海市,港口腹地宽阔,为江苏省重点打造的集装箱干线港,拥有万吨级以上泊位 40 多个。常熟港区现有 5 万吨级泊位 7 个,保税仓库 2.9 万平方米,与近 50 个国家和地区的 220 多个国际港口通商通航。张家港港区已建成万吨级泊位 28 个,目前是全国最大的木材进口中转港,同世界上 140 多个港口有货运往来。2022 年,国家确定苏州建设全国性综合交通枢纽城市。

苏州市区交通路网密集。现已开通地铁交通线路7条,营运里程254.2千米,日客流量百万余人次。

四、地域文化特征

苏州有1万多年的人类生活史,3 000多年的文字记载史,经历了辉煌灿烂的史前文化和吴文化的洗礼。其文化有以下几个特征:

第一,吴文化底蕴厚重辉煌。苏州是吴文化的发祥地,查山、崧泽等地发现的史前文化遗址下层出土的文物距今已有5 900多年;苏州建城已有2 500多年历史。苏州价值取向多元的传统,容许和鼓励"人尽其才,才尽其用"。在园林、丝绸、服装、刺绣、灯彩、木刻、盆景、绘画、医药等方面均获得较高的成就。

第二,海纳百川的水文化特征。苏州滨江近海,北枕长江,西抱太湖。举世闻名的京杭大运河穿城而过,境内有大小湖荡300多个,河道2万条多。水域面积占总面积的34.6%,这在中国乃至世界上都是不多见的,故被称为"东方威尼斯"。水是柔和的,但能克刚。水成了苏州地域文化的发生和发展根基。苏州以海纳百川、兼收并蓄的广阔胸襟容纳各个方面的各种事物,呈现出新旧杂糅的文化景观。包容开放成为苏州地域文化的丰富内涵。

第三,崇文、仁爱的传统。"状元群""院士群"人文现象的出现,说明苏州具有滋养和吸引智者的优越山水环境与发达的经济条件,也反映了苏州人积极进取、永不满足的心态。苏州人怀着克己仁爱之心,最先提出"先天下之忧而忧,后天下之乐而乐""天下兴亡,匹夫有责"的响亮口号。

第四,秀外慧中,精细雅致。苏州城市建设的特点之一是"网状",人在水边住,水绕民居流。从苏州园林秀丽典雅的造境,可以看到水乡泽国的地理环境对苏州人的影响。秀慧、细腻、雅致是苏州城市精神最富特色和最具深刻意蕴的概括。

苏州话是吴方言的代表。昆曲、评弹是苏州话的艺术结晶。苏州话以"软糯"著称,流行于整个吴语太湖片。市树是香樟树,市花是桂花。

第三节 历史文化遗产

一、史前文化遗址

经考古调查,苏州市境内已发现新石器时代遗址数百处,可分为环太湖区、苏南沿江区两个文化区。20世纪70年代以来,通过对苏州吴中草鞋山、张陵山,昆山市赵陵山、绰墩山、少卿山,常熟市罗墩,吴江区梅堰袁家埭、龙南、广福村,张家港东山村、徐家湾等史前遗址的发掘,确立了马家浜文化→崧泽文化→良渚文化为史前文化的发展序列。

草鞋山遗址。位于吴中区唯亭镇陵南村阳澄湖南岸。遗址分为五个区,文化堆积层厚11米,可分10层,包括马家浜文化、崧泽文化、良渚文化,其年代距今约6 500～4 200年。遗址中发现的6 000年前的木构建筑遗迹、炭化粳籼稻谷、炭化纺织品残片以及各文化层出土的制作精美的玉器、陶器等,说明太湖流域的先民早在6 000年前就创造了在当时比较先进的文化,成为我国丰富多彩的远古文化的重要组成部分。

绰墩遗址。位于昆山市正仪镇(今巴城镇)北绰墩村。遗址南北长800米,东西宽500

米,年代距今约 6 000～5 000 年。发掘的墓葬、水沟、蓄水坑、水田灌溉系统,较全面地反映了新石器时代马家浜文化至良渚文化时期的聚落形态与布局,为长江下游稻作农业与栽培稻起源的研究提供了重要依据。

广福村遗址。位于吴江区西南 58 千米处桃源镇广福村。遗址发掘出一批马家浜文化墓葬、房址以及马桥文化水井、灰坑等。墓葬以俯身直肢葬为主,少数为仰身直肢,头均向北。随葬品主要是陶器,多置于骨架下,十分少见。器物有豆、盆、鼎、杯等。有些陶器是有意打碎后放入墓内的,个别墓随葬有石斧、纺轮、玉玦等,也有随葬猪獠牙、鹿角的。

罗墩遗址。位于常熟市练塘镇罗墩村。该遗址是一处良渚文化时期的墓葬群,共发掘墓葬 14 座,出土器物 250 件。其中玉器 116 件,石器 29 件,陶器 105 件。玉器有璧、镯、环、珏、管、戒、珠、坠、冠饰等种类。石器有穿孔石斧、锛等。陶器有贯耳壶、鼎、罐、盘、匜、杯等。

龙南遗址。位于吴江区梅堰镇龙南村。该遗址发掘出良渚文化居住址 14 座,建筑形式有半地穴式、平地起筑式、干栏式等。居住址附近分布有 17 座墓葬,两三座墓葬为一组,反映出以家庭为特点的埋葬习俗。居住址以河道为中轴,形成两岸分布居住址、灰坑、水井、墓葬等的良渚文化村落,为研究良渚文化时期的社会形态和江南村落提供了较完整的资料。

二、历史文化遗存

2022 年末,苏州市有市级以上文物保护单位 881 处,其中国家级重点文物保护单位 61 处,省级文物保护单位 128 处,市级文物保护单位 692 处。2014 年大运河江南运河苏州段山塘历史文化街区、平江历史文化街区、盘门、宝带桥、吴江古纤道作为山塘河、上塘河、胥江、平江河、环城河、古运河和江南运河的遗产点入选联合国教科文组织认定的《世界文化遗产名录》。

苏州既有闻名遐迩的苏州园林,也有云岩寺塔、瑞光寺塔、苏州文庙及宋代石刻、太平天国忠王府、玄妙观三清殿、罗汉院双塔及正殿遗迹、报恩寺塔、全晋会馆、保圣寺罗汉塑像、紫金庵罗汉塑像、寂鉴寺佛龛及造像、轩辕宫正殿、东山民居、常熟崇教兴福寺塔等各个不同时代的建筑遗存和名人故居。

苏州古城。为公元前 514 年伍子胥所建,面积 14.2 平方千米,我国最早的城市之一。苏州城现今基本保持了古代"水陆并行、河街相邻"的双棋盘格局、"三纵三横一环"的河道水系和"小桥流水、粉墙黛瓦、古迹名园"的独特风貌,是全国河道最长、桥梁最多的水乡城市。古城区域内有 13 处全国重点文物保护单位,57 处省级文物保护单位,178 处市级文物保护单位,250 处控制保护建筑群落,阊门、山塘、平江、拙政园、怡园五个历史街区,70 座古桥梁,22 处古驳岸,639 口古井,22 座古牌坊。马可·波罗曾誉之为"东方威尼斯"。

苏州古典园林。1997 年,以拙政园、留园、网师园、环秀山庄为典型例证的苏州古典园林入选联合国教科文组织认定的《世界文化遗产名录》。这几座园林产生于苏州私家园林发展的鼎盛时期,以其意境深远、构筑精致、艺术高雅、文化内涵丰富而成为苏州众多古典园林的典范和代表。2000 年 11 月,苏州艺圃、耦园、沧浪亭、狮子林和退思园 5 座园林作为苏州古典园林扩展项目入选《世界文化遗产名录》。进入世界遗产预备清单的有:苏州园林扩展项目平江历史文化街区,中国水乡古镇周庄、同里和甪直。

玄妙观。坐落于苏州市区中心的观前街,始建于西晋咸宁二年(276年)。现存殿堂7座,中路有正山门、三清殿,东路有文昌殿、斗姆阁、寿星殿,西路有雷尊殿、财神殿等。殿宇内神像庄严,雕塑形态生动逼真,彩绘图案笔下生花,殿内仙乐缥缈。三清殿主殿面阔9间,进深6间,高约30米,重檐歇山顶,巍峨壮丽。殿内供奉的上清、玉清、太清三尊塑像高达17米,堪称宋代雕塑的上佳之作。观内还保存有镇馆之宝老子像碑、朝北玄帝铜殿、钉钉石栏杆、无字碑、五代古井、靠天吃饭碑、神仙印石等珍贵文物。

灵岩山寺。位于吴中区木渎镇附近的灵岩山上,始建于东晋,是我国著名的佛教净土宗道场之一。山门朝南,俯临太湖,居高临下,湖光山色,蔚为壮观。南朝梁代时名秀峰寺,唐代始称今名。明弘治年间(1488—1505年)寺庙遭毁。清代康熙年间(1662—1722年)重建,咸丰年间(1851—1861年)又毁于战火。现存殿堂主要为高僧印光法师于20世纪30年代重建的。大雄宝殿高25米,宽20米。正中供奉释迦牟尼佛像,高6米。两旁侍立迦叶、阿难两大弟子塑像。大殿两侧是根据《阿弥陀经》所列16尊者名而塑造的16罗汉塑像,造型极为典雅。后壁左右供奉文殊、普贤二位菩萨,坐骑青狮、白象。大壁后是海岛观音塑像,善财、龙女侍立两侧。灵岩寺塔是寺内最有特色的古建筑,始建于梁代天监二年(503年),塔高34米,七级八面,楼阁式,历代屡毁屡建。现存的宝塔系1989年参照宋代形制重建。

兴福寺。位于常熟市虞山北麓,始建于南朝齐中兴年间(501—502年),初名大悲寺,因寺建在破龙涧旁,又称破山寺。唐懿宗御赐"兴福禅寺"匾额,兴福寺因此成为江南名刹之一。山门前有三株枫香树,如金刚守卫。门前破龙涧在大雨后,水势奔腾,回音隆隆。主要建筑有天王殿、大雄宝殿、法堂、兴福寺塔、华严塔、观音楼、救虎阁、四高僧墓、伴竹阁、饱绿轩等。兴福寺虽几经兴废,塔仍保存至今。因塔平面为方形,故有方塔之称,寺也曾一度随塔名称方塔寺。兴福寺塔曾经历地震18次以上,遭雷击、兵燹不下数十次,除塔顶有一点斜鼓外,至今安然无恙,显示了古代建筑艺术的高超。

西园寺。位于阊门外留园路西园弄,别名戒幢律寺,俗称西园。创建于元代至元年间(1264—1294年),始名归元寺。现存建筑为清代重建,寺内500罗汉堂建于明代末叶,与北京碧云寺、成都宝光寺、武汉归元寺并称中国四大罗汉堂。惜于清咸丰十年(1860年)毁于兵燹。现存建筑第一进石拱门圆框,雕刻精美,为明代遗物,其余建筑均为清同治、光绪年间陆续重建。罗汉堂屋宇深广,共三进48间,呈田字形,以佛教四大名山塑座为中心,泥塑金身罗汉500尊,分单双号相对排列。500罗汉造像姿态各异,栩栩如生,喜怒哀乐,无一不备;衣褶条纹,清晰分明,无一雷同。堂中的香樟木雕四面千手观音以及造型奇特、生动逼真的济公、疯僧等诸多塑像,塑工精巧,惟妙惟肖,都是不可多得的佛教艺术珍品。

三、非物质文化遗产

至2022年底,苏州市有市级以上非物质文化遗产336项。昆曲、古琴艺术(常熟虞山琴派)、苏州缂丝织造技艺、苏州宋锦织造技艺(包含于中国蚕桑丝织技艺)、苏州香山帮传统建筑营造技艺(包含于中国传统木结构营造技艺)、苏州端午习俗(包含于中国端午节)、苏州碧螺春制作技艺(包含于中国传统制茶技艺及其相关习俗)等7个项目入选联合国教科文组织认定的《人类非物质文化遗产代表作名录》。有国家级非物质文化遗产33项,省级非物质文化遗产124项,市级非物质文化遗产172项。

吴歌。以苏州为中心的吴语方言区广大民众的一种口头文学创作。现存的相城阳澄渔歌与张家港河阳山歌、吴江芦墟山歌、常熟白茆山歌为吴歌"四大嫡系"。目前已搜集到的河阳山歌有3万余行。据考证,《斫竹歌》是中国最古老的山歌,比《诗经》的时代还要早,堪称中国民间歌谣的活化石。《圣关还魂》全长6 448行,它的发现改写了中国的诗歌史与音乐史。芦墟山歌是吴歌的一个重要支脉,闻名遐迩的叙事山歌《五姑娘》长达2 900多行,填补了汉族地区无长歌的空白,堪与壮族的《刘三姐》、彝族的《阿诗玛》相媲美。

昆曲。发源于昆山,至今已有600多年历史,被称为"百戏之祖,百戏之师"。流布区域开始只限于苏州一带,明万历年间(1573—1619年),逐渐扩展到长江以南和钱塘江以北各地,万历末年还流入北京。代表作有《牡丹亭》《宝剑记》和《鸣凤记》等。全国许多地方剧种,如晋剧、蒲州邦子、上党戏、湘剧、川剧、赣剧、桂剧、邕剧、越剧和粤剧、闽剧、婺剧、滇剧等,都受到过昆曲艺术多方面的哺育和滋养。

江南丝竹。中国传统器乐丝竹乐的一种。起源于太仓,流行于以太湖为中心的长三角一带。明、清至民国,一直活跃于城镇乡村。演奏形式一般分"坐乐""行乐"两种。乐队的组合形式灵活多变,常用乐器有二胡、中胡、提琴、笛子、笙、箫、扬琴、琵琶、秦琴、鼓板、碰铃等,其中二胡和笛子是主奏乐器。《梅花三弄》(三六)、《行街》、《欢乐歌》、《慢六板》、《熏风曲》(中花六板)、《慢三六》、《云庆》、《四合如意》是江南丝竹的传统"八大曲"。

苏州缂丝织造技艺。缂丝,也作刻丝,即用五彩蚕丝线缂织成的色彩丰富、色阶齐备的丝织品,主要产地在苏州。缂丝使用木机及若干竹制的梭子和拨子,经过"通经断纬"织成精美的丝织品,是我国一种古老、独特的传统织造技艺。缂丝作为最早用于艺术欣赏的丝织物,素以制作精良、古朴典雅、艳中带秀的艺术特点著称。缂丝宋元以来一直是皇家御用织物之一,常用以织造帝后服饰、御真(御容像)和摹缂名人书画。

玄妙观道教音乐。苏州道教音乐以玄妙观道教音乐为代表,属于正一派道乐,是与斋醮法事的演道过程浑然一体的整体艺术。根据法事内容的需要而演唱不同的规定乐曲,从而为醮坛营造不同的氛围。音乐包括器乐和声乐两大部分。其中"飞钹"表演,为道教一项绝技,达到了声形兼备、动静结合的完美境界。

甪直水乡妇女服饰。又称青莲衫子藕荷裳,是吴中区甪直、胜浦、唯亭、陆墓一带农村妇女一直保留的传统民俗服饰。她们梳愿摄头、扎包头巾、穿拼接衫和拼裆裤、束襡裙、裹卷膀、着绣花鞋,颇具江南水乡特色,获得了苏州"少数民族"之称。甪直水乡妇女服饰的主要特点是显、俏、巧,在用料、裁剪、缝纫、装饰等方面都极其讲究,拼接、滚边、纽绊、带饰和绣化等工艺的巧妙应用堪称一绝,色彩上的组合也不拘一格,允分显示出水乡妇女的心灵手巧和端庄秀美。

四、民俗文化节日

苏州地方民俗文化节日主要有:中国苏州国际旅游节、中国苏州丝绸国际旅游节、玄妙观迎财神庙会、西山太湖梅花节、拙政园杜鹃花会、甪直水乡服饰文化节、南浩街神仙庙会、拙政园荷花节、虎丘庙会、苏州天平红枫节(中国三大观枫地之一)、寒山寺除夕听钟声等。

晒书习俗。苏州旧时有晒书习俗。每年农历六月初六,苏州人家会把图画书籍拿到庭院曝晒,以防虫蛀腐蚀。各寺院庙宇也在这一天将所藏经书搬出来晒一晒,僧人还趁机召集乡村老妇开"翻经会",请她们在烈日下翻经曝晒,宣称"翻经十遍,再世可转男身"。

苏州轧神仙庙会。"轧"为苏州方言,相当于挤。轧神仙庙会起源于南宋,历经元、明,到清代尤为兴盛。传说农历四月十四是八仙中吕洞宾的生日,这一天他乔装打扮成普通人,来人间为百姓治病消灾,灭妖除害。他为人随和,性格幽默,在世人心目中成了见义勇为的救世主。在他生日的前后3天,人们都要到神仙庙去祭拜,希望遇到他,因为人多,你挤我挤的,被称作"轧神仙",久而久之形成了固定的庙会。现今,神仙庙所在地阊门一带已成为苏州传统风味小吃、特色食品、民间工艺品、日用小商品以及花鸟鱼虫、古玩绣品等"苏"味极浓的市井文化集萃地。

五、宗教文化述略

东汉时,道教创始人张道陵曾在宜兴张公洞修道,张天师四代孙张盛也曾在宜兴张公洞炼丹修炼。唐代时,宜兴张公洞即被列为中国道教七十二福地之一。三国两晋时期,许多道教徒为避北方战乱而迁居吴地。吴主孙权非常相信神仙方术,他广召方士,大造宫观,派将军卫温、诸葛直出海寻求仙药,因此道教很快在吴国发展起来。公元276年,苏州城内兴建了真庆道院,即现存的玄妙观。玄妙观为道教正一派宫观,现为国内最大和最古老的道教殿堂建筑之一。唐宋时期,由于帝王的扶植和倡导,吴地道教的发展进入鼎盛时期。宋代时,苏州修建和新建了玄妙观、天后宫、大关帝庙、福济观、三茅观、轩辕宫、朝真观、让王庙等一大批道教宫观。明代时,苏州也修缮和新建了不少道观,如苏州府城隍庙、春申君庙、安齐王庙等。清代时,道教龙门派在吴地的活动非常活跃。乾隆皇帝曾三次到玄妙观拜谒并题写匾额。

佛教从东汉时开始传入中土,吴地成为佛教最早传播的地区之一。东汉时,高僧安世高曾到吴地传教。三国时,高僧支谦从洛阳来到吴地,孙权向他请教佛教经义,拜为博士。支谦翻译了《大明度无极经》《维摩诘经》《大阿弥陀经》等佛典,成为三国时期译经最多的佛教学者。东吴时,孙权为其乳母陈氏兴建通玄寺,唐初改称开元寺,后易名为报恩寺,这是苏州历史最为悠久的一座寺院,著名的北寺塔即矗立在这里。位于苏州吴江区震泽镇的慈云禅寺、慈云塔也建于这一时期。相传孙权与刘备联姻后,将其妹骗回江东,不让她返回蜀地。于是刘夫人在这里建了一座宝塔,并常常登上宝塔瞭望蜀地,期盼早日与丈夫刘备团聚,故慈云塔又称望夫塔。南朝梁武帝放弃信奉道教,皈依佛教。他广建佛寺,大造佛像,佛教越发兴盛,直至鼎盛。唐代佛教禅宗在吴地流行十分广泛。宋元时期,佛教以净土宗、禅宗最为流行。明清时期,吴地佛教仍以禅宗最为流行。

1599年,意大利传教士利玛窦曾来苏州小住。1649年,苏州兴建了第一座天主教堂。1860年,基督教传入苏州,并在城西上津桥南堍兴建了救恩堂,于20世纪60年代"文革"时期被拆除。

伊斯兰教于近代传入苏州,市内先后建有好几座清真寺,建筑较早的是砂皮巷惠敏清真寺。"文革"中这些清真寺全部被拆除或占用,现仅有太平坊清真寺得到恢复。

苏州市五大宗教齐全。2018年数据显示,苏州有依法登记的宗教活动场所297处,认定备案的教职人员832人。

六、历史文化名人

苏州自古文化昌盛,俊杰辈出。古代产生了以泰伯、孙武、范仲淹、沈括、沈周、唐寅、顾炎武、䮰祥等为代表的政治家、思想家、军事家、科学家、艺术家。当代各个领域也涌现了一大批杰出人物,著名的有教育家叶圣陶,物理学家吴健雄、李政道,建筑师贝聿铭,数学家冯康,物理学家冯端,生物学家陈大元,作家陆文夫,工艺大师沈寿等。

吴泰伯(生卒年不详),一作吴太伯,姬姓,名不详。周代部落首领古公亶父长子,周代诸侯国吴国第一代君主。古公亶父欲传位季历及其子姬昌(即周文王),泰伯乃与仲雍让位三弟季历而出逃至荆蛮之地江南,建立国家,号勾吴。吴泰伯被后世奉为东吴文化的宗祖。吴人楹联中认为泰伯"志异征诛三让两家天下,功同开辟一抔万古江南"。司马迁认为吴是诸侯国中资历最深的西周姬姓同姓国,所著《吴太伯世家》在《史记》的所有"世家"中排列第一。

阖闾(？—前496),姬姓,名光,又称公子光,吴王诸樊之子。春秋末吴国君主,公元前514—前496年在位。公元前515年,吴王阖闾派专诸刺杀吴王僚,夺取吴国王位。执政时期,以楚国旧臣伍子胥为相,以齐人孙武为将军,使国势日益强盛。公元前506年,吴军在孙武、伍子胥的率领下,从淮水流域西攻到汉水,五战五胜,攻克楚国都城郢都,迫使楚昭王出逃。后楚臣申包胥入秦乞师,在秦廷哭了七天七夜,才使秦出兵助楚复国。公元前496年,阖闾在与越国交战时受重伤而死。

陆逊(183—245),本名陆议,字伯言,吴郡吴县(今苏州市)人。三国时吴国政治家、军事家,官至丞相、荆州牧、右都护。跟随孙权40余年,深得其器重。建安八年(203年),入孙权幕府。章武二年(222年),在夷陵击败刘备所率蜀汉军,一战成名。黄武七年(228年),又取得石亭之战胜利,拜为上大将军。统领吴国军政十余年,赤乌七年(244年)为丞相。死后追谥昭侯。

陆龟蒙(？—881),字鲁望,号天随子、江湖散人、甫里先生,长洲(今苏州市)人。唐代农学家、文学家。曾任湖州、苏州刺史幕僚,后隐居松江甫里(今甪直镇)。小品文现实性强,议论也颇精切,如《野庙碑》《记稻鼠》等。与皮日休交友,世称"皮陆",诗以写景咏物为多。著有《甫里先生文集》。

范仲淹(989—1052),字希文,吴中(今苏州市吴中区)人。北宋政治家、思想家、军事家和文学家。大中祥符八年(1015年)进士。历任兴化县令、秘阁校理、陈州通判、苏州知州等职。庆历三年(1043年)出任参知政事,上疏《答手诏条陈十事》,提出十项改革措施。庆历五年(1045年),新政受挫,被贬出京。皇祐四年(1052年),改知颍州,其扶疾上任,行至徐州,与世长辞。谥号文正,世称范文正公。有《范文正公集》传世。

沈万三(生卒年不详),名富,字仲荣,排行第三,人称万三、万山。祖籍湖州市吴兴区南浔镇,迁长洲县周庄(今昆山市周庄镇)。明初,助筑京师(今南京)城,相传通济、聚宝、三山诸城门城垣均系其助建。朱元璋为巩固新生政权,采取抑制地方豪强的政策,迁富商大贾至京师或凤阳,严加控制,或充军,或杀戮。幸得皇后马娘娘劝阻:"助建京城有大功,不可杀。"沈万三改名沈秀,被发配云南,死于途中。归葬周庄银子浜。

沈周(1427—1509),字启南,号石田、白石翁、玉田生等。明代著名书画家、诗人,"吴门画派"创始人。擅画山水,博取众家之长并能融会变化,自成风格。与其学生文徵明及唐寅、仇英,合称"明四家",居其首。书法学黄庭坚,诗学白居易、苏轼、陆游。其诗、书、画,被时人视作"神品",誉为"三绝"。

唐寅(1470—1524),字伯虎,号六如居士。明代著名诗人和画家。生性不羁,常用"江

第七章 苏州地域文化

南第一风流才子"印。擅画山水，工画人物、花鸟，与沈周、文徵明、仇英齐名画苑，被称作"明四家"。又善书法，和沈周、文徵明、祝允明、王宠同为明代中期的中兴书法家。诗多秾丽，晚年不拘成格，与文徵明、祝允明、徐祯卿合称"吴中四才子"。

冯梦龙(1574—1646)，字犹龙，又字子犹，号墨憨斋主人、顾曲散人、吴下词奴、姑苏词奴等。长洲县(今苏州市)人，出身士大夫家庭。明代文学家、思想家、戏曲家。与兄梦桂、弟梦熊并称"吴下三冯"。所著《喻世明言》(又名《古今小说》)、《警世通言》、《醒世恒言》合称"三言"，为中国白话短篇小说经典之作。

顾炎武(1613—1682)，本名绛，后因仰慕文天祥学生王炎午的为人，改名炎武。因故居旁有亭林湖，学者尊为亭林先生。苏州昆山人。明末清初著名思想家、史学家、语言学家。曾参加昆山抗清义军，失败后漫游南北，晚年闭门治学，开清代朴学风气。著有《日知录》、《天下郡国利病书》、《肇域志》、《音学五书》(含《古音表》《诗本音》《唐韵正》《音论》)、《韵补正》、《金石文字记》、《亭林诗文集》等。

沈寿(1874—1921)，初名雪芝，号雪宦，苏州市人。杰出的苏绣艺术大师。从小随父亲识字读书。十六七岁时成为有名的刺绣能手，创造出近10种新的针法。1911年绣制的《意大利皇后爱丽娜像》作为国礼赠送意大利，轰动意大利朝野。曾任南通女红传习所所长兼教习。民国四年(1915年)，借鉴油画稿绣制的《耶稣像》在美国旧金山巴拿马万国博览会上获得一等大奖。

柳亚子(1887—1958)，原名慰高，改名弃疾，字稼轩，号亚子，苏州市吴江区人。1905年加入国学保存会。后在上海加入光复会、同盟会。创办并主持资产阶级革命文化团体南社。曾任孙中山总统府秘书，中国国民党中央监察委员、上海通志馆馆长、三民主义同志联合会中央常务理事、中国民主同盟中央执行委员。1949年，出席中国人民政治协商会议第一届全体会议。新中国成立后，历任中央人民政府委员、全国人大常委会委员。善诗工词。有《磨剑室诗词集》《磨剑室文录》等行世。

第四节 地方特产与旅游资源

一、苏式佳肴美食

唐宋时期，苏州的菜肴、点心、蜜饯就初步形成了自己的特点。当时制作苏式菜肴，多以本地鱼鲜、菜蔬和水生作物等为原料，特别讲究时令新鲜，精工细作。明清时，苏州已成为"最是红尘中一二等富贵风流之地"。食物种类的丰富，促进了食品的加工、烹饪技术的发展和食不厌精风格的形成，同时，因受到文人雅士的文风影响，苏式食品日益追求本身的艺术价值，而苏州人重节候、好遨游的民风，则进一步助长了饮食讲究时令、崇尚精致的风尚。

鱼馔。苏州人吃鱼颇讲究时令，如农历正月要吃青鱼，二月吃塘鲤鱼和鳜鱼，三月吃"菜花甲鱼"，四月吃鲥鱼，五月吃太湖银鱼……十一月吃鲢鱼，十二月要吃草鱼等。

苏式糕点。苏州人称其为四季茶食，除要求色、香、味、形俱佳外，同样讲究时令和新鲜。民间有"春饼、夏糕、秋酥、冬糖"之说，即春天以喷香扑鼻的酒酿饼为最，夏天以清凉消暑的薄荷糕为佳，秋季当然要品尝传统的中秋酥皮月饼(即苏式月饼)，冬季则要以香甜酥松的麻酥糖和韧性十足的寸金糖为好。

苏州船菜。旧时在苏州的游船上常会为游客置备宴席,由船上的船娘们掌勺烹饪。由于游船容积小,要在船上烹调菜肴,制作点心,均要受到特定场地的约束。烹调船菜时,一般都以炖、焖、焐、煨为主,最终形成了慢工出细活的"火候菜"和"工夫菜"。因是就地取材,又形成了主要以加工水产鱼馔为主的风味特色。苏州传统的船菜名肴,通常有三虾豆腐、鸳鸯莼菜汤、清蒸大蟹、芙蓉银鱼、蟹粉鱼翅、葱烤鲫鱼、西瓜鸡和酒焓虾等。菜肴原料讲究时令、新鲜,制作力求精致,各菜自成一味而绝无雷同。

松鼠鳜鱼。苏式经典菜肴之一,选用900克左右的鳜鱼,去鱼骨,鱼肉用刀划开不断并连在鱼皮上,下油锅炸熟,装盘,头大口张,肉似翻毛,尾部翘起,形如松鼠。当炸好的鳜鱼上桌时,随即浇上用虾仁、笋干、番茄酱等烩制的热气腾腾的卤汁,便发出吱吱的像松鼠叫的声音,故名松鼠鳜鱼。成品菜肴色泽酱红,外脆里嫩,酸甜适口,深得食客赞美。

太湖白虾。俗称"水晶虾",通体透明,肉嫩味鲜,营养丰富。农历六七月间是吃虾的最佳时令。苏州人称此时上市的白虾为"三虾",即虾子饱满、虾脑充实、虾肉鲜美。太湖白虾,营养价值高,含有丰富的蛋白质、维生素和多种微量元素。民间美食者喜用白虾制成醉虾,别有一番风味。

太湖白鱼。全身洁白,闪着银光,故称白鱼。该鱼体形狭长侧扁,口卜翘,又有"翘嘴白鱼"之称。太湖白鱼无鳞、无刺、无腥、味美,属于名贵鱼类,从隋朝开始就成为进献皇室的贡品。

叫花鸡。又称黄泥煨鸡,是常熟市的名菜。相传,很早以前,有一个叫花子,沿途讨饭流落到常熟的一个村庄。一日,他偶然得来一只鸡,欲宰杀煮食,可既无炊具,又没调料。他来到虞山脚下,将鸡杀死后去掉内脏,带毛涂上黄泥、柴草,把涂好的鸡置于火中煨烤,待泥干鸡熟,剥去泥壳,鸡毛也随泥壳脱去,露出了鸡肉,食之香嫩可口。约100多年前,常熟县城西北的山景园菜馆根据这个传说,去粗取精,精工效法创制出此菜。

二、名特地产

丝绸。苏州是丝绸的故乡,太湖流域考古发掘的新、旧石器时代的遗址,见证着丝绸悠久的历史。吴中区唯亭镇草鞋山出土的6 000年前的纺织品实物残片、吴江区梅堰出土的4 000年前的大批纺轮和骨针,以及带有丝绞纹和蚕纹的陶,都说明苏州古代先辈很早就掌握了养蚕纺丝的技术。明清时期,苏州丝绸已名扬海外,苏缎与云锦、杭罗被列为中国东南地区的三大名产。丝绸至今仍是苏州重点发展的传统产品。

苏绣。苏州刺绣的简称。吴中一带是苏绣的发源地,现已遍布很多地区。宋代已颇具规模,清代为兴盛期。苏绣素以精细、雅洁著称。双面绣《金鱼》《小猫》是苏绣的代表作。猫眼常用一根丝线的1/24进行镶色和衬光,使眼睛发亮有神,有"以针作画""巧夺天工"之誉。苏绣与粤绣、湘绣、蜀绣合称中国"四大名绣"。

玉雕。苏州是我国著名的琢玉产地之一。据宋代范成大所修《吴郡志》载:早在唐、五代时期,苏州就有琢玉的工场和著名的艺人。明代宋应星《天工开物》盛赞苏州玉工:"良玉虽集京师,工妙则推苏郡。"苏州玉雕以小件为主,多为瓶炉、人物、花卉、鸟兽。在技艺上,善于运用镂雕,使产品玲珑剔透,飘逸俊俏。

宋锦。指具有宋代织锦风格、用彩纬显色的纬锦。纹样组织精密细致,质地坚柔,平服挺括,图案花纹对称严谨而有变化,丰富而流畅生动,色彩运用艳而不火,繁而不乱。宋锦的品种分大锦、合锦、小锦三种，主要用于装裱书画和礼品装饰。与南京云锦、成都蜀锦并列为中国三大名锦。

檀香扇。指以檀香木为扇骨制成的扇子。檀香木为珍贵木材，木质细腻、坚硬，其香无比。檀香扇既可引风纳凉，又可驱虫防蛀。苏州檀香扇制作始于清末民初，迄今已有百余年历史。其烫花、拉花、画花、雕花的绝技更是他处莫及。

桃花坞木刻年画。桃花坞位于苏州阊门内北城下。木刻年画源于宋代的雕版印刷工艺，由绣像图演变而来。明代已发展成为民间艺术流派，清代雍正、乾隆年间为鼎盛时期。桃花坞年画的印刷兼用着色和彩套版，构图对称、丰满，色彩绚丽，常以紫红色为主调表现欢乐气氛，基本全用套色制作。刻工、色彩和造型具有精细秀雅的江南民间艺术风格，主要表现吉祥喜庆、民俗生活、戏文故事、花鸟蔬果和驱鬼避邪等民间传统审美内容。与天津杨柳青木刻年画和山东潍坊杨家埠年画并称"中国三大木刻年画"。

洞庭枇杷。明朝王世懋在《学圃杂疏》中称赞"枇杷出洞庭者大"，洞庭枇杷由此名声大震。吴中区东山镇的洞庭枇杷有 30 多个品种，人们习惯将其分为白沙、红沙两大类。白沙枇杷皮薄，肉白带黄，质细柔嫩，汁多味美。红沙枇杷皮黄，肉橙，味甜，汁多。东山的白沙、光福的红沙都是枇杷中的珍品。

杨梅。吴中洞庭东、西山出产的杨梅有大叶细蒂、小叶细蒂、乌梅、绿荫头、荔枝头、大核头、早红等十几个品种。以东山余坞的乌梅为上品，果大、汁多、味甜，因其色呈紫黑色，亦名炭梅。明代徐阶赞曰："若使太真知此味，荔枝应不到长安。"

碧螺春茶。我国绿茶的珍品之一，主产于吴中区太湖的洞庭山。以形美、色艳、香浓、味醇"四绝"闻名于中外。洞庭山是我国著名的茶、果间作区，茶树和桃、李、杏、梅、柿、橘、白果、石榴等果木交错种植，茶树、果树枝丫相连，根脉相通，茶吸果香，花窨茶味，陶冶着碧螺春花香果味的天然品质，令碧螺春茶独具天然茶香果味，品质优异。

苏式蜜饯。苏州制作蜜饯的历史可上溯到三国时代。清代是苏式蜜饯的鼎盛时期，其中以"张祥丰"最为著名。糖果类有松子糖、粽子糖、花生糖、三色松子软糖、脆松糖等，其中以采芝斋独家生产的粽子糖最为有名。果品类有金丝蜜枣、奶油话梅、金丝金橘、白糖杨梅、九制陈皮等。

太仓肉松。选用新鲜猪后腿精肉，配以酱油、冰糖、鲜姜、大茴、黄酒等佐料加工而成。纤维细长，滋味鲜美，特别适合产妇、幼儿及病人食用。清代因慈禧太后、光绪皇帝吃后大加称许，太仓肉松遂成为官方礼品。

三、丰富的旅游资源

千年古城、水乡古镇、古典园林、太湖风光、虎丘、盘门、灵岩山、天平山、虞山等都是苏州著名的风景名胜。太湖绝大部分景区、景点分布在苏州境内。

苏州园林。对苏州山水园林建筑的统称，在汉族建筑中独树一帜。苏州园林以私家园林为主，起始于春秋时吴国阖闾时期（前 514—前 496 年）。到清末苏州已有各色园林 170 多处，现保存完好的有 60 多处。被誉为"咫尺之内再造乾坤""江南园林甲天下，苏州园林甲江南"。

拙政园。江南园林的代表，也是苏州园林中面积最大的古典山水园林，被誉为"中国园林之母"。它与承德避暑山庄、苏州留园、北京颐和园齐名，为"中国四大名园"之首。此园初为唐代诗人陆龟蒙的住宅。明正德四年(1509年),御史王献臣仕途失意归隐苏州后将其买下,聘著名画家、吴门画派代表人物文徵明参与设计蓝图,历时16年建成。拙政园以水池为中心,池广树茂,取景自然,临水建造形体不一、高低错落的建筑,主次分明。总的格局保持了明代园林浑厚、质朴、疏朗的艺术风格。拙政园中现有建筑,大多是清咸丰九年(1859年)以后重建的。

留园。位于苏州市区阊门外,明嘉靖年间(1522—1566年)太仆徐泰时建此园,时称东园。清嘉庆时(1796—1820年)刘恕改建,名寒碧山庄,俗称刘园。同治年间(1862—1874年)盛旭人购得,重加扩建,修葺一新,取刘的谐音改名留园。园内建筑的数量在苏州诸园中居冠,厅堂、走廊、粉墙、洞门等建筑与假山、水池、花木等组合成数十个大小不等的庭园小品。走在园中,能领略到江南山水、田园四时的不同景色,有"不出城郭而获山林之趣"之誉。空间上的突出处理,充分体现了古代造园家的高超技艺、卓越智慧和江南园林建筑的艺术风格。

沧浪亭。位于苏州城南三元坊附近,在苏州现存诸园中历史最为悠久。始建于北宋,为文人苏舜钦的私人花园。园内有一泓清水贯穿,波光倒影,景象万千。主要景区以山林为核心,四周环列建筑,亭及依山起伏的长廊又利用园外的水面,通过复廊上的漏窗渗透作用,沟通园内、外的山、水,使水面、池岸、假山、亭榭融成一体。园中山上石径盘旋,古树葱茏,箬竹被覆,藤萝蔓挂,野卉丛生,景色苍润如真山野林。

狮子林。位于苏州城区东北角园林路。元至正二年(1342年)高僧天如禅师为纪念其师中峰禅师建菩提正宗寺,其弟子"相率出资,买地结屋,以居其师"。因园内"林有竹万个,竹下多怪石,状如狻猊(狮子)者";又因中峰禅师曾得道浙江西天目山狮子岩,取佛书"狮子吼"之意,易名为狮子林。狮子林既有苏州古典园林亭、台、楼、阁、厅、堂、轩、廊之人文景观,更以湖山奇石、洞壑深邃而盛名于世,素有"假山王国"之美誉。狮子林的湖石假山既多且精美,湖石玲珑,洞壑宛转,曲折盘旋,如入迷阵,有"桃源十八景"之称。洞顶奇峰怪石林立,均似狮子起舞之状。

网师园。位于苏州城东南部带城桥路,始建于南宋,旧为宋代藏书家、官至侍郎的扬州文人史正志的"万卷堂"故址。网师乃渔夫、渔翁之意,又与"渔隐"同意,含有隐居江湖的意思,园内的山水布置和景点题名蕴含着浓郁的隐逸气息。全园占地约8亩,布局精巧,结构紧凑,以精致的造园布局、协调的空间比例、深蕴的文化内涵、典雅的园林气息而著称,是我国江南中小型古典园林的代表作。

平江历史文化街区。位于苏州古城东北隅,东起外城河,西接临顿路,南起干将路,北至白塔东路,面积约116公顷。距今已有2 500多年历史,是苏州现存最典型、最完整的历史文化保护区,仍保持着"水陆并行、河街相邻"双棋盘格局和"小桥流水,粉墙黛瓦"的独特风貌。街区内现存世界文化遗产耦园和众多古桥、古井、古树、古牌坊、古城墙、河道、桥梁、街巷、民居、园林、会馆、寺观等及新建的中国昆曲博物馆等。

山塘历史文化街区。位于苏州古城西北部。山塘街全长3 600米,为唐代著名诗人白居易任苏州刺史时修筑,至今已有1 190多年历史,保持着"水城古街""一街一河"的基本格局和"小桥流水,粉墙黛瓦"的传统风貌。街区文物古迹荟萃,有国家级、省级、市级文物保护单位11处和古牌坊、寺院、祠宇、塔院、坊表、会馆、宅第、桥梁等古迹上百处。街内居民枕河而居,邻里相望,沿袭传统的生活习俗,被誉为"一条活着的千年古街"。

虎丘。位于苏州古城西北角,素有"吴中第一名胜"的美誉。据《史记》记载:吴王阖闾葬于此。传说葬后三日有"白虎蹲其上"故名。虎丘山高仅30多米,却有"江左丘壑之表"的风范,有三绝九宜十八景之胜,其中最为著名的是云岩寺塔、剑池和千人石。云岩寺塔已有1 000多年历史,是世界第二斜塔,是苏州古城的标志性建筑。剑池幽奇神秘,隐藏有吴王阖闾墓葬的千古之谜。千人石气势磅礴,留下了"生公讲座,下有千人列坐"的佳话。虎丘还是苏州民间集会的重要场所。

寒山寺。位于苏州城西阊门外5千米处的枫桥镇,建于南朝梁天监年间(502—519年)。唐代时,因寒山和希迁两位高僧曾由天台山来此住持的传说,改名寒山寺。又因诗人张继的《枫桥夜泊》,诗韵钟声千载流传,寒山古刹因此名扬天下。寺内大钟为清光绪三十二年(1906年)江苏巡抚陈夔龙督造。寺内另有一口日本友人赠送的铜钟,悬于大雄宝殿右侧。此钟一式共铸两口,另一口悬于日本馆山寺,以示中日佛教联谊。自唐以来,"寒山寺钟声"吸引历代文人骚客来此夜半聆听,并留下了无数诗章碑刻。而今,每逢除夕,赶至寒山寺听除夕钟声,已成吴地独具特色的活动。

天平山。位于苏州市城西15千米处,海拔201米。因有名人范仲淹的高祖葬在山的东麓,又名范坟山。山以枫、泉、石著名,并称"三绝"。这里是观太湖的好地方。山顶有望湖台,上有一圆石,面向太湖,称照湖镜。是与北京香山、南京栖霞山、湖南长沙岳麓山齐名的四大赏枫胜地。

周庄。位于苏州市东南38千米的昆山市境内,在澄湖、长白荡、淀山湖、白蚬湖和南湖环抱之中,是名副其实的"岛中之镇"。全镇依河成街,桥街相连,深宅大院,重脊高檐,河埠廊坊,过街骑楼,穿竹石栏,临河水阁,一派古朴幽静。以其灵秀的水乡风貌、独特的人文景观、质朴的民俗风情,成为东方文化的瑰宝、江南水乡的典范。

沙家浜革命历史纪念馆。抗日战争时期,位于阳澄湖畔的沙家浜成为苏、常、太游击根据地。新四军依靠当地人民群众的支持,利用阳澄湖地区天然的地理条件,在此开展了艰苦卓绝的抗日武装斗争。血战沙家浜、激战洋沟溇、伏击八字桥、夜袭浒墅关、奇袭虹桥飞机场等历史事件至今仍广为传颂。该馆再现了当年沙家浜抗日军民鱼水情深、共同抗敌的感人事迹。

新四军太湖游击队纪念馆。位于吴中区光福镇冲山村北山,主体工程占地面积1 700平方米。纪念馆分三个篇章,展现了新四军太湖抗日游击支队初建、重建、扩建时期的曲折历程。馆内陈列有新四军战士用过的生活用品、作战工具、信件等,运用现代技术再现了抗战时期芦苇沟、通信船、联络站等场景,参观时有身临其境之感。

第八章

无锡地域文化

无锡市,简称锡。别名梁溪。位于江苏省东南部,长江三角洲平原腹地,被誉为"太湖明珠",是环太湖都市圈和苏锡常都市圈的核心城市、国家级历史文化名城。东邻苏州市,距上海市 128 千米;南濒太湖(太湖 28%的水域属无锡),与浙江省交界;西接常州市,去南京 183 千米;北临长江,与泰州市所辖的靖江市隔江相望。全市总面积 4 627.46 平方千米。2022 年末,常住人口 749.08 万人,城镇化率 86.61%。

第一节 历史沿革与国际交往

一、历史沿革

大约 1 万年前就有人类生活在太湖的三山岛上,之后太湖周围逐渐出现了大量的古人类聚居地。无锡先民在这块土地上劳动、生息、繁衍,至少已有六七千年历史。无锡有文字记载的历史可追溯到 3 000 多年前的商朝末年。泰伯奔吴后在梅里,即今新吴区梅村街道筑城郭,建立荆蛮小国,自号"勾吴"。周初,周武王追封仲雍的五世孙周章为吴君,建吴国,以梅里为都城。周元王三年(前 473 年),越灭吴,无锡属越国。周显王三十五年(前 334 年),楚灭越,无锡属楚国,为楚相春申君黄歇的封地,故无锡也称"春申城"。

秦王政二十五年(前 222 年),秦灭楚,置会稽郡,无锡属之。汉高祖五年(前 202 年),无锡始建县,属会稽郡,并开始建造城邑,"城周三里二百步",城墙用夯土建造,城址恰好在现今无锡城区之内。史书记载,位于无锡城西的锡山盛产铅和锡,秦代百姓竞相挖采,至汉代,锡矿被挖尽,故名"无锡"。据考古发现,西汉时期,无锡已有冶铁、铸铜、制陶、髹漆等手工业门类,农业生产已使用铁器农具和牛耕技术。东汉永建四年(129 年),析原会稽郡的浙江(今钱塘江)以西部分设吴郡,无锡属吴郡。三国时,孙吴废无锡县,析无锡县以西为屯田,置毗陵典农校尉。西晋太康二年(281 年),复置无锡县,属毗陵郡。

六朝时期,北方战乱频仍,人口大量南迁,无锡治湖筑圩,大量兴建水利设施,农业耕作技术也有了提高,商业贸易也开始形成。南朝梁大同年间(535—546 年),无锡疏浚梁溪河,消除水患,造福百姓,梁溪河被无锡人称为母亲河,久而久之梁溪成了无锡的别称。

唐、宋时期,无锡农业生产从"火耕水耨"的轮荒耕作发展为耕、耙、耖配套的先进耕作技术,形成稻麦两熟制,太湖周围卑湿之地改造成河渠纵横、湖塘棋布、排灌结合的水网系统。同时,养蚕业发达,"桑柘含疏烟,处处倚蚕箔"。京杭大运河开通后,无锡河道中"商旅往返,船乘不绝"。城中金银、彩帛、烟酒、油酱、食米等作坊错杂开设,市场繁荣,无锡成为富庶江南的一块宝地。

元代元贞元年(1295年),无锡升为州,属江浙行中书省常州路。明朝洪武元年(1368年),又降州为县,属南直隶省常州府。清雍正二年(1724年),析无锡县为无锡、金匮两县,均属常州府。金匮县得名于无锡城区一座不足10米高的金匮山。金匮山,一名紫金山,相传晋时郭璞曾把黄金符匮埋于此山,金匮山由此得名。故后人有时也以金匮来称呼无锡。

中华民国元年(1912年),两县又合而为一,复称无锡县,属江苏省苏常道。民国十六年(1927年),无锡县直属江苏省。

1949年4月23日后,分无锡县为无锡市和无锡县。无锡市直属苏南区,1953年无锡市改为省辖市。1983实行市管县体制,无锡市下辖无锡、宜兴、江阴3县。1987年起,江阴、宜兴、无锡先后撤县设市(其中无锡县改为锡山市)。2001年1月,撤销锡山市设立锡山、惠山两区。

二、行政区划与发展格局

无锡市现辖梁溪、锡山、惠山、滨湖、新吴5个区及江阴、宜兴2个县级市。梁溪区,以无锡古称为区名;锡山区,因境内锡山而得名;惠山区,因境内惠山而得名;滨湖区,因全境环抱太湖而得名;新吴区,因境内梅村(今梅里)为古吴国都城,又是新设之区,故名;江阴市,因地处长江南岸而得名;宜兴,本作义兴,晋代以周玘"频兴义兵,三定江南……立义兴郡统之,表玘功也",北宋时避宋太宗赵光义名讳,取《礼记·中庸》"义者,宜也"之意,改"义兴"为"宜兴",沿用至今,宜兴现为国家级历史文化名城。

改革开放以来,无锡人民抓住机遇,乘势而上,创造了历史上从未有过的辉煌,跨入了全国综合实力50强和投资环境40优行列。无锡市率先在全国跨入小康后,正围绕五大支柱产业和三大先导产业进行新一轮产业结构优化升级,培育产业群;同时,加快生产性服务业发展,积极培育农村非农产业,提高农村公共服务水平,向全面实现现代化的目标迈进。

无锡自古就是鱼米之乡,素有"布码头""钱码头""窑码头""丝都""米市"之称。无锡是中国民族工业和乡镇工业的摇篮,是苏南模式的发祥地之一。

无锡以实业基础雄厚、文化底蕴深厚的优势,正发展成为全国重要的先进制造业、战略性新兴产业、创意设计基地、区域交通枢纽、商贸中心、旅游胜地、现代滨水花园城市和智慧城市。

三、国际友好交往

无锡市是一座开放的城市,20世纪80年代以来,已与日本明石市、相模原市,美国查特努加市,新西兰哈密尔顿市,葡萄牙卡斯卡伊斯市,加拿大斯卡伯勒市,巴西贝洛奥里藏特市,斯洛文尼亚新梅斯托市等50个城市结为国际友好城市,增强了对外经济、文化的交流。

第二节　地理交通与文化特征

一、地理与生态

无锡市以平原为主,星散分布着低山、残丘。南部为水网平原;北部为高沙平原;中部为低地辟成的水网圩田;西南部地势较高,为宜兴的低山和丘陵地区。陆地占总面积的79.7%,水域面积占20.3%。江阴、宜兴一线以东形成了以现代太湖为中心的坳陷盆地,即太湖盆地。宜兴地区山体均呈东西向延伸,绝对高度500米以上,最高峰为黄塔顶,海拔611.5米。江阴和无锡市区的山丘总体上呈北东走向,其高度由西南往东北逐级下降,最高峰为惠山三茅峰,海拔328.98米。

无锡属北亚热带湿润季风气候区,四季分明,热量充足,降水丰沛,雨热同期。常年平均气温16.2℃。南北农业皆宜,作物种类繁多。

无锡市共有大小河道5 600多条,领有太湖28%的水域,太湖为江南水网中心,总蓄水量达44.28亿立方米。地表水较丰富,外来水源补给充足。长江无锡段岸线长34.8千米,京杭大运河无锡段长41.5千米。

二、经济资源

无锡境内具有开采价值的矿产资源,以黏土、石灰石、大理石、玻璃用石英砂岩、建筑用石等非金属矿为主,其次为煤、泥炭等可燃性矿产及矿泉水。黏土矿以陶土为主,已探明工业储量5 000余万吨。石灰石估算储量17亿吨,大理石估算储量900多万立方米,煤探明工业储量4 000余万吨。

无锡生物资源丰富,除栽培植物外,拥有自然分布于地区内以及外来归化的野生维管束植物共160科903属1 990种284变种。主要用材林有竹、松、杉,优良用材的树种有杉木、檫树、樟树、紫楠、红楠、麻栎、锥栗、榆树等。药用植物400多种。鸟类有170多种;鱼类为107种。太湖中的银鱼,长江中的刀鱼、鲥鱼、河豚是名贵鱼类。兽类有30多种,主要有华南兔、穿山甲、豹猫、黄鼬等。

无锡自古经济发达,是富庶的江南鱼米之乡,也是江苏省重要的茶叶产区。境内盛产水蜜桃、柑橘、巨峰葡萄、梨、杨梅等水果。太湖水域内的银鱼、白虾、梅鲚(凤尾鱼)被誉为太湖三宝。

20世纪初,无锡诞生了以荣氏家族为代表的一大批工商业巨子,成为中国民族工商业的发祥地。20世纪70年代末,无锡乡镇企业异军突起,成为中国乡镇企业的发祥地,创造了闻名中外的"苏南模式"。现今,高档纺织及服装加工、精密机械及汽车配套工业、电子信息及高档家电业、特色冶金及金属制品业、精细化工及生物医药业等成为无锡的支柱产业。

三、交通建设

无锡地处长江三角洲地区和沪宁杭大都市圈的几何中心,也是苏南沿江产业带和沪宁线城市发展轴的中心点和华东地区主要的交通枢纽,已形成由铁路、公路、水路、航空配套组成的立体交通网络。境内江阴长江大桥沟通苏南与苏中、苏北,京沪铁路连接东西,沪蓉高速公路、长深高速公路、京沪高速公路、沪宜高速公路、常合高速公路等纵横交错,京杭大运河横跨全境。

无锡铁路站现为华东唯一客货特等站,经沪宁线和新长线可与全国铁路联网直通。沪宁城际铁路和京沪高速铁路为无锡交通提供了便捷条件。沪宁、沪宜高速公路通达上海市和南京市,京沪高速公路直达北京,宁杭高速公路直通杭州,沿江高速连接南京溧水和苏州太仓。312国道、104国道贯通无锡。沪宜、锡沙、镇澄、澄鹿等公路干线通向苏、浙、皖。苏南硕放国际机场已开通北京、广州、成都、香港、澳门、台北等45条国内航线和东京、大阪、曼谷、新加坡、首尔等5条国际航线。

无锡市沿长江深水岸线建有一批万吨级以上泊位。江阴港为对外开放港口,建有国内第一个内河港口型国际集装箱中转站,海运主要经由上海、张家港、江阴等港口出海。内河航运,依托长江、京杭大运河和太湖水系,通航总里程达1 500多千米。2022年货物吞吐量超过3.5亿吨。2022年,国家确定无锡建设全国性综合交通枢纽城市。

无锡市内交通便捷,截至2023年1月已开通地铁交通线路4条,营运里程113.5千米。

四、地域文化特征

无锡有1万多年的人类生活史、3 000多年的文字记载史和建城史。在漫长的历史长河中,经历了辉煌灿烂的史前文化和吴文化的洗礼。其主要文化特征如下:

第一,刚柔并济,适时顺变。彭祖墩、阖闾城、鸿山三大史前遗址的发现,在考古学上无可争议地证明无锡是吴文化发祥地的论说。三大遗址分别属于新石器时期、春秋时期、春秋战国吴越时期,印证了无锡地域文化发展史的一脉相承,由刚及柔、刚柔并济和吸纳、包容、开放、适时顺变的文化特征。

第二,工商文化成为近代无锡城市的主流文化。无锡民族工商业实业家的成功范例与民间"趋利"价值观的相互影响、大上海的文化经济辐射等造就了无锡的工商文化。无锡是中国近代民族工商业和乡镇企业的重要发源地,留存工业遗产众多,是国内工业遗产富集的重点城市之一。

第三,水文化赋予无锡人以灵性。山、湖、河、城浑然一体的自然景观与几千年的文化内涵相互融合,山清水秀之灵气、人与自然的和谐,形成了无锡人推崇自然、保持朴素的审美情趣,陶铸了无锡地域文化精明、细致、缜密的人文特征。

无锡话属于吴方言。市树是香樟,市花是梅花和杜鹃花,市歌为《太湖美》。"阿福""阿禧"是无锡城市吉祥物。

第三节　历史文化遗产

一、史前文化遗址

无锡历史悠久,在新吴区鸿山街道彭祖墩、新渎庙墩、葛埭桥庵基墩、玉祁芦花荡、骆驼墩、仙蠡墩等地,均有原始氏族聚居的遗址。无锡先民的原始文化先后属于马家浜文化、崧泽文化和良渚文化。他们以自己的智慧和辛勤劳动,创造和丰富了太湖流域辉煌的远古文化。

彭祖墩遗址。位于无锡鸿山街道伯渎港畔,三面环水,状似一个大蘑菇。距今约7 000～

6 000年。该遗址出土了石刀、石斧、石纺轮、陶盆、陶釜、陶鼎及一大批玉器。从发掘的断面可以看到序列清楚的历史年轮。表层为耕作层,第二层为唐宋元明清层,接着是商朝中期的马桥文化层、新石器时代古人类生活的马家浜文化层。

骆驼墩遗址。位于宜兴市新街街道唐南自然村,为一处重要的新石器时代遗址。距今约7 000～5 000年。遗址分南北两区,南区在名为骆驼墩的自然岗地,北区在唐南村北。遗址至今仍可以看到被认为是新石器时代的古河道,在淤积层中还有倒塌的大树等。

仙蠡墩遗址。又名仙女墩遗址,位于梁溪河北岸,蠡桥西侧,是新石器时期无锡先民的聚居地之一。距今约6 000～5 000年,当时处于母系氏族社会向父系氏族社会过渡的新石器时代中期,属崧泽文化中晚期至良渚文化早期类型。该遗址是一个略呈椭圆形的土墩,土墩中心偏北是居住区,房屋都呈长方形,地面经过夯打并用火烧过。居民过着以农业生产为主的定居生活,在耕作方法上已经进入原始的锄耕农业阶段,同时还进行着采集、渔猎和饲养家畜的活动。

赤墩遗址。位于惠山区钱桥街道舜柯社区。从出土的陶片和石器看,为距今5 000多年的崧泽文化至良渚文化时期的新石器遗址。该遗址发掘了石锛、陶纺轮、石刀等文物。

高城墩遗址。位于江阴市璜土镇高城墩自然村北,是一处新石器时代晚期良渚文化遗址,距今5 300～4 200年。在发掘清理的13座墓葬中,出土琮、璧、钺、锥形器、珠、管等玉器155件(组)以及石器、陶器等。墓葬呈人字形向西北、东北方向排列,大都有棺、椁一类的葬具。其规模和随葬品表明墓主的地位可能较高,这种随葬玉器等级较高而数量不多的墓葬,可能代表着良渚文化的另一类型。

鸿山遗址。位于新吴区鸿山街道,是我国长江下游地区春秋战国时期越国贵族的墓葬遗址,分布范围7.5平方千米。该遗址发掘、清理了老虎墩、老坟墩、曹家坟、邹家墩、杜家坟、万家坟、邱承墩共7座墓葬,出土随葬礼器、乐器、玉器等各类珍贵文物2 300余件。为越国史乃至百越民族史研究提供了科学的考古资料。

二、历史文化遗存

截至2022年7月,无锡市有市级以上文物保护单位467处,其中国家级重点文物保护单位34处,省级文物保护单位74处,市级文物保护单位359处。2014年清名桥历史文化街区作为大运河江南运河无锡城区段古运河、老运河的遗产点入选联合国教科文组织认定的《世界文化遗产名录》。泰伯庙、阖闾城遗址、寄畅园、薛福成故居建筑群、惠山古镇祠堂群、东林书院、昭嗣堂、天下第二泉庭院及石刻、阿炳故居、国山碑、宜兴窑址、徐霞客故居及晴山堂石刻、京杭大运河、大浮秦氏墓群、永泰丝厂旧址等都是著名的历史文化遗存。

泰伯庙。又名至德祠、让王庙,位于无锡市新吴区梅村街道伯渎河畔。为纪念古公亶父(周太王)长子泰伯而建。东汉桓帝永兴二年(154年),敕令吴郡太守糜豹在泰伯故宅立庙。经过历代修建的建筑群,庄严辉煌。泰伯庙现存建筑为明清时所建,庙前立照池,池上架单孔拱形石桥,名"香花桥"。桥北立花岗岩石牌坊,上镌"至德名邦"四字。石坛北为棂星门,竖有六根石柱,高6米,有云龙、仙鹤雕饰。棂星门为泰伯庙第一进建筑,面阔三间。后有院落厢房,东西各9间。院内尚存古柏、桂树各一株。

白云观。位于无锡惠山北麓,始建于东晋,唐代时被毁。明万历至天启年间(1573—1627年),因唐代八仙中的吕洞宾曾在惠山石门旁的一个洞内修炼过,道教信众雕刻了一座吕洞宾石像供奉于洞内,洞被称作白云观。白云观旁边还建有一座殿宇,名紫微宫。从明代起,这里香火不绝。近年,白云观被修葺一新,并新建了斗姥殿、财神殿、文昌阁、纯阳殿、离垢道院、红云洞等建筑,还新铸了一座1.8米高的吕洞宾铜像。如今惠山的道骨仙风,十分令人神往。

南禅寺。位于无锡城南一角,古运河畔,是距今1 450多年的南朝四百八十寺之一,始建于南朝梁武帝太清年间(547—549年)。南禅寺历经风霜,迭废迭兴。北宋天圣年间(1023—1031年)曾重建,宋仁宗赐名福圣禅院。经历代修复,天王殿,殿身辉煌,香火鼎盛;妙光塔,塔尖矗天,气势不凡;五戒堂,堂内庄严,净化人心;放生池,池水碧绿,清澈照人。大雄宝殿中,如来形体雄伟,仪表安详庄重,慈眉慧目,微具笑颜,口欲启齿而又止,状若演法且未尽。诸佛罗汉,面貌慈祥多姿,形体丰满俊俏,眼神专注,衣纹流畅。妙光塔位于南禅寺东侧,高43.3米,建于北宋雍熙年间(984—987年),距今已有1 000多年历史。古塔为七级八面楼阁式,檐角悬挂铜质铎铃。南禅寺主殿梁架由立柱支撑,柱上安有粗壮的斗拱承托屋檐。看去,许多曲折形斗拱层层叠架,层层伸出,出檐深远高大,气势磅礴,具有鲜明的唐代建筑风格。

东林书院。我国古代著名书院之一,创建于北宋政和元年(1111年)。明万历三十二年(1604年),东林学者顾宪成等人重新修复书院并在此聚众讲学。他们倡导"读书、讲学、爱国"的精神,得到全国学者的普遍响应。时有"天下言书院者,首东林"之赞誉。顾宪成的名联"风声雨声读书声声声入耳,家事国事天下事事事在心"家喻户晓,曾激励过无数知识分子。东林党人后遭魏忠贤镇压,书院被烧毁。清初、民国至现代,屡毁屡修。现主要建筑有石牌坊、仪门、泮池、东林精舍、丽泽堂、依庸堂、碑亭、燕居庙、道南祠等。

寄畅园。位于无锡市惠山东麓,原为惠山寺的僧舍。几经转换主人,明万历十九年(1591年),园归湖广巡抚秦燿。秦燿被解职回无锡后,寄抑郁之情于山水之间,疏浚池塘,改筑园居,构园景二十,每景均题诗一首。寄畅园属山麓别墅类型的园林,布局以山池为中心,巧于因借,混合自然,园内大树参天,竹影婆娑,古朴清幽。以巧妙的借景,高超的叠石,精美的理水,洗练的建筑,在江南园林中别具一格。

三、非物质文化遗产

截至2021年6月,无锡市有市级以上非物质文化遗产195项。其中国家级非物质文化遗产11项,省级非物质文化遗产51项,市级非物质文化遗产133项。吴歌、无锡道教音乐、锡剧、锡绣、无锡留青竹刻、梁祝传说、男欢女喜、凤羽龙、剪纸、无锡纸马、平绣、泥塑、宜兴紫砂陶制作技艺和三凤桥酱排骨烹制技艺等是其代表。

无锡道教音乐。源于古代巫觋歌舞祭祀音乐,经千余年的发展,至明、清时期,无锡道教音乐日臻完善。内容大致分为三类:腔口音乐,即道教科仪进行中法师演唱的部分;梵音音乐,即由鼓板、丝竹等乐器演奏道家曲牌;锣鼓音乐,即苏南民间流行的十番锣鼓。无锡道教音乐广泛吸收了吴地民间音乐、苏南地方戏曲中的优秀成分,极具无锡地方特色。名曲《二泉映月》的作者阿炳(华彦钧)和南鼓王朱勤甫等是道教音乐的杰出代表。

无锡纸马。流传于无锡地区的一种民间祭祀用的纸制神像。形式有两种,一种用单墨色刷印,另一种用墨版印在色纸上再开相勾画。始于唐代,至明朝时制作技艺趋于成熟,清朝达到鼎盛。内容包含佛、道二教和民间传说中招财赐福、祛病除灾的神仙菩萨,以及人世间各行各业被神化了的祖师,如玉皇大帝、张天师、观音菩萨、地藏菩萨、灶神、财神、土地、福禄寿、关公、钟馗、姜太公、鲁班、陆羽、文曲星等。现收集到的纸马有800余种,最常用的约30余种。

无锡留青竹刻。所谓留青,就是根据图稿设计,铲去纹样以外的竹皮,并在留下的青皮纹样上再刻画出各种质感的艺术形象。留青竹刻是一种传统艺术,源于唐代,明清时期达到鼎盛。无锡是近代江南留青竹刻的主要产地,品种有老臂搁、书镇、扇骨、书联、挂屏等。青筠与竹肌色泽的对比和掩映烘衬,使竹刻作品具有一种古朴典雅、清秀素淡的特殊美感。

梁祝传说。从历史记载看,梁祝故事的文字记载源于宜兴,梁山伯和祝英台系宜兴人氏。其奇丽的情节结构体现了人们对于爱情的忠贞精神。梁祝传说在流传过程中被鼓词、故事、歌谣、传奇、木鱼书、戏剧、曲艺、音乐等艺术形式接受,从而在民间广为流传,成为中国最具辐射力的口头和非物质文化艺术,并形成了庞大独特的梁祝文化。作为梁祝传说的故里,1921年宜兴市修复了祝英台琴剑冢、英台阁、祝英台读书处等。

玉祁双套酒酿造技艺。所谓双套复式酿酒法,即用陈年黄酒代替醅水,不加生水,不加酒药,以酒酿酒,故称"双套"。该酿酒法以太湖地区优质糯米为原料,采用"大酵法"工艺流程,经过30余道工序,再入坛露天存放发酵60天,入库储存三年以上。这种独特的复式酿酒技法始于清嘉庆年间,是全国黄酒酿造行业里唯一至今还在沿用的传统酿造工艺。

宜兴均陶制作技艺。宋代以后宜兴市均山一带釉彩陶器的制作技艺。工艺主要包括将陶土通过独特成形方法加工成各种器形,再在坯体上进行堆花、刻花、镂雕、施釉等装饰,最后经高温氧化焰一次烧成。其产品品种丰富,形制众多,造型别致,款式古朴浑厚。产品以其特有的"红若胭脂,青若葱翠,紫若墨黑"的均陶釉色和全手工堆花工艺著称于世。数百年来,不仅受到皇宫贵族的追捧,也进入了寻常百姓家。

男欢女喜。流传于宜兴地区的一种戴面具的双人舞蹈。它是在民间传说基础上创编的,一般在庙会上演出,又称"踩莽"或"调莽",内容主要以表达人们消灾降福的愿望为主。该舞蹈的历史可远溯至元末明初,迄今已有600余年历史。

四、民俗文化节日

无锡一年四季节庆不断,主要节庆有:国家级非物质文化遗产泰伯庙会等,无锡国际梅花文化旅游节、无锡阳山桃花节、西高山庙会、鼋头渚樱花之旅、宜兴陶瓷艺术节、太湖旅游节、徐霞客文化旅游节等。

无锡有贴桃符、春联的风俗,还有在新年挂钟馗像的习俗。传说钟馗善于捉鬼,挂钟馗像,可以避一年的鬼祟,此风俗大概始于唐代。无锡民间还有在门楣上张挂吉庆语句的红单联和剪纸门笺挂络的习俗。民间认为,元旦早晨吃糕丝圆子,有团圆高升的意思。吃面条,有长寿、长春的意思。无锡风俗,新年中亲友家小孩来到,主人要拿茶点和糖果招待和馈赠。亲友中有孩子前来拜年,要赏给压岁钱。新女婿到岳母家去拜年，一般都选在年初三。年初三称为小年朝，这一天与元旦风俗相同，不能扫地、乞火、汲水。

泰伯庙会。无锡梅村每年举办的一种民俗及民间宗教文化活动。起源于古代吴地先民的祭祀信仰。泰伯创建吴国，开创了吴文化，人们为了纪念泰伯造福江南的业绩，在无锡梅里（今梅村）修建了泰伯庙。每年正月初九泰伯生日，人们照例在梅里举办泰伯庙会，祈望得到泰伯的庇护。现今的泰伯庙会，增加了经贸洽谈、高新产品成果展、文艺晚会、海外宗亲亲情联络等全新的内容。

五、宗教文化述略

东汉时，道教兴起，其创始人张道陵到吴地传道，并修道于宜兴庚桑洞。之后，张天师第四代孙张盛也曾来宜兴庚桑洞炼丹。唐代时，传说八仙之一的张果老也曾隐居于此洞，故庚桑洞改称张公洞。紧依张公洞原有一座寺庙，唐代开元初年，朝廷准奏万惠昭天师改为道观，唐明皇还御赐张公洞"洞灵观"匾额，赐封庚桑楚为"洞灵真人"。从此张公洞闻名全国，被列为道教七十二福地之一。南朝梁武帝天监年间（502—519年），道教传入无锡。无锡地区最早的道教宫观是位于惠山西南璨山南麓的洞阳宫，至今已有1400多年的历史。经过历代的发展，至民国时期，无锡道教宫观达40余处，其中以位于城区中心的洞虚宫最为著名。现存并修复一新的道观主要有水仙道院、太湖三山道院、惠山白云观、宜兴洞灵观、江阴东岳庙等。无锡道教在信仰上既遵守道教神谱的基本规定，同时又与民间信仰、吴地文化有着密切的联系。

佛教从东汉开始传入中土，三国赤乌年间（238—251年）传入无锡。无锡城区最早的寺庙崇安寺始建于东晋哀帝兴宁二年（364年）。经历代兴建，至清光绪年间（1875—1908年），无锡有佛教寺庙173座，其中以惠山寺、南禅寺、崇安寺最为著名。无锡佛教文化积淀深厚，高僧辈出，唐代有天台宗九祖湛然，宋代有深沐皇恩的园照，清代有被朝廷封为国师的玉琳，当代有著名爱国高僧巨赞法师。

天主教于明崇祯十三年（1640年）传入无锡。无锡城内、外先后建有三座天主教堂，其中城外三里桥民主街天主堂建成于清道光三十年（1850年），其建筑采用中西结合的风格，是江苏第一大老教堂和国内最大的教堂之一。现今相继修复开放的有无锡三里桥天主堂、江阴南门天主堂、江阴青阳天主堂、宜兴天主堂等。位于无锡三里桥天主堂西侧的天主教南京教区修女院建于1989年，是江苏唯一的一座修女院。

基督教于清朝末年传入无锡。最早的基督教堂是圣公会圣十字堂，即现今的中山路基督教堂，始建于1916年。

伊斯兰教19世纪末传入无锡。

无锡佛教、道教、天主教、基督教、伊斯兰教五大宗教齐全。截至2023年2月有信教群众约30万人，依法登记的宗教活动场所278处，宗教教职人员497人。

六、历史文化名人

范蠡（生卒年不详），字少伯，晚年自谓陶朱公，楚国宛邑三户（今河南省南阳一带）人。春秋末越国大夫。年轻时，曾拜计然（又名辛文子）为师，研习治国、治军方策，雄才过人。后与文种先后离楚入越，受到越王允常重用。周敬王二十四年（前496年），其子勾践继位，范蠡被尊为上将军。在吴、越争霸中,其勇而善谋,能屈能伸。越战败,范蠡随越王勾践赴吴做人质。越王勾践三年(前494年)回越后,范蠡鼎力支持勾践卧薪尝胆,愁心苦志,富国强兵,终于辅助勾践一举灭吴。之后辞勾践,离越"浮海出齐",治产获千万,受任为齐相。最后又弃官散财,定居于陶(今山东省肥城市湖屯镇陶山),再度兴商置产。约73岁时"卒老死于陶",葬于陶山之麓。有《计然篇》《养鱼经》《兵法两则》《致富奇书》《陶朱公商训》等著作传世。

顾恺之(345—409),字长康,小字虎头,晋陵无锡人。博学多才,擅诗赋、书法,尤善绘画。精于人像、佛像、禽兽、山水等,时人称之"三绝":画绝、才绝和痴绝。与曹不兴、陆探微、张僧繇合称"六朝四大家"。作画,意在传神,其"迁想妙得""以形写神"等论点,为中国传统绘画理论的发展奠定了基础。著有《论画》《魏晋胜流画赞》《画云台山记》等。

徐弘祖(1587—1641),号霞客,江阴市人。明朝著名地理学家、探险家、旅行家和文学家。受耕读世家的文化熏陶,幼年好学,博览群书,尤钟情于地经图志。从22岁起,开始游历考察生涯,足迹遍及大半个中国。经过30年考察撰成《徐霞客游记》,开辟了地理学上系统观察自然、描述自然的新方向。

顾祖禹(1631—1692),字复初,一字景范,无锡市人。生于苏州常熟市,卒于无锡城东的宛溪,人称宛溪先生。清初地理学家和学者。高祖、曾祖、父亲都通晓舆地之学。受家学影响,毕生专攻史地,尤精于地理。为保存故国文献,身遭亡国之痛,仍始终坚持志节,不求名于时,不求禄于世,长期生活在"贫贱忧戚"的环境里。历时30余年著成《读史方舆纪要》一书,实乃难能可贵。

华蘅芳(1833—1902),近代科学家、数学家、翻译家、教育家。1860年起先后在安庆军械所、江南制造总局等兵工企业主持技术工作。1865年与徐寿父子设计制造中国造船史上第一艘蒸汽机轮船、第一批兵舰、第一代枪炮、炸药。著作颇丰,有《抛物线说》《开方别术》《开方古义》等,译著有12种160余卷,涉及化学、天文学、地质学等。

荣宗敬(1873—1938)、荣德生(1875—1952),两兄弟均为中国最大的民族资本家。他们以创办茂新、福新、申新面粉和纺织企业集团而著称于世,享有"面粉大王"及"纺织大王"的美称。他们在我国的农业、教育、市政、旅游、卫生等事业的发展方面,都做出了很大的贡献。

刘半农(1891—1934),原名寿彭,后名复,字半农,江阴市人。中国新文化运动先驱,文学家、语言学家和教育家。1911年参加辛亥革命。1917年任北京大学法科预科教授,并参与《新青年》杂志编辑工作,积极投身文学革命。1920年到英国伦敦大学学习实验语音学。1921年转法国巴黎大学学习,获文学博士学位,所著《汉语字声实验录》获法国康士坦丁·伏尔内语言学奖。1925年回国任北京大学国文系教授。有诗集《扬鞭集》《瓦釜集》《半农杂文》。

阿炳(1893—1950),原名华彦钧,无锡市人。民间音乐家,正一派道士。因患眼疾而双目失明。其父华清和为无锡三清殿道观雷尊殿当家道士,擅长道教音乐。阿炳4岁丧母,由同族婶母抚养。8岁随父在雷尊殿当小道士。先在私塾读了3年书,后从父学习鼓、笛、二胡、琵琶等乐器。12岁已能演奏多种乐器,并经常参加拜忏、诵经、奏乐等活动。18岁时被无锡道教音乐界誉为"演奏能手"。一生刻苦钻研道教音乐,并广泛吸取民间音乐曲调的精华。一生创作和演出民间乐曲270多首。

徐悲鸿(1895—1953),原名徐寿康,宜兴市屺亭街道人。现代画家、美术教育家。曾留学法国学西画,归国后长期从事美术教育。1949年后任中央美术学院院长。擅长人物、走兽、花鸟,主张现实主义,强调国画改革融入西画技法,作画主张光线、造型,讲求对象的解剖结构、骨骼的准确把握,并强调作品的思想内涵,对当时中国画坛影响甚大。与张书旗、柳子谷并称画坛"金陵三杰"。国画以奔马享名于世。

第四节 地方特产与旅游资源

一、佳肴美食

无锡油面筋。属于素菜,做菜、烧汤均可。生产始于清乾隆年间(1736—1795年),做法是将面粉加水调和搅拌,等到糊头起泡后,清洗四次,取得面筋,接着加适当的盐搅拌,洗出残余面粉白浆,经摊晾、打浆、摘坯等工序后,便可投入沸油锅内煎炸,成为球形中空的油面筋。出锅的面筋色泽金黄,表面光滑,味香性脆,鲜美可口。如塞进肉瓤烧煮,则别具风味。逢到节日合家团聚,饭桌上有一碗肉馅油面筋,以示团团圆圆,可增加快乐气氛。

三凤桥酱排骨。俗称无锡肉骨头,兴起于清光绪年间(1875年前后)。采用猪肉肋排或草排,配以八角、桂皮等多种天然香料,运用独特的烧制方法,烧制出的排骨色泽酱红,故称酱排骨。其特点是油而不腻,骨酥肉烂,香气浓郁,滋味醇真,甜咸适中。

太湖银鱼。成鱼长约7~10厘米,体长略圆,细嫩透明,色泽如银,因而得名。清康熙年间(1662—1722年),银鱼被列为贡品,与白虾、梅鲚并称"太湖三宝"。太湖银鱼分为太湖短吻银鱼、寡齿短吻银鱼、大银鱼和雷氏银鱼四个品种。肉质细腻,洁白鲜嫩,无鳞无刺,无骨无肠,无腥,含多种营养成分。银鱼炒蛋、干炸银鱼、银鱼煮汤、银鱼丸、银鱼春卷、银鱼馄饨等,都是别具风味的湖鲜美食。

太湖白鱼、白虾。白鱼肉质细嫩,鳞下脂肪多,酷似鲥鱼,是太湖名贵鱼类。清蒸白鱼,色泽艳丽,鱼肉洁白,细嫩鲜美,汤汁清淡。白虾壳薄,通体透明,肉嫩,味鲜美,为名贵水产。可制成醉虾、盐水虾等佳肴,令人百吃不厌。

太湖莼菜。莼菜,又名水葵,俗称马蹄草,属睡莲科。幼叶与嫩茎中含有一种胶状黏液,食用时有一种细柔滑润、清凉可口的感觉,并有一种沁人心肺的清香。每年清明至霜降期间可采摘嫩叶食用。可配荤炒,可素食,可氽汤,也可做馅,食用方便。

小笼包。无锡传统名点,已有百年历史,以皮薄卤多而誉满沪、宁、杭一带。选用上等面粉制作,选料精细,小笼蒸煮,南方口味。具有夹起不破皮,翻身不漏底,一吮满口卤,味鲜不油腻等特色。秋冬季节,馅心中加入熬熟的蟹黄油,即为著名的蟹粉小笼,食时鲜美可口,别具风味。

糖芋头。无锡传统名点,创制于1858年。精选当地产上等芋头的芋籽,去皮、洗净、放碱,烧至芋籽呈紫红色时,再放入红糖和甜桂花,转为火焖,煮沸即成。具有芋艿酥烂、色泽鲜红、甜汤可口、香味四溢等特点。

二、名特地产

惠山泥人。无锡市惠山北麓地面1米以下,有一层40~100厘米厚的黑土,质地细腻柔软,搓而不纹,弯而不断,干而不裂,可塑性极佳。因泥人是采用惠山的特别材料制作的,故名。始于南北朝,明朝发展到鼎盛阶段。明末清初出现专业性泥人作坊,加之当时昆曲流行,以戏曲人物为题材的手捏戏文人物便应运而生。20世纪30年代,工艺中融入石膏制作的技法,因此产生了石膏工艺泥人的新品种。惠山泥人分为"手捏戏文"和"印模泥玩具"两大类。做工细致,造型优美,色彩绚丽,注重对人物性格、表情的塑造,富有浓厚的乡土气息,深受人们的喜爱。

宜兴紫砂陶器。始于宋代,元代紫砂陶器的烧制工艺逐渐成熟,已开始在器物上题词雕刻。明代中叶宜兴紫砂陶茶具极为盛行,被誉为各种茶具中的上品。清代宜兴紫砂陶工艺愈益精湛,开创了采用篆刻、书法和绘画作装饰的新风格。宜兴紫砂陶器有茶壶、茶杯、花瓶、花盆、砂锅、人物雕等上千个品种。用紫砂茶壶泡茶不变味,贮茶不变色,盛暑不易馊,持握不烫手,使用年代越久,色泽越发光润。

黑杜酒。产自江阴市,又称江阴黑酒。相传为杜康所创,故有此名。选取上等精白糯米,采用生曲和"拌淋加摊"的传统工艺配制,成酒后加添籼米炒汁。该酒色泽浓黑透亮,嗅之香味浓郁,糖分适中,入口甜而不腻,甘香醇和,爽口提神,利于吸收,具有理气养血、舒筋活络、健脾开胃等作用,为孕妇产后调经活血补酒,被称为江南名酒。

宜兴贡茶。宜兴市古称阳羡。阳羡紫笋茶在唐代就是贡茶,今宜兴贡茶得名于此。宜兴气候属北亚热带南部季风区,四季分明,温和湿润,雨量充沛,非常适合茶树生长。宜兴茶为历代名人所称颂,为宫廷皇室所赏识。传说茶圣陆羽饮此茶后大加赞赏,积极推荐为朝廷贡品。

和桥豆腐干。产于宜兴市和桥镇,相传已有130多年的历史。制作时先经精选黄豆、浸泡、清水过滤、上磨粉碎、蒸汽煮沸、撇朒点花、上榨压水、上盘划块、滚水氽翻等12道工序,再放入用茴香、桂皮、味精、白糖、酱油等调制成的汤水中煮焖,因其经高压而成,故不易破碎,吃起来干咸而不涩,微甜而不腻,清香而不厌。

阳山水蜜桃。产于著名桃乡惠山区阳山镇,已有70多年的栽培历史。早桃品种每年5月底开始上市,甜度最高的湖景桃每年7月15日前后大量上市。因得天独厚的自然气候和火山地质条件,阳山水蜜桃具有形美、色艳、味佳、肉细、皮韧易剥、汁多甘厚、味浓香溢、入口即化等特点。

三、丰富的旅游资源

清名桥历史文化街区。位于无锡市梁溪区。清名桥,为单孔石拱桥,由花岗岩堆砌而成,横跨无锡城区古运河与伯渎港交汇处。桥长43.2米,宽5.5米,高8.5米,桥孔跨度13.1米。以清名桥为中心,古运河为中轴的街区在明代进入鼎盛期。区域内现拥有国家、省、市级文保单位19处、牌坊8座、其他文物遗存17处,集寺、塔、河、街、窑、宅、坊、弄、馆等人文景观于一体,涵盖了江南民俗文化、民族工商业文化、水弄堂文化、古建景观文化、宗教文化等多种形态,具有独特的江南文化特色。

梁溪河。古称梁清溪,源自惠山,流入太湖,是沟通城区水系、京杭大运河、蠡湖和太湖的一条天然水体纽带,被无锡人称为母亲河。梁清溪的得名与东汉名士梁鸿和妻子孟光相敬如宾的美丽传说有关,成语"举案齐眉"也源于这个故事。古代的梁溪河水面宽阔,帆樯林立,风景迷人。历代文人墨客以"烟树茫茫,渔舟唱晚"描绘梁溪河景色,留下了许多诗词佳作。如今7千米长的梁溪河景观带汇集了50多座大小桥梁,加上两岸40多座造型各异、形制轻巧的亭台水榭,更具江南水乡小桥流水人家的风韵。

太湖仙岛。原称三山,俗称乌龟山,是鼋头渚景区内一组湖中小岛,总面积12公顷。由东鸭、西鸭、大矶、小矶4个小岛组成,总面积约2平方千米,周长约2.5千米。该岛如神龟静伏水面,绰约多姿,恍如蓬莱仙岛,充满道教文化和神话色彩。岛上玉宇琼楼,石窟灵洞,林木苍翠,猕猴戏耍。天街上商店鳞次栉比,古色古香。仙桃形、石榴形、葫芦形等雕花门窗,玲珑多姿,恍若仙景,是一处融中华传统历史文化于秀美山水的特色景观。

灵山大佛。坐落于无锡市滨湖区马山秦履峰南侧的小灵山麓,于1997年建成。大佛所在位置系唐玄奘命名的小灵山,故名。这里原为唐宋千年名刹祥符禅寺的旧址。灵山大佛通高88米,佛体79米,莲花瓣9米。佛体由1560块6~8毫米厚的铜壁板构成,焊接缝长达30余千米。铸铜约700吨,铜板面积达9000多平方米,约有一个半足球场大小。灵山大佛运用了许多高科技,能抵御14级台风和8级地震的侵袭。灵山大佛巍然屹立,气势雄伟壮观。南面太湖,背倚灵山,左挽青龙山,右牵白虎山,地灵形胜,风水佳绝,为难得的佛国宝地。大佛慈颜微笑,广视众生,右手"施无畏印"代表除却痛苦,左手"与愿印"代表给予快乐,均为祝福之相。整个佛像形态庄严圆满,安详凝重而细致,显现佛陀慈悲的法相。灵山大佛前的大照壁,长39.8米,高7米,正面是"灵山胜会"石刻组雕,神仙道伟,千人千面,栩栩如生;背面为"唐僧赐禅小灵山图"。

蠡园。位于无锡市西南面,紧邻太湖,面积达82公顷。相传春秋时期,越国大夫范蠡协助越王勾践灭吴后,功成身退,偕美人西施泛舟于蠡湖,留恋此地美景而不忍离去,蠡园由此而得名。该园由当地人王禹卿父子于1927年建筑,是江南著名古典私家园林。1930年王家亲戚陈梅芳在其旁建渔庄,称"赛蠡园"。新中国成立后筑千步长廊连通两园,总称蠡园,与湖心的西施庄遥相呼应。

张公洞。又名庚桑洞,位于宜兴城西南约22千米处孟峰山麓。洞内大洞套小洞,一洞复一洞,洞洞不同,洞洞有奇观,共有大小洞穴72个。各洞内的温度也不相同,素有"海内奇观"之称。相传汉代张道陵曾在此修道,唐代张果老在此隐居,故名张公洞。洞体长1000余米。进入洞口,所见石乳、石柱、石幔、石花琳琅满目。拾级而上,是海王厅,又称天蓬大场,为溶洞的精华所在。周围还有地道洞、七巧洞、棋盘洞、一线曙光洞等。从海王厅经云梯、天桥而上,由天洞出,即达孟峰山顶。岩壁有元代杨维桢的题刻。洞顶有望湖亭,可远眺太湖风帆。下洞似一座大厦,名为海屋大场。天洞以海王厅天师台为中心,洞顶朝天,故名。

善卷洞。位于宜兴城西南25千米的螺岩山中。全洞面积5000平方米,有上洞、中洞、下洞及水洞。上洞称云雾大场,又称云洞,中洞亦称前洞,又称狮象大场。连接中洞与下洞的岩石通道称为盘梯。下洞别有韵味,一幅大自然的景观。水洞即后洞,长约120米,水深4米多。洞周围有丰富的人文景观和自然景观。有三国时期的国山碑、晋代的祝英台琴剑之冢碑、唐代的碧鲜庵碑等。

中国宜兴陶瓷博物馆。我国规模最大和唯一的地方性陶瓷博物馆。馆内有古陶、名人名作、紫砂陶、美彩陶、艺术陶瓷、世界陶瓷等16个展厅,陈列的藏品系统反映了宜兴陶瓷的灿烂文化和发展轨迹。

薛福成故居。薛福成(1838—1894),清末无锡籍著名思想家、外交家和早期维新派代表人物。其故居位于梁溪区健康路西侧。始建于1890年,建成于1894年,占地面积2.1万平方米。建筑群规模宏大,分中、东、西三路,中路自南向北分别为照壁、门厅、正厅、房厅、转盘楼和后花园;东路为花厅、戏台、仓厅及廒仓等;西路有偏厅、杂屋及藏书楼等。气势雄伟,特色鲜明,具有清末西风东渐的时代特征,填补了我国建筑史上的空白。

第九章

常州地域文化

常州市,简称常,别称龙城、兰陵。位于长江之南,太湖之滨,美丽富饶的长三角中心地带,是环太湖都市圈和苏锡常都市圈的核心城市、国家级历史文化名城。北携长江,南衔太湖,与上海市、南京市等距相望,与苏州市、无锡市联袂成片,构成以经济发达而著称的苏锡常都市圈。全市总面积4 372平方千米。2022年末,常住人口536.62万人,城镇化率78.01%。

第一节 历史沿革与国际交往

一、历史沿革

常州发现的新石器时代村落遗址,距今为6 000余年,有马家浜文化与崧泽文化叠压地层。天宁区青龙镇潘家塘、奚蒋塘、刘家村一带的聚落遗址距今5 500多年,下层属于马家浜文化时期,浅层属于崧泽文化时期。武进区丁堰街道排姆村附近的常州果园遗址距今5 000多年,属马家浜文化后期。武进区郑陆镇三皇庙村寺墩遗址,距今约4 500年,属良渚文化时期。史前时期,常州一带就有先民在此劳动和生活。

商代末年,周太公长子泰伯奔吴,设都城于梅里(今无锡梅村),自号"勾吴",常州时属勾吴古国。春秋末,周灵王二十五年(前547年),吴王寿梦第四子季札封邑延陵,常州始有第一个见诸史籍的名称。因该封邑地貌南、西、北三面呈丘陵起伏绵延状,故得名延陵。战国时期,延陵先后属越和楚。秦王政二十六年(前221年),始置延陵县,属会稽郡。延陵先邑后县,其名相继沿用345年。

西汉高祖五年(前202年),改称毗陵("毗"义为相连,与"延"义相近),仍属会稽郡。三国时,置毗陵典农校尉,治所在毗陵。嘉禾三年(234年),吴大帝孙权尚武,析丹徒、曲阿(今丹阳)两县地另置武进县。武进,取意以武进之。西晋太康二年(281年),废毗陵典农校尉,置毗陵郡,此为毗陵设郡之始,属扬州。西晋永嘉五年(311年),因将毗陵郡封给东海王越的世子毗为食邑,为避其讳,改毗陵为晋陵,仍属扬州。东晋元帝时(318年),为安置北方因战乱逃亡江南的士族和民众,推行侨寄法,设侨州、侨郡、侨县。曾于武进一带置兰陵郡和兰陵县。南朝宋时改兰陵郡为南兰陵郡。南兰陵郡先后出过齐、梁两朝皇帝。南北朝时晋陵郡属南徐州,此名称沿用290多年。

隋灭陈后,废郡置州,以州统县。隋文帝开皇九年(589年)于常熟县置常州。常州,与常熟义近,有恒常、延续之州的意思。后割常熟县入苏州,遂移常州治于晋陵,常州之名由此始,并断断续续沿用至今。隋炀帝大业三年(607年)废州置郡,称毗陵郡,郡治仍在晋陵县(今常州市)。唐武德三年(620年)复为常州,并在原兰陵县地置武进县,并称武进曰兰陵。之后,兰陵又成为常州的别称。垂拱二年(686年)析晋陵县西界置武进县,州治晋陵县与武进县同治。唐乾元初(758年)再称常州。元至元十四年(1277年)升为常州路,属江浙行省。元至正十七年(1357年),朱元璋改常州路置常州府,属江南行中书省。

明洪武初直隶京师(永乐后直隶南京),废晋陵县入武进县,常州府治武进县(今常州市)。明泰昌元年(1620年)避光宗朱常洛讳曾改常州为尝州。常州龙城的别称源于明代划龙船的习俗。明朝时期,常州每年农历五月都要举行龙舟竞渡活动。比赛时,锣鼓喧天,各路划手身怀绝技,呈现出五彩缤纷的划舟技艺,颇为壮观。清代诗人洪亮吉《云溪竞渡词》有句云:"晏公祠外当河中,水清波浅戏五龙。一龙前驱四龙并,后者击水前呼风。"再现了龙舟竞技活动的盛况。年复一年,常州便有了龙城的别称。

清顺治初,常州府属江南省,康熙时属江苏省。清雍正二年(1724年),析常州府治武进县东部置阳湖县,武进、阳湖同城而治。阳湖县因县东有阳湖得名。1912年中华民国成立,废州府存县,改为武进县,同时阳湖县并入。1949年常州解放,城乡分别建立常州市和武进县。1953年常州为设区市。2014年,常州市区划调整,辖5区1市(县级市)。

二、行政区划与发展格局

常州市现辖天宁、钟楼、新北、武进、金坛5个区和县级溧阳市。武进区,以常州古称为区名;钟楼区,因南唐时境内有古钟楼而得名;天宁区,因境内天宁古寺而得名;新北区,因位于常州北部,又是新设之区,故名;金坛区,因境内茅山华阳洞内有"金坛百丈"而得名;溧阳市,因位于溧水之北而得名。

常州市产业基础较好,科教资源丰富,是全国重要的智能制造装备、新材料产业基地和区域科技创新中心、文化创意基地、生态休闲旅游目的地和智慧城市。为适应城市化、现代化的进程,常州确立了"拓展南北、提升中心"的主城区空间发展方向,将现代制造业发达、人民生活富裕的经济强市,历史文脉彰显、现代科教先进的文化名市,连东接西、承南启北的区域性枢纽城市和以人为本、人与自然和谐的生态城市作为发展目标,努力把常州打造成长江三角洲地区的重要中心城市、现代制造业基地和文化旅游名城。

三、国际友好交往

常州以开放的姿态走向世界,对外交流日益扩大。20世纪80年代以来,已与意大利普拉托市,日本高槻市、所泽市,荷兰蒂尔堡市、莱瓦顿市,澳大利亚赫斯特维尔市,毛里求斯博巴桑-荷津市,韩国南杨州市,美国罗克福德市,巴西库里蒂巴市,德国明登市,芬兰萨塔昆塔地区,俄罗斯斯塔夫罗波尔市,比利时罗莫尔市,丹麦兰纳斯市等54个城市结为国际友好城市,增进了国际的经济与文化交流。

第二节 地理交通与文化特征

一、地理与生态

常州地貌类型属高沙平原,山丘平圩兼有。南为天目山余脉,西为茅山山脉,北为宁镇山脉尾部,中部和东部为宽广的平原和圩区。境内地势西南略高,东北略低,高低相差2米左右。其中陆地面积3 618平方千米,占82.7%;水域面积755平方千米,占17.3%。

常州属于亚热带季风气候,夏季高温多雨,冬季温和少雨。降水丰沛,雨热周期,四季分明。全年平均气温15.5℃。农作物一年两熟,溧阳市南部少部分地区光热条件能够满足一年三熟。年降水量约1 066毫米,属湿润地区。

常州的河流属于长江和太湖水系。长江常州段岸线长25.8千米,京杭大运河由西北向东南穿过市区,全长45.8千米。著名的湖泊有太湖、滆湖和长荡湖。溧阳市境内有沙河和大溪水库以及天目湖水库。

二、经济资源

常州物产资源丰富。常见植物有100多科1 000余种。中药资源丰富,已发现1 000多个品种,其中植物类药912种,动物类药92种,矿物类药11种。有239种被国家和省定为大宗重点药种,其中茅山苍术、兰陵半夏、孟城荆芥全国著名。常见动物有13纲200余种。20世纪60年代人工养育蚌珠兴起,武进区洛阳镇是全国有名的"珍珠之乡"。

山区丘陵资源丰富,物产繁茂。山地岩石有石英砂岩、页岩、砾岩、大理岩、花岗岩、玄武岩等,为优良建筑材料。孟河斧劈石盆景,有雄、秀、险之天然美,被誉为"孟河独秀"。

境内有小煤矿及少量铁、铜、锰等矿产分布。金坛探明盐矿储量162.42亿吨,其中氯化钠储量125.38亿吨。丘陵山区自然植被丰富,林木覆盖率达70%。溧阳为江苏省林特产重点基地之一,树木有260多种,活立木蓄积量60.96万立方米。南部山区盛产毛竹、江竹、淡竹、石竹,有"竹海"之称,产量居全省第二。常州还是全国重要的产茶区,金坛茅麓茶场为国家级茶叶良种繁育场。金坛茅山青峰、茅麓旗枪、方麓雀舌及溧阳的水西翠柏、南山寿眉、竹簧碧螺春等名闻全国,畅销国内外。

常州是近代中国民族工业的发祥地之一。被誉为"中国实业之父"的常州人盛宣怀倾注毕生精力从事近代工矿交通事业,创造了第一家电信企业等11项"中国第一"。1932年,著名实业家刘国钧建立了纺织染联营模式,在20世纪30年代具有首创意义。20世纪80年代初,常州成为闻名全国的工业明星城市,并以乡镇工业发达为时代特征共同创造了著名的"苏南模式"。

三、交通建设

常州境内京沪高速铁路、沪宁城际高速铁路斜贯东部;沪蓉、常合、沪宁、宁杭、常宁、沿江、常澄、锡宜等高速公路,312国道横穿中、北部,扬溧及104国道纵贯南北。常州北临长江、南濒太湖,京杭大运河穿城而过,水上航运十分便利。常州港是国家一类开放口岸,具有集装箱、杂件、散货、液体化工等综合通过能力。2022年货物吞吐量突破1.1亿吨。常州奔牛国际机场为国家一类开放口岸,现已开通至北京、武汉、广州、厦门、沈阳、重庆、深圳、香港、首尔、曼谷、万象、名古屋等国内国际航线32条。常州市水陆空交通已实现网络化,并基本具备融入长三角中心城市"2小时交通圈"的条件。市区已开通地铁交通线路2条,营运里程54千米。

四、地域文化特征

常州有6 500多年的人类生活史、3 000多年的文字记载史和2 500多年的建城史,经历了辉煌灿烂的史前文化。其文化有以下几个特征:

一是历史厚重,崇尚创造。常州地方文化源远流长,溧阳市上黄镇水母山发现的"中华曙猿",成为探索人类祖先发祥地之一的第一手实物资料。分属马家浜文化和良渚文化的圩墩、寺墩、新岗、三星村等新石器时期的遗址是常州悠久历史的明证。常州人崇尚创造,在学术、文学、书画、戏曲、教育、科技、医学、园林等方面独辟蹊径,成果显著,特色鲜明。

二是重文兴教,儒雅致远。常州经济发达,文化灿烂,有"文教被于吴,吴尤盛于延陵"的盛誉。常州儒风蔚然,人文荟萃,大批的政治家、思想家、文学家、艺术家、史学家、实业家从这里走向全国、走向世界,同时也形成了一批以诗礼传家的书香门第和名门望族。

三是兼容并蓄,经世致用。常州优越的地理区位,易得风气之先,形成了广泛交流的开放性格局。常州历代人才辈出,有常州词派、常州学派、常州画派、孟河医派等诸多开先河之举。经世致用为常州文人参与社会政治活动的人生信念,形成了善汲纳、务实效、争一流、重信诺的优秀人文精神。

常州话属于吴方言。市树为广玉兰,市花为月季花。

第三节　历史文化遗产

一、史前文化遗址

常州史前文化遗址众多,溧阳市上黄镇"中华曙猿"及其共生的哺乳类动物有60余种,距今约4 500万年。它们是研究灵长类动物起源与演化的举世独有的最古老实证。新石器时代遗址星罗棋布,迄今发现的新石器时代遗址中,圩墩、三星村、新岗、寺墩遗址等均在国内有较大影响。金坛区三星村遗址,被列为我国1998年十大考古新发现之一。

上黄遗址。位于溧阳市上黄镇水母山(亦称水磨山)。该遗址发掘了包括1 500多颗牙齿在内的哺乳动物化石上万块,分属于12个目38个科的63种哺乳动物,测定时间距今约4 500万年。其中被命名为"中华曙猿"的高级灵长类祖先,较非洲高级灵长类时代早800万～1 000万年,证明中国上黄是人类祖先的发祥地之一。国家文物局认定遗址"具有特别重要的科学价值,其意义不仅属于中国,也属于全世界",并建议"将该化石产地列为国家级自然保护区,并推荐列入世界自然遗产目录"。

三星村遗址。位于金坛区朱林镇西岗三星村。遗址附近有大小河流环绕,河网密布,水运交通发达。先后六次发掘,清理出新石器时代不同时期墓葬1 001余座,灰坑55个,房址4处。出土陶器、石器、玉器、骨器、角牙蚌器等各类文物4 000余件。距今约6 500～5 500年,相当于长江下游地区崧泽文化早期到马家浜文化中晚期。在灰坑中发现了较多的炭化稻米颗粒,经初步鉴定属人工栽培稻,粒形接近现代粳稻,但较狭长细小,对研究水稻人工栽培的农业文明起源具有重要意义。

圩墩村新石器时代遗址。位于武进区戚墅堰镇,为迄今发现的常州市区最早的先民定居地之一。属马家浜文化的崧泽中层类型文化,距今约6 000多年。经过五次考古挖掘,清理墓葬191座,出土了大批石器、陶器、玉石饰品,同时还出土了石纺轮和陶纺轮。特别是红烧土块中炭化稻米的发现,说明圩墩先民们已掌握了原始的水稻栽培技术,稻米已成为当时人们的主要食物来源之一。

新岗遗址。位于钟楼区五星街道和新北区三井街道交界处。文化堆积层厚约3.5米。地面上可见到大面积的红烧土,出土石斧、石锛、陶壶、陶杯、陶罐、陶豆及大量几何印纹陶片和原始瓷(釉陶)片等。遗址涵盖了马家浜、崧泽及春秋时期文化堆积,丰富了马家浜、崧泽文化的内涵。遗址晚期有些器物与良渚文化极其相似,反映两者之间的传承关系。对研究环太湖史前文化有较为重要的意义。

二、历史文化遗存

至2022年8月,常州市有市级以上文物保护单位355个,其中全国重点文物保护单位12个,省级文物保护单位61个,市级文物保护单位282个。2014年大运河常州城区段的古运河、江南运河河道入选联合国教科文组织认定的《世界文化遗产名录》。

阖闾城遗址。位于无锡市滨湖区胡埭镇湖山村和常州市武进区雪堰镇城里村之间。为春秋时期城池遗址。始建于周敬王六年(前514年)。城址呈长方形,城中段有残存城墙相隔,形成东西两个方形城区。东城较小,在无锡境内,西城较大,大部分在常州武进境内。城墙残高3~4米,墙基厚约20米,均系夯土筑成。城壕总长约4 000米,有陆门和水门、大型建筑群、护城河等遗迹。西城遗有练兵场和点将台,其中一土墩为兵器库遗址。出土的新石器时代夹砂陶、红陶和西周至春秋时期流行的曲折纹、回纹、菱形填线纹等几何形残陶片,为研究春秋晚期吴国历史和吴文化提供了宝贵资料。

淹城遗址。建于春秋晚期,是中国目前同时期古城遗址中保存最为完整的一座。从里向外,由子城、子城河、内城、内城河、外城、外城河三城三河相套组成。这种建筑形制在中国的城池遗存中独一无二。不仅反映了远古时期人们的智慧和创造,而且为研究中国古代建筑提供了极为珍贵的依据。淹城内外散布的百余个土墩中,先后出土了大量几何印纹陶罐、缸、瓮、钵等珍贵文物,其中有被誉为"天下第一舟"的独木舟及造型优美的青铜器、原始青瓷器等。

文笔塔。位于天宁区红梅公园东南部。始建于南朝齐高祖萧道成建元年间(479—482年)。为楼阁式砖木结构,七级八面,高48.38米。塔基外径9.85米,高0.8米,用花岗岩条石构筑。八角形花岗岩须弥座高1米,每面浮雕莲瓣,为宋代遗物。塔身自底向上有收分,每级设有4个拱门,各层之间拱门方向相互错开。壁外围以檐廊、飞檐戗脊翘角。各层翘角处挂有铜铃。塔内有旋形木梯可供攀登。第一层顶棚上装有云头藻井,第七层顶部藻井装饰成海棠形。第六层竖立有16米高的"通天"圆木,通向塔刹顶端的铜葫芦内。塔刹由覆钵宝珠、仰莲缸、相轮(7层)、风盖、承露盘、上下宝珠、铜葫芦等组成。下层仰莲缸上铸有十七莲瓣及铭文,记有光绪年间修塔的年、月,住持僧、捐款人姓名。

天宁寺。位于天宁区罗汉路,初创于唐贞观、永徽年间(627—655年)。至明末,"寺居三吴上游之胜,创巨观杰构",与镇江金山寺、扬州高旻寺、宁波天童寺并称东南禅宗四大丛林。天宁寺建筑群具有汉族禅寺风格。清乾隆皇帝6次南巡,曾3次进香礼佛,赏赐寺僧,并题额"龙城象教"与"合相证三摩,光融西竺;众香超万有,界现南兰"抱柱联。中国佛教协会会长赵朴初为之题写"天宁禅寺""天王殿""大雄宝殿""藏经楼""法云丈室"等匾额和一副抱柱联。21世纪初,松纯大和尚恢复建造天宁宝塔,历时6年,耗资数亿。宝塔采用唐宋楼阁式风格,高 13 层 153.79 米,为国内 4 000 多座宝塔之最。拥有全国第一高钟、第一铭文铜瓦、第一金顶玉身、第一经文碑林、第一塔林、第一地宫群以及第一五百罗汉浮雕等,被誉为"当代的敦煌"。

红梅阁。位于天宁区红梅公园东南隅。相传为北宋道教南宗始祖紫阳真人张伯端著经处。南宋时毁于战乱。元代重建道观,并建飞霞楼于观的东北角。元末飞霞楼毁。明代在楼旧址建红梅阁。历经兴废。现存建筑为清光绪二十六年(1900 年)重建。阁坐北朝南建于 2 米高的土台基上。砖木结构,九脊重檐歇山顶,下有回廊,斗拱翘角,气势壮观。阁高 17 米,分上下两层。清代上层祀玉皇、斗姥、文昌;下层为祖师堂,祀道教"北五祖""南五祖""北七真"及张天师等,四周筑有垣墙。阁前南端有柱头浮雕云鹤纹饰的四柱三间通天式的石坊,下有石阶,为出入通道。坊额刻"天衢要道"四字,有明崇祯时题款。两旁石柱楹联为:"道有源头,立言立功立德;工无驻足,希贤希圣希天。"阁前院落原植红梅翠竹,被称作"常郡之巨丽""拟仙都之仿佛"。历代题咏颇多,宋程俱,明谢应芳,清赵翼、洪亮吉等均留下不朽的名篇。阁内外壁间至今犹存紫阳真人石刻像、《重建红梅阁施田碑记》、《重建红梅阁碑记》等石刻。

三、非物质文化遗产

2022 年末,常州市有市级以上非物质文化遗产 196 项。其中,金坛刻纸入选联合国教科文组织认定的《人类非物质文化遗产代表作名录》;常州梳篦制作技艺等 14 个项目入选国家级非物质文化遗产名录;蒲河风筝制作技艺等 53 个项目入选省级非物质文化遗产名录。有市级非物质文化遗产 128 项。

金坛刻纸。题材广泛,寓意吉祥,格调清新,线条细腻流畅,刻工精致细巧,造型生动活泼,已积累了 600 多个种类,具有鲜明的地域文化特色和深厚的民族传统文化内涵。始于隋唐,盛于明清。金坛刻纸分为两个流派:以朱晓坤为代表的传统刻纸,风格古朴典雅,花样奇巧繁多,代表作《群仙祝寿》人物众多,为世所罕见。以周蕴华、杨兆群等为代表的现代刻纸,融入绘画、装饰技艺,风格清新隽永,代表作《万马奔腾》《东方歌舞》等散发出强烈的时代气息。

梳篦、乱针绣、留青竹刻被称为"常州三宝"。

常州梳篦制作技艺。梳篦既是日用品,也是工艺品。常州木梳系选用生长百年以上的黄杨、石楠木、枣木,经 28 道工序精制而成,篦箕系选用阴山背后壮竹和上等胶漆、骨料,经 72 道工序精制而成。该技艺形成于魏晋时期,至今流行。清代,每年旧历七月,常州地方官员都要定制一批梳篦进贡朝廷,故享有"宫梳名篦"之称。常州梳篦的特点是选材讲究,工艺独特,制作精良,齿尖润滑、下水不脱。

茅山乾元观道教音乐。茅山乾元观位于金坛区茅麓镇仙姑村,为江苏省唯一的坤道(女道士)修炼场所。乾元观道教音乐属全真道,以笙、箫、管、笛、三弦、琵琶等六大器乐为主,又含有正一派道教音乐成分,同时,吸收了民间音乐江南丝竹的精华和戏剧音乐的元素,历经千年,已形成古朴典雅,音乐色彩浓烈,经文虚幻莫测玄妙的特色,堪称民间音乐和诸多道教音乐派系中的一朵奇葩。

常州吟诵。吟诵是介于"唱"和"读"之间的吟唱古典诗词文章的艺术,它横跨文学、音乐、语言三门学科。常州吟诵系常州市的传统音乐形式,在国内外具有较高知名度。其基本内容丰富而全面,主要有吟诗的音调,包括七律、七绝、五律、五绝的音调和吟诗经、乐府、楚辞、杂言诗的音调;吟词的音调以及吟文言文的音调等。风格多样,异彩纷呈。因常州方言的声调体系与中古汉语声调体系接近,故常州吟诵较好地保留着唐诗宋词等古典文学的音韵美。

金坛抬阁。流行于金坛地区的一种融戏剧造型和杂技娱乐表演为一体的大型民俗表演形式,起源于明朝。表演时,由若干童男童女扮演成古装戏剧人物,悬立在数层四方形阁架上,由成年人抬着并配之于吹打乐器。造型典雅,形象优美,加上节奏铿锵的吹打乐相伴,气氛热烈,场面壮观,犹如一个个抬在肩头上的流动戏台,一向为当地人所喜闻乐见。

常州象牙浅刻技艺。流行于武进及周边地区的一种传统雕刻技艺。形成于明末清初,盛于现代,与北京立雕、广东镂雕并称我国象牙雕刻的三大流派。其创作、制作的一般步骤是开料、描图、雕刻、上色、封蜡等,工艺特点为在象牙平面上以水墨写意刀法,将书画、浅刻技艺熔于一炉,表现出中国绘画和书法的深远意境,彰显风雅飘逸气质。表现手法多样,有的以线画为主,有的以笔墨写意加彩为侧重,有的将浅刻与微雕相组合,也有的自画自刻体现个性内涵。作品有象牙鼻烟壶、工艺插屏、工艺挂件、工艺笔筒、工艺摆件等。

四、民俗文化节日

常州地区文化节日有:红梅公园月季花灯会、天宁寺庙会和每年除夕天宁寺听钟声祝福活动等。此外,还有溧阳茶叶节、天目湖啤酒之夏等。

溧阳民间旧时有每年农历四月初八吃乌饭的传统习俗。乌饭是把糯米放在一种乌草的汁液中浸泡后煮熟的黑色饭,起源于目连救母的民间故事。孝子目连的母亲蒙冤被阎罗王打下地狱。为救母亲,目连天天送饭给在地狱里受难的母亲,可送去的饭都被地狱里的恶鬼夺走吃了。为救母亲,目连尝遍人间百草,终于在溧阳南山上寻到一种汁液乌黑的树叶,然后捣汁染米,煮成乌饭送进地狱,恶鬼见了不敢吃这乌黑的饭。目连的母亲吃了孝子送来的乌饭,终于坚持到冤屈昭雪出狱。这天,正是农历四月初八。为了纪念孝子目连救母,溧阳民间每年农历四月初八,家家户户吃乌饭,以传承孝道。

五、宗教文化述略

道教传入常州的历史颇为悠久。早在西晋泰始年间(265—274年),毗陵县(今常州市武进区一带)就兴建了含辉观,规模相当宏大,南宋时毁于兵火。东晋时,著名道教名士、思想家葛洪曾在常州马迹山立盟设坛,今县学街的葛仙桥即因葛洪之名而来。南朝齐梁时期,著名道教学者、思想家陶弘景开创了茅山道宗。茅山道院为东南道教中心,被誉为道教第一福地、第八洞天,自古至今香火旺盛。唐代至明代,有不少皇帝崇信道教,使得道教近千年来兴盛不衰。常州澄清观、玉隆观、清宁观、玄妙观、元阳观、真武道院以及常州府城隍庙等都是这一时期陆续兴建的。清代,由于皇室崇尚佛教,道教逐渐趋于衰落。

东吴时期,佛教传入常州。南朝梁武帝大同年间(535—546年),佛教传入金坛。佛教高僧法融禅师曾到常州化缘募粮,并筑室十余间,后来成为常州千年古刹天宁禅寺的前身。明清时期,金坛佛教达到鼎盛时期,境内有220余座寺庙。民国以后,佛教寺庙屡遭损毁,现在重建和修复的寺庙仅剩下几处。

清光绪六年(1880年),基督教传入金坛,主教是美国人苏密夫,当时隶属镇江教区。

1934年，无锡商人范鸿庆、常州商人闵君乾将天主教传入金坛，教徒主要是农村以渔业为生的渔民。1931年，扬州商人丁守斋等将伊斯兰教传入金坛，并在金坛县城相府前太常卿巷兴建清真寺一座。

常州宗教建筑最大的特点是沿运河而筑。今延陵东路运河沿线，集中了天宁寺、天宁宝塔、玄妙观、红梅阁、太平寺、文笔塔、东岳庙、九华禅院等一大批宫观建筑，形成规模较大的宗教文化带。青果巷前河漕渠沿岸有：阳湖县城隍庙、烈帝庙。城南大运河边有：清凉寺、孙家庵。现存重要的佛教寺庙有崇法寺、吴黄寺、天宁寺等；道观包括含辉观、玄妙观、大林禅寺、金坛乾元观等。

常州市五大宗教齐全。2022年末，有宗教信众13.7万多人，依法登记的宗教活动场所175处，认定备案的教职人员395人。

六、历史文化名人

季札（前576—前484），姬姓，名札，又称公子札、延陵季子、延州来季子、季子等。春秋时吴王寿梦第四子，封于延陵（今常州一带），后又封州来，传为避王位"弃其室而耕"常州武进焦溪的舜过山下。季札不仅品德高尚，而且是具有远见卓识的政治家和外交家。广交当世贤士，对提高华夏文化做出了贡献。死后葬于上湖（今江阴市申港街道），传说碑铭"呜呼有吴延陵君子之墓"十个古篆是孔子所书。

萧道成（427—482），字绍伯，祖籍东海郡兰陵县（今属山东省），生于晋陵郡武进县（今常州市）。南朝齐开国皇帝（479—482年在位）。少时在建康（今南京）随名儒雷次宗学习，通习经史。博学、有文才、擅长草隶书，是著名的书法家。元嘉二十年（443年），开始军旅生涯，为南朝宋将军。升明三年（479年），被封为齐王。受禅为帝，改国号为齐，建都建康（今南京）。即位后，革除宋孝武帝以来的诸多暴政，下诏"修建儒学，精选儒官"，招揽人才。死后庙号太祖，谥曰高皇帝。

苏轼（1037—1101），字子瞻，号东坡居士，北宋眉州眉山（今四川省眉山市）人。北宋著名文学家、书法家、画家。年轻时即与常州结下不解之缘，一生中曾先后十一次旅居常州及常州府所属宜兴，最后病故于常州顾塘桥。在常州留下了洗砚池、香泉井等遗迹，在太平寺、报恩寺等都留有遗诗。

陈济（1364—1424），字伯载，常州市武进区人。明朝史学家。自幼博学强记，读书过目能诵。口诵手钞，经史百家无不贯通，时称"两脚书橱"。永乐元年（1403年），明成祖诏修《文献大成》（后改称《永乐大典》），朝廷以布衣召他担任编纂总裁，他却推荐姚广孝及胡严为总裁，自任副手。其与姚广孝等确定了编写体例，组织文人学士2 000余人参与编写。永乐六年（1408年）书成。被授予左春坊右赞善，为太子僚属，掌侍从翊赞，相当于谏议大夫。居辅导之职15年，五个皇子皇孙俱从其学四书五经。著有《书传补》《元史举要》《通鉴纲目集览正误》《思斋集》等。

唐顺之（1507—1560），字应德，一字义修，号荆川。常州市武进区人。明代散文家。嘉靖八年（1529年）会试第一，官翰林编修、兵部主事等。学识渊博，对天文、地理、数学、历法、兵法及乐律皆有研究。与归有光、王慎中并称嘉靖三大家。提出师法唐宋，"文从字顺"的文学主张。当时倭寇屡犯沿海，以兵部郎中督师浙江，亲率兵船于崇明破倭寇于海上。后升右金都御史，巡抚凤阳，至通州（今南通）去世。著有《荆川先生文集》。

恽南田(1633—1690),名格,字惟大,后改字寿平,以字行,南田是他的号。明末清初著名书画家,常州画派开山祖师。武进区湖塘镇上店村人。山水画初学元代黄公望、王蒙,深得冷澹幽隽之致,与王时敏、王鉴、王翚、王原祁、吴历合称为"清六家"。又以没骨法画花卉、禽兽、草虫,自谓承徐崇嗣没骨画法。近现代知名画家任伯年、吴昌硕、刘海粟等都学习、临摹过他的画。

庄存与(1719—1788),字方耕,号养恬,常州市武进区人。清代学者、经学家、教育家、常州学派的开创者。乾隆十年(1745年)榜眼,官至礼部左侍郎。提倡今文经学,兼治古文经学。为人正直,极具政治经验,学识渊博,被龚自珍誉为"以学术自任,开天地知古今,百年一人而已矣"。著有《春秋正辞》《周官记》等。

段玉裁(1735—1815),号茂堂,金坛区人。著名文字学家、经学家。25岁中举。曾拜著名经学大师戴震为师,矢志不渝,刻苦钻研。历任贵州玉屏、四川富顺、南溪、巫山等县知县,"每处分公事毕",即挑灯夜读,勤奋著述,毫不懈怠。46岁时以父老引疾归,卜居苏州,潜心从事文字学研究。奋斗30年,终于完成名著《说文解字注》30卷。又历时8年,耗尽全部积蓄,刻成此书。一生著述宏富,有《古文尚书撰异》《毛诗小学》等30多种著作700余卷,在音韵学、文字学、训诂学、校勘学诸方面做出了杰出贡献。

恽敬(1757—1817),字子居,号简堂,阳湖县(今常州市)人。清乾隆四十八年(1783年)举人,自幼饱读诗书,8岁写诗,11岁作文,15岁通汉魏赋颂、六朝文章及宋元小词,17岁精通大家文章。稍长又治经史百家,广泛涉猎天文地理。勤勉好学,善于思考,持论独具眼光,独出己见,于乾隆五十二年(1787年)开创了被后人美誉的"阳湖文派"。

张惠言(1761—1802),原名一鸣,字皋文,一作皋闻,号茗柯,武进(今常州)人。清代词人、散文家。乾隆五十一年(1786年)举人,嘉庆四年(1799年)进士,官编修。少为辞赋,深于易学,与惠栋、焦循一同被后世称为"乾嘉易学三大家"。曾辑《词选》,为常州词派开山之祖,著有《茗柯文集》。

盛宣怀(1844—1916),字杏荪,又字荇生、杏生,号补楼,别署愚斋,晚年自号止叟。祖籍江阴市,生于常州市,死后归葬江阴。清末洋务运动的主要人物、政治家、企业家、慈善家。曾参与创办中国第一个大型民用航运业轮船招商局,后主持创办中国第一家电信企业天津电报局、第一家内河航运公司山东内河小火轮航运公司、国内第一条南北干线芦汉铁路、第一家国人自办的中国通商银行、第一个钢铁联合企业汉冶萍煤铁厂矿公司、第一个理工科大学北洋大学堂(今天津大学)。被誉为"中国实业之父"和"中国商父"。

恽代英(1895—1931),武进(今常州)人。中国共产党早期重要领导人和政治家、理论家及青年运动领袖。曾参与领导五四运动、五卅运动。1921年7月加入中国共产党。1926年年初,任黄埔军校政治总教官并兼中共党团书记。1927年赴南昌组织起义,任苏维埃政府秘书长。1928年秋主编中共中央机关刊物《红旗》,后调任中央组织部秘书长。1930年5月被捕,1931年4月牺牲。

张太雷(1898—1927),武进(今常州)人。中国共产党内最早的国际活动家之一,是沟通中国共产党与共产国际、中国青年团组织与共青国际之间联系的重要纽带,被誉为"真正的国际主义者"。1919年投身五四运动,1920年10月参加北京共产主义小组,1921年任共产国际远东书记处中国科书记。中国社会主义青年团创建人之一,曾任青年团中央总书记。1927年被选为临时中央政治局候补委员,后任中共广东省委书记、中共中央南方局书记。领导了广州起义。1927年牺牲,时年29岁。

瞿秋白(1899—1935),原名瞿双,常州人。伟大的马克思主义者,卓越的无产阶级革命家、理论家和宣传家,中国革命文学事业的奠基者之一。"大革命"失败后,在汉口主持召开临时中央紧急会议,后任中共中央临时政治局常委,主持中央工作,成为党的主要领导人之一。1931年夏参加"左联"领导工作。1934年到瑞金,任中华苏维埃共和国中央政府人民教育委员,兼任苏维埃大学校长。同年10月,中央红军主力长征后,留在南方,任中央分局宣传部长。1935年在福建被捕,就义时年仅36岁。

第四节 地方特产与旅游资源

一、佳肴美食

加蟹小笼包。始创于清道光年间(1821—1850年)。用精白面粉、熟板油、蟹粉、猪肉配以调料加工制成。个形小巧,别具一格。蟹油金黄闪亮,肥而不腻,蟹香扑鼻,汁水鲜美,皮薄有劲,馅心嫩滑爽口,配以香醋、姜丝佐食其味更佳。

蟹壳黄。俗称小麻糕,用精白面粉、脱壳白芝麻配以调料烘制而成。形似蟹壳,色呈金黄,油多不腻,香脆酥松。馅心有荠菜、葱油、白糖、豆沙等4种。常与大麻糕相配作为礼品。

酒酿元宵。为裴玉高在传统元宵基础上添加酒酿而创制,已有100多年历史。选用上白元米和甜酒药,经蒸熟、发酵等工序制成,如加糖桂花则为桂花酒酿。元宵如玉粒,酒香四溢,风味独特,清甜爽口。

三鲜馄饨。馅心用虾仁、鲜青鱼肉、鲜猪肉制作,故称"三鲜"。馄饨皮以精白面粉拌入鸡蛋清轧制而成,馄饨汤系用新鲜母鸡煨成的汤。馄饨皮薄滑爽,馅心鲜嫩,汤清味美。

义隆素火腿。创建于1932年,是常州市义隆素菜馆的传统特色食品,形似火腿肉,是佐餐、下酒、外出旅游之佳肴,也是馈赠亲友之佳品。常州市十大名点之一。

天目湖砂锅鱼头。始创于溧阳市天目湖宾馆,以天目湖水和天目湖内生长的大花鲢作原料,精心烹制而成。汤色如乳,鱼肉白里透红,细嫩似豆花,以其成品鲜而不腥、肥而不腻的优良品质备受广大美食爱好者的赞誉,成为美食天地里的一枝奇葩。

二、名特地产

白象梳篦。常州品牌用品之一,是集雕刻、彩绘、烫制、画面于一体的艺术品,也是具有保健功能的生活实用品。采用毛竹、牛骨和生漆等材料制成,分为实用梳、工艺梳、观赏梳三个系列,共600多个品种。特点是选材严格,工艺独特,制作精良,齿尖润滑、下水不脱。其精品篦箕古朴典雅,美观精致,生动体现了江南人所特有的精神气质和艺术智慧,具有较高的审美品位和艺术价值。

红星红木家具。常州品牌家具之一,采用进口优质酸枝木、花梨木,通过烘干、定型处理后精制而成,材质稳定不变形。设计以中国传统特色为基础,同时吸收欧洲古典家具之精华,匠心独运,形成红星流行款式。生产中传统生产工艺与先进生产设备相结合,聘用能工巧匠,精雕细刻。产品色彩光润,自然典雅,给人以雍容华贵、富丽堂皇之感。

大麻糕。常州名特糕点之一,为长乐茶社王长生师傅创制,距今已有150余年历史。该麻糕制作考究,注重火候,为一般麻糕所不及。色呈金黄,皮薄酥重,层次分明,食之香脆松软味甜。

马蹄酥。常州名特糕点之一,清咸丰十年(1860年),太平军攻占常州后,民间出现一种形如马蹄的油酥饼,意在歌颂太平军的功绩。选用精白面粉、绵白糖、豆油等原料制作,沿用传统烘炉烘制。色呈金黄,香甜酥松。

芝麻糖。常州名特糖果之一,有条形、平板形,色泽乳白,体亮晶明,香甜酥脆,制作已有200余年的历史。采用五谷(小麦、小米、大米、黍子、麻),经多重发酵手工制作而成。特点是芝麻沾满不露皮,两端封口不漏馅。糖层起孔不僵硬,味香甜酥不粘齿,色泽白亮均匀。

三、丰富的旅游资源

太平寺。位于常州延陵东路天宁寺东侧。南朝齐建元年间(479—482年)为南朝齐高祖萧道成所创建,初名建元寺。宋太平兴国年间(976—984年),改名太平兴国禅寺,并置石经幢两座于山门两侧。现仅存一座石经幢,为北宋太平兴国四年(979年)遗物。经幢高5.4米,宽2.4米,由经幢基石、浮雕八力神、宝相花、八佛像、仰莲等须弥座及八棱形幢身、缠枝牡丹花宝盖、浮雕斗拱、宝顶等叠成。座基为八角莲瓣型,高1.5米,周身遍刻陀罗尼经。为常州市区已知历史最悠久的石刻。

万绥东岳行宫。坐落于新北区孟河镇万绥村。万绥是南朝齐、梁两代15位皇帝的故乡、祖陵。梁武帝萧衍崇信道教和佛教,于天监七年(509年)舍宅为寺,称万岁寺。供奉儒释道三教祖师孔子、释迦牟尼和老子。清康熙年间毁于大火,康熙三十九年(1700年)重建。道光年间又加以整修,改称万绥东岳行宫至今。东岳大殿坐西朝东,飞檐翘角,平面呈正方形。殿内用四根硕大的金柱支撑梁架屋顶,单檐歇山顶,黑色筒瓦铺盖顶上。窗棂花纹式样轻巧,雕工纯熟洗练,花卉鸟兽栩栩如生。

清凉寺。又名端明寺,位于常州市区同济桥南和平中路。北宋治平元年(1064年)枢密副使胡宿创建,规模仅次于天宁寺。大文豪苏轼寓居常州时常住清凉寺与寺僧谈经论法,寺壁题诗甚多。明永乐年间(1403—1424年)重建后,寺院规模渐臻宏伟。现存清凉寺禅堂位于藏经楼南侧,为一回字形转楼,建筑别致,气势巍峨,国内罕见。藏经楼曾藏明帝所赐《大藏经》、慈禧赐《大藏经》即"龙藏"及《碛砂藏经》各一部,并为研习佛经佛法之所。

常州阳湖城隍庙戏楼。位于常州市区青果巷东首新坊桥小学内,始建于清乾隆二十四年(1759年)。城隍系民间和道教信奉的守护城池之神。庙中戏楼为歇山顶二层木结构,下层由麻石方柱四根支撑,内外三面皆有木雕。上屋后台为子楼三间,下层作出入口,有砖雕门框"歌舞""升平"题额各一方。戏台梁架施斗拱,装饰华丽,结构完好。楼下壁间嵌《增修城隍庙记》石碑,记载当年演戏盛事。

合剌普华墓。位于溧阳溧城镇沙涨自然村。合剌普华(1245—1284),维吾尔族人,官至嘉议大夫、广东道都转运盐使。至元二十一年(1284年),因护送军饷在广东博罗、东莞一带遇难。元统三年(1335年),偰文质将其父合剌普华迁葬于此。墓志铭及墓志均出自元代名人之手,但原墓早年被毁。墓前今存文武官石像各两对,武官身披盔甲,手握长剑;文官身穿朝服,手持朝笏。卧伏成对的石兽、石羊、石龟等,形象逼真,栩栩如生。

溧阳古桥。溧阳境内今存各类古桥5 200余座,其中石桥468座,以古夏桥、舍头桥、昆仑桥、中桥最为闻名。古夏桥位于溧阳城溧金公路和锡溧河上,因桥近秦桧弟秦梓府第,又称"秦公桥",俗称"下桥"。舍头桥为溧阳唯一幸存的三孔石拱桥,位于埭头镇舍头村。全长30米,桥面宽约3米。上部用条石起拱,下部用石块筑墩,桥底用条石砌成反拱,支撑桥脚。南北桥面均为石级,且有条石护栏,拱桥工艺精湛。

唐荆川宅贞和堂。位于常州市区青果巷东段,原名保合堂,为唐荆川八宅之一。唐荆川(1507—1560),名唐顺之,字应德,号荆川。武进(今常州)人。明代儒学大师、军事家、散文家,抗倭英雄。贞和堂建于明弘治年间(1488—1505年)至正德年间(1506—1521年)。现存大厅木构部分全用楠木、紫檀木精制而成。用料粗大讲究,立柱一人勉强能合抱。大厅东侧走廊壁间嵌有唐荆川外孙、明书法家孙慎行撰书的《保合堂记》碑刻。

前北岸明代楠木厅。位于常州市区前北岸西端。原为顾塘桥之孙氏馆,系北宋大文豪苏东坡寓所。现存大厅三间,用硕大的楠木圆柱树立于蘑菇形石础上,柱头配置荷叶蹲,架设大型月牙式抱头梁,正面脊檩上有彩绘图案。整个屋宇外观端庄稳重,屋面平缓,飞檐翻翘。廊下正厅用木格长窗六扇,后金柱用屏门六扇分隔前后,颇具江南古建筑特色。正面为石库门,墙内嵌有石碑。门楣有篆额"藤花旧馆"四字。

近园。又名静园、恽家花园,位于常州市区长生巷,为清顺治年间(1644—1661年)进士杨兆鲁所建。杨曾邀请著名画家恽南田、王石谷、笪重光等在园中雅集,由杨作《近园记》,恽书石,王作《近园图》,笪为之题跋,一时传为盛事。现题记残碑仍留园中。近园占地不广但布局精巧,意简而蕴藉;建筑不繁但错落有致,具晚明风格之江南古典园林特色。

东坡公园。始建于1954年。位于红梅公园东南侧,由一个三面环水的半岛和古运河中的半月形岛组成,二岛间由一座明代建筑广济桥相连,占地面积4.3万平方米。公园为苏东坡当年弃舟登岸入城之地。相传北宋大文豪苏东坡曾11次来常州,并终老于此。南宋时于园内南山顶建舣舟亭。清代乾隆皇帝六下江南,曾4次赐诗,亲笔题写"玉局风流"匾额。园内林木蔚秀,水清石奇,东坡古渡、东坡碑林、东坡洗砚池,曲廊亭阁,运河风光及牡丹园等,移步换景,豁然开朗,尽显我国古典园林的独特意境。

茅山新四军纪念馆。位于句容茅山脚下,占地1.6万平方米,陈列着以新四军苏南抗日斗争历史为主的各种珍贵文物和历史资料6 000多件,再现了陈毅、粟裕、谭震林等老一辈革命家浴血奋战的场面。附近有苏南抗战胜利纪念碑,传在碑前放爆竹,可闻军号声。

天目湖旅游景区。位于苏、浙、皖三省交界处溧阳市境内。自然资源丰富,南山竹海坐拥3.5万亩翠竹。青山秀美,竹海壮阔,天目湖水,静谧清澈,独显青山绿水之诗意和神韵。景区内有古遗址、古墓葬、古建筑、石窟寺及石刻、近现代重要史迹及代表性建筑40多处。

第三编

苏中地域文化

苏中是江苏省中部地区的简称，包括扬州、泰州、淮安和南通4个设区市。苏中地处长江三角洲北翼、黄海之滨，上海经济圈和南京都市圈双重辐射区、江淮平原南端。东濒黄海南端，南与上海和苏南5市隔江相望，西接安徽省滁州市，北连宿迁、连云港、盐城市。土地总面积30 409平方千米，占全省土地面积的29.41%。2021年末，4市常住人口2 139.3万人，占全省总人口的25.15%，城镇化率为70.54%。

扬州和泰州历史上虽多次分合，但很长时间合为一体，文脉相通。扬州和淮安都是运河之都，史上曾形成"扬以商炫，淮以政显"的局面。古淮河、大运河使两地经济融合，文脉相通，并共同创造了淮扬菜系。长期以来，淮安一直被划入苏北的行列，近年来，有学者从地缘、经济、文化等角度，把淮安列入苏中行列。本书与时俱进，也把淮安放入苏中地域文化范畴研究。扬州、泰州、淮安3市与南通如皋、海安等市县江河相连，历史上行政建制时有分合，经济、文化时有交融，自然也存在同质化的情况。

苏中地域文化是混合型文化，汇集了苏北地域文化（包括海洋文化）和苏南地域文化的内核，同时又超越了这两种地域文化。苏中地域文化，以儒家人文文化作背景，充分吸收西方文化中的价值理性，在保留儒家文化对理想人格追求的同时，建立起像西方人文传统中文化所应有的批判力度，因而，苏中地域文化关注文化自身的价值生命和超越意义，具有高雅文化、严肃文化的人文生存环境。苏中地域文化主要以平原水文化为基础，广陵山文化为补充。朴实敦厚，崇文尚书、机智圆通、清婉润泽、兼容开放为其主要特征。

第十章

扬州地域文化

　　扬州市,简称扬,别称维扬。地处江苏省中部,长江下游北岸、江淮平原南端,是南京都市圈的重要城市、国家级历史文化名城。东部与盐城市、泰州市毗邻;南部濒临长江,与镇江市隔江相望;西南部与南京市相连;西部与安徽省滁州市交界;西北部与淮安市接壤。全市总面积 6 591.21 平方千米。2021 年末,常住人口 457.7 万人,城镇化率 71.42%。2019 年被联合国教科文组织授予"世界美食之都"称号。

第一节　历史沿革与国际交往

一、历史沿革

　　扬州市境内龙虬庄等史前遗址的发现,表明在大约 7 000～5 000 年前,淮夷人就在扬州一带劳动生息。除渔猎活动之外,还掌握了水稻栽种技术。扬州地名,最早见于上古史籍《尚书·禹贡》篇:"淮海惟扬州。"扬州得名与水有关。东汉刘熙《释名·释州国》云:"扬州州界多水,水波扬也。"相传大禹治水之后,把天下分为九州,扬州为古九州之一,大致包括现今江苏、安徽、上海、浙江、江西和福建一带的广大地域。现今的扬州一带,最初属周朝在此建立的干国,后来"干"字加上偏旁"邑",称为邗国。

　　周敬王三十四年(前 486 年),吴王夫差在今扬州市西北部蜀冈之上开邗沟,筑邗城,为运粮屯军之所。这是见诸史籍的最早的扬州城池,也是扬州发展的开端。战国时,此地属楚广陵邑。因此地江岸广阔多丘陵而命名。秦置广陵县,属东海郡。西汉景帝四年(前 153 年)为江都国。因项羽曾在此凭江而都,取江淮间大都会之意命名。武帝元狩四年(前 119 年),江都国改为广陵国。东汉为广陵郡治,属徐州。三国魏时移广陵郡治淮阴。东晋广陵郡还治广陵。南朝宋元嘉八年(431 年)置南兖州。隋开皇九年(589 年)改称扬州。大业初(605 年)又改为江都郡。隋代,扬州得长江、大运河之利,逐渐成为南北交通、经济、文化的枢纽,繁华程度在长江流域与成都并驾齐驱,人们谓之"扬一益二"。

　　唐武德三年(620 年)改称兖州,九年(626 年)复为扬州,属淮南道。天宝元年(742 年)改为广陵郡。乾元元年(758 年)复为扬州。唐代的扬州城规模很大,有两重城墙。蜀冈之上的称子城,又称衙城,为扬州大都督及其下属各级官衙驻地;蜀冈之下称罗城,又称大城,为新兴工商业区和居民区。唐玄宗天宝十四年(755 年),"安史之乱"爆发,全国经济中心南移,扬州遂成为全国最大的经济都会。经济地位已超过长安、洛阳,雄踞全国之首,成为最繁华的工商业大都市,史称"天下之盛,扬为首"。而唐代末年的兵燹战乱,又使扬州城满目疮痍,遍地瓦砾。

南唐升元元年(937年)为扬州府。北宋因之,扬州再度成为中国东南部经济、文化中心,商业税收居全国第三位。南宋时,宋高宗曾以扬州为"行在"一年,更促进了扬州的繁荣。

元为扬州路治,属江淮等处行省。至正十七年(1357年),朱元璋军占领扬州时,改扬州路为淮海府;至正二十一年(1361年)又改名维扬府,取自《尚书·禹贡》"淮海惟扬州"。古代"惟"与"维"通用;至正二十六年(1366年)再改为扬州府。明洪武元年(1368年)后,扬州直隶京师(后改为南京)。明嘉靖三十五年(1556年),为防御倭寇骚扰,扬州知府吴桂芳于旧城之东扩建新城,作为外城,以保护东郭城内的工商业区和两淮盐运使公署。至此,扬州城完全迁离蜀冈。元代,几次整治运河扬州段,基本上形成了今天的走向,恢复了曾一度中断的漕运。元、明两代,扬州经济发展加快,来扬州经商、传教、从政、定居的外籍人日益增多。

清康熙和乾隆皇帝多次巡幸至此,使扬州出现空前的繁华,成为中国八大城市之一。19世纪中叶,由于运河山东段淤塞,漕粮改经海上运输,之后淮盐又改由铁路转运,加上其他方面的原因,扬州在经济上逐渐衰落。

民国元年(1912年),废扬州府,置江都县。1949年1月25日,今扬州市区解放,设置扬州市。1983年实行市管县体制,扬州升格为设区市。

二、行政区划与发展格局

扬州市现辖广陵、邗江、江都3个区,仪征、高邮两个县级市和宝应县。广陵区,以扬州古称为区名;邗江区,因吴王夫差于临近江海处开邗沟、筑邗城而得名;江都区,以扬州古称为区名;仪征市,因宋代在此建天庆仪真观,明代置仪真县,清代为避雍正帝胤禛讳,改称仪征县,1986年撤县设市(县级);高邮市,因秦代在此筑高台,置邮亭而得名;宝应县,先名安宜县,传说,唐上元三年(676年),一名叫真如的尼姑在此得八件宝物献于皇上,肃宗视为祥瑞,遂改上元三年为宝应元年,赐安宜县为宝应县,沿称至今。

扬州市是上海经济圈和南京都市圈的交汇区,国家重点工程南水北调东线水源地,具有独特的区位优势,向南接纳苏南、上海等地区经济辐射,向北作为开发苏北的前沿阵地和传导区域。"一体两翼",东联西进,北拓南下,扩展城市空间;全面提升古运河景区和京杭运河的文化品位,打造水绿相依、景色迷人、环境优美、独具魅力的文化名城是扬州城市的发展格局。

三、国际友好交往

扬州市是我国较早开展对外贸易和国际交往的城市之一。唐代时,寓居海外的扬州经商者已达5 000余人。20世纪80年代以来,扬州以开放的视野和胸怀,与世界上15个国家的23个城市结为友好城市,建立了密切的经济协作关系。如美国肯特市、西港市,缅甸仰光市,德国奥芬巴赫市,意大利里米尼市,荷兰布雷达市,日本厚木市、唐津市、奈良市,韩国庆州市,马来西亚马六甲州,澳大利亚堪培拉市,巴西保露市等。

第二节　地理交通与文化特征

一、地理与生态

扬州市境内东西最大距离 85 千米,南北最大距离 125 千米,其中陆地面积 4 908 平方千米,占总面积的 74.46%;水域面积 1 683.21 平方千米,占 25.54%。

地貌呈西高东低,以仪征市境内丘陵山区为最高,从西向东呈扇形逐渐倾斜,高邮市、宝应县与泰州兴化市交界一带最低,为浅水湖荡地区。境内最高峰为仪征市大铜山,海拔 149.5 米;高邮市、宝应县与泰州兴化市交界处,平均海拔只有 2 米。扬州市区北部和仪征市北部为丘陵,京杭大运河以东、通扬运河以北为里下河地区,沿江和沿湖一带为平原。

境内主要湖泊有白马湖、宝应湖、高邮湖、邵伯湖等。长江岸线长 80.5 千米,沿岸有仪征、江都、邗江、广陵等一市三区。京杭大运河纵贯境内 151.3 千米,由北向南沟通白马湖、宝应湖、高邮湖、邵伯湖,汇入长江。主要河流有 1 100 多条,总长 6 000 多千米。其中,淮河入江水道干支流水系河流长 1 500 多千米,里下河水系河流 3 300 多千米,长江水系河流 1 100 多千米,县级以上河流 2 900 多千米,乡镇级主要河流 3 000 多千米。

二、经济资源

扬州市有耕地面积 3 300 多平方千米,园地、林地和草地面积 100 多平方千米,水域及水利设施用地面积 1 800 多平方千米,村镇工矿用地及其他土地 1 300 多平方千米。

境内探明矿产资源有 15 种,石油、天然气储量居全省前列,邗江、江都、高邮一带有丰富的石油、天然气资源,邵伯湖滨地区和里下河洼地素有"水乡油田"的美誉。砖瓦黏土、石英砂、玄武岩、砾(卵)石、矿泉水、地热等矿产资源较丰富。仪征、邗江丘陵山区有黄沙储量 2 亿~3 亿吨,石料储量 1.2 亿吨,卵石储量约 3 亿吨。全市玄武岩远景储量约 2.5 亿吨。城区北部及仪征、高邮等地矿泉水资源丰富,品质优良,符合国家饮用天然矿泉水标准。地热资源分布广、温度高、水质好,每天可采储量 3 万立方米。

境内水面广阔,资源丰富,有 100 多万亩水面。其中宝应湖、白马湖、氾光湖、射阳湖等水面就达 30 多万亩。野生药用植物近 500 种,白术、红花、生地、丹参、玄胡、泽泻、薏仁等名贵药材远销省内外。碧波荡漾的高邮湖是江苏省第三、全国第六大淡水湖,盛产 60 多种鱼、虾、蟹、贝、莼菜、芦苇等动植物,具有千年饲养历史的高邮麻鸭为全国三大优良鸭系之一。

三、交通建设

扬州境内道路四通八达,对外交通主要有公路、铁路、水运、航空等方式。京沪高速公路、宁通高速公路在扬州境内交汇,扬溧高速公路经润扬长江公路大桥直通苏南,境内实现了环城贯通高速公路。此外,沿江高等级公路、安大公路、淮江公路、盐金公路、仪扬公路等国道、省道干线公路已构筑起 400 多千米的"市域环路"。

宁启铁路横穿扬州境内,已开通扬州至北京、上海、武汉、西安、广州等客货运线路。

京杭大运河纵贯腹地,在扬州南部汇入长江,构成市域主干航道。全市有航道 184 条,盐邵线、古运河、三阳河等纵贯南北,高东线、新通扬运河、仪扬河、盐宝线等横穿东西,构筑了"三纵四横"的内河主航道网。

扬州泰州国际机场现已开通45条国内航线和通往泰国曼谷、日本东京、大阪等城市的国际航线。2020年完成旅客吞吐量237.16万人次，货邮吞吐量1.26万吨。布局为"一港三区"的扬州港口，主港区六圩港区是国家一类开放口岸，拥有万吨级杂货和多功能码头近20个，为我国沿海地区重要港口。分列两翼的江都港区、仪征港区与扬州港已融为一体，2022年货物吞吐量超过1.06亿吨。

四、地域文化特征

扬州有7 000年以上的人类生活史、2 500年的城市发展史，曾经拥有汉代、唐代、清代的辉煌，有深厚的文化积淀和丰富的文化遗产。所辖高邮市为省级历史文化名城。总体来看，扬州地域文化主要有以下几个特征：

第一，海纳百川，南北包容。扬州濒江近海，长江与京杭大运河交汇于此。西通南京，隔江与镇江、无锡相望。远在唐代、北宋、明代和清代，就有大批外籍人到扬州经商、传教、从政和定居，同时也带来了各地的文化。扬州人海纳百川的包容精神使得扬州地域文化具有开放、南北兼容的特征。扬州古典园林既擅北地之雄，又兼南国之秀即是明证。

第二，高雅文化与休闲文化比翼齐飞。随着大运河的开凿、扬州漕运和盐运的开通，两淮盐商为扬州地域文化的养成提供了厚实的经济基础和优裕的物质条件。扬州几度成为"壮丽压长淮，形胜绝东南"的富庶都邑。扬州不仅造就了扬州学派、雕版印刷、书院园林等高雅文化，也造就了各个阶层喜闻乐见的休闲文化。书画艺术、饮食文化、休闲方式、工艺美术、地方戏曲之发达无可匹敌。扬州不仅是著名的学术之都，也成为闻名的休闲之都。

第三，精致灵动，清新雅致。扬州因水而发，缘水而兴，襟长江枕淮河，中贯京杭大运河，是我国唯一的一座与古运河同龄的"运河城"。全市有骨干河道1 100多条，中小型水库60多座，涵闸站星罗棋布。江河湖泊之水的悠长灵动，曲艺唱腔之韵的从容不迫，书画饮食之美的雅致惬意，养成了扬州地域文化精致、清新、超俊的显性特征。

扬州话属于江淮方言。市树为柳树、银杏树，市花为琼花。

第三节　历史文化遗产

一、史前文化遗址

龙虬庄遗址。位于高邮市龙虬镇北部，是江淮东部地区最大的一处新石器时代早期遗址，距今约7 000～5 000年。在约5万平方米的遗址中，清理墓葬402座，其中男女合葬墓7座；房屋遗址1处，居住遗址4处，灰坑34个，发掘各类文物计2 000余件。遗址中还发现了4 000多粒炭化稻米，将我国人工栽培水稻的历史提早到5 500年前。出土的陶片和鹿角上刻画的具有文字特征的符号，笔画纤细，技法娴熟，被誉为"中华文明的曙光"，填补了江淮东部地区新石器时代早期古文化遗址的空白。

唐王墩遗址。位于高邮市龙虬镇西北部。据传唐高祖李渊曾在此避难，故名。在遗址50厘米深度以下发现了新石器时代的龙山文化陶片；在80厘米深度以下发掘出堆积的蚌壳层。专家认定，该遗址为一处典型的新石器时代中晚期贝壳遗址，距今约7 000年。

周邶墩遗址。位于高邮市卸甲镇周邶墩村，为江淮东部地区新石器时代晚期一处具有代表性的聚落遗址。发掘灰坑20个，出土陶器、石器、骨角器100余件。该遗址的文化堆积自上而下分为三个阶段。第一阶段的陶器以夹沙和泥质灰陶、黑陶为主，纹饰以绳纹、篮纹、方格纹为主。第二阶段的陶器以泥质黑陶、灰陶为多，纹饰以凸棱纹、附加堆纹、弦纹为主。第三阶段的陶器以几何印纹硬陶为主，常见纹饰有云雷纹、方格纹、回纹、水波纹等。分别代表了新石器时代早、中、晚期互相叠压的三种来源于不同地域和不同性质的文化，对于研究古代人类迁徙、文化传播、南北交流具有重要的意义。

二、历史文化遗存

2022年末，勘明扬州市境内历史文化遗存有500多处，各级文物保护单位达150多个，其中全国重点文物保护单位20个、省级文物保护单位54个。2014年淮扬运河扬州段高邮盂城驿、江都邵伯古堤、江都邵伯码头、扬州个园、扬州天宁寺行宫（含重宁寺）、扬州盐业历史遗迹、扬州汪鲁门住宅、扬州卢绍绪住宅、扬州盐宗庙作为古邗沟故道、里运河（高邮明清大运河故道）、扬州古运河、邗江瓜洲运河、扬州瘦西湖的遗产点入选联合国教科文组织认定的《世界文化遗产名录》。2021年里运河—高邮灌区入选国际灌溉排水委员会认定的《世界灌溉工程遗产名录》。

高邮商周古文化遗址。位于高邮市三垛镇左卿村。该遗址略呈方形，北部为古老的港河，南部连接农村庄台，为一处商周时期、堆积较为丰富的古文化遗址。曾零星发掘过墓葬，出土了鬲、罐、豆、鼎、盆等大量陶片，还发现了部分麋鹿、牛等动物骨角。最珍贵的是一件西周农具青铜铲，铲口部扁平、微弧，柄部呈扁方銎，銎上有一小圆孔用以装钉子固柄。经考证，此形状铜铲为江淮地区所特有。证明早在西周时期，高邮一带已经拥有高度的农业文明。

九里——千墩汉墓群。起于宝应县射阳湖镇赵家村，止于天平乡天平庄，在东西长约4.5千米的区域内，星罗棋布地分列着数以千计的墓墩，若悬盂覆釜。其中还有项伯和陈琳墓。在这里出土了汉铜虎、千斤镫、双鱼铜洗等汉代以来的铜器、陶器、玉器、铁器等数百件珍贵文物。

蕃釐观。俗称琼花观，位于扬州市区文昌中路。始建于西汉成帝元延二年（前11年）。为供奉主管万物生长的后土女神的后土祠。宋徽宗赵佶曾赐"蕃釐观"金字匾额。因观内有一株天下无双的琼花，后改名琼花观。欧阳修任扬州知州时，曾在观内筑无双亭，以示琼花天下无双。每当暮春三月，琼花观内琼花盛开，若蝴蝶戏珠，似八仙起舞，芳姿绰约，美丽动人。明代曾多次修缮琼花观。现存建筑有山门、三清殿、无双亭、玉钩古井和蕃釐观石匾等。

汉陵苑。位于扬州市区平山堂东路。又名汉广陵王墓博物馆，系由高邮天山搬迁复原而成，占地2.7公顷。汉陵苑主要展示西汉第一代广陵王刘胥及其王后的木椁墓。两座墓同属帝胄级"黄肠题凑"式木椁墓，规模宏大，结构严谨，是我国罕见的大型汉代墓葬遗存，已有2 000多年的历史。苑内地形起伏，建筑古朴雄浑，林木葱郁，绿草如茵，是融文物与园林为一体的汉文化展示中心。

隋炀帝陵。位于扬州市邗江区槐泗镇境内的雷塘北侧。始建于唐武德五年（622年），为隋炀帝杨广与皇后萧氏的合葬墓。占地3万平方米，由石牌坊、陵门、石桥、祭台、神道、城垣、石阙、侧殿、墓冢等组成。除石牌坊、陵门为后建外，其余均为历史遗留文物。清代重修炀帝陵，陵墓前有阮元所立的碑石。陵墓形式独特，气势雄伟，墓冢为覆斗形，高12米，四边均为规则的等腰梯形,上、下边长分别为 8 米和 29 米。城垣、石阙、墓冢为罕见的隋朝帝王葬式,具有典型的隋唐建筑风格。

扬州城遗址。位于今扬州老城区及西北郊,为隋、唐、宋时期扬州城池遗址,面积约 16 平方千米。扬州历代城池相互叠压,隋、唐、宋城遗址保存相对完好。隋代扬州城位于蜀冈之上的平山乡,由隋江都宫城和东城组成。江都宫城平面近方形,地表以下夯土墙体保存高度达 4 米,周长 5.1 千米。东城平面呈不规整多边形,由宫城向东至铁佛寺东侧,周长约 4 千米。宋代扬州有宋大城、夹城、宝祐城等三座城池。宋大城即州城,沿袭了五代周小城。城周长 101 千米,东、南二面至古运河,北至潮河,西与明代旧城墙一致,今西北角地面仍保存夯土城墙。夹城筑于南宋绍兴年间(1131—1162 年),周长 2.7 千米。宝祐城筑于宝祐年间(1253—1258 年),周长 5 千米,利用唐子城西半部、截去东半部修筑而成,面积约为子城的一半。

盂城驿。位于高邮市区南门大街馆驿巷内,始建于明洪武八年(1375 年)。盂,古代盛饮食、水等的圆口盛器。盂城,高邮的别称,取意于宋代词人秦少游描写家乡"吾乡如覆盂"诗句。鼎盛时期有厅房 100 多间,其中正厅、后厅各 5 间,库房 3 间,廊房 14 间,马房 20 间,前鼓楼 3 间,照壁楼 1 座,驿丞宅 1 所;驿马 65 匹,驿船 18 条;马夫、水夫 200 多人。现存建筑为目前全国规模最大,保存最完好的古代驿站,有息厅、敞厅、秦邮公馆门楼、驿丞宅、驿马饮水地等建筑。盂城驿内《中国古代邮驿史展览》,以翔实的史料、丰富的图片和大量的邮驿文物,展示了中华民族 3 000 年的邮驿文明史。

里运河—高邮灌区。位于扬州高邮市境内。里运河肇始于春秋时的邗沟,通过闸、洞、关、坝等水工设施,连通高邮湖和高邮灌区,实现水在"高邮湖—里运河—高邮灌区"之间调配,并兼顾灌溉和漕运两大功能。"里运河—高邮灌区"是我国古代巧妙利用河湖水系、合理调控河流湖泊、水系连通工程的典范,至今仍发挥着功能效益。

三、非物质文化遗产

丰富的非物质文化遗产展示了扬州人非凡的文化创造力,承载着古城的文化繁荣与历史辉煌。2022 年末,扬州市有市级以上非物质文化遗产 273 项。其中,中国雕版印刷技艺(扬州雕版印刷技艺)、中国传统制茶技艺及其相关习俗(扬州富春茶点制作技艺)2 项入选联合国教科文组织认定的《人类非物质文化遗产代表作名录》。扬剧、评话、清曲、剪纸、玉雕、漆器髹饰技艺、高邮民歌、古琴艺术(广陵琴派)、十番音乐(邵伯锣鼓小牌子)、木偶戏(杖头木偶戏)、扬州弹词、金银细工制作技艺、扬派盆景技艺等 19 项被认定为国家级非物质文化遗产,扬州玉雕等 46 项被认定为省级非物质文化遗产,市级非物质文化遗产有 206 项。

扬剧。是在扬州花鼓戏和苏北香火戏的基础上,吸收扬州清曲、民歌小调发展而成的地方剧种。扬剧拥有大小传统剧目近 500 个,较为流行的有《孟丽君》《秦香莲》《莲花庵》《双珠凤》等。现代戏《夺印》《皮五辣子》也为百姓所喜闻乐见。一大批扬剧演员,如高秀英、金云贵、华素琴等,形成了各自的表演风格。李开敏、汪琴现为扬剧国家级代表性传承人。

扬州评话。是用扬州方言演讲的一种曲艺形式,流行于以扬州为核心的江苏北部和南京、镇江、上海等地。始于明代末年,发展于清代初期,繁盛于清代中叶。扬州评话的特点是通过口头演说叙述故事、塑造人物、描绘景物、抒发情感。一人多角,以手、眼、身、步、神与口头说表紧密配合,给听众以如见其人、如闻其声、如入其境的感受。现代代表书目有

《三国》《水浒》《岳传》《西游记》《清风闸》《隋唐》等。近现代名家有王少堂、康重华等。王丽堂、李信堂现为扬州评话国家级代表性传承人。

扬州清曲。又称广陵清曲、扬州小曲、扬州小唱等。源于元代,成熟于明代,兴盛于清代,至今有600多年历史。扬州清曲最初是在当地广为流行的民歌传唱基础上,衍化为表演性的演唱艺术的。扬州清曲的伴奏开始为单一乐器,后来发展为数件乐器,并讲究演唱技巧。扬州清曲的传统曲目,流行于扬州、镇江、上海等地。现存代表作有《满江红》《茉莉花》等曲目。

古琴艺术(广陵琴派)。古琴,亦称瑶琴,是我国古老乐器之一。扬州广陵派古琴艺术历史悠久,风格独特,为唐以来历代琴家所重视。清初以徐常遇和徐祺父子为代表的扬州琴家不仅操琴技艺精湛,还编辑了许多琴谱,流传下来的有徐常遇的《澄鉴堂琴谱》、徐祺父子的《五知斋琴谱》、秦维翰的《蕉庵琴谱》和僧空尘的《枯木弹琴谱》等。现代演奏的代表曲有《龙翔操》《樵歌》等。

杖头木偶戏。由表演者依托一根命杆和两根手杆进行操纵的表演艺术,俗称三根棒。始于唐代,繁荣于清代。该戏先后吸收了昆、徽、京等诸多剧种的表演之长,经过长期的打磨,形成了独特的表演技艺。杖头木偶戏演员必须具有托举木偶的"托举功"、操纵木偶的"扦子功"、掌握各种人物步伐特征的"台步功"等基本功,此外,还必须掌握"水袖功""扇功""长绸功""书画功"等。杖头木偶戏具有浓郁的地域特征和亲和力,与人民群众的生活紧密相连。

扬州弹词。原名扬州弦词,是用扬州方言说唱的一种曲艺形式。约起始于明末清初,流行于扬州、镇江、南京及高邮、里下河一带。早期为一人说唱,自弹三弦伴奏,故名弦词。清代中叶盛行,发展为双档演出,二人相应配合,以不同人物的口吻、声调对话,一人侧重叙述,一人侧重唱曲。特点是以说表为主,弹唱为辅,讲究字正腔圆、语调韵味。传统书目有《珍珠塔》《双金锭》《倭袍记》《玉蜻蜓》《落金扇》《白蛇传》等。

扬州民歌。由"劳动号子"和"民间小调"结合而成。民歌的基本演唱形式是一人唱,众人和。"号子"和"小调"的歌词既有与劳动直接相关的叙述,也有对艰辛生活的感叹,既有"赞古人""唱花名"的警句,更有对纯真爱情生活的歌颂和向往,集中反映了当地人们的日常生活和各种生活情趣。从调性上说,大多以五声音阶徵调式和宫调式为主,六声音阶和七声音阶调式也有一些。现代代表作品有《扬州小调》《拔根芦柴花》《茉莉花》《杨柳青》《四季歌》《数鸭蛋》等。

邵伯锣鼓小牌子。又称邵伯牌子曲,是扬州地区众多牌子曲中一支极具特色的流派。起源于明代,形成于清代中后期,发展于民国。邵伯锣鼓小牌子是丝竹乐、锣鼓等打击乐密集交替演奏、多支曲牌连缀而成的套头曲,每件乐器技艺独特,演奏小调丰富多彩,特色乐器、特技演奏交相荟萃,开创了中国器乐史的先河。通常演出于庙会和节日街头。演出队伍讲究对称,排列有序,披红挂彩,成双配对。演奏者施展绝技,与观众激情共鸣,喝彩声连绵不断。代表作有《八段锦》《十八省》《鹦鹉歌》《十八省夹堂子》等。

扬州玉雕技艺。扬州是我国玉器的重要产地之一。1977年,在扬州蜀冈尾闾发现新石器时代后期氏族公共墓葬60多处,出土有石斧、石锛、玉璧、玉琮等器物,说明早在4 000年前,先民们就在这里生产、生活,并且有了玉石琢磨的活动。清乾隆时,扬州琢玉进入全盛时期,清宫中重达千斤、万斤的近10件大玉山多半为扬州琢制,其中重逾万斤被称为"玉器之王"的《大禹治水图》玉山,成为稀世之宝而名闻遐迩。江春源、顾永骏现为扬州玉雕技艺国家级代表性传承人。

扬州漆器髹饰技艺。20世纪50年代以来,在扬州远、近郊区许多汉代墓葬中出土的漆器及其残片多达万件。漆器中有碗、盘、壶、勺、耳杯等饮食用具;有奁、案、几、箱、枕、尺、梳、笥、魁、笱等日常用品;有琴、俑、砚、盒、弓背、剑鞘、箭服等文房、器械用品;还有漆棺、椁、面罩等丧葬用具,器形繁多,体现了广泛的用途。明清是扬州漆器的全盛时期。名家荟萃,诸品具备。工艺装饰种类有雕漆嵌玉、平磨螺钿、点螺、纯雕漆、骨石镶嵌、刻漆、雕填、彩绘、磨漆画、彩漆平嵌等10大类。

扬州派盆景技艺。兴于隋唐时期,形成于明代,成熟于清代,享誉于当代。融"诗、书、画、技"为一体,是全国盆景"五大流派"之一。扬州派盆景技艺得益于扬州文化,又将自身融入扬州文化之中,成为一门独特的高雅艺术。其"层次分明,严整平稳"的风格和"一寸三弯"的剪扎技巧,至今仍然是区别于其他各派盆景的最显著特征。既端庄大气,又工笔细描,飘逸、清秀、古雅、写意,具有极强的装饰性和高远的意境。

四、民俗文化节日

扬州市民风民俗,隽永典雅,文化节日丰富多彩。重要的民俗文化节日有:

维扬灯会。又称元宵灯节,是扬州一年一度的传统灯节。农历正月十三上灯,十八落灯,其中十五为高潮。清代悝庵居士《望江南百调》赞曰:"扬州好,灯节庆元宵。绛蜡满堂家宴集,金龙逐队市声嚣,花鼓又高跷。"灯的式样很多,有简单普及的兔子灯、西瓜灯、元宝灯、荷花灯、蛤蟆灯;有工艺复杂的龙灯、船灯、麒麟灯、寿星灯,还有扬州特产琉璃灯。

观音山香会。源于明代,盛于清代,今仍传承。农历六月十九是观音菩萨得道日,每年的这一天,位于大明寺东侧的观音山都有盛大的香会。前往观音山的香客和游人都在5万人以上。其中,1989年香会时出入观音寺庙门的人数达15万之多。

赏鱼。旧时扬州人家,大凡家中有花园者,花园中总修筑水池,饲养各种观赏鱼,扬州人通称为"金鱼"。清末民初时,扬州的金鱼饲养已发展成为一种行业。20世纪80年代以来,扬州金鱼养殖规模更大,仅扬州红园就有200多个鱼池,年销售量达20万尾,还出口到东南亚和西欧各国。

放风筝。明清时已成为扬州的传统习俗,每当春天来临,整天都可以看到天空中风筝飞翔的情景。扬州风筝制作得非常精致,造型多样,主要有八角、金鱼、蝴蝶、蜈蚣、寿星、孙悟空等形状。其中有一种百脚风筝形体巨大,放飞有一定难度。放飞时,要先将尾部放起,再带动身部,最后再拉升沉重的头部,风筝上天后,似巨龙在空中遨游,十分壮观。

五、宗教文化述略

早在两汉时期,道教就传入维扬地区,一直到清代才走向衰微。西汉时,广陵(今扬州)已建有后土祠,即琼花观前身,江都建有江水祠。东汉时已有广陵东陵圣母的传说,这些都与道教有着密切关系。三国吴赤乌年间(238—251年),今宝应县境内建有崇圣院,为方士游息之所。隋代初年,晋王杨广镇守扬州,曾造玉清道场、金洞道场等四个道场。杨广还迎取茅山道士王远知和天台山道士徐则来扬州传道。唐朝皇帝认为太上老君是其始祖而崇尚道教,使道教得到很大发展。宋代至明代初年,扬州道教尤为兴旺,维扬地区较出名的宫观有琼花观、武当行宫、仙女庙、槐古道院等。清道光(1821—1850年)以后,由于统治者崇信佛教,而使道教日趋衰落,维扬地区的情况则更为严重。民国时期,扬州不少城隍庙在破除迷信的浪潮中被毁掉,道观日趋破败,或被改作他用。20世纪80年代后,少数道教宫观得到修复并对外开放。

佛教在东汉初期传入维扬地区,从隋唐到清代的一千多年间,佛教发展十分兴盛。清代时,扬州有记载的寺庙就有400多处。著名寺庙有大明寺、高旻寺、天宁寺、光孝寺等。唐代时,大明寺住持鉴真和尚曾东渡日本弘扬佛教,从而使鉴真和尚成为日本佛教律宗的始祖。鉴真(688—763),俗姓淳于,广陵江阳(今扬州市)人,14岁出家大云寺。曾任扬州大明寺主持,应日本留学僧请求先后六次东渡,弘传佛法。因各种原因,前五次虽历经千辛万苦,均未成功。后双目失明。第六次终于东渡成功。他将中国的建筑、雕塑、医药等介绍到日本,为中日文化交流做出了卓越的贡献。日本人民称鉴真为"天平之甍",意为他的成就足以代表天平时代文化的屋脊。清代末年,江北刻经处所刻佛教经书,声誉远及东南亚各国,时称扬州刻本。

唐代初年伊斯兰教传入维扬地区。南宋咸淳年间(1265—1274年),穆罕默德十六世孙普哈丁来扬州传教,并创建仙鹤寺。普哈丁归真后,葬于古运河东岸,后人为他建造了普哈丁墓园,成为扬州与阿拉伯国家友好交往的见证。元代初年,天主教传入维扬地区。清代在古运河西畔修建了哥特式的天主堂和圣母院。19世纪中叶,基督教各宗派相继传入扬州。1908年美国传教士韩忾明曾在广陵区泰州路创建神在堂,并于1913年落成。该堂为哥特式建筑,尖拱券,彩色窗玻璃,可容纳600人聚会礼拜。今扬州城区萃园路的礼拜堂是规模最大、保存较好的一座基督教堂。

扬州市佛教、道教、伊斯兰教、基督教、天主教五教齐全。2022年末,有信众近10万人,依法登记的宗教活动场所230多处,教职人员近400多人。大明寺、高旻寺,被列为全国佛教重点寺院,鉴真佛教学院是我国培养佛教国际交流人才的高等学府。

六、教育成就突出

有宋以来,扬州历代皆有著名的书院。三元坊安定书院、北桥敬亭书院、北门外虹桥书院、广储门外梅花书院等为清代扬州的著名书院。

安定书院是南宋宝庆二年(1126年)为纪念胡瑗而创办的。胡瑗(993—1059),字翼之,因世居陕西路安定堡,世称安定先生。生于海陵(今如皋市)。北宋理学的先驱、教育家、思想家。7岁善属义,13岁通"五经",被左右乡邻视为奇才。一生热爱教育事业,讲学40余年,培养了数以千计的人才,北宋名人秦少游、孙觉、刘执中都是其学生。首创"分斋教学"法,主张因材施教,培养学生各自的特长。其教育理论对后世有较大影响。

梅花书院建于明嘉靖年间(1522—1566年),后经重修,遗迹尚存。大门楼以传统的水磨砖叠砌,门脊上方镶砌有白矾石刻石,上面阴文镌刻"梅花书院"四字,为著名书画家吴让之手书。

乾嘉学派中的汪中、任大椿、段玉裁、王念孙、洪亮吉、刘台拱、孙星衍、顾九苞等皆出于梅花、安定两书院。

清朝末年,安定、梅花、广陵三书院均改名为校士馆,后又将三校士馆合并为一,称为尊古学堂,后又改为两淮师范学堂。

七、书画文学翘楚

皇象(生卒年不详),字休明,广陵江都人。三国吴书法家。诸体皆备,当时人们将其草书、严武的棋、曹不兴的画等并称"八绝"。《天发神谶碑》、松江本《急就章》相传为皇象所书。《天发神谶碑》为吴天玺元年(276年)刻,原藏南京市江宁区天禧寺,清嘉庆十年(1805年)毁于大火。因该碑断裂为三,俗称三段碑,有拓本流传。

张若虚(约660—约720),扬州市人,与越州贺知章、湖州包融、苏州张旭,号称"吴中四士"。流传的作品仅有两篇,《春江花月夜》享有"以孤篇压倒全唐"之誉。该诗以扬州南郊曲江一带江滨月下的春、江、花、月、夜五种景色,构成诱人探寻的宇宙奥秘,并寄寓人生哲理。该诗被闻一多誉为"诗中的诗,顶峰上的顶峰"。

李邕(678—748),字泰和,江都(今扬州市)人。玄宗时官至北海太守,世称"李北海"。书法与文章皆为世所推崇。传世碑刻有《麓山寺碑》、《云麾将军李思训碑》(简称《云麾碑》)。行书《云麾碑》为其代表作,取法"二王"的行楷行草规则,但又在笔法中渗入北碑笔法,字的结体比之纯粹"二王"笔法更加方挺健,气韵沉雄。这种以方圆笔为基干的新派书风,为行书体裁的演变做出了贡献。

秦观(1049—1100),字少游,号淮海居士,高邮市人。北宋元丰年间(1078—1085年)进士。曾任太常博士、秘书省正字,后出任杭州通判,屡次被贬。为"苏门四学士"之一。词作风格含蓄,笔法精巧,发展了婉约词的艺术,成为婉约派的词宗。其诗、赋、策疏、文论等造诣也极深。有《淮海集》《淮海居士长短句》。

石涛(1629—1724),明末清初桂林人。清初画家。康熙三十二年(1693年)定居扬州,直至95岁去世。在扬州期间创作的《山水册》《山云仙树图》《海晏河清图》等均为名世之作。其《画语录》总结了一生创作经验,强调独创精神,痛斥一味复古、闭门造车还要称宗论派的言论。其以山水画成就最高。陈师曾《清代山水画派别之研究》说:"石涛画推为江南第一。"

袁江(约1662—1735),字文涛,号岫泉,江都(今扬州市)人。清代著名画家。师法宋人,擅画山水、楼台,尤长于界画。界画是我国民族绘画中很有特色的一门画科,最初可能是建筑物的效果图。画中建筑物部分都以界尺画线,要求线既不弯曲,又无粗细,很见功力。宋代张择端的《清明上河图》就具有界画工整准确的特点。元明以来,这种画被认为"匠气""俗气"而不受重视,画的人越来越少。但袁江坚持不懈,在继承中不断创新,画艺精进,《东园胜概图》《汉宫秋月图》为其代表作,成为有清一代推为第一的界画家。

金农(1687—1763),字寿门、司农等,又号稽留山民、曲江外史、昔耶居士等。浙江仁和(今杭州市)人,久居扬州。博学多才,精篆刻,善画竹、梅、鞍马、佛像、人物、山水。尤精墨梅。又长于题咏、书法、刻印。诗文有《冬心先生集》《冬心先生杂著》等。

郑板桥(1693—1765),原名郑燮,字克柔,号理庵,又号板桥,人称板桥先生。兴化市人。"扬州八怪"的主要代表,以三绝"诗、书、画"闻名于世的书画家和文学家。康熙秀才,雍正十年(1732年)举人,乾隆元年(1736年)进士。官山东范县、潍县县令,有政声。"以岁饥为民请赈,忤大吏,遂乞病归"。做官前后,均居扬州,以书画营生。工诗、词、善书、画。诗词不屑作熟语。画擅花卉木石,尤长兰竹。有《郑板桥全集》《板桥先生印册》等。

伊秉绶(1754—1815),字祖似,号墨卿,晚号默庵,福建省宁化县人。清代书法家。曾官扬州知府。工诗,善书法,精于篆书,尤以隶书见长。其隶书平实的纵、浑厚的横,少了

"蚕头""雁尾"之意,重画之笔,既壮且阔,轻让之笔,既秀且媚,显得雄厚博大。平山堂的"过江诸山,到此堂下;太守之宴,与众宾欢"楹联为其所书,造句极佳,书法古茂。为瘦西湖湖上草堂题写的"白云初晴,旧雨适至;幽赏未已,高潭转清",以及为隋炀帝墓写的"隋炀帝陵"碑刻,气势雄壮,清秀古媚,历来为人称誉。

王少堂(1889—1968),名德庄,艺名少堂,祖籍江都,生于扬州安乐巷。评话艺术家,"王派《水浒》"代表人物。其父王玉堂、伯父王金章都以讲说《水浒》著称。7岁学艺,9岁登台演出。经过60年的艺术实践,在表演艺术上形成了内涵极为丰富的王派风格,说表与演出都达到了炉火纯青的境界,成为扬州评话艺术的集大成者。代表作有《武松》《宋江》《石秀》《卢俊义》等。

朱自清(1898—1948),原名自华,号秋实,后改名自清,字佩弦。生于连云港市东海县,成长于扬州,故自称扬州人。中国新文学运动的开拓者之一,诗人、散文家。1922年与俞平伯等创办《诗》月刊,1923年发表长诗《毁灭》,还写下了《桨声灯影里的秦淮河》等优美散文。1925年8月到清华大学任教,开始研究中国古典文学。创作以散文为主,《背影》《荷塘月色》是脍炙人口的名篇。

八、学术才俊闻名于世

董仲舒(前179—前104),广川郡(今河北省衡水市景县)人。汉代哲学家、思想家、教育家。曾在扬州任江都相,辅佐王侯,倡明儒学,奠定了扬州汉学研究的基础。扬州多处有其遗迹,如南柳巷大儒坊、北柳巷董子祠、董子故宅、董井等。

杜佑(735—812),字君卿,京兆万年(今陕西省西安市)人。唐代政治家、史学家。历任济南参军、润州司法参军、江淮水陆转运使、户部侍郎、淮南节度使等职。历经30多年完成我国现存最早的有关典章制度史的著作《通典》。全书200卷,记述历代典章制度的沿革,上起传说中的唐虞,下迄唐肃宗、代宗时期。其创新在于跳出了以往纪传体史书的框子,专记政治、经济、礼乐等典章制度,并把"食货"放在首位,把经济史研究提到了重要的地位。

汪中(1745—1794),字容甫,江都(今扬州市)人。清代著名哲学家、文学家、史学家,与阮元、焦循同为"扬州学派"的杰出代表。其对先秦古籍、三代、两汉学制以及文字、训诂、名物等都有深入的研究,且精于金石之学。经学著作有《经义知新录》《大戴礼记正误》《春秋释义》等;乡土著作有《广陵通典》《广陵对》等;治学经验有《述学》6卷。

王念孙(1744—1832),字怀祖,自号石臞,高邮市人。王引之之父。自幼聪慧,8岁读完十三经,旁涉史鉴。乾隆四十年(1775年)中进士。累官至永定河道。在文字、音韵、训诂方面贡献杰出。最著名的《广雅疏证》20卷,对《广雅》中的讹字衍字脱字及错乱处一一作了订正。以同音假借探求古书字义,因古声求古义,在疏证中提出了许多精辟见解。《读书杂志》是其校读古籍的专著,以读书札记的形式,记录了自己晚年研究史部书、子部书以及一些集部书的成果。

焦循(1763—1820),字理堂,扬州市人。清代哲学家、数学家、戏曲理论家。扬州学派的领袖人物之一。出身寒微,却学识渊博,经学、历算,无所不精,对戏曲艺术也深有研究。其以数学原理中的演绎法施于《易》学研究,把天文、数学中的数量关系原则运用于哲学领域,寻觅《易》学内部规律与联系。著有《雕菰楼易学三书》等。

阮元(1764—1849),字伯元,号芸台,别号雷塘庵主。仪征市人,居扬州。博学多才,在经、史、算学、舆志、金石、校勘等方面都有很深的造诣和丰富的著述。居官数十年,特重文事。广引学者,罗致文士,奖掖后进,在广州、杭州分别创立学海堂、诂经精舍,搜逸辑遗,研经治史,倡导文学,振兴朴学。主持校刊《经籍纂诂》106卷、《十三经注疏》116卷、《皇清经解》1 408卷,以及《淮海英灵集》《广陵诗事》《江苏诗征》《畴人传》《积古斋钟鼎彝器款识》等,均为当代学术精粹。

王引之(1766—1834),字伯申,号曼卿,王念孙长子。高邮市人。嘉庆四年(1799年)进士,官至工部尚书。撰有《经义述闻》《经传释词》10卷,还奉道光皇帝之命,作《字典考证》12卷,对《康熙字典》错误进行校正。指出《康熙字典》错误2 588条,使其趋于完善。

刘师培(1884—1919),字申叔,号左盦(庵),仪征市人,世居扬州。8岁学《周易》辨卦,12岁读完四书五经,18岁中举人。日本留学期间,结识孙中山、黄兴等革命党人,参加同盟会东京本部的工作。先后发表《普告汉人》《悲佃篇》《辨满人非中国之臣民》等。1917年,任北京大学文科教授。撰有《中国中古文学史》,校释《管子》《晏子春秋》《老子》《庄子》《墨子》《荀子》《韩非子》《新书》《春秋繁露》《法言》《白虎通义》《周书》《穆天子传》等古籍达24种。

九、雕版印刷独树一帜

印刷术被称为人类"文明之母",中国雕版印刷技艺被视为人类文明史上划时代的创造。它出现于隋唐时期,距今有1 300多年的历史,比毕升发明的活字印刷要早300多年。

扬州雕版印刷从中唐时期已经开始。宋代,扬州的刻书业在全国占有相当的地位。北宋沈括的《梦溪笔谈》就是扬州州学教授汤修年主持刻印的,成为该书此后各种刊本的祖本。

清代,扬州曾为刊刻《全唐诗》而设立专门官刻机构——扬州诗局。马曰琯、马曰璐兄弟等盐商巨贾亦出资刊印书籍。乾隆二十年(1755年),马氏兄弟耗资千金为书法家蒋衡的《十三经》装潢,刊刻《说文解字》《广韵》《玉鉴》等书。乾隆四十二年(1777年)向全国征求古代剧本,同时在扬州设立专门机构戏局。历时四年,辑成专书20卷,共收入元、明、清三代文人所作的传奇、杂剧1 013部,题名《曲海》。在扬州刊刻的《全唐诗》汇集诗人2 200多家,收诗48 900余首。

扬州广陵古籍刻印社保存了传统的雕版印刷。20世纪60年代,国务院指示把散失的古籍版片集中起来,进行有计划地整理。江苏一带古籍版片多集中于扬州,据统计,有42种丛书,140种单本。现存的版片有16万余片,大都是清末民初的版片,也不乏影宋、影元、影明的抄本,学术价值极高。

第四节 地方特产与旅游资源

一、佳肴美食

明清时期,淮安和扬州作为运河沿线的重要都市,商旅如潮,官衙如林,极大地刺激和推动了餐饮业的迅猛发展。烹坛各专项技艺顶尖高手,汇集南北美食之长,在淮扬争妍竞秀,相融相长,使淮安、扬州两地的餐饮美食脱颖而出,孕育出了蔚为大观的"淮扬菜系"。淮扬菜系大多以江湖河鲜为主料,以顶尖烹艺为支撑,以本味本色为上乘,以众口易调为追求,是中华饮食文化中的一朵奇葩。

扬州市菜肴是淮扬菜的主体,主要特点是选料严格、刀工精细、主料突出、注意本味、讲究火工、擅长炖焖、汤清味醇、浓而不腻、清淡鲜嫩、造型别致。烹饪格调高雅,富有文化品位。代表性菜肴有八宝葫芦、扒烧猪头、彩蝶飞舞、琵琶对虾、菊花海螺等。红楼宴、三头宴、全藕宴被誉为扬州菜肴的三颗明珠。扬州煮干丝,用豆腐干丝和火腿丝等加鸡汤烩制而成,因干丝切得细,味道特别鲜美而闻名。

扬州早茶全国闻名,而又以富春、冶春最为出名。"扬州好,茶社客堪邀。加料千丝堆细缕,熟铜烟袋卧长苗,烧酒水晶肴"是对其的赞美。早茶中"滋养而不过补,味美而不过鲜,油香而不过腻,松脆而不过硬,细嫩而不过软"的三丁包,切到发丝般细、用火腿和虾米烹制的煮干丝,最受人们喜爱。

文思豆腐。清乾隆年间(1736—1795年),为扬州天宁寺文思和尚所创,流传至今。这道以嫩豆腐、金针菜、木耳等为主材料,辅之以各种作料,精心制作的豆腐汤,味道鲜美,前往烧香拜佛的信徒都十分喜欢品尝。传说当年乾隆皇帝品尝过这道佳肴后,文思豆腐还一度成为清宫的名菜。民国以来,此肴馔在江南一带也非常有名,不过其制法与清代已有所不同,厨师们对用料和烹饪方法都作了改进。

笋肉锅贴、扬州饼、蟹壳黄、鸡蛋火烧、咸锅饼、萝卜酥饼、鸡丝卷、三鲜锅饼、桂花糖藕粥、三色油饺被誉为扬州十佳风味小吃。四喜汤团、生肉藕夹、豆腐卷、笋肉小烧卖、赤豆元宵、五仁糕、葱油酥饼、黄桥烧饼、虾籽饺面、笋肉馄饨被称为扬州十佳特色小吃。

二、名特地产

扬州漆器。起源于战国,发展于汉唐,鼎盛于明清。传统的扬州漆器,是在精致髹漆的基础上,选用翡翠、玛瑙、珊瑚、碧玉、白玉、象牙、紫檀、云母、夜光螺及金银等名贵材料制作而成。产品有屏风、地屏、挂屏、台屏、衣柜、酒柜、电视柜,及各式桌、椅、几、凳、瓶、盘、筒、盒等家具和陈设用品300多种。装饰有"扬州八怪"等名人书画的漆器,更具有艺术欣赏价值。

扬州玉器。分炉瓶、人物、花鸟、走兽、仿古、山子雕6个类别,品种齐全,花色繁多。20世纪70年代初雕制的《白玉宝塔炉》,在全国玉器评比中一鸣惊人,1981年在东京、名古屋专柜展出,受到日本各界人士的高度赞赏。1986年雕成的《白玉五行塔》,主塔七级八面,高105厘米、宽32厘米,以8根生链、440圈链条从四方连接四塔,构成群体,是玉塔中的一件罕见佳作;同年雕制完成的《聚珍图》碧玉山,通高120厘米、宽90厘米,重达1 000多公斤,集乐山大佛、大足石佛、龙门大佛和云冈石佛于一体,构成深邃幽秘的福地仙境。1989年采用薄胎工艺雕成的青玉《百寿如意》,1990年采用"山子雕"工艺雕成的白玉山《大千佛国图》,均荣获国家金奖。以上作品均收藏在中国工艺美术馆珍宝馆内。

扬州剪纸。隋唐时期,人们就把剪纸作为一种乐趣,点缀和美化生活。扬州的民间刺绣和剪纸有不解之缘。刺绣的图案先画出底样,剪成纸型,再粘贴在面料上,进行刺绣。以前扬州人一直称剪纸艺人为"剪花样子的",就缘于这两种艺术的密切关系。

扬州酱菜。相传源于汉代,唐代时即遐迩闻名。清乾隆年间(1736—1795年),扬州酱菜即被列入宫廷早晚御膳的小菜。扬州酱菜既保持瓜果蔬菜的清香味,又有浓郁的酱香味,其鲜明特点是酱香浓郁,甜咸适中,色泽明亮,块型美观,鲜甜脆嫩。主要品种有乳黄瓜、酱牙姜、螺丝菜、萝卜头、什锦菜等。三和、四美、五福均是百年以上的老牌酱坊。

秦邮董糖。高邮地区的传统名点,已有400多年历史。称为董糖有两种说法,一说此糖为董姓师傅所制而得名,一说此糖为明末清初秦淮名妓董小宛所创,故名。董糖用糯米粉、芝麻、白糖、麦芽等原料手工精制而成,色泽呈深麦黄色,厚薄均匀,入口酥软,味美香甜,老少皆宜。

三、丰富的旅游资源

普哈丁墓。俗名"回回堂""巴巴窑",位于扬州市区解放桥南堍、古运河东岸冈上。相传普哈丁为穆罕默德圣人第16世裔孙,于南宋咸淳年间(1265—1274年)来扬州传教。墓园是一座典型的阿拉伯式建筑,初建于13世纪的我国南宋时期,明永乐皇帝视墓园为国宝,下诏予以保护。清政府曾对墓亭进行过多次修建,亭壁上嵌有光绪三十四年(1908年)重修墓园时立的"先贤历史记略碑",碑文用汉字刻写,简要记叙了普哈丁在我国传教的情况。

大明寺。位于扬州老城区西北郊的蜀冈上,占地500亩,背山面水,古木参天,殿宇嵯峨,气势雄伟。因建于六朝刘宋大明年间(457—464年)而得名。当地人称之平山堂。天王殿正南面供奉的弥勒佛坐像两侧,有朱元璋所撰的对联:"大腹能容,容天下难容之事;慈颜常笑,笑世间可笑之人。"大雄宝殿东侧有为中日文化交流做出杰出贡献的唐代扬州高僧鉴真的纪念堂和建于清雍正年间(1723—1735年)的平远楼。平远楼前有一株相传植于宋代的琼花。

瓜洲古渡。位于古运河和扬子江的交汇处。由于泥沙逐渐沉积,到晋代时古渡出水成洲,洲形如瓜,因而得名。瓜洲到唐代中叶与北岸相连,成为江北一镇。瓜洲历来是兵家必争之地,唐宋间始有城垒。瓜洲一直是长江下游的重要渡口,唐代时鉴真从此东渡。清代时建有锦春园。

文游台。位于高邮市区东北、泰山庙后的东山上,始建于北宋。现存建筑大部分为清嘉庆十九年(1814年)重建。因苏轼路过高邮时,曾和秦观(字少游)等文人在此饮酒论文而得名。文游台现占地3.7万平方米,建筑面积3 200平方米,四周有河沟环绕。主要建筑有古四贤祠、盍簪堂、映翠园、秦观读书台等。文游台布局紧凑,造型优美,内有《苏武生日祝寿图》等石刻以及秦观、黄庭坚、米芾、董其昌等人的诗文和书法。

仙鹤寺。位于扬州市区南门街北段西侧,为中国东南沿海地区四大清真寺之一。南宋德祐元年(1275年),伊斯兰教创始人穆罕默德第16世裔孙阿拉伯人普哈丁来扬州传教时募款建造仙鹤寺。后几经维修或重建。大殿内部的老厅是江苏南部的厅堂式建筑,寺的平面布置和大殿内部的装饰均为伊斯兰风格。寺中《谕米里哈只》敕文系1407年永乐皇帝颁布的,用汉、波斯和蒙古三种文字书写,反映了当时伊斯兰教在中国的发展状况,弥足珍贵。

瘦西湖。位于扬州老城区西北郊,总面积103.7公顷,其中水面49.9公顷,得名于清乾隆年间(1736—1795年)诗人汪沆称赞该地的一首诗:"垂杨不断接残芜,雁齿虹桥俨画图。也是销金一锅子,故应唤作瘦西湖。"五亭桥是瘦西湖的标志。该桥跨度55.5米,下面是12块大青石砌成的桥墩,两端为宽阔的石阶。桥面用石栏围砌,桥上置五亭,桥亭一体,自然和谐。瘦西湖另一标志——白塔,高27.5米,外形轮廓线秀美,十三层刹级瘦长,形似花瓶。

西园。亦称御苑、芳圃,位于平山堂西侧,故名。清乾隆元年(1736年)汪应庚筑,后屡毁屡修。西园占地数十亩,中部一泓池水,碧波涟漪,四周冈阜起伏,层峦叠翠,植物品种丰富。建筑依山傍水,有康熙御碑亭、乾隆御碑亭、听石山房、船厅、天下第五泉、美泉亭、佛光宝殿等名胜古迹。西园是全国罕见的寺庙园林,在扬州园林中别具一格。

个园。位于广陵区东关街318号宅后,前身为建于明朝的寿芝园。清嘉庆初(1818

年),当时全国最大的盐商——两淮商总黄至筠,在其故址改筑而成。个园由两部分构成,南部为住宅,北部为花园。该园采用分峰用石的手法,运用不同石料堆叠成"春、夏、秋、冬"四景。四季假山各具特色,表达"春山宜游,夏山宜看,秋山宜登,冬山宜居"的诗情画意。是中国园林的孤例,也是扬州最负盛名的园景之一,与北京颐和园、承德避暑山庄、苏州拙政园并称"中国四大名园"。

何园。位于城南花园巷东首,是清同治年间(1862—1874年)离任归隐扬州的原湖北道台何芷舫建造的私家园林。何园以庭院式布局分隔空间,有东花园、西花园、片石山房和住宅院落。东南角的"片石山房",是明末清初画坛巨匠石涛叠石造园的遗迹。东面的明代楠木厅是园中保存年代最久的一幢建筑,已有400多年历史。结构严谨,典雅端庄。1949年后,参加革命的何家后代将何园献给国家。

八怪纪念馆。位于广陵区淮海路驼岭巷。"扬州八怪"是清代活跃于扬州画坛的一批具有创新精神的画家。纪念馆利用"扬州八怪"之一金农曾寄居的西方寺古建筑群而建。八怪纪念馆以现存的明代建筑楠木大殿为主展厅,集中展示"扬州八怪"的艺术成就,东西廊房陈列有"扬州八怪"书画和金农寄居室。馆内有千年银杏、假山、水池、竹林等,绿草如茵,洁净清幽。

马可·波罗纪念馆。位于广陵区泰州路102号。马可·波罗(1254—1324),意大利商人,著名的国际旅行家。1275年来华,受到元世祖忽必烈的礼遇和重用,先后代表元政府出使过波斯、印度、安南等地,并在扬州任官三年(1282—1284年)。其口述的《马可·波罗游记》记述了在中国的见闻,激起了欧洲人对东方的热烈向往,对以后新航路的开辟产生了巨大的影响,是研究我国元朝历史和地理的重要史籍。

天山汉墓博物馆。位于蜀冈瘦西湖国家级风景名胜区东部。馆内陈列有西汉中期扬州第一代广陵王刘胥夫妇墓。汉墓博物馆仿汉建筑风格,古朴雄浑,气势磅礴。"黄肠题凑"是天山汉墓的最大特色。该墓共有"题凑"八百多根。"题"是头,"凑"是聚,合起来就是头部集中向内,由于黄柏木皆取内芯,所以叫"黄肠"。"黄肠题凑"是西汉帝王诸侯享用的特殊墓葬制,在目前国内发现的几座同类型墓葬中,该墓是保存最为完整、结构最为复杂的一座。

史可法纪念馆。位于邗江区广储门外梅花岭西麓。史可法(1601—1645),字宪之,号道邻。明末清初著名政治家、抗清英雄。曾任兵部尚书兼东阁大学士。清兵南下,其率兵困守扬州。后城破被杀,清兵屠城十日。后人为其建衣冠冢,封土高16米,清廷为其建祠。现存建筑除遗墨厅、梅花仙馆外,大部分为晚清所建。1964年,郭沫若题写楹联:"骑鹤楼头难忘十日,梅花岭畔共仰千秋。"

中国大运河博物馆。全称"扬州中国大运河博物馆",位于广陵区开发东路大运河畔三湾湿地公园内。占地200亩,总建筑面积约8万平方米。馆体以唐代建筑风格为基调,采用巨型船只造型,并融入风帆元素,给人一种即将扬帆起航的视觉。展览分为"运河沧桑,王朝基业""天工慧光,中华勋业""融通九州,社稷鸿业""泽被天下,万民生业""通古达今,千秋伟业"五个部分,有自春秋至当代反映运河主题的古籍文献、书画、碑刻、陶瓷器、金属器等文物和照片、图表、场景、模型等1万多件(套),全流域、全时段、全方位地展示中国大运河的历史面貌和现今景观。馆旁有高约百米的大运塔,游人可通过馆顶长虹卧波式的长廊登高远眺附近文峰寺的文峰塔、高旻寺的天中塔以及市区的美丽景色。

第十一章

泰州地域文化

泰州市,简称泰,别名海阳、海陵,地处江苏省中部、长江北岸,是长江三角洲中心城市之一、国家级历史文化名城。西连扬州市,北、东北毗邻盐城市,东依南通市,南与苏州、无锡、常州三市及镇江市所辖扬中市隔江相望。全市总面积 5 787.26 平方千米。2021 年末,常住人口 452.18 万人,城镇化率 68.64%。

第一节　历史沿革与国际交往

一、历史沿革

泰州地区地势低洼,数千年前这里以湖荡、滩涂为主,从新石器时代晚期开始就有先民在此居住生活,繁衍生息,留下了众多史前文化遗址。兴化市影山头遗址、海安市青墩遗址证明,泰州地区人类居住史至少在 6 300 年以上。

西周初年泰州称海阳。数千年前,扬州蜀冈南沿断崖之下就是长江的入海处,宽阔的江口与茫茫大海连为一片。水之北者为阳,海阳的名称由此而来,并成为泰州最早的地名。西周时期,海阳地属邗国。春秋战国时仍称海阳,先后属吴、越、楚。秦统一中国后,海阳属东海郡。楚汉相争期间地属东阳郡。

汉武帝元狩六年(前 117 年)置海陵县。清代官修地理志《大清一统志》卷六十七曰:"以其地傍海而高故曰海陵。"海陵处于江海之口,东部是茫茫大海,南部是地势较高的长江高沙土脊岸。海陵是泰州见诸史籍最早的行政建制,也是泰州发展的开端。汉代,海陵县地域范围相当大,西接广陵,北抵盐渎,西北邻射阳县,东到大海,相当于今天泰州、南通两市的全部以及盐城市的南部。此时,海陵盐业、粮业、造船业大兴,经济得到很大发展。东汉时海陵县属广陵郡管辖。

三国时期,江淮之间为魏和吴的战场,海陵县被废。西晋时,晋武帝太康元年(280 年)恢复海陵县建制,仍属广陵郡管辖。东晋时,升海陵县为海陵郡。南朝梁代,海陵郡辖地又有所扩大,下辖海陵、建陵、宁海、如皋、临江、蒲涛、临泽 7 个县。

隋文帝开皇三年(583 年),海陵郡废。建陵县并入海陵县,如皋县并入宁海县,临泽县并入高邮县。不久,海陵县又析出江浦县。海陵县属吴州管辖。开皇九年(589 年),吴州改称扬州,海陵县属扬州管辖。隋炀帝大业初年(605 年),扬州改为江都郡,海陵县属江都郡。唐高祖武德三年(620 年),海陵县改称吴陵县,后吴陵县又升格为吴州。武德七年(624 年),废吴州,复称海陵县,属邗州。武德九年(626 年),邗州改称扬州,海陵县属扬州。宁海县并入海陵县。唐中宗景龙二年(708年),分出海陵县东境设置海安县。唐玄宗开元十年(723年),海安县又并入海陵县。海陵地处淮南东部水陆要津,此后近两百年,盛产粮盐,民众富裕。

南唐升元元年(937年),升海陵县置泰州,"泰州"之名自此始。南宋王象之撰《舆地纪胜》卷四十载:"相传以为取通泰之意。"即取国泰民安之义而名。南唐时泰州下辖海陵、泰兴、盐城、兴化4个县。南唐保大十年(952年)增辖如皋县。北宋太平兴国二年(977年),盐城改属楚州。南宋建炎四年(1130年),兴化改属承州(今高邮市)。绍兴五年(1135年),泰兴县改属扬州。绍兴十年(1140年),泰兴县改属泰州,十二年(1142年)又复属扬州。绍兴十九年(1149年),兴化县复建仍属泰州。南宋灭亡时,泰州辖有海陵、如皋两县。元代至元十四年至二十年(1277—1283年),泰州称泰州路,至元二十一年(1284年)后称泰州,隶属扬州路。明代洪武初年,泰州属扬州府。清雍正三年(1725年),如皋划入通州管辖。民国元年(1912年)废州为县,泰州改称泰县。中华人民共和国成立后,泰州市与泰县几度分分合合。1996年8月,撤销县级泰州市,升格为省辖设区市。

二、行政区划与发展格局

泰州市现辖海陵、高港、姜堰3个区,兴化、靖江、泰兴3个县级市。海陵区,以泰州古称为区名;高港区,以境内长江港口高港港而命名;姜堰区,因北宋时姜仁惠、姜谔父子捐资筑堰抗洪而得名;泰兴市,取国泰民安、五业兴旺之意命名;兴化市,取昌兴教化之意命名;靖江市,寓境内长江安定之意。

泰州是承南启北的水陆要津,为苏中门户,自古有"水陆要津,咽喉据郡"之称。泰州是上海都市圈、南京都市圈、苏锡常都市圈的重要节点城市。历史上,与扬州发达的商业相比,泰州工业经济基础较为雄厚,形成了以机电、汽摩、化工、医药为支柱,电子、仪表、纺织、建材、航运等相配套的工业体系。

三、国际友好交往

1998年,美国佛吉尼亚洲纽波特纽斯市成为泰州市第一个国际友好城市。此后,泰州走向世界的脚步越来越快,先后与澳大利亚维多利亚州拉特罗布市、韩国忠清北道阴城郡、芬兰科特卡市、比利时列日省惠市、加拿大安大略省巴里市和新西兰哈特市等30个城市结为国际友好城市。友城间交往已扩大到经贸、农业、教育、文化、医疗、卫生、体育等领域,并不断向纵深发展。

第二节 地理交通与文化特征

一、地理与生态

泰州市陆地面积占总面积的77.85%,全市除靖江有一独立山丘外,其余均为江淮两大水系造成的冲积平原。地势呈中间高、两头低走向,境内的靖江孤山海拔55.6米,是浙江天目山向东北延伸的余脉之一。水域面积占22.15%,河流大致以通扬公路为界,路北属淮河水系,路南属长江水系,境内长江干流岸线长97.8千米。河网密布,纵横交织。北部地区,地势低洼,水网呈向心状,由四周向低处集中,湖泊分布较多。盛产河豚、鲥鱼、刀鱼、长江青虾、大闸蟹等名贵水产品。

泰州市属北亚热带湿润气候区,受季风环流的影响,具有明显的季风性特征。四季分明,夏季高温多雨,冬季温和少雨,具有无霜期长、热量充裕、降水丰沛、雨热同期等特点。年平均气温在 14.4 ℃～15.1 ℃;但受季风的影响,降水变率较大,且南北地域之间亦存在着差异。

二、经济资源

泰州市经济资源较为丰富。矿产资源有石油、天然气、地热等,其中二氧化碳气储量大、开发利用程度高。泰兴市黄桥地区二氧化碳气储量为亚洲之最。地热资源以海陵区最为丰富,已建成省地热资源开发利用示范区。兴化市探明石油地质储量 1 800 万吨,为目前省内最大陆上整装油田,年产 30 万吨以上。

泰州市是国家重点粮棉、蔬菜和水产品生产和加工出口基地。轻工、纺织、冶金、食品、建材等传统产业,医药、机电、船舶、化工等四大优势主导产业为泰州的经济特征。

三、交通建设

新长、宁启铁路,京沪、宁通、盐靖、启扬高速公路纵横泰州全境。泰州火车站 5 条黄金始发线路,通往全国上百个主要城市。江阴长江大桥、泰州长江大桥"双桥飞渡"贯通大江南北。国家一类开放口岸泰州港、靖江港、百年老港高港及以专业液体化工运输为主的泰兴港,依托深水岸线,建成通用、化工、建材、煤炭、油品等功能较为完备的码头集群,现有万吨级以上生产性泊位(含舾装码头)65 个,其中,5 万吨级以上泊位 24 个。港口国际定期班轮直达 100 余个国家和地区。2022 年货物吞吐量超过 3.64 亿吨。

2012 年 5 月通航的扬州泰州机场,现已开通 45 条国内航线和通往泰国曼谷、日本东京、大阪等城市的国际航线。2021 年完成旅客吞吐量 222.4 万人次,货邮吞吐量 1.07 万吨。优越的区位和公路、铁路、水运、空运一体化格局,凸显了泰州长三角北翼交通枢纽的重要地位。

四、地域文化特征

泰州市有 6 300 年以上的人类生活史。秦称海阳,汉称海陵,州建南唐,文昌北宋。兼容吴楚越文化之韵,汇聚江淮海地域之风。其文化有以下几个特征:

其一,历史文化底蕴厚重。泰州自古人文荟萃,名贤辈出,儒风之盛,冠于淮南。明代王艮创"泰州学派",树立中国哲学史丰碑;清初任大椿擅名物之学,为扬州学派中坚;孔尚任于陈庵写出不朽的戏曲之作《桃花扇》;泰州籍评话宗师柳敬亭和京剧大师梅兰芳对中国曲艺和戏曲发展做出了重大贡献。

其二,水、城一体的泰式建筑特色鲜明。泰州是一个江、淮、海三水汇聚,清、浑、咸三味交融的特色城市,古时别称"三水"。境内河网交织,留下了中国其他城市没有的美不胜收的复式城河,留下了众多的水利工程。自 2 100 年前的东汉初年,至今仍保存着相对完整的古城文脉和城建规制。肥梁胖柱、青砖黛瓦、素朴清雅的明清"泰式建筑"极富地方特色。

其三,盐文化源远流长,盐业经济造就了泰州文化的昌盛。盐业、盐运、盐赋,王朝盐令与治盐之绩,文人际会与盐民命运浮沉,构成城市经济、历史与文化的核心内容。仅市区即有盐文化遗址、遗迹40余处，现存的"古税务街""资福禅寺"，都彰显海陵盐业与帝国命祚的密切关系。

其四，军事文化特征突出。泰州历史上多有战事，岳飞抗金、张士诚反元、张景贤抗倭、鸦片战争民众抗英及新四军谈判、黄桥战役等古今军事文化遗迹丰富。泰州是中国人民解放军海军的诞生地。

泰州话为江淮方言。市树是银杏树，市花是梅花。

第三节 历史文化遗产

一、史前文化遗址

文字产生以前的时期称史前时期。中国的史前时期，大体上包括旧石器时代和新石器时代。旧石器时代大致从距今二三百万年开始，距今1万年左右结束。新石器时代大约从1万年前开始，距今4 000年左右结束。泰州现已发现多处史前文化遗址。

兴化影山头遗址。位于兴化市林湖乡魏庄东南，为江苏江淮地区最重要的新石器时代遗址之一，距今约6 300～5 500年。从河岸的断面，可以清晰地看到文化层，最厚处达1米，上限在新石器文化晚期，下限不晚于汉代。在遗址上采集的文化遗物包括石器、陶器、骨角器，器形有石斧、石刀、石纺轮、陶鼎、陶釜、陶盉、陶豆、陶罐、陶壶、陶三足盘以及骨笄、骨镞等；自然遗物有陆生的大型动物麋鹿、家猪和水生的丽蚌、蓝蚬等，其中部分陆生动物骨骼已形成亚化石。该遗址的发现，对研究兴化地区远古人文地理环境与兴化先民活动的文明进程等具有重大的意义。

蒋庄遗址。位于兴化、东台两市交界处的兴化市张郭镇蒋庄村东约500米的泰东河东西两岸。面积近2万平方米，共清理墓葬278座，房址8座，包括水井、灰沟等遗迹。出土玉、石、陶、骨等不同质地的遗物近1 200件。墓葬整体呈南北走向，除火化葬外，墓中所有的人骨保存完好，尤其是牙齿保存得相当完整。不少男性身边陪葬了石锛、石斧，还有代表权力和地位的玉璧、玉琮、玉瑷、玉璜，女性身边则放着玉镯、纺线用的陶纺轮。最大的一座墓是一个典型的船棺，长度约3.2米，宽度为1.47米，是由一个完整的树干凿空后做成，墓主人是一位男性，殉葬品有6颗人头。该遗址为新石器时期晚期文化，距今约5 200～4 200年，为研究良渚文化的埋葬习俗、社会关系与人种属性提供了极其宝贵的实物资料。

单塘河遗址。位于姜堰区三水大道与新通扬运河交汇处西南角单塘河北岸。遗址为长方形，东西长282米，南北宽142.5米，面积约4万平方米，文化层厚约1.5米。该遗址中发现了草木灰坑、有柄三角形石刀等文物，遗址大部分保存完好，属新石器时代晚期遗址，距今约4 000年。该遗址的发现，对史前文化面貌、江淮东部平原的形成研究具有重要的考古学价值。

兴化南荡遗址。位于兴化市林湖乡戴家舍村南面。东西长约250米，南北宽约100米，面积2万多平方米。该遗址上的干阑式房屋建筑建在半地穴式的炕上，出土了大量的鹿角、动物骨骼、陶器残片、石器等。陶片以夹砂灰陶为多，有少量夹砂黑陶、泥质灰陶等。器种有鼎、罐、瓮、盆、豆等。坑内填土为灰黑色，土质疏松，杂以较多的草木灰和红烧土碎块。石器有刀、锛、凿、簇等。动物骨骼有麋、猪、牛、鳖、鲨鱼、海龟等。经鉴定，为新石器时代晚期龙山文化遗址，距今约4 000年，是江淮地区罕见的湖荡遗址。

二、历史文化遗存

泰州市文物古迹众多,2022年末,有国家级重点文物保护单位 7 处,省级文物保护单位 33 处,市级文物保护单位 162 处。2022 年兴化垛田灌排工程体系入选国际灌溉排水委员会认定的《世界灌溉工程遗产名录》。泰州城隍庙、姜堰天目山遗址、泰州白马人民海军诞生地为国家级文物保护单位。铜钟、日涉园、税东街明清住宅、靖江市钟楼、观音画像碑、刘国钧故居、朱氏宅、华东野战军渡江战役指挥部旧址、兴化城墙、李园船厅、郑燮墓、上池斋药店、泰兴市襟江书院记及四体《千字文》石刻、黄桥民居群、黄桥战斗指挥部旧址、杨根思烈士陵园等为省级文物保护单位。

天目山商周文化遗址。位于姜堰镇北、姜溱河南端的天目山。相传东晋王治曾隐居此山修炼,掘二井,形如天目,故名天目山。该遗址文化层深约 1 米,面积约 3.4 万平方米。发掘出大量商周时代几何纹陶豆、玉器残片,以及石网坠、麋鹿骨、家养猪牙齿等。为商周时代文化遗址。

泰州城隍庙。又称邑庙,位于泰州市区邑庙街。始建于唐代,宋代以后历经多次修建,现为省内保存最完好的城隍庙。城隍庙殿宇巍峨,气势宏伟,整个建筑以子午线为中轴,分山门殿、审事厅、大殿三进。现存建筑 72 间,山门殿、审事厅各 5 间,大殿 10 间,二十四司 30 间和地方庙、三班六房、土地福神祠 22 间。山门殿、审事厅、二十四司为明代建筑,大殿为清初建筑。

安定书院。位于泰州城西泰州中学内,为北宋教育家胡瑗讲学旧址。创建于南宋宝庆二年(1226 年),是江苏省最古老的书院之一。明代以后屡经扩建,至清光绪间颇具规模:有大门三间及左右八字墙、东西过街辕门、客厅、东西执事厅各一进,斋舍三进,藏书楼一座。书院的东执事厅与客厅回廊相连,四角飞翘,形似蝴蝶,又称蝴蝶厅。客厅后,建环碧亭、辟荷池、架板桥,具园林之胜。书院西侧有 960 多年的古银杏一株,枝繁叶茂,传为胡瑗手植。

日涉园。位于海陵南路 463 号乔园宾馆内。园名取陶渊明《归去来辞》中"园日涉以成趣"之意。建于明万历年间(1573—1620 年),为太仆陈应芳的私人住宅园林。现存山响草堂、因巢亭、绠汲堂、松吹阁等建筑。园内厅、堂、楼、阁、轩、亭、池、泉、涧、谷、桥、花、草、树、竹,布局精巧玲珑,回复紧凑,层次分明,颇具江南园林之神韵。春天桃花、迎春花、紫藤花盛开;夏天萱草黄花、石榴红花、凌霄花满园;秋天桂花香馥沁人;冬天腊梅幽香阵阵。加之修竹、芭蕉、芍药、牡丹,一年四季,色彩缤纷,生机盎然。

扬郡试院。位于海陵区鼓楼路西。原为南唐永宁宫旧址,清康熙年间(1662—1722 年)改建为学政试院。清代一直是扬州所属 8 县考生员(秀才)的试场,故又称扬郡试院。历史上建筑结构完整,规模宏伟,有头门、仪门、大堂、思补堂、东楼、西楼、上房、下房、考棚、福神祠等建筑。扬郡试院体现了泰州在原扬州地区教育文化中的重要地位。

李家花园船厅。位于兴化市武安街。为清咸丰时(1851—1861 年)扬州富商李小波所建花园部分,内外形似泊岸花船。厅卷棚歇山瓦顶,飞檐翘角。西侧首为船头,有汉白玉船桩;继有踏道似跳板,置坐凳栏杆;室内施楠木雕落地荷门。西南沿廊至方厅、桂花楼有庭园花台。古木参天,幽静典雅,具晚清扬州园林风格。

兴化垛田灌排工程体系。位于苏中里下河腹地。垛田,指利用河泥堆积成土丘种植农作物的旱田。北宋时,为扩大农田面积,兴化人在沼泽和浅水地带以木桩插入水草泥土中作基础,用河泥层层垒积成岛状旱地种植农作物。明清以降,年年兴修水利,渐渐形成了垛田灌排体系,现存面积达 52.88 平方千米。这一世界上独有的高地旱田灌排工程体系,至今仍发挥着灌溉、抗旱、排涝、人居、生态、水土保持等功能效益。

三、非物质文化遗产

2022 年末,泰州市有市级以上非物质文化遗产 114 项。其中国家级非物质文化遗产 7 项:竹泓木船制造工艺、泰州盆景、靖江讲经宝卷、溱潼会船、茅山会船等。省级非物质文化遗产 33 项:泰兴杖头木偶戏、兴化木船制造工艺、泰州(扬派)盆景剪扎技艺、施耐庵与《水浒》传说、茅山号子、姜堰滚湘莲、溱潼砖瓦制作技艺、黄桥烧饼制作技艺、靖江肉脯制作技艺、靖江蟹黄汤包制作技艺、泰州道教音乐、兴化沙沟板凳龙舞、泰兴花鼓、泰州淮剧等。市级非物质文化遗产 74 项。

泰州道教音乐。是泰州道教文化的组成部分,特点是在继承汉、唐、宋、元、明以来历代宫廷音乐的基础上,融合教坊音乐、诗词音乐等元素,结构完整,旋律瑰丽。主要演奏笛曲、鼓段和两者连缀而成的套曲或曲牌。凤城河古乐坊团队现已挖掘整理出近十首泰州道教音乐。

泰兴木偶戏。木偶又称傀儡,故亦称傀儡戏。明清时代,木偶戏兴盛一时,出现了提线木偶、杖头木偶、布袋木偶等表演形式。民国时期,泰兴木偶戏班多时达 117 家,活跃于市井乡间。泰兴木偶戏最初从安徽传入,唱腔为徽腔,后改为京剧,以京胡、二胡、鼓、锣、铙子等为乐器,形成了平稳刚劲、细腻传神的泰兴木偶戏艺术风格。代表剧目既有京剧传统剧目、神话剧目,也有现代戏。如《穆桂英挂帅》《杨六郎建兵》《刘备招亲》《郭子仪上寿》《姜太公钓鱼》等。

泰州盆景。以泰州市命名的盆景流派,主要类型有树桩、观叶、观果和微型组合盆景等。始于六朝,盛于明清。现今观叶类的松、柏、桧、梅、榆、银杏、碧桃、石榴、枸杞、山茶、六月雪、瓜子黄杨等树种制作的树桩盆景,十分注重造型的章法。主桩的形态、枝干的分布、云片的层次乃至盆钵、几案的选择,都从整体布局着眼,讲求气势和格调,力求在造型的起伏顾盼之中体现出书画运笔的韵致。作品既注重形式,又浪漫抒情,苍古清秀,灵巧飘逸。

兴化茅山号子。兴化市茅山地区人民在劳动中创作的民歌,又称茅山号子。茅山号子不仅曲调优美动听,而且内容丰富多彩。有唱古代忠孝义的历史人物的,有唱农家四季悠然自得生活的,还有表达男女之间纯真爱情的。每逢农忙时节,茅山一带田畔场头,圩堤渠边,时闻号子嘹亮,笑语飞扬。茅山号子是兴化影响最大、最具有代表性的民歌之一。

泰兴花鼓。流传于泰兴市一带的民间舞蹈。该舞蹈用红灯作为主要道具,红灯内插上点燃的蜡烛,既可照明,又增添色彩。不仅可以白天演出,夜晚也能照常表演,所以又名"夜火灯"。泰兴花鼓用泰兴方言演唱,语言朴实,通俗易懂,所用曲调具有浓郁的苏中民间小调风味,节奏明快、跳跃,舞步和动作幅度大且灵活、风趣。其中"颠三步"和"喜鹊登梅步"极为独特,是其他民间舞蹈中所没有的。泰兴花鼓每逢春节举行灯会时表演,以祝愿新的一年吉祥平安,五谷丰登。有二、四、六、八、十二等人的不同表演形式,以两男两女对舞的较多。

靖江蟹黄汤包制作技艺。制作工艺为:制皮,选用高筋面粉,用冷水和成水调面,反复揉搓成条,摘成小剂,再用手杖擀成四边薄、中间略厚的汤包皮。制馅,先刮尽猪皮肥膘,焯水,再刮洗直至手摸上去无油腻的感觉待用;将老母鸡、猪膀骨焯水洗净,下锅加水、姜、葱、酒一起熬汤至肉烂用漏勺捞出,将洗净后的肉皮放入鸡汤锅中煮至八成熟捞起绞碎,再放入鸡汤中熬制沸腾后去净浮沫,熬至黏稠,盛入干净的容器中冷却,凝固成皮冻,搅碎待用;将新鲜猪腿肉绞碎用调味品搅匀,同鸡肉、蟹肉、蟹黄和皮冻一起拌匀,制成汤包馅。包,馅不能包得太多或太少。每个汤包折皱要有30个以上,且要求细巧均匀。封口剂头小,收口紧,不能有一丝裂口。蒸,做好后放在抹过油的笼垫上,在上足气的锅上蒸5分钟即成。蒸熟的汤包雪白晶莹,皮薄如纸,几近透明,稍一动弹,便可看见里面的汤汁在轻轻晃动,给人一种吹弹即破的感觉。

四、民俗文化节日

泰州市民间传统节日主要是春节、端午节、中秋节、清明节、七月半、过冬节等,在泰州,前三个节称"人节",后三个节称"鬼节"。人们为祈求吉祥,每个节日都有若干传统礼仪和习俗。

溱潼会船。会船,顾名思义就是众多船聚集在一起活动,是姜堰区溱潼一带特有的民俗活动,于每年清明节次日举行。溱潼会船有一整套程序,包括:选船、试水、铺船、赴会、赛船,此外还有酒会、送头篙、演戏等相关活动。参加会船的船只分为篙子船、划子船、龙船、供船和花船等类型。会船过程中要举行各种祭祀仪式,回避各种禁忌,同时要附丽其中的许多传说故事。溱潼会船集中反映了里下河地区作为稻作文化区域的典型民俗风情,已从单一的水乡群众会船活动,演变成一个融文化、民俗、体育、旅游、经贸等多种内涵的民俗会船盛典,堪称"民俗文化之大观,水乡风情之博览",被海内外专家赞誉为"天下会船数溱潼,溱潼会船甲天下"。溱潼会船节的来历有多个说法,其中比较流行的说法和南宋名将岳飞有关。相传800多年前的南宋时期,岳家军曾与金兵激战于溱湖,许多爱国将士壮烈牺牲。此后,当地百姓于每年的清明节都要撑船到湖中祭奠阵亡的将士,久而久之,便演绎成一种水乡习俗。清明时节,四乡八镇有上千船只、上万船民来此聚会。浩瀚的溱湖上,锣鼓喧天,各种花船、贡船、划船、篙船千舟竞发。岸上观众如织,呼声如潮,场面十分壮观。

茅山会船。兴化市茅山镇及周边地区每年清明节撑会船竞赛的习俗。清明节这天,300多条船和数千名会船选手云集茅山西大河。竞赛时,选手们举篙如林,锣鼓齐鸣,呼声鼎沸,热闹非常。传说茅山会船起源于南宋时茅山地区人民协助山东义民在茅山缩头湖大败金兵的一段真实历史。南宋建炎三年(1129年),山东抗金首领张荣与贾虎等聚山东义民数千余人,渔船二三百只,自梁山泊与金人转战南下。为了妄图打通运河沿岸各州县,金军从山东南下攻克了楚州(今淮安市),又陷泰州。义军伺隙击之,屡屡取胜。另一传说是,明嘉靖年间(1522—1566年),倭寇入侵扬州里下河地区,为保家卫国,茅山、溱潼、顾庄一带民众纷纷组织会船队,协助官兵杀敌。后遂演变为一年一度的清明节撑会船。一说撑会船是茅山、溱潼、顾庄等地老百姓,对在反金战争中牺牲的山东义民进行祭扫,以寄哀思。

五、崇文重教,才俊辈出

宋代以来,泰州文化昌盛。宋元明清四朝,泰州共出进士、举人近800人。南宋时著名学者胡瑗在泰州安定书院讲学,生徒甚众,影响深远。泰州人王艮创建的泰州学派,是明代最著名的哲学流派。该学派发扬王守仁心学思想，反对束缚人性，提出"百姓日用即道""百姓日用之学"等社会思想命题，引领晚明思想潮流，成为中国思想史上第一个真正意义的思想启蒙学派，为晚明显学。后学精英辈出，弟子及再传弟子有487人之多，主要有李贽、徐阶、王栋、徐樾、赵贞吉、何心隐等，影响遍及冀、苏、鲁、豫、皖、闽、浙、湘、鄂、川、陕、粤等十余省。

清代扬郡试院设于泰州，一直作为扬州府属八县（泰州、高邮、江都、甘泉、仪征、宝应、兴化、东台）童生试场。扬郡试院又称学政试院，至今尚存，成为泰州曾为江淮地区重要文化中心之一的历史见证。

深厚的文化积淀和优良的学术传统，助推了泰州重教尚文的风气。清末，泰州除兴办新式学堂外，还选派了13人去日本留学。现在已经知道的泰州人著述有2 000多种，大部分是宋元明清时所著。宋代的胡瑗、明代的王艮、清代的陈厚耀，还有柳敬亭、吴嘉纪、黄龙士、黄葆年、梅巧玲等，各个时代的杰出人物，影响远远超出了地域范围。这些丰厚的经济和文化积淀，正是今天物质文明和精神文明建设的基础。

胡瑗（993—1059），字翼之，号安定先生，海陵（今如皋市）人。北宋著名学者、教育家、思想家，与孙复、石介并称"宋初三先生"。一生热爱教育事业，讲学40余年，培养了数以千计的人才。首创"分斋教学法"，即根据学生的特长、志趣、爱好，因材施教，发挥各自的特长。后主持太学，严立学规，以身示范，设"经义""治事"两斋，研讲"明体达用"之学，学风纯正，影响深远。其"苏、湖教法"被取为"太学之法"。倡导天人合一、民本和知行合一思想，学术思想内涵丰富，有《易传》《论语说》《尚书会解》等百余卷著作传世。精于音律、古乐及军事，著有《景祐乐府奏议》《皇祐乐府奏议》《皇祐新乐图记》《武学规矩》等。

王艮（1483—1541），泰州安丰场（今东台市）人，人称王泰州。明代著名哲学家、泰州学派创始人。原名银，王守仁为之改艮。字汝止，号心斋。灶户（煮盐）出身，幼家贫失学，后师王守仁。明嘉靖四年（1525年），先后于广德复初、泰州安定、金陵新泉等书院讲学。王守仁病逝后于安丰场开门授徒，阐发以尊身立本为内涵的"格物说"与具有社会改良思想的"王道论"，逐渐形成泰州学派。有后学辑《心斋全集》6卷传世，涉及哲学、伦理、社会政治以及教育、文化诸领域，学识渊博。

任大椿（1738—1789），字幼植，一字子田，兴化市人。清代扬州学派前期代表人物。乾隆三十四年（1369年）中进士，历官礼部主事、《四库全书》纂修。师从戴震，专心经儒，为徽派朴学著名学者。善治《礼经》而尤长于名物，且精通小学。从朱筠定《全书》《礼经类提要》。治学博综群籍，折中己意，作风严谨，注重小中见大，所著《弁服释例》《深衣释例》一书尤能体现徽派朴学"窄而深"的学术风气。亦工文词，诗风清远。另有《字林考逸》《小学钩沉》《子田诗集》《吴越备史注》传世。

六、书画文学翘楚

张怀瓘（生卒年未详），海陵（今泰州市）人。唐开元年间（713—741年）著名书画家、书学理论家，泰州画派的旗帜性人物。著有多部书法评论著作，其中《书断》最为著名。《书断》分上、中、下三卷。上卷卷首是一篇自序，序后列总目，总目后逐一叙述十种书体的源流，予以评赞，终为总论。中卷和下卷罗列古今书家，从黄帝时仓颉起，迄至唐代卢藏用止，对3 200多年间的86位书法家，分神、妙、能三品，各列小传，传中附录38人。卷末有通评一篇。

《书断》是中国古代第一部总结性的书法评论专著,在中国书法史上具有崇高的地位。

施耐庵(约1296—约1370),原名彦端,字肇瑞,号子安,别号耐庵。元末明初小说家。原籍苏州,生于兴化。13岁入私塾,19岁中秀才,29岁中举,35岁中进士。35岁至40岁官钱塘二载,因与官场不合弃官还乡,迁居兴化市白驹镇,闭门著述。朱元璋屡征不应,最后居淮安卒。与罗贯中合著四大名著之一的《水浒传》。

柳敬亭(1587—约1670),原姓曹,名永昌,字葵宇,号逢春。明末清初泰州人,扬州评话创始人之一。精研说书技艺,受教于云间(今上海市松江区)儒生莫后光。曾入宁南侯左良玉幕,南明覆亡后重操旧业。为人慷慨有节,书艺深沉感人。书目有《水浒》《隋唐》《三国》《岳传》等。

郑燮(1693—1765),字克柔,号理庵,又号板桥,人称板桥先生。兴化市人,清乾隆时(1736—1795年)著名画家,"扬州八怪"之一。曾任山东范县、潍县知县,关心民瘼有政声。后长期于扬州书画为生。绘画受益于石涛、八大山人而"不泥古法",工竹、石、兰蕙,遒劲潇洒,浓淡疏密,神理俱足。书法杂用篆、隶、行、楷而以隶为主,兼有画意,别创六分半书。兼长金石,古朴不俗。代表作有《修竹新篁图》《清光留照图》等。著有《板桥文集》。

梅兰芳(1895—1961),名澜,又名鹤鸣,乳名裙姊,字畹华,别署缀玉轩主人,艺名兰芳。出生于北京,祖籍泰州。中国京剧表演艺术界泰斗。代表作有《宇宙锋》《贵妃醉酒》《霸王别姬》《抗金兵》《游园惊梦》等,塑造众多优美不朽艺术形象,发展并提高了京剧旦角唱腔及表现技巧。1919年、1924年两次应邀去日本演出。1929年底,应邀赴美国,同样受到美国人民的欢迎,同时结识了卓别林、罗伯逊等知名艺术家。1935年赴苏联访问,受到苏联人民和文艺界热烈欢迎,结识了高尔基、斯坦尼斯拉夫斯基、萧伯纳、布莱希特等世界闻名的作家和艺术家,其表演艺术受到他们的极力推崇。梅兰芳所奠定的京剧表演艺术体系,与苏联的斯坦尼斯拉夫斯基、德国的布莱希特,并列为世界三大艺术体系。

第四节　地方特产与旅游资源

一、佳肴美食

泰州市饮食文化历史悠久,总体上属全国四大菜系之淮扬菜系,同时结合泰州水乡特产,形成具有地方特色的系列菜肴和食品。

溱湖八鲜。姜堰区境内的溱湖水域宽阔,水质清淳,水草丰茂,所繁育生长的水生动植物肉质细嫩,味道鲜美,营养丰富。八鲜宴选用溱湖水产原料,采用淮扬菜系烹饪技法,可制作出200多种菜肴,具有湖鲜特色和绿色文化特征。名目有:簖蟹、甲鱼、银鱼、青虾、水禽、螺贝、四喜("大四喜"为青、白、鲤、鳜鱼;"小四喜"为昂刺、旁皮、罗汉、鳑鱼)、水蔬等。

黄桥烧饼。因产自泰兴市黄桥镇,故名。制作技艺以师徒间口口相传为主,具有明显的地方特色。用油酥和面,火腿或猪油等做馅,在缸炉烘烤后,色泽金黄,外酥里松,油润不腻。烧饼本为泰兴市黄桥镇一带挑夫的快餐,故名。新四军东进抗日,1940年9月在黄桥与国民党军决战时,当地群众冒着生命危险把烧饼送到前线阵地,谱写了一曲军民团结、共同抗敌的壮丽凯歌。1949年,黄桥烧饼被选入开国大典国宴。

泰州干丝。分为煮干丝和烫干丝两种。清乾隆时期(1736—1795年),煮干丝又称九丝汤,即把干丝和火腿丝、笋丝、口蘑丝、木耳丝、银鱼丝、紫菜丝、蛋皮丝、鸡丝等放在一起煮,高档的还要加海参丝或燕窝丝。烫干丝,是把白色的大干切成细丝,用开水烫泡装盘,然后把芽姜切成细丝,覆于盘顶,干丝洁白,姜丝金黄,另加一小撮虾米,浇上黄豆酱油和纯香小磨麻油。一经拌和,黄白相间,一碟食毕,齿颊留香。有诗赞曰:"菽乳淮南是故乡,乾嘉传世九丝汤,清清淡淡天资美,丝丝缕缕韵味长。"

此外,泰州梅兰宴、靖江蟹黄汤包、靖江肉脯、中庄醉蟹、刁铺羊肉、泰兴白果等皆享有盛誉。

二、名特地产

梅兰春酒。原名泰州酒,为纪念京剧大师梅兰芳诞辰90周年改为现名。泰州历史上就有酿酒传统,清代以来的几百年间,曾经出产过多种美酒,其中枯陈酒和梅兰春酒最为出名。据清代李汝珍著名小说《镜花缘》记载,当时泰州的枯陈酒就列入全国55种名酒中。民国时期有"泰州枯陈与沛县高粱齐名"的说法。现代梅兰春酒出名,在于它的"三名"——名人梅兰芳、名瓷景德镇、名酒芝麻香型梅兰春。

靖江猪肉脯。始创于1936年,以靖江产的猪腿肉为主要食材,采用传统工艺,选料精细,配以多种天然香料,经过十多道工序精心加工而成。成品为片型,色泽棕红,光泽美观,口味香甜,食而不腻,回味无穷。

泰州三麻。三麻指麻油、麻糕、麻饼三样食品的合称。寿星牌麻油,质纯、香浓、味醇,具有延缓皮肤衰老和皮肤烫(烧)伤后再生的效果。泰州麻糕历史悠久,尤其是嵌桃麻糕,素享盛誉。双色麻饼始创于清同治年间(1862—1874年),兼甜、咸两味,色泽金黄,质地酥脆,食之余味无穷。

三、丰富的旅游资源

泰州市旅游资源丰富,有历史悠久的古人类及古盐税文化遗址,有体现戏曲、宗教、教育、建筑等历史文化面貌的园林、寺观、书院、宅居、祠堂、墓葬,有国家级凤城河风景区、溱湖风景区、里下河水乡湿地、泰兴银杏群落森林公园,有"会船甲天下"美誉的中国溱潼会船节,有新四军东进泰州谈判旧址及纪念馆、黄桥战役纪念馆、海军诞生地纪念馆等红色旅游资源。

光孝律寺。位于泰州市区五一路,建于东晋义熙年间(405—418年)。南宋绍兴八年(1138年),高宗赐名"报恩光孝禅寺",清乾隆时(1736—1795年)改为"报恩光孝律寺"。1600多年来,名僧辈出,在海内外佛学界影响较大。寺内的"千华戒坛"为僧徒受戒之用,为现今全省仅存的两座戒坛之一。寺内藏有贝叶经数页,乾隆版《龙藏》1部,旧拓《汝帖》上下册等一万多卷佛经和一批珍贵文物、字画等。

庆云禅寺。原位于泰兴市城区庆延铺,始建于北宋咸平二年(999年),园林式寺院。元明清续有扩建。抗日战争后日渐毁圮。1988年复建于市区西郊葫芦湾原宝莲庵旧址。寺分庙院和塔院两区。寺内藏有清顺治年间(1644—1661年)"敕赐庆云禅寺"楠木匾1块,乾隆《大藏经》1 000余卷,为佛教著名丛林。

崇儒祠。位于泰州古城西北隅,明万历四年(1576年)建成,是专祀泰州学派创始人王艮的祠堂。历经多次修葺、扩建。后以祠为基础建成王艮及泰州学派纪念馆,门嵌"崇儒祠"石额,塑王艮全身立姿铜像,修复明宰相李春芳石碑,展出王艮及泰州学派16位重要成员的研究资料等。

上方寺。位于兴化市乌巾荡风景区内,是全国最大的水上佛教圣地。始建于明崇祯年间(1628—1644年)。清初发展到鼎盛时期,雍正和乾隆两位皇帝多次巡幸此寺,并留有手迹和御赐宝物,后毁于战乱。今重建的上方寺占地150亩,周围有碧波荡漾的数千亩水面环抱。进入山门,穿过石拱桥是天王殿,殿后是大士放生池。池中有一座小岛拱起须弥莲座,莲座上是10多米高的观音玉石雕像。大士身后平地崇起一座丹墀月台,上下两层白玉石雕拱护着一座重檐飞角、巍巍庄严的大雄宝殿,面积和高度为全省寺庙大雄宝殿之最。

中国人民解放军海军诞生地纪念馆。位于高港区白马镇。馆分海军诞生地旧址和新馆两区。旧址为全国重点文物保护单位,有海军诞生和渡江战役指挥部及粟裕、张震、张爱萍当年的办公旧址。新馆于1999年4月建成开放,"中国人民解放军海军诞生地纪念馆"巨型石碑为前中共中央总书记江泽民题写。

新四军黄桥战役纪念馆。位于泰兴市黄桥镇米巷,为纪念1940年9月陈毅、粟裕在此发动黄桥战役,成立江苏省第一个抗日民主政府而建。纪念馆包括通、如、靖、泰行政委员会(丁家花园)、新四军苏北指挥部和第三纵队司令部三处革命旧址,新四军黄桥战役革命烈士纪念塔等建筑。

梅兰芳公园。位于泰州市区东郊凤凰墩。公园三面环水,广植梅树,丛林掩映,中国园林特征鲜明。"梅兰芳史料馆"为前国家主席李先念题匾。公园西北隅建梅亭,平面为五角梅花形,周身飞檐、亭柱、坐槛皆以梅为形。檐下枋子里侧,嵌刻有梅兰芳《贵妃醉酒》等五处代表曲目戏剧场面的浮雕;亭东侧为汉白玉梅兰芳坐像。亭匾与坐像分别为赵朴初和刘开渠题写和创作。馆内另移入多处市区明清建筑。

杨根思烈士陵园。位于泰兴市根思乡根思村。"杨根思烈士碑"为开国元帅陈毅题写。碑亭碑文"中国人民的优秀儿子、国际主义的伟大战士、志愿军的模范指挥员——杨根思烈士永垂不朽"为开国元帅彭德怀手书。

兴化垛田。兴化市位于湖荡沼泽地带,在上游来水的冲击、下游海潮的顶托下,境内缸顾乡一带形成了一个个面积不大、大小不等、形态各异、四周环水、各不相连,形同水中高低错落的小岛式的土丘。先民们为了抵御洪水,在辽阔的水面上垒土成垛,在垛上耕种,逐渐形成了千百块小岛式的垛田。这里的气候和土壤非常适合种植油菜,每当清明前后,金灿灿的油菜花,与蓝天碧水映衬,形成一道灵动、盎然、壮美的景观,真是"河有万湾多碧水,田无一垛不黄花"。游人坐着乡民的小船在垛田之间曲折绕行,一边观赏油菜花,一边听着船夫的田歌,恍若是在江南水乡的梦中。

第十二章

淮安地域文化

淮安市,简称淮,古称淮阴,别称清江浦。位于江苏省中北部,江淮平原东部,邻江近海,处于中国南北分界秦岭—淮河线上。淮安是南京都市圈紧密圈层城市,长江三角洲城市群成员,淮河与京杭大运河交点,居南北之冲,"有南人之文采而去其浮,北人之气节而去其野"的美誉,是国家级历史文化名城。西、北部与宿迁市接壤,东接连云港、盐城市,南连扬州市,西南毗邻安徽省滁州市。全市总面积 10 030 平方千米。2021 年末,全市常住人口 456.22 万人,城镇化率 66.21%。2021 年被联合国教科文组织授予"世界美食之都"称号。

第一节 历史沿革与国际交往

一、历史沿革

青莲岗文化遗址证明,早在六七千年前,淮安境内就有先民活动的踪迹。夏商周时期,境内居住的人群为"徐夷"和"淮夷",并获得相当程度的开发,"交通灌溉之利甲于全国"。周敬王三十四年(前 486 年),吴王夫差开挖中国大运河最早的河段邗沟,即京杭运河扬州至淮安河段,沟通了长江、淮河。从此,淮安与运河相伴相生,并成为列强争夺的重要地区,先后为吴、越、楚所有。

秦王政二十四年(前 223 年)实行郡县制后,始置淮阴县,治所在今淮安市西南甘罗城(今淮阴区码头镇西北)。此为淮安市最早的行政建制。古人称水之南为阴,淮阴县因地处淮河南岸而得名。但 2001 年前的淮阴市(今淮安市)辖区兼有古淮水南北之地,与"淮阴"这一地名的原含义已有不同。古淮阴县境辖今清江浦、淮阴、淮安 3 个区的大部分地区。在秦末农民大起义中,淮阴著名军事家韩信仗剑从戎,立下赫赫战功。

西汉时,今淮安市境内又增置淮浦(今涟水县西)、射阳(今淮安区东南)、富陵(今洪泽湖中)等县,境内农业生产条件特别是灌溉条件得到显著改善。东汉末年,广陵太守陈登筑高家堰(今洪泽湖大堤)15 千米,引破釜涧(今洪泽湖)水灌溉农田。铁制农具和牛耕得到推广,境内虽迭经战乱,但农业生产仍有较大的发展。

南朝齐永明七年(489 年),于盱眙、山阳(今淮安区)两界间,置东平郡,治淮阴,领寿张(今山东省阳谷县)、淮安两县。淮安辖直渎、破釜以东地区。淮安之名始见于文献。淮安,寓淮水安澜,百姓安居乐业之意。

南朝梁太清三年(549 年),置淮阴郡,郡治淮阴故城。隋大业年间(605—616 年),自洛阳至扬州的漕运要道大运河凿成,淮安境内成为漕运重要水道。

唐五代时期,境内长期处于安定的环境,建置也较稳定,大抵淮北属泗州(治今盱眙县城北淮河对岸),淮南属楚州(今淮安区),经济得以持续发展和重新繁荣。北宋年间,属淮南路辖下的楚州、泗州,后属淮南东路。元代,境内先后置淮东安抚司、淮东总管府、淮安路,治今市区淮城镇。淮安路辖境包括今苏北大部分地区和皖北一部分地区。

明清时期,境内置淮安府,淮安市大部分地区始属淮扬道。明永乐年间(1403—1424年),漕运再次兴起,并进入鼎盛时期,淮安与扬州、苏州、杭州并称运河线上的"四大都市"。明中叶以后,黄河全流夺淮,境内惨遭水患,农业衰落。

民国时期,淮安府撤销,山阳县更名为淮安县(今淮安区),清河县更名为淮阴县(今淮阴区),市境大部属淮扬道,后属淮阴行政督察区。境内漕、盐、河、榷之利皆失,趋于衰微。长年战乱给刚刚兴起的近代交通运输业和工矿业以沉重打击。

1949年5月,成立淮阴专区。新中国成立后,淮阴专区先属苏北行政区,后属江苏省。经过几次区划调整,淮安县隶属淮阴专区。1955年,盱眙县由安徽省划归江苏省,属淮阴专区。盱眙县旧城建在圣人山、甘泉山一带,寓登山远望、心旷神怡之意,故名。明万历《帝里盱眙县志》载:"盱眙……盖秦命县之始……郡在山下,可以眺远,因是以得名云。"盱眙,古写作盱台。盱,许慎《说文解字》:"张目曰盱。"即睁大眼睛。台,《说文解字》:"台,说(悦)也。"即高兴。盱台,张目喜悦也。1983年,实行市管县体制,置设区淮阴市。2001年,淮阴市更名为淮安市。

二、行政区划与发展战略

淮安市现辖淮安、淮阴、清江浦、洪泽等4个区,涟水、金湖、盱眙3个县。淮安区、淮阴区,取淮安古称为区名;清江浦区,以境内古运河河道清江浦命名;洪泽区,位于洪泽湖东畔,1941年置县时,因湖而得名,2016年撤县设区;涟水县,因境内涟河而得名;金湖县,1959年置县时,因境内湖泊串联,大小金沟等集镇名均以金字为首,故名;盱眙县,因旧县治所地貌而得名。

历史上淮安曾是漕运枢纽、盐运要冲,驻有漕运总督府。明清鼎盛时有"运河之都"之称。现今的淮安市是一个新兴的工业城市,外向型经济迅猛发展。其发展战略是江苏省长江以北地区的重要中心城市、长三角北部区域的重要交通枢纽、区域商贸中心、制造业基地和重要节点城市。金湖、盱眙两县积极纳入南京都市圈的总体规划。

三、国际友好交往

淮安市积极拓展国际视野,以开放的胸怀走向世界。20世纪80年代以来,已与法国韦尼雪市,厄瓜多尔昆卡市,白俄罗斯戈梅利市,美国亚伯林达市,韩国完州郡,意大利卢卡省,俄罗斯圣彼得堡市科尔宾诺区,德国萨斯尼茨市、罗登堡市,日本吉备中央町,波兰普沃茨克市,斯诺文尼亚马里博尔市,加拿大奥克维尔市,阿根廷孟沙德市,巴里洛切市,西班牙阿尔吉拉市等30多个城市结为友好城市,密切了与国际的经济、文化交流。

第二节 地理交通与文化特征

一、地理与生态

淮安市东西最大直线距离132千米,南北最大直线距离150千米。平原占总面积的70.29%,丘陵岗地面积占18.32%,水域面积占11.39%,是典型的平原水乡。境内无崇山峻岭,地势平坦,地形地貌以平原为主。只有市境西南部的盱眙县有丘陵岗地,地势较高,仇集镇境内无名山海拔231米,为全市最高点。淮安区博里镇地面海拔仅2.3～3.3米,为全市最低点。

淮安市境内的淮河和苏北灌溉总渠一线是我国暖温带和亚热带的分界线。灌溉总渠以南地区属北亚热带湿润季风气候,以北地区为北温带半湿润季风气候。受季风气候影响,淮安市四季分明,雨量集中,冬冷夏热,春温多变,秋高气爽,光能充足。降水分布特征为南部多于北部,东部多于西部。由于气候的过渡性和季风年度强弱不均、进退的早迟,淮安市也是气象灾害多发地区。主要气象灾害为暴雨、洪涝、干旱、寒潮、霜冻、连阴雨、冰雹、热带风暴、龙卷风等。

境内河湖交错,水网纵横,京杭运河、淮沭河、苏北灌溉总渠、淮河入江水道、淮河入海水道、古黄河、六塘河、盐河、淮河干流等9条河流纵贯横穿。其中京杭运河流经境内56.08千米,古黄河流经境内117.5千米。全国五大淡水湖之一的洪泽湖大部分位于市境内,另有白马湖、高邮湖、宝应湖等中小型湖泊镶嵌其间,良好的生态环境非常适宜人居和经济社会的发展。

二、经济资源

淮安市矿产资源较为丰富,分布相对集中。能源矿产资源有金湖县、洪泽县的石油、天然气,洪泽县老子山的地热。非金属矿产资源丰富,品种多,有凹凸棒石黏土、玄武岩、白云岩、岩盐、芒硝等。据勘察,淮安盐盆247平方千米内有岩盐1 036亿吨;洪泽盐盆85平方千米内有岩盐270.48亿吨、芒硝14.3亿吨。盱眙境内有无水芒硝矿石量2.58亿吨,凹凸棒石黏土7 267万吨。

淮安市气候温和,雨量充沛,有利于野生动物的生存,有鸟类321种,其中国家一级保护动物有丹顶鹤、白枕鹤、白鹤、黑鹤等4种。经济鱼类83种,爬行动物48种,哺乳动物49种。

境内林木覆盖率24.17%,林业资源以人工林为主,兼有天然林,树种资源比较丰富,有木本植物79科179属410种,其中乔木328种,灌木65种,藤木17种,约有172种人工栽培种。

淮安显现的经济特征,农业为全国闻名的粮食基地和绿色农副产品生产、加工、销售基地;工业形成了冶金、机械、纺织、化工、烟草、食品、建材、医药等八大支柱产业。

三、交通建设

淮安市境内公路、铁路、水路、航空四通八达。京沪、宁宿徐、淮盐、宿淮、宁淮、淮连6条高速公路在境内交汇。新长铁路纵贯全境,将淮安与盐城、南通两个沿海新兴城市紧密连接起来。随着苏通长江大桥、沪通铁路的建成,淮安到上海的时空距离大大缩短。已经开工建设的宿淮铁路连接安徽皖北的能源基地,正在建设的连盐淮铁路是一条区域间城际铁路,将加强淮安、盐城、连云港三个长三角北部城市之间的区域联系。规划建设的宁淮城际铁路、淮扬镇铁路、徐(淮)沪铁路,将使淮安接轨省内的南京、扬州、镇江、徐州等城市,同时又多了一条铁路直达上海。

淮安坐落于古淮河与京杭大运河交汇点。境内水运河道纵横交错,京杭大运河贯穿市境南北,同时,辅以盐河航道、淮河入海水道、入江水道等航道,使淮安的水运网络通江达海,自古漕运发达。2022 年港口货物吞吐量达 7 543.93 万吨。

淮安涟水国际机场,为国家一类开放航空口岸,可通达上海、北京、深圳、广州、厦门、三亚、香港、台北、天津、大连、西安、张家界等近 30 个国内主要城市和韩国首尔等国际城市。

2022 年,国家确定淮安建设全国性综合交通枢纽城市。

四、地域文化特征

淮安有 7 000 年以上的人类居住史,地处吴文化和楚汉文化交融的区域,在地缘上形成了"你中有我,我中有你"的文化统一体。其文化特征主要表现在以下几个方面:

第一,兼容并蓄的淮楚文化特征。淮安文化底蕴深厚,境内有著名的青莲岗文化遗址。明清时期,淮安是全国河道治理中心、漕运指挥中心、漕船制造中心、漕粮储备中心、淮北盐运集散中心,有"南船北马,九省通衢"的美称,故形成了南北交融、兼收并蓄的淮楚文化风貌。地方风情民俗,既有楚风,又有吴俗,兼有广陵遗韵,并随着漕运、盐务和淮关的兴废而演变,内涵丰富,自成一体。

第二,因水而生,随水发展、兴盛的水文化特征。淮安地处古淮河和泗水交汇处,所辖县区的名称也多取之于水。古运河、大运河、古黄河、盐河穿城而过,使淮安成为一座漂浮在水上的城市。洪泽湖"古八景"和"新八景"都是运河文化的遗存。绵延 32 千米的淮安里运河上的河道总督府、漕运总督府、淮安府衙,以及九龙口水乡风光区、清江浦历史街区、淮楚生态风貌区、河下古镇文化区、古楚文化观光区等,均展现了运河明珠的当今风姿。

第三,南北建筑风格交相辉映。作为南北交通咽喉、历代兵家必争的战略要地,淮安形成了徽派民居建筑和典雅的北方园林建筑兼容的古城风貌。古街巷多为石板铺设,古建筑多为砖木结构,深深庭院内,渠水清幽,绕室而流,显得淡泊古拙,江南园林韵味十足。

淮安话属于江淮方言。雪松是淮安市的市树,月季是淮安市的市花。

第三节　历史文化遗产

一、史前文化遗址

青莲岗文化遗址。位于淮安区宋集乡青莲村。西起严码村,东至土城三棵松,约 4 平方千米。考古探明地面向下 2 米为洪水冲积的黄褐色淤土,再向下有 2 米左右的文化层,属淮河下游新石器时代早期文化。该遗址曾居住着一批人口众多、规模较大的母系氏族部落。这些部落大都是长期定居在河流岸边或近水台地上,居住的房屋主要为低矮简陋的长方形和圆形的地面建筑。住地附近有氏族公共墓地,清理出的男女合葬墓,说明此时婚姻形态已相对稳定。出土的石器有穿孔石斧、石锛、石凿、砺石等;陶器有红陶钵、鼎、釜、双鼻小口罐等；还有许多带管状的流壶、深腹圜底罐、碗、盘、甑、杯、支座等，制作都比较粗糙，为江淮地区母系氏族社会繁荣阶段文化的典型代表，距今约 7 000～6 000 年。

盱眙境内发现的史前遗址有数十处之多。位于维桥乡南约 50 千米处的范家岗遗址，属新石器时代遗址。从出土的陶器鼎足看，与大汶口文化相似，黑皮陶器多具有山东龙山文化特点，少数与良渚文化相似。位于桂五镇西北约 1 千米处的大墩头遗址，文化层厚 3 米，地表有鼎足鬲足绳纹陶片、绳纹陶片及红烧土等，同时还发现了长条形石斧，系新石器时代和周代遗址。

二、历史文化遗存

2022 年末，淮安市有国家级重点文物保护单位 13 处，省级文物保护单位 35 处，市级文物保护单位 151 处。2014 年淮扬运河淮安段双金闸、清江大闸、清口枢纽、洪泽湖大堤、总督漕运公署遗址作为里运河、里运河故道、古黄河、中运河、张福河的遗产点入选联合国教科文组织认定的《世界文化遗产名录》。

韩信故里。位于淮阴区境内，是汉初三杰之一韩信出生和成长的地方。李白、杜甫、白居易、刘长卿、苏轼等历代文人墨客曾在这里留下了许多华美的辞章。秦代淮阴治所设在今淮阴区码头镇，故古淮阴指代的即为今天的淮阴区码头镇及其周边地区。现存的淮阴故城遗址、秦甘罗城遗址、清河旧县遗址等都是韩信故里悠久历史的重要见证。与韩信有关的漂母祠、漂母墓、千金亭、韩侯钓台、胯下祠、韩侯祠、淮阴侯庙等古迹至今犹存。

洪泽湖大堤。洪泽湖，初名白水塘，后称破釜涧，隋代改称洪泽。洪泽湖大堤古称高家堰，始建于东汉建安五年（200 年），全长 67 千米，像一条逶迤曲折的巨龙横卧在洪泽湖东岸，被称为"水上长城"。堤上有古代治水工程"仁、义、礼、智、信"减水坝遗址，是古代人民与洪水斗争的历史见证。堤侧林木葱葱，蜿蜒曲折，被称为"绿色长城"。

铁山寺。因坐落于铁山而得名，位于苏皖交界处，距离盱眙县城 38 千米，始建于东汉末年。铁山寺历代均有扩建，至明万历年间（1573—1620 年），寺庙规模达到鼎盛，形成以铁山寺为中心，包含汪姑寺、清凉寺、龙山寺等 14 座寺庙的群落，被称为苏北、皖东地区的"小九华山"，僧尼曾多至千人。清末毁于战火，只留下部分禅房及断垣残壁。现修复的主要建筑有山门、山门殿、大雄宝殿、天王殿、东西配殿、观音阁、藏经阁等。庙内供奉西方三圣佛、十八罗汉、四大天王、千手观音等佛像。

东岳庙。位于淮安区淮城镇岳庙东街，始建于唐代贞观年间（627—649 年）。元、明、清三代多次修葺或扩建。东岳庙占地面积 20 多亩，有房屋百余间，由山门、前殿、乐楼、东岳大殿、玉皇大殿、娘娘殿以及附属用房组成。山门旁有两棵银杏，树龄均超过千年。前殿后面是一庭院，有石狮一对。东岳大殿雕梁画栋，威严圣洁。供奉东岳大帝塑像，崇黑虎和咤叱虎站立两边。大殿前有铁香炉一座，相传为明代铸造。民国时期，东岳庙已破烂不堪。2006 年，在原址重建东岳庙并对外开放。

能仁寺。又名承天寺，位于涟水县城西门，始建于唐代初年。主要建筑有大雄宝殿、卧佛殿、藏经阁等。因传说寺内高僧娄道者为婴儿时的宋仁宗治过病，一时远近闻名，香火鼎盛。宋代天圣元年（1023 年），宋仁宗为安葬娄道者舍利而敕建妙通塔，历经 41 载方建成。能仁寺 1948 年毁于战火。1998 年起，在原址重建能仁寺与妙通塔，占地约 25 亩。主要建筑有山门、大雄宝殿、卧佛殿、藏经阁、妙通塔以及各种附属设施。妙通塔位于大雄宝殿前，高68.88米,地上7层,地下一层为地宫,收藏出土文物。

泗州城遗址。位于盱眙县境内,始建于北周,隋代毁于战乱,唐代重建。清康熙十九年(1680年),在一场持续70多天的暴雨中被彻底淹没。2010年以来,经考古人员探掘,古城内城墙体最窄处17米,最宽处24米,勘探出墙体长约338米。外城墙已探明段的墙体宽约6米,长约132米。内外城墙之间的距离为70～80米。城门为在城墙外修筑月城的形式,如半个环形扣在城门外。月城东西最大直径118米,南北进深56.6米,墙体宽约6米。从规模上已能初窥这座古城当年的恢宏程度。该遗址为全国唯一一座灾难性古城遗址,较为完整地保存了300多年前的城市风貌。

古黄河。宋元以降,黄河干流从河南开封夺泗水入淮河、济水后北移至山东东营入渤海。明嘉靖至清咸丰300年间,黄河南岸诸多支流水口全部淤塞,黄淮分离。黄河自开封以下至原出海口的故道现称古黄河、废黄河。江苏段上起徐州市丰县二坝村,流经徐州市北、睢宁县、宿迁市南、泗阳县、淮安市区,再折向东北方向,过涟水县北、盐城市响水县,至滨海县入黄海,横穿徐州、宿迁、淮安、盐城4个设区市,全长约524千米。两岸堤距3～5千米,最宽处达11千米,最窄处仅70米,现仍有蓄水、泄洪、灌溉等功能。古黄河沿线现存古渡口、古汴泗交汇处、清江大闸、河道总督府、云梯关、古黄河入海口以及古民居、古街道等遗迹。2014年古黄河作为淮扬运河淮安段入选《世界文化遗产名录》。

总督漕运公署遗址。位于淮安区老城中心,毗邻原淮扬运河河道,是明、清两代主管南粮北调等漕运工作的朝廷派出机构衙署。兴盛时,占地约2万平方米,建筑规模宏大,有房213间,牌坊3座,中曰"重臣经理",东西分别曰"总共上国""专制中原"。大门对面有照壁,大门前还有元代从波斯国运来的白矾石狮子一对。大堂坐北朝南,东西长28.8米、南北宽22.8米,五开间五进,青砖地坪,有大柱34根。1860年起逐渐衰落。民国时期改为体育场。现已建为遗址公园。

三、非物质文化遗产

2022年末,淮安市有市级以上非物质文化遗产202项。其中国家级非物质文化遗产6项:淮海戏、十番锣鼓、金湖秧歌等。省级非物质文化遗产33项:民间文学类有韩信传说、巫支祁的传说、水漫泗州城传说。传统音乐(民间音乐)类有楚州十番锣鼓、南闸民歌。传统舞蹈(民间舞蹈)类有淮阴马头灯舞。传统戏剧类有淮海戏、淮剧、香火戏。曲艺类有工鼓锣、淮海琴书。传统技艺(传统手工技艺)类有洪泽湖渔具制作技艺、淮安茶馓制作技艺、楚州文楼汤包制作技艺、平桥豆腐制作技艺、洪泽湖木船制造技艺、高沟酒酿造技艺。民俗类有洪泽湖渔家婚嫁习俗等。市级非物质文化遗产163项。

淮海戏。旧称淮海小戏,是江苏省地方剧种之一。流行于宿迁、连云港及淮安市、盐城市的部分地区。始于清末,先以地摊形式演出,后搬上舞台。源出于海州、沭阳、灌云一带流行的"拉魂腔",曲调质朴优美,以拉魂腔见长;因以三弦伴奏,又称"三括调"。早期是沿门说唱民间故事的"门头词"。清道光十年(1830年)后,艺人自由结班发展为打地摊演出小戏,剧目以反映民间生活的小戏为主。传统剧目有《樊梨花》《皮秀英四告》等。现代戏有《葵花路》《孙明芝》《月牙楼》等。淮海戏唱腔明快豪爽,乡土气息浓厚,以板式唱腔为主,男女同弦异调,伴奏乐器以三弦、高胡、竹笛、唢呐为主。

十番锣鼓。又称武昆,淮安区特有的民间艺术奇葩。源于清朝宫廷和官府音乐,传至民间后,同盛行多年的昆曲相融合,并加入锣鼓打击乐器而形成淮安区特有的民间音乐。"十番"的曲牌有20多种,音乐分三个声部:第一声部是器乐曲,第二声部是唱腔,第三声部是打击乐。器乐曲旋律优美,韵味十足,乐器有笛、箫、笙、琵琶、二胡、京胡等。唱词文学性较高,大部分是反映人们健康向上,追求美好生活的词句。打击乐有板鼓、堂鼓、大锣、镗锣、号筒、木鱼、拍铃、拍板。节奏稳捷,轻重分明,各件乐器交替打出各种点子,既有江南音乐的婉约阴柔之美,又有北方音乐的粗犷阳刚之气,是南北艺术融汇和重塑的产物。

金湖秧歌。金湖县农民在长期的插秧劳动中集体创作的民歌,已有近百年历史。其曲调节奏明快,清新悦耳,既有北方民歌的高亢豪放,又有南方民歌的舒缓流畅。调名有"四句头""五句半""抢八句""串十字"等,曲调富于变化,表现力很强。内容上分情歌和生活歌两大类。演唱上分职业和业余两种。职业歌手即"锣鼓师傅",不参加插秧劳动,专门唱给插秧人听。两人配对,一人打鼓,一人敲锣,边敲边唱。业余歌手一边插秧一边唱秧歌,由一人唱打鼓号子,代替锣鼓伴奏,另一秧歌手主唱。

淮剧。又名江淮戏,流行于江苏省和上海市。淮安市是淮剧的主要发源地和流行地区。淮剧主要是由农村秧歌、号子形成的"哩哩调",青苗会上童子演唱的"香火戏",昆曲、徽班艺人带来的其他剧种剧目和唱腔逐渐混合发展而成的,已有300多年历史。主要曲调有老淮调、下河调、拉调、靠把调、自由调,均用方言演唱。传统剧目早期有《九莲十三英》(剧目名称中均带"英"字或"莲"字),后经改革整理,有《白蛇传》《杨家将》《牙痕记》《秦香莲》等,其中《断桥》《告御状》《河塘搬兵》等唱段家喻户晓,绝大多数人都会哼上几句。

淮海锣鼓。又叫工鼓锣、公鼓锣,是徐淮盐连地区历史悠久的曲种之一。形成于晚明,清代中叶起盛行而至今不衰,是淮安市独特的融说唱于一体的艺术形式。演出形式简单,不受时间和场地限制,演出时一人、一鼓、一锣,每逢集市日都有民间艺人搭班演出。由于说唱道具简单,田边、场头常常可见到他们的身影,为活跃繁荣农村文化生活做出了重大贡献。传统书目有《十把穿金扇》《湘江会》《薛刚反唐》《樊梨花征西》《罗通扫北》等。现代书目有《烈火金刚》《林海雪原》《野火春风斗古城》等。

马灯舞。淮安市群众自娱自乐的一种民间舞蹈形式。相传起源于汉代,具有浓郁的地方特色。表演主要以走和跳为主,阵容大的时候还带有队列变化。舞蹈形式有"梅花阵""北斗七星阵""八卦阵""十面埋伏阵"等,相传这些阵法与古代兵阵相通。此舞主要用于祭祀和每年春节、农闲时期、庙会期间的娱乐活动。走村串户演出时,农户往往要放鞭炮迎接。演出一般是义务的,仅接受农户糕、果、糖之类的馈赠。如逢重大节日或庙会时,往往是玩花船和马灯舞同台演出,四面八方乡民聚集一起,场面十分热闹。

四、民俗文化节日

淮安都天庙会。都天庙位于清江浦区都天庙街东侧,始建于明代,清乾隆、嘉庆年间曾大修,建有牌楼、山门殿、中殿和后殿,规模宏大。后逐渐衰败毁坏,并移作他用。现存中殿一座,坐北朝南,青砖小瓦,纹饰华美,梁枋扇窗构造精巧,虽历经200年风雨仍雄姿犹存。清代,每年农历四月初十前后,都以都天庙为中心举行融民间艺术、宗教信仰、物资交流、文化娱乐为一体的民间集会,参与组织者多为商家。庙会期间,市区各家都挂灯结彩。庙会上结扎的彩轿、彩亭极尽奢华。出会路程是,早上在都天庙街集合出发,中、晚饭都在定好的地点,由各行业送来吃。出会场面宏大,前面有鸣锣开道,后面彩旗飘扬。途经市区各主要街巷时,花船队、高跷队、小丑,边走边表演,一路上戏闹、说笑、逗唱,十分有趣。

淮扬菜美食文化节。自2002年起,淮安市区每年9月下旬至10月下旬都会举办淮扬菜美食文化节。淮安是淮扬菜的主要发源地之一。淮扬菜始于春秋,兴于隋唐,盛于明清,素有"东南第一佳味,天下之至美"的赞誉,与鲁菜、川菜、粤菜并称为中国四大菜系。

盱眙国际龙虾节。自2001年起,盱眙县城每年6—7月都会举办中国龙虾节,2008年起,改称国际龙虾节。每年的龙虾节上,都可见到千人广场龙虾宴、水上婚礼、女子骑警巡游表演、明皇后裔朱氏华裔祭祖仪式、明祖陵太子祭陵表演、百僧携游铁山寺等壮观场面。

金湖荷花艺术节。自2001年起,金湖每年7月中旬至8月中旬都会在城郊举办荷花艺术节。金湖境内河湖港汊众多,盛产莲藕,每当夏季到来,数百个品种的荷花争奇斗艳,蔚为壮观。节日期间前来赏荷、采风、写生、参加经贸活动的人络绎不绝,每年约有20万人次。

涟水白鹭节。自2002年起,涟水每年8月至9月都会举办白鹭节。县城内五岛公园,每年秋天都有几万只白鹭在此栖息过冬。节日期间,民间艺术表演、经贸洽谈会、白鹭艺术展、游妙通塔、名特优地方产品展等活动丰富多彩。

五、历代俊杰

韩信(约前231—前196),淮阴区人。西汉开国功臣,与萧何、张良并称"汉初三杰"。早年家贫,常从人寄食。秦末参加反秦战争投奔项羽,未得重用。后投奔刘邦,被拜为大将军。举兵东向,占取关中。在楚汉战争中,发挥卓越的军事才能,平定魏国,降服燕国。在潍水全歼龙且率领援齐的20万楚军,被立为齐王。次年会师垓下,围歼楚军,迫使项羽自刎。汉朝建立后被解除兵权,徙为楚王。被人告发谋反,贬为淮阴侯。之后,吕后与相国萧何合谋,将其骗入长乐宫中,斩于钟室,夷其三族。

枚乘(?—前140),字叔,淮阴(今淮安市)人。西汉辞赋大家,汉赋的开创者之一。原为吴王刘濞郎中。因在七国之乱前后两次上谏吴王而显名,后拜在梁孝王帐下,汉景帝下召升为弘农都尉。《汉书·艺文志》著录"枚乘赋九篇",今仅存3篇。《七发》是标志汉赋正式形成的第一篇作品,后代作者群起模仿,形成了赋中"七体"。

陈琳(?—217),字孔璋,广陵射阳(今淮安市东南)人。东汉末著名文学家,"建安七子"之一。汉灵帝末年,任大将军何进主簿。董卓肆恶洛阳,其避难至冀州,入袁绍幕府。后为曹军俘获。曹操爱其才而不咎,署为司空军师祭酒。后又徙为丞相门下督。建安二十二年(217年),与刘桢、应玚、徐干等同染疫疾而亡。诗歌代表作为《饮马长城窟行》,是最早的文人拟作乐府诗作品之一。散文风格比较雄放,文气贯注,笔力强劲。辞赋代表作有《武军赋》,颇为壮伟,当时亦称名篇。

鲍照(414—466),字明远,东海郡(今涟水县北)人。南朝宋元嘉中(424—453年),刘义庆以他为国侍郎。其后任太学博士、中书舍人。临海王刘子顼镇荆州时,其任前军参军,世称鲍参军。466年,刘子顼遵奉其兄刘子勋为正统的宋帝,出兵攻打建康的宋明帝。鲍照参加所谓的"义嘉之难"(义嘉为刘子勋年号),被乱兵杀害。其诗善于摹写形状,与谢灵运、颜延之并称"元嘉三大家"。著有《鲍参军集》。

张耒(1054—1114),字文潜,号柯山,人称宛丘先生,楚州淮阴(今淮安市)人。苏门四学士之一。宋神宗熙宁年间(1068—1077年)中进士,历任临淮主簿、著作郎、史馆检讨。哲宗绍圣初,以直龙阁知润州(今镇江市)。宋徽宗初,召为太常少卿。诗学白居易、张籍,平易舒坦,不尚雕琢。其词流传很少,语言香浓婉约,风格与柳永、秦观相近。著有《柯山集》《宛邱集》等。

梁红玉(1102—1135),原籍安徽池州市,生于淮安,宋代著名抗金女英雄。自幼随父兄练就一身功夫。在平定方腊后的庆功宴上,结识韩世忠,感其恩义,以身相许。建炎三年(1129年),在平定苗傅叛乱中立下殊勋,被封为安国夫人和护国夫人。后多次随夫出征,与韩世忠共同指挥作战,将入侵的金军阻击在长江南岸达48天之久,从此名震天下。绍兴五年(1135年)随夫出镇楚州,于当年8月26日战死于楚州抗金前线。

施耐庵(约1296—约1370),原名彦端,字肇瑞,号子安,别号耐庵。原籍苏州,生于兴化市,舟人之子。13岁入私塾,19岁中秀才,29岁中举,35岁中进士。35岁至40岁官钱塘二载,后与当道不合,复归苏州。元至正十六年(1356年),张士诚据苏州,征聘不应;与张士诚部将卞元亨相友善,后流寓江阴,在祝塘镇教书。71岁或72岁回归故里兴化,旋迁白驹场施家桥。朱元璋屡征不应,最后居淮安卒。与罗贯中合著的《水浒传》,为中国古代四大名著之一。

关天培(1781—1841),字仲因,号滋圃,淮安府山阳县(今淮安区)人。清代著名爱国名将,民族英雄。历任把总、千总、守备、参将、副将、提督等职。任广东大清水师提督其间,全力支持林则徐虎门销烟。道光二十一年(1841年)二月初六,英军对虎门要塞发动总攻,其亲自指挥,面对数倍于己的英军,顽强抵抗,死守阵地。终因援军未至,被枪弹击中,壮烈殉国。朝廷追谥为忠节,加封振威将军。

刘鹗(1857—1909),原名孟鹏,字云抟、公约。后更名鹗,字铁云,又字公约,号老残。祖籍镇江丹徒,生于南京六合,寄籍山阳(今淮安区)。清末四大谴责小说《老残游记》的作者,晚清著名小说家、实业家、金石家。其在史地、河工、算学、医药、音乐、农商等方面均有著作传世。著有《勾股天元草》《孤三角术》《历代黄河变迁图考》《铁云藏龟》《铁云藏陶》《铁云泥封》《铁云诗存》等。

罗振玉(1866—1940),字叔言、叔蕴,号雪堂,晚年更号贞松老人。祖籍浙江上虞,出生于淮安,著名农学家、教育家、考古学家、金石学家、敦煌学家、目录学家、校勘学家、古文字学家。中国现代农学的开拓者,中国近代考古学的奠基人。书法擅篆、隶、楷、行,所作小行楷题跋精严工稳。曾搜集和整理甲骨、铜器、简牍、明器、佚书等考古资料,均有专集刊行。著有《贞松堂历代名人法书》《高昌壁画精华》《殷墟书契》《殷墟书契菁华》《三代吉金文存》等。

王瑶卿(1880—1954),原名瑞臻,字稚庭,号菊痴,晚号瑶青,斋名"古瑁轩",祖籍靖江(今属泰州市)。京剧表演艺术家、戏曲教育家,在梨园界被尊奉为"通天教主"。艺术上博大精深,所创造的"王派",是京剧旦角艺术的基本流派。20世纪30年代初,在中华戏曲专科学校任教。新中国成立后,任中国戏曲学校校长,为京剧培养了众多人才。"四大名旦"均受业其门下。主要传人有梅兰芳、荀慧生、程砚秋、尚小云、赵桐珊、于连泉等。

第四节　地方特产与旅游资源

一、佳肴美食

淮安市菜肴,指形成于淮安地区的主要菜品,属于淮扬菜系。淮安和扬州是淮扬菜系

·155·

的主要发源地。现存淮安名菜约有1 000余种,佳肴美食有几百种。

平桥豆腐。产于淮安区平桥镇,乾隆皇帝曾赞之"天下第一鲜"。烹饪过程:选卤点精细豆腐置冷水锅煮10分钟,捞出控水,切成细薄片冷水浸泡;用鸡汤或肉汤,加适量猪油及葱、姜,或加鲫鱼脑、蟹黄等烩制,汤沸加入豆腐片及熟肉丁、虾米、酱油少许;再沸后用3钱豆粉勾汤,用麻油、胡椒粉调味即可。

长鱼宴。洪泽区盛产长鱼,长鱼又称鳝鱼。用长鱼作菜摆宴席叫长鱼宴。高明的厨师能用长鱼作主菜摆宴席,每天一席,连续三天,做出108样,百菜百味,一菜一格。传统长鱼宴菜谱,每席8大碗、8小碗、16碟子、4个点心。著名菜品有龙凤呈祥、红烧马鞍、烩状元、一声雷、软兜长鱼、炝虎尾、蝴蝶片等。

软兜长鱼。又称软兜鳝鱼,传统淮扬名肴之一。制作工艺为:将活鳝鱼用纱布兜扎,放入带有葱、姜、盐、醋的沸水锅氽制捞出,取其脊肉烹制。烹饪后鱼肉醇嫩,用筷子夹起,两端垂并,食时需以汤匙兜住,故名"软兜长鱼"。

钦工肉圆。清代曾为朝廷贡品,故又名清宫肉圆、清贡肉圆。始创于淮安区钦工镇,为淮扬名肴之一,已有千余年历史。选猪后腿精瘦肉,配料多样,用刀背打成糊状,再拌以适量肥肉、精盐、鸡汁、蛋清、葱姜等作料,发酵4~5小时,氽汤油炸,皆成美味。菜品光滑细嫩,富有弹性,色白汤浓,味道鲜美。

淮城蒲菜。蒲,是一种野生的水生植物,又名香蒲。初生的蒲心蒲茎很嫩,可以食用。蒲菜是以香蒲之茎制成的地方名菜。淮安是水乡泽国,盛产香蒲,以万柳池天妃宫和夹城池河的香蒲最为著名。吃蒲菜的历史可追溯到汉初,明代蒲菜作为蔬类已列入地方志。香蒲可烩、可炒、可煲,可制作成多种菜肴和汤粥,味道鲜美。

盱眙龙虾。盱眙县近年新创制的佳肴。以洪泽湖天然养殖的龙虾为原料,辅以葱、姜等作料精心烹饪而成。成品色泽殷红,肉质细嫩,虾黄鲜美,口感独特,堪称一绝。在众多口味中,配以13种中药材烹制的手抓十三香龙虾最为有名。红红的一盆龙虾,热气腾腾,香味扑鼻,诱人食欲,麻、辣、鲜、香齐备,不知不觉一个人就能吃下数斤。如今盱眙龙虾遍布南北,从大排档到大酒店都能吃到,让人欲罢不能。吃后余味不绝,绕手三日,令人难以忘怀。

洪泽湖大闸蟹。以洪泽湖盛产的大闸蟹为原料,辅之以姜、葱等作料烹煮而成,故名。洪泽湖大闸蟹常年生长于湖中,摄食范围广,鲜活食物多,因而营养价值极高。人们常以"宁吃螃蟹一只,不吃鸡蛋一筐"来赞誉之。

文楼汤包。因淮安古镇文楼而得名。包馅以肉皮、鸡丁、肉块、蟹黄、虾米、竹笋、香料、绍兴酒等12种配料混合而成。先加温成液体,后冷却凝固。把冷冻后的馅心纳入包皮内,入笼蒸煮,出笼汤包中的馅心为液体,用手撮入碟内,倒上香醋,撒上姜末,食之美味可口。

二、名特地产

蒲编与苇编。淮安市湖荡多,水面大,各地多植蒲苇。蒲叶可织蒲席、编蒲包、蒲扇、蒲鞋、蒲团(一种坐具)等。芦苇可编成篱笆,篱笆可围为院墙,亦可做屋墙、屋望。苇篾可织席,席面有人字形、回字形等花纹,对称细密美观。亦可编为摺席,可圈为囤子存粮。细苇可织芦帘遮阳避蚊。

小淮绣。淮安民间流行的女红工艺,主要用于鞋面、衣裙、童装、门帘、床围、帐沿、荷包等。经过数百年的不断创新,已形成独特风格。图案优美洗练,题材丰富多样,色彩清雅明快,针工细腻精致。

淮安茶馓。又称金线缠臂,是淮安区著名特产之一,已有 100 多年制作历史。选用面粉、麻油、精盐等原料精心加工而成。李时珍《本草纲目》载:茶馓有"利大小便、润肠、温中益气"之功效。

金湖封缸酒。选用金湖盛产的黏度强、米质白、颗粒饱满的上等糯米为原料酿制的 $12°\sim13°$ 的低度甜黄酒,故名。该酒以苏州酒饼为发酵剂,采用宜兴釉缸、绍兴绢袋精心酿制而成。成品色清透明,香味醇正,新酒橙黄,陈酒橘红。饮之微酸爽口,甜而不腻。清代曾列为朝廷贡酒。

三、丰富的旅游资源

镇淮楼。又称鼓楼。雄踞淮安区中心地区,是古城淮安的地标性建筑。始建于北宋年间,距今 800 多年。楼为砖木结构城楼式单体建筑,下层为台基,中有城门洞,上层为二层山楼,全楼通高 18.5 米,东西长 36 米,南北宽 26 米,造型优美,敦厚坚实。清代为镇压淮河水患,始名镇淮楼。

清晏园。位于清江浦区人民南路西侧,始建于清代康熙年间(1662—1722 年),至今已有 300 多年历史。先后称西园、淮园、澹园、清宴园、留园、叶挺公园等。1991 年,恢复清晏园名称。园内亭、台、楼、阁、假山错落有致,曲径、长廊、流水循环往复,四季花繁木盛,秀丽典雅。清晏园为我国治水和漕运史上唯一保留下来的署衙园林,融北方的开阔与南方的玲珑于一体,有"江淮第一园"之称。

河下古镇。位于淮安区西北古运河畔,是苏中保存最完好,可与许多江南古镇媲美的千年古镇。在全国最长的古石板老街上,古文楼、吴鞠通中医馆、闻思寺尽显昔日古朴。其水街片区、成河片区内的文博商城、三百六十行民俗风情街、庭院市肆、估衣街、花巷等历史街区再现了往日风采。古镇北入口承恩坊,错落伫立着几十栋仿古建筑,古色古香的临河水街纵横交错。

明祖陵。位于盱眙县洪泽湖西岸,是明太祖朱元璋高祖、曾祖的衣冠冢及其祖父的葬地。1680 年泗州城被湖泽湖水淹没时,明祖陵也一起被吞没于湖水之中。二十世纪七八十年代,为保护明祖陵,筑堤 3 000 米,把陵墓从湖水中隔出,沉没湖中 300 余载的文物瑰宝重见天日。现有 21 对庞大石刻,北面是棂星门遗址和正殿遗址。正殿遗址处有石础 28 个。

吴承恩纪念馆(原吴承恩故居)。位于淮安区河下古镇打铜巷内。由吴承恩故居、吴承恩生平陈列馆、猴王世家艺术馆三部分组成。吴承恩为明代杰出的文学家、世界文化名人、著名古典小说《西游记》的作者。馆内古朴典雅的青砖小院,由门房、客房、轩厅、书斋等 26 间房屋和庭院及后花园组成,辅以回环曲幽的抱廊、假山、亭轩、舫桥及竹木花卉,是一组清雅秀丽、古色古香具有明代风格的园林式建筑群。

周恩来故居。位于淮安区驸马巷 7 号。1898 年 3 月 5 日周恩来诞生在这里,并在故乡度过了 12 个春秋。整个建筑建于清末,有青砖、灰瓦、木质结构平房 32 间。故居由东西相连的两个普通老式宅院组成。东宅院临驸马埠,西宅院是曲折的三进院结构,具有明清时期苏北民居的典型建筑风格。大门两丈见外有一座照壁,照壁后面有两棵高大的老榆树。

周恩来童年读书处旧址。位于贯穿闹市区的古运河北岸十里长街西段——陈家花园,原是周恩来嗣母陈氏祖辈的府邸。原址有房屋14间,建于清末民初,为砖木结构四合院式小瓦平房,后毁拆无存(原址现建有粮库和面粉厂)。1979年,淮安市政府在周恩来童年读书旧址近旁(今漕运西路174号)复建了"周恩来童年读书处"。

周恩来纪念馆。位于淮安区桃花垠,馆名由邓小平题写。整个馆区由两组气势恢宏的纪念性建筑群、一个纪念岛、三个人工湖和环湖四周的绿地组成。馆区总面积35万平方米,其中70%为水面,建筑面积3 265平方米。在纪念馆南北800米长的中轴线上,依次有瞻仰台、纪念馆主馆、附馆、周恩来铜像和仿北京中南海西花厅等纪念性建筑。此外,还有岚山诗碑、海棠林、海棠路、樱花路、五龙亭、怀恩亭、西厅观鱼等景点。

黄花塘新四军军部纪念馆。位于盱眙县黄花塘镇黄花塘村。整个建筑造型别致,气势雄伟。除主题纪念馆外,军部礼堂旧址和陈毅、饶漱石、曾山旧居等建筑,均为当时民居样式的院落和茅草房。馆名"黄花塘新四军军部纪念馆"匾额由原国防部长张爱萍将军题写。馆前广场上矗立着造型酷似"枪刺"的纪念碑。

苏皖边区政府旧址纪念馆。位于淮安市区淮海南路30号。苏皖边区政府是中国共产党领导的新四军在苏中、苏北、淮南、淮北四大解放区创建的唯一民主联合政府,成立于1945年11月1日。刘少奇、陈毅、邓子恢、张鼎丞、谭震林、粟裕、曾山、李一氓、方毅等领导人都曾在这里战斗过。纪念馆匾额为原苏皖边区政府主席李一氓题写,馆内保存和展出了大量的实物和照片。

中国淮扬菜文化博物馆。位于淮安市清江浦区新区河畔路88号。淮安是淮扬菜系主要发源地之一。展馆通过现代高科技手段布展,集知识性、趣味性、参与性于一体,再现淮扬菜文化发源、发展、承继、创新直至鼎盛的悠久历史过程,全面展示淮扬菜悠久的历史文化内涵。博物馆建筑群融入了中国四合院和园林建筑风格。

第十三章

南通地域文化

南通市,简称通,古称通州,别称静海、崇州、崇川、紫琅。位于长江下游北岸,江苏省东南部,沿海经济带与长江经济带T形结构交汇点和长江三角洲洲头,有"江海门户""扬子明珠"的美誉,是国家级历史文化名城。南通东临黄海,南倚长江,与上海市和苏州市隔江相望,西和泰州市毗邻,北同盐城市接壤。全市陆域面积8 001平方千米,海域面积8 701平方千米。2022年末,全市常住人口774.35万人,城镇化率71.79%。

第一节 历史沿革与国际交往

一、历史沿革

早在五六千年前的新石器时期,南通境内西北部地区的海安、如皋就已成陆,为南通成陆最早的地方之一。青墩遗址考古研究表明,5 300多年前的新石器时代,海安境内就有原始氏族部落繁衍生息。

奔流不息的万里长江,从上游带来大量泥沙,在喇叭形的宽阔江口沉积下来,年复一年,形成了一块又一块沙洲。南北朝中期(约500年),今南通市区一带逐渐形成沙洲。这片新生的洲地,始名壶豆洲,又称胡逗洲,为海陵县(今泰州市)辖地。胡豆为沙洲上生长的一种植物,故得此洲名(胡逗洲可能为胡豆洲的讹称)。《太平寰宇记》海陵县中记载:"胡逗洲在县东南二百三十八里海中,东西八十里,南北三十五里,土多流人,煮盐为业。"表明早期这里是一个近海产盐的沙洲。

唐朝初年,胡逗洲逐渐与陆地连接,朝廷于此设盐亭场,置盐官。僖宗乾符二年(875年),又设狼山镇遏使之职。五代时(907—960年),胡逗洲与其西北面的如皋陆地并连。吴国姚氏家族在此设"静海都镇"统辖狼山、丰乐、大安、崇明四镇,这是南通境内行政建制之始。静海,寓有海疆宁静之意。后周显德五年(958年),设静海军,不久升为通州(今南通市),并设静海、海门两县归其管辖。因此地位于长江入海口,由海路北上可达齐燕辽东,南下可抵闽越,沿江南可至三吴,西可通楚蜀,故名通州。

宋代,通州(今南通市)属淮南东路。市区东部的狼山面江耸立,秀丽多姿。山上名胜古迹众多,文化底蕴尤为丰厚,故成为通州的标志。宋淳化年间(990—994年),地方官以"狼"字不雅,改"狼"为"琅"。又因山上岸石多呈紫红色,遂称紫琅山。后紫琅成了南通的雅称。宋仁宗天圣元年(1023年),因避太后父刘通讳,改通州为崇州,又称崇川。仁宗太后亡,宋明道二年(1033年)复称通州。11世纪中期,今南通东部的东布洲与胡逗洲并陆,长江北岸沙嘴扩展到现在的启东东部一带,南通东部地域大体形成。宋徽宗政和七年(1117年),一度称静海郡。

元世祖忽必烈至元十五年(1278年),通州升为通州路,领静海、海门两县。元致和二十一年(1348年),降为州,属扬州路。崇明县曾短期归通州,后划属苏州。

明清之际,长江侵蚀通州陆地,古海门县坍没,之后又从长江口陆续涨出二三十个沙洲。清光绪二十九年(1903年),今启东南部(原称崇明外沙)与海门陆地相连。至此,今南通境域基本形成。明初,静海县废。通州直管静海本土,另辖海门一县。清康熙十一年(1672年),海门县废,通州无属县。清雍正二年(1724年),升为直隶州,划如皋、泰兴二县归属。清乾隆三十三年(1768年),设海门直隶厅,直属江苏省管辖。

1912年,民国政府废州、厅设县,改通州为南通县,改海门厅为县;1928年,设启东县。1949年南通县城解放,设南通市驻南通县城,曾为苏北行署辖市。1962年南通市改为省辖市,于金沙镇另设南通县。南通域内六县属南通专员公署管辖。1983年实行市管县体制,南通市辖启东、南通、如皋、海门、海安、如东6个县。

二、行政区划与发展格局

南通市现辖通州、崇川、海门3个区,启东、如皋、海安3个县级市和如东县。通州区、崇川区,均以南通古称为区名;海门区,取江海之门户而命名;启东市,取"启吾东疆"之意而命名;如皋市,如,往也,皋,水边高地。取《荀子·大略篇》"望其圹,皋如也"之意命名。海安市,取大海安澜之意而命名。如东县,因位于如皋的东面而得名。

南通城市的发展格局为"一主三副三轴"。"一主",即以南通中心城区及其辐射影响之通州城区、海门城区和如皋长江镇为中心的"南通都市区"。"三副",指"掘港—长沙"城镇组群、"汇龙—吕四"城镇组群、"如皋—海安"城镇组群。"三轴":生长之轴,以老城为核心,北至南通火车站,南至苏通大桥,贯通中心城区南北方向;魅力之轴,由青年路与人民路构成的连绵区,东接南通东火车站,西至长江;时空之轴,呈西北、东南贯穿南通主要城区,沿唐闸河历史街区—濠河老城中心区—城市新区狼山风景名胜区一线。最终实现将南通建设成为江海交汇的现代化国际港口城市,长三角北翼的经济中心和门户城市的目标。

三、国际友好交往

20世纪80年代以来,南通市先后与毛里求斯瓦瓜—菲尼克斯市,俄罗斯伊尔库茨克州伊尔库茨克区、圣彼得堡市莫斯科区,博茨瓦纳哈博罗内市,加拿大里穆斯基市,韩国金堤市、昌原市,德国特罗斯托夫市,纳米比亚贺劳纳非迪市,意大利奇维塔韦基亚市,美国泽西市,日本和泉市、丰桥市,英国斯旺西市,巴西圣若泽黑河市等17个国家的27个城市结为友好城市,密切了国际经济、文化的交流。

第二节 地理交通与文化特征

一、地理与生态

南通市境内南北跨距114.2千米,东西跨距158.8千米。地貌轮廓东西向长于南北向,三面环水,一面造陆,似不规则的菱形状。分别由狼山残丘区、海安里下河区、北岸古沙嘴区、通吕水脊平原区、南通古河汊平原区、南部平原和洲地、三余海积平原区、沿海新垦区等组成。

南通市属北亚热带和暖温带季风气候。季风影响明显，四季分明，气候温和，光照充足，雨水充沛，无霜期长，海洋性气候明显，年平均气温在 15 ℃左右。

境内河流纵横，主要河流有通吕、通扬、通启、如泰、栟茶运河。西南长江干流岸线全长 166 千米，江面宽 6~18 千米。东濒黄海，海岸线长 206 千米，海岸带面积达 1.3 万平方千米。集江风海韵于一体，堪称璀璨的"江海明珠"。

二、经济资源

南通全市耕地总面积达 700 万亩，土壤肥沃，适种范围广，盛产水稻、蚕茧、棉花、油料等作物。境内矿产资源丰富，已探明的矿产资源主要有铁矿、煤、石油、天然气、泥炭、大理岩、花岗岩和矿泉水、地热水等。

野生植物多达千余种，其中属国家一级保护的有 7 种。野生脊椎动物共 500 多种，其中国家一级保护动物有白鳍豚和丹顶鹤等 11 种，国家二级保护动物有江豚和天鹅等 40 多种。沿海 15 米等深线以内的水域面积约 1.2 万平方千米。水产资源十分丰富，仅吕四渔场就有近海鱼类 130 种。主要经济贝类有文蛤等 9 种，常见的淡水经济鱼类有 50 多种。

全市经济已形成与基本现代化相匹配的产业体系，在以轻纺为主体，机械、电子、化工、医药、建材、建筑、电力、船舶、冶金等多门类相配套的现代工业体系下，又以高新技术为依托，以创新发展为动力，调整产业结构，催生新兴产业。同时，完善沿海基础设施布局，创新沿海开发机制。

三、交通建设

南通市公路、铁路、航空、水运等交通已实现网络化、快捷化。沈海高速、沪陕高速、204 国道、328 国道穿境而过，省内宁通高速、通锡高速、通启高速、通盐高速、启扬高速等纵横交错。苏通长江公路桥、崇启长江公路桥和世界跨度最大的公铁两用斜拉桥——沪通长江大桥畅通了南通与苏州、上海等城市的交通。新长铁路、宁启铁路穿境而过，南通站已融入国家铁路网，从南通可以到达全国各地。

南通兴东国际机场、如皋机场和启东直升机场，已开通到北京、大连、广州、深圳、青岛、厦门、重庆、长沙、沈阳、昆明、福州、西安、台湾等国内 30 多个主要城市的航线，同时开通了韩国首尔、济州岛，日本大阪、名古屋，泰国曼谷等 10 多个城市的国际航线，筑成了南通国内和国际空中通道。

南通港是国家 25 个沿海主要港口之一，国家主枢纽港，上海国际航运中心重要组成部分。拥有万吨级泊位 14 个，最大靠泊能力为 20 万吨级。与世界上 100 多个国家和地区的 300 多个港口通航，并开通南通至中国香港、日本、韩国等集装箱航线。2022 年货物吞吐量超过 2.85 亿吨。

2022 年，国家确定南通建设全国性综合交通枢纽城市。

南通市区交通发展迅速，2022 年 11 月开通了地铁交通 1 号线路，营运里程 39.2 千米，成为江苏省第 6 座进入地铁时代的设区城市。

四、地域文化特征

南通海安市有 5 300 多年的人类居住史。南通市文化底蕴颇具特色，有"南风北韵"之特征：

其一，以东夷文化为远源，以吴越文化为承续，南北融合，然吴文化居主导地位。远在五六千年前的新石器时期，原始氏族部落古青墩人即其分支，为南通最早先民并传播北方文化。春秋战国时，吴王夫差灭邢（海安西部，如皋西北部当年属邢国）。公元前506年，吴楚交战，吴军安置郧国遗民于海安立发乡一带。公元前473年越灭吴，北迁都于琅琊（今山东胶南县境）并大举移民。汉初东瓯王举国徙江淮间。几次移民致吴越文化北上海陵（今属泰州）。晋至南朝梁、陈时期战乱再致北方政治、经济、人口、文化大举南迁至长江下游，海陵移民激增数十倍，北南多元文化交融、并存，然南方文化占统治地位。

其二，襟江负海的独特地缘，经济地理文化有边缘型和次海洋文化特征。南通地处江、淮间与江海交汇处，隔江南望上海、苏州两市，北邻盐城、淮安两市，介于江淮文化和吴文化两大区域交汇部。长期以来，南通滨江临海却交通闭塞，2008年之前有海无港，有江无桥，致文化心态呈内陆化趋向。

其三，近代文明气息浓郁。清光绪三十一年（1905年），清末状元张謇在家乡南通创设了第一座民族的、科学的、大众的博物馆——南通博物苑，这是中国第一座真正意义上的博物馆，具有开风气之先的重要意义。在中国近代文化科教史上，张謇还创办了第一所师范学校、第一所纺织学校、第一所刺绣学校、第一所戏剧学校、第一所中国人办的盲哑学校和第一座气象站，连同南通博物苑，共创造了"七个第一"。除"教育之乡"外，南通还有"建筑之乡""体育之乡"和"长寿之乡"的美誉。

南通西部、北部及南通城周边地区话属于江淮方言，南通东部、南部及通州周边地区话属吴方言区。市树为广玉兰，市花为菊花。

第三节　历史文化遗产

一、史前文化遗址

南通地区虽然成陆较晚，但很早就有人类在此居住生活，留下了众多不同历史时期的文化遗址。典型的史前文化遗址为海安市青墩遗址。

青墩遗址。位于海安市城西北部约21千米处。该遗址出土了大量陶、石、骨器和麋鹿角、兽骨等史前遗物，其中的有柄穿孔陶斧，被誉为"中华第一斧"。不少属于良渚文化的璧、琮、坠、环等玉器，十分珍贵。鹿角回旋镖是亚太地区最早创造和使用的狩猎工具，为我国首次发现；"干栏式"建筑，为我国长江北岸首次发现。青墩遗址对于探索长江南北新石器时代诸文化之间的关系，意义十分重大，说明在5 300多年之前海安就已成陆，并已成为人类聚居活动之地。同时，这也是对南通地区历史探源的一大突破，标示了南通地区的人类文明史当从青墩起。

二、历史文化遗存

2022年末，南通市有市级以上文物保护单位95处。其中国家级重点文物保护单位11处，省级文物保护单位28处，市级文物保护单位56处。

如皋灵威观。初名祖师观，位于如皋市城北，始建于隋代。唐太宗李世民曾赐名"仁威"，以昭示仁德。宋政和元年（1111年），宋徽宗赐书"灵威"匾额，遂改仁威观为灵威观。灵威观历经隋唐、宋元、明清、民国，代代有修葺，几度兴衰。古灵威观曾有"九步三庙、五庙同观、形似北斗、状若琼岛、殿堂相间、宫祠互绕、坛台错落、楼阁映照"的规模。民国以来，灵威观损毁严重。1980年起，几经修复扩建，重现旧日风貌。观内房舍200余间，中路有观门、玄天门、仁威殿、雷祖殿、老君宫；东路有棺栈、寮房、道士祠、隐真林；西路有乾元宫（即火星庙）、斗姆殿、玉皇殿、财神殿、土地祠、功德祠、酬神戏楼、施医堂等。殿宇巍峨，牌楼高耸，楼阁参差；殿堂富丽堂皇，神像庄严生威，香烟缭绕，道乐悠扬。灵威观与句容茅山道观、苏州玄妙观并称"江苏三大道观"。

狼山广教禅寺。位于南通南郊狼山上，始建于唐总章二年（669年）。为我国唯一的大势至菩萨道场。现存明清建筑，由山脚、山腰、山顶三大建筑群构成，依山取势，辟坡筑殿，背依山石，南临长江，殿宇雄丽，气势恢宏。山脚紫琅禅院，第一进为天王殿，殿后东、西两侧为大悲殿、宝藏殿，其莲瓣柱础为唐代遗物。再往上是大雄宝殿，为明成化年间（1465—1487年）重建。殿内陈列自东汉至清代18位高僧的巨屏瓷画，是中国唯一供奉东方高僧的地方。大殿后依次为藏经楼、晒经楼、枕山楼等建筑。院外西北坡七层四面砖木结构的实心塔，名幻公塔。山顶支云塔院是该寺主体建筑群，以中轴线排列布开。第一进头山门，门额上"第一山"竖匾为宋代著名书法大家米芾所题。第二进二山门，第三进萃景楼，楼后是建于明代的歇山顶戏台。第四进圆通宝殿，供奉西方三圣之一的大势至菩萨。第五进高35米的支云塔，系五级四面楼阁式砖木结构方塔。第六进大圣殿建于宋代，供奉被敕封为国师的唐代高僧僧伽大师。

天宁寺。原名报恩光孝寺，位于崇川区中至堂西侧，始建于唐咸通年间（860—874年）。宋政和年间（1111—1118年），通州城西天宁寺并入报恩光孝寺，名为天宁报恩光孝禅寺。明天顺元年（1457年），英宗敕赐"天宁寺"名。清康熙四十五年（1706年），天宁寺实行丛林制，挂单集众，传戒讲经，盛极一时。天宁寺面南而筑，以山门、金刚殿、大雄之殿、藏经楼为中轴，西侧有祖堂、大意堂、安宁精舍等，东侧为碑廊，西北隅为光孝塔。光孝塔始建于唐代，重修于宋代，后经历代修缮得以保存至今。单檐歇山式的大雄之殿气势雄伟。殿后两口明代古井，至今水质清澈。

南通城隍庙。位于市区濠东路199号，始建于宋建隆二年（961年），1998年按原样重建。有从仪门、甬道、拜殿、大殿、元辰殿、财神殿、山门、戏台、后宫、文昌阁、药王阁、东西回廊等建筑，均为砖木结构，平房简瓦，古色古香。围墙均镂空向濠河借景，铸铁篆书作窗，内容为劝善经句。庙以河为景，河为庙增色。西侧回廊塑有自战国晏婴到清代林则徐等18位清官造像，东侧回廊是道教历代格言碑廊。

太平兴国教寺。位于崇川区启秀路17号，始建于南宋乾道年间（1174—1189年）。明洪武十四年（1381年）重建，清道光时重修。据记载，寺庙原有金刚殿、地藏殿、朝宫殿等，现仅存大殿。大殿木结构，面阔和进深均为3间，平面近于方形。其木构瓣形柱（瓜棱柱）为我国目前仅存的两座宋代木构瓣形柱建筑之一。

南通钟楼、谯楼。谯楼始建于元至正九年（1349年），前身是宋淳熙年间（1165—1173年）建造的用以瞭望的戍楼。内有计时的刻漏，用更鼓报时。清道光八年（1828年），知州周焘将谯楼维修一新，换上"星枢楼"匾额。楼名星枢，是依星相学说，希望由此使通州文化发达，人才兴盛。1914年，张謇与其兄在谯楼前建造钟楼。钟楼为南通建筑师孙支厦设计，在风格上明显受到西方艺术的影响。谯楼、钟楼建筑风格各异，成为中国近代第一城南通的标志性建筑。

三、非物质文化遗产

2022年末，南通市有市级以上非物质文化遗产215项，其中南通缂丝织造技艺、古琴艺术(南通梅庵琴派)2项入选联合国教科文组织认定的《人类非物质文化遗产代表作名录》。有国家级非物质文化遗产12项,省级非物质文化遗产53项,市级非物质文化遗产148项。主要包括南通仿真绣、南通蓝印花布印染技艺、南通板鹞风筝、海门山歌、通东号子、海门山歌、崇川区仿真绣、通州童子戏、如东浒澪花鼓、海安花鼓、如东钟馗戏蝠、启东吕四渔民号子等。

南通蓝印花布印染技艺。南通市滨江临海,气候温暖湿润,特别适宜棉花生长。当地民间纺织技术十分发达。其中蓝印花布印染工艺已有几百年历史。蓝印花布从选布、脱脂、裱纸、画样、替版、镂花、刮灰、上油、刮浆、染色、刮灰,直到清洗、晾晒,全由手工完成,色牢质朴,深受人们喜爱。蓝印花布由蓝白两色相配而成,或蓝底白花,或白底蓝花,古韵十足,曾被作为贡品上缴朝廷。清代以来,蓝印花布逐渐走入寻常百姓家。

吕四渔民号子。启东市吕四及周边地区一带渔民在海上集体下网、捕鱼等劳动过程中传唱的渔歌。现已整理出对草、拢绳、接潮、拔篷、起锚、测水、摇橹、盘车、拉网等40多种长短不一的号子。吕四渔民号子具有高亢嘹亮、连绵悠长、节奏明快、音节委婉等特征。号子是渔民群体在劳动时协调动作的一种口令,真实体现了渔民们体力劳动的节奏、力度。演唱者在劳动过程中,往往根据不同的场景、不同的感受随意填词演唱,方式灵活多变。

如皋木偶。如皋早期的木偶是用木头雕刻出大同小异的简易头型,再画上不同人物的脸谱,用藤条扎成或大或小的身腔,穿上不同的服饰用以区分不同角色形象。后来用纸脱胎的方式做头和身腔的模子,凹凸有致,木偶的眼睛、嘴巴可以转动、开合,较为生动形象。20世纪80年代以来,如皋木偶巧妙地吸收了皮影、布袋、提线、灯彩等表演手法,真人与木偶幻化交替表演,开了木偶艺术人偶同台的先河。

海安花鼓。流行于海安市及其周边地区的民间舞蹈之一。明代嘉靖年间(1522—1566年),海安花鼓即在当地流传,形成鲜明的地域特色。到二十世纪三四十年代,海安市角斜镇一带花鼓活动仍然十分活跃。其原始表演形式分为两个部分,一为"打场子",亦称"上秧鼓",常为八男八女之歌舞;二为"杂戏",亦称"唱奉献",内容或歌颂英杰,或传说故事,或倾吐爱情。旧时花鼓戏的主要角色有三:一为红娘子(旦角),二为相公(生角),三为骚鞑子(丑角)。表演分三段,先是"打场子",此为广场演出,以花鼓灯、莲湘、镗锣为道具,表演歌舞杂耍;接着是"唱奉献",此为演出主体,在室内进行,以《花鼓调》《莲湘调》《穿心调》等曲牌演唱折子戏;第三段为"收场子",仍以歌舞杂耍为主。

扬派盆景技艺。流行于如皋市的一种传统手工技艺。其流派风格形成于明代,成熟于清代。清秀、古雅、飘逸、写意的风格和"一寸三弯"的技艺特征,是与其他各派盆景的最大区别。尤其是观叶类的松、柏、榆、杨(瓜子黄杨)盆景别树一帜,极富层次分明、严整平稳、工笔细描的装饰美。扬派盆景作品寄托了作者的审美情趣和人生感悟,记录了一定时期的社会风貌。

四、民俗文化节日

南通民俗中有二月二女儿节。听老一辈人士讲,旧时女儿出嫁后,没有大事不能总往娘家跑,尤其是在正月里,闺阁之中不仅忌针线,且忌空房,正月里出嫁的新娘不回门,媳妇也不能往娘家走动。一个多月的时间,父母思念女儿心切。二月初二,是两双和好的好日子,便有不少父母接出嫁的女儿回娘家小住,久而久之,就形成了二月二女儿回娘家的习俗。除非家中有红白事,或极其特殊的情况,婆家不能阻拦女儿回娘家。

通州区女儿节的习俗与别处有所不同。农历二月初二为"土地公公诞辰",人们有祀神之举,即祀五土之神,虽带迷信色彩,却表达了人们企盼丰收、生活富裕的美好愿望。

通州区通海(金沙镇)一带,为"沙里人"聚居的地方,在二月二有吃"撑腰糕"的习俗。农民们吃了这种糕,秋收摘棉花时腰就不会疼,体现了农民以农为本、辛勤耕作、祈求丰收的美好愿望。"撑腰糕"实际上就是年糕。

旧时二月二,通州还有一种风俗,即"开蒙馆",亦取"龙抬头"之意。当日,由家长或介绍人领着6岁的孩子,清晨就来到私塾中,带着香烛和红纸包。先命小孩向孔圣人神位叩拜,再向塾师行跪拜之礼,然后对师母磕拜,最后向同学长揖。以上礼节完毕后,家长向塾师恭敬地递上赞敬(送给老师的礼物、学费等),并言明拜托之意。塾师则赠给新学生枣儿糕、粽子一盘,取"早日高中"之意。之所以要6岁时开蒙入学,因7岁8岁有"七颠八倒"之嫌。该民俗随着科举的废除、学堂的兴起而自行消失。

南通市规模较大的传统文化节日是狼山火把节,于每年的元宵夜举行,是汉族唯一的火把节。元宵之夜,人们手举火把,奔走呼号,祈求节调谷登。此外,海门区每年举办金花节,通州区、如东县每年都举办风筝节,启东市每年举办海鲜节,海安市举办花鼓龙舞节,如皋市则举办盆景艺术节、长寿文化节等。每年8月12日为南通市体育日。

五、古今名人贤达

南通人文荟萃,名贤辈出。范仲淹、王安石、米芾、文天祥等诸多名家曾在南通留下传世之作和逸闻轶事。三国名臣吕岱、宋代杰出教育家胡瑗、明代名医陈实功、清代"扬州八怪"之李方膺、清末状元张謇等名人也为南通历史增色添彩。南通大地还孕育了当代表演艺术家赵丹、国画大师王个簃、著名数学家杨乐、50多位两院院士及众多体育明星等各界贤达。

王观(1035—1100),字同叟,如皋市集贤里(今冒家巷)人。宋代词人。宋仁宗嘉祐二年(1057年)中进士。历任大理寺丞、江都知县等。擅填词,《卜算子·送鲍浩然之浙东》《临江仙·离怀》《高阳台》为其代表作。其中《卜算子》一词以水喻眼波,以山指眉峰,设喻巧妙,语带双关,写得妙趣横生,堪称杰作。

李渔(1611—1680),号笠翁,祖籍浙江兰溪,先辈移居如皋。清代著名戏曲理论家。一生著述甚丰,有诗文杂著《笠翁一家言全集》(含《闲情偶寄》),戏曲《十种曲》,短篇小说集《无场戏》(别名《连城璧》)、《十二楼》,长篇小说《合锦回文传》等。其白话小说可与《三言》《二拍》并列,为清代说部上乘。《闲情偶寄》为我国第一部将戏曲作为综合艺术加以研究的著作,在戏剧理论发展史上有重要地位。

冒襄(1611—1693),字辟疆,出生于如皋世宦之家。明末清初文学家。14岁刊刻诗集《香俪园偶存》而被董其昌比作初唐王勃并寄望"点缀盛明一代诗文之景运"。一生著述颇丰,传世有《先世前征录》《朴巢诗文集》《水绘园诗文集》《影梅庵忆语》《寒碧孤吟》和《六十年师友诗文同人集》等。其《影梅庵忆语》为我国语体文鼻祖。

张謇(1853—1926),字季直,号啬庵,祖籍常熟,生于海门(今海门区)。中国近代实业家、政治家、教育家。1894年中状元任翰林院修撰。推行"父教育,母实业"思想。1902年,创办我国最早的师范学校通州师范学校,1905年创建第一座民办博物苑,1907年创办农业学校和女子师范学校,1909年倡建通海五属公立中学,1912年创办医学专门学校和纺织专门学校(后农、医、纺三校合并为南通学院)。此外,还兴办过各种中、初级职业学校,短期讲习班和特殊教育事业如商业学校、银行专修科、测绘专修科、工商补习学校、镀镍传习所、蚕桑讲习所、女工传习所、伶工学社、盲哑学校等。在两江总督张之洞的支持下实践"实业救国"。1895年集资白银50万两于通州唐闸镇创办南通第一座近代工厂——大生厂(后改名大生一厂),于崇明外沙(今启东市)、海门区久隆镇创办大生二厂、三厂,于城南创办大生副厂;于吕四、海门交界处围垦沿海荒滩,建成10多万亩纱厂原棉基地——通海垦牧公司;于唐闸创办广生油厂、复新面粉厂、资生冶厂等,逐渐形成唐闸镇工业区。为便于器材、货物运输,还于唐闸西沿江兴建天生港口及港口发电厂,修建城镇、镇镇之间公路,将天生港发育为当时南通主要长江港口。这奠定了南通为我国早期民族资本主义工业基地之一的地位。

沈寿(1874—1921),吴县(今苏州吴中区)人,世界知名刺绣艺术家。自幼学绣,16岁已颇有绣名。1904年,因以佛像等8幅绣品进献清廷为慈禧祝寿受赐"寿"字,遂易名"寿"。同年受清政府委派赴日本考察刺绣和绘画艺术,回国后被任命为清宫绣工科总教习,自创"仿真绣",于中国近代刺绣史上开创一代新风。1911年,绣成《意大利皇后爱丽娜像》,作为国礼赠送意大利,送展意大利都朗博览会,荣获"世界至大荣誉最高级卓越奖"。1914年任南通女红传习所所长。治校严谨,教学有方,常率学生写生,主张"外师造化",培养众多苏绣人才,逐步形成南通绣品"细""薄""匀""净"风格。1915年,绣品《耶稣像》参展美国旧金山巴拿马—太平洋国际博览会获一等大奖。她重病期间口授的刺绣艺术经验,被整理成《雪宧绣谱》一书传世。

第四节　地方特产与旅游资源

一、佳肴美食

南通市江海连通,江、海、河鲜为南通菜的天然财富。"春有刀鲚夏有鲥,秋有蟹鸭冬有野蔬",宋、元时即见于菜馆。菜品早期口味较重,后趋向淡雅爽口,兼有淮扬、海派菜系风味。据1876年版《沪游杂记》载,时南通菜馆已经营红烧鱼翅、葱油海参、清蒸鲥鱼、八宝鸭、清汤鲍鱼、一品燕窝、蛤蜊黄鱼羹、虾脑豆腐等名肴,长江河豚也十分有名。

文蛤。又名花蛤,号称天下第一鲜,古代曾列为朝贡之品。贝壳略呈三角形,壳质坚厚,两壳大小相等,喜生活在有淡水注入的内湾及河口附近的细沙质海滩。文蛤肉有爆炒、煨汤、烧烤、生炝等多种食法。近代研究表明,食用文蛤,有润五脏,止消渴,健脾胃,治赤目,增乳液的功效。铁板文蛤、金钱文蛤饼等为南通名菜。

紫菜。南通滩涂,适宜紫菜养殖。《本草纲目》记载:"海边悉有之,大叶而薄,晒干视之,其色正紫。"紫菜含有蛋白质、无机盐和多种维生素,其营养价值超过大豆、面粉、猪肉、牛肉、鸡蛋等,且对高血压和肺病患者有辅助疗效。

竹鸡。俗名鸡头鹑,是一种栖息在山丘竹林间的野禽。外形有点像雏鸡,全身羽毛呈栗色,带有白斑,喜食竹笋蛀虫,肉质鲜美。将竹鸡与香芋同烧,为南通稀有名贵野味,入口酥松,色香味俱佳。

西亭脆饼。创始于清光绪年间(1875—1908年),至今已有一百多年历史。该饼用料考究,以上等精白面粉为主料,经二十八道工序手工制成。脆饼用微火烘烤,表面黄而不焦。干吃则松脆香酥,水泡则鲜甜适口。

如皋香肠。始生产于清同治年间(1862—1874年),已有百余年历史。清末获"南洋劝业会"二等奖,与广式香肠媲美,称"如式"。

此外,蒿儿团、石港烤虾、石港腐乳、白蒲茶干、水明楼黄酒、嵌桃麻糕、狼山鸡、王氏保赤丸等亦为著名土特产。

二、名特地产

南通缂丝。属缂丝艺术中最古老的本缂丝流派,但鲜为世人知晓。南宋马端临所撰史书《文献通考》载有南通地区向宋廷进贡缂丝的史实。南通女工传习所创办后,张謇托沈寿丈夫余觉从京城请来缂丝技工数人,于南通贫民工场(今南通市区大码头处)教习缂丝技艺。习作则对外展售,或赠予当时各界名流,鲁迅便是其中一人。南通缂丝表面虽粗犷,实际则蕴藏着细腻精致,耐人寻味的艺术气息。苏州缂丝属于明缂丝,特点是轻柔,表面平纹状,无明显的瓦楞地沟纹。南通缂丝与明缂丝除了直观的差异,在技艺方面也有很大的区别,但通经断纬是它们共有的主导技法。

南通仿真绣。为刺绣艺术大师沈寿所创,故也称沈绣。仿真绣继承传统苏绣的风格,具有平、齐、光、亮等工整细腻的特点。作品常以西洋油画的人物肖像、风景为绣稿,并吸收其用光、用色的技法于刺绣技法中,立体感强,具有惟妙惟肖的艺术效果。尤其是人物绣,针法变化多端,艺术风格鲜明。珍藏于南通博物苑的《蛤蜊图》是沈寿的代表作品之一,其采用缠针、施针、滚针等多种针法,以黑灰白线配色,通过明暗对比逼真地表现了蛤蜊的质感,充分显现了仿真绣的生动表现力。

南通红木雕刻。技艺精湛,历史悠久。集木工、雕刻、生漆三大传统制作工艺于一体,品种众多、题材广泛。以民间工艺美术家吉华为首的创作团体,雕刻的红木圆雕"千手观音"以及红木徽雕"三大名楼"曾荣膺联合国国际旅游联合会颁发的"金帆奖"。南通工艺大师主编的首部中国红木雕刻家具质量标准,已作为国家行业的样板。

板鹞风筝。南通地区独具特色的传统手工艺品,源于北宋年间。板鹞风筝是南鹞中最具代表性的品种,因其造型如一平板而得名。融扎裱造型、配色绘画、音律设计、"哨口"雕刻等工艺于一体,放上天,"得风则鸣,其声随风抑扬",故有"空中交响乐"之美誉。南通现有一大批精于扎制板鹞风筝的民间工艺师。

南通薄荷脑。薄荷脑具有杀菌、兴奋、健胃、镇痛、清凉等功效。初闻觉灼热香辣,后渐感清凉浓郁。南通薄荷脑呈透明棱柱状结晶体,无杂质。加工须经预热、沉淀、冷冻、结晶、烘选等多道工艺,品质优良,独具一格。

香芋。多年生豆科植物,因其地下茎块有一股淡雅香味而得名。香芋烧茶干,有"素菜之王"的美誉。《红楼梦·第十九回》有贾宝玉把香芋列入果品之记载,可见其味之美和食用之久。南通海门、启东两地仍保留种植香芋的传统。

三、丰富的旅游资源

南通占江风海韵之利,风光绮丽,旅游资源丰富独特。近代南通人以张謇为代表开风气之先,创造性地开展城市建设,南通遂为中国人最早按照先进理念规划和建设的城市典范,15个"全国第一"造就了"中国近代第一城"的美称。南通人居及旅游环境品质一流,形态美观。市中心濠河与城亲融,独具城抱水、水拥城的绚丽风貌。

水绘园。位于如皋市区城东北隅,始建于明万历年间(1573—1619年)。为园主冒一贯置业,历四世至冒辟疆时始臻完善。绘园不设垣墉,环以碧水,园中凭借水流于地面,自然地形成了一幅幽美的画图。园以水为贵,倒影为佳,既秀且雅。其以园言志,以园为忆,并融诗、文、琴、棋、书、画、博古、曲艺等于一园,文人园林特色浓郁。

文峰公园。位于崇川区文峰路,因公园内有文峰塔而得名。文峰塔始建于明万历四十六年(1618年),清嘉庆年间(1796—1820年)重修。塔高39米,砖木结构,平面六角形,5层,仿楼阁式。塔身砖壁,外木檐平座栏杆。每层塔门四隐四现,上下交错。六角攒尖顶,塔刹细长,覆钵亦不大,上有相轮七重。腰檐伸出较长,檐角向上反翘,古朴优美。现在的塔为新中国成立后重修。

南通博物苑。位于南通市区濠河之滨,为晚清状元张謇于1905年创办。建苑初期,博物苑藏品分天产、历史、美术、教育四部,主要陈列于南馆、北馆等展馆内。大型文物标本则展示于室外。楼上陈列历史文物,楼下陈列动、植、矿物标本。在二楼半圆形月台上,悬挂有张謇当年手书的对联:"设为庠序学校以教,多识鸟兽草木之名。"言明创办博物苑是为了辅助学校教育、普及科学文化知识。南馆朝北大门两旁各有一座亭子,陈列古玄妙观的三清塑像。

中国珠算博物馆。位于南通市区濠河之滨,是世界上最大的珠算专题博物馆。馆藏珠算文物史料1万余件。馆内珠算史厅精美的展品,展现了中国珠算的悠久历程与深厚底蕴。算盘精品厅内陈列的大小、形状、质地各异的古今算盘,让观众感受到中国算盘精品的美轮美奂和算盘文化的博大精深。紫檀算盘厅内造型古朴、结构独特的巨型紫檀算盘,集算盘制作和紫檀工艺于一身,向世人彰显着中国传统文化的灿烂与辉煌。2013年,中国珠算入选联合国教科文组织认定的《人类非物质文化遗产代表作名录》,进一步扩大了中国珠算在世界文化史上的影响力。

狼山风景区。狼山位于南通城南6千米的长江北岸,海拔106.9米,面积18公顷。狼山广教寺是大势至菩萨在我国的唯一道场,从而享有中国佛教"八小名山"之首的美誉。自唐总章年间(668—670年)兴建寺庙禅院以来,经历代修缮扩建,寺庙、殿堂等场所自山顶一直绵延至山下。信众自四面八方纷至沓来,香火终年不断。"初唐四杰"之一的骆宾王、文天祥僚属金应将军、李大钊的老师白雅雨烈士等均长眠于此。狼山还是历代军事战略重地,传闻秦始皇曾在此驻有重兵;隋帝征辽时于此驻足;南宋民族英雄岳飞于此屯兵抗金;明代南通军民在此抗击倭寇。历代许多文人墨客或来此俯瞰江水东流,或追寻先人踪迹,或入寺敬香礼佛,并留下了诗作近千首,游记百余篇。离狼山不远处的啬园,为清末状元张謇的陵墓。

濠河风景区。位于市区中心,是以古老的护城河为纽带,以城市为中心的开放式景区。濠河原为护城河,史载后周显德五年(958年)筑城即有河,兼有防御、排涝、运输和饮用多重功能,被称为"人体脉络",也被称为南通母亲河。濠河现周长10千米,水面108亩。水流清澈,荡漾迂回,时有鸥飞鱼翔。河上28座桥和各种名木古树与亭、台、楼、阁、塔、榭、坊等交相辉映,人文景观与自然风光融为一体,十分迷人。

苏中七战七捷纪念馆。位于海安市区长江中路。1946年7月13日至8月27日,华中野战军在粟裕、谭震林的指挥下,以3万兵力迎击美式装备的国民党军12万之众,取得歼敌5.3万余人的胜利。当时延安总部发言人高度评价苏中战役,称其"七战七捷",彰显了苏中军民的伟大力量,表现了粟裕非凡的军事指挥才能。国务院原副总理、国防部原部长张爱萍为纪念馆题名。

第四编

苏北地域文化

  苏北,江苏北部地区的简称,包括徐州、宿迁、连云港和盐城4个设区市。地处以上海为龙头的长江三角洲辐射区,是中国沿海经济带的重要组成部分。东濒黄海,南接苏中4市,西连安徽省,北与山东省接壤。土地总面积44 907平方千米,占全省总面积的43.43%。2022年末,4市常住人口2 533.25万人,占全省总人口的29.78%,城镇化率为64.79%。

  苏北人以5 200年前的蒋庄文化、6 500年前的大墩子文化和1万年前的大贤庄文化,乃至5万年前的下草湾新人文化为远源,以项羽建立西楚王国和刘邦建立西汉帝国所体现的巍巍楚汉雄风为基础创造了苏北地域文化。从文化格调上看,苏北大部分地区至今仍保留有浓厚的传统风俗习惯、生活方式以及道德观念等传统文化心理。苏北地域文化的主要特征是豪迈峻奇,富有远见,宽容明理,坚忍不拔,勤劳务实,而盐、连二市的海洋文化在观念上放眼世界,在经济上对外开放,同时具有海洋文化的传统特征。

第十四章

徐州地域文化

徐州市,简称徐,古称彭城。位于江苏省西北部,是淮海经济区第一大城市及政治、经济、交通、文化中心,是国家级历史文化名城。东襟连云港市,西接中原,南屏宿迁市,北扼冀鲁,素有"北国锁钥,南国门户"和苏、鲁、豫、皖、冀"五省通衢"之称,向来为兵家必争之地和商贸中心。全市总面积 11 765 平方千米。2022 年末,常住人口 901.85 万人,城镇化率 66.81%。

第一节 历史沿革与国际交往

一、历史沿革

徐州历史悠久。据邳州市大墩子、刘林和新沂花厅等新石器时期文化遗址考古证明,早在 6 500 年前,徐州一带就有人类活动,并创造了灿烂的徐夷文明。原始社会末期,帝尧封黄帝后裔陆终氏第三子篯铿(又名彭铿)于今徐州市区建大彭氏国。据传说,彭铿是黄帝的后裔,颛顼的玄孙,因善于烹饪野味奉献帝尧,得到赞赏,被封于彭地,为大彭氏国,并赐其"长寿"。彭城为徐州最早的地名,也是江苏境内最早出现的城邑。据考证,徐州建城史的纪元应为公元前 1207 年,至今已有 3 200 多年的历史。

商代武丁时,灭大彭氏国,其成为商的一个城邑。春秋时为宋国彭城邑,战国时宋国弃睢阳而迁都彭城。周赧王二十九年(前 286 年),楚灭宋,彭城属楚,谓之西楚。秦置彭郡,徐州出现最早的行政建制。不久,改置彭城县,属泗水郡。

汉武帝元封五年(前 106 年),分全国为 13 个监察区,徐州为其中之一,称徐州刺史部。徐州得名,一般认为源于商代由远古时东夷族的一支——徐夷族所建立的徐国,亦称徐方、徐夷。公元前 512 年冬十二月,吴灭徐。徐州作为古九州之一,最早见于战国时期成书的《尚书·禹贡》:"禹别九州,随山浚川,任土作贡……海、岱及淮惟徐州。"徐州刺史部监察琅邪郡、东海郡、临淮郡、楚国、泗水国、广陵国。其中,楚国领彭城(今徐州市区)等 7 个县。汉宣帝地节元年(前 69 年),废楚国,改置彭城郡。东汉建安三年(198 年),曹操移徐州刺史部治彭城,彭城始称徐州。辖境相当于今江苏长江以北及山东南部地区。

魏晋南北朝各代曾设彭城国或徐州,都城或治所多在彭城。隋时设徐州,后改彭城郡,治彭城。其后,唐、宋、元、明、清徐州皆为州、府衙署所在地。

民国初,州、府废,徐州府地附铜山县,后曾设徐海道,治所在铜山县(今徐州市铜山区)。日伪时由铜山县与徐州分治,曾为伪淮海省省会。抗战胜利后,国民政府仍置徐州市。

1953年1月江苏建省,设徐州专区,公署驻徐州市。1960年,铜山县归徐州市。1983年实行市管县体制,徐州市辖5区6县。

二、行政区划与发展格局

徐州市现辖云龙、鼓楼、泉山、贾汪、铜山5个区,新沂、邳州2个县级市,丰县、沛县、睢宁3个县。云龙区,因境内云龙山而得名;鼓楼区,因境内有明代鼓楼而得名;贾汪区,由贾汪矿区改置而得名,贾汪得名于贾姓宗族临汪(水塘)而居,初名贾家汪,后简称贾汪;泉山区,因境内泉山而得名;铜山区,因境内微山湖中铜山岛而得名;邳州市,邳有大义,演化为地名;新沂市,以境内新沂河得名;丰县,因丰水流经境内,物产丰富,农畜并茂而得名;沛县,因尧时沛泽而得名;睢宁县,取睢水安宁之意。

根据新的城市建设规划,徐州市城市重点发展5个组团,适度发展10个卫星城镇,建立"两湖、四区、六山、八水、十二带"的基本生态城市框架,形成以现代化区域交通为依托,以商贸、金融、文化、信息、会展、教育、居住、高新产业等为支持的,设施完备、环境良好、风景秀美的区域型中心城市和徐州都市圈核心城市。

三、国际友好交往

20世纪80年代以来,徐州与法国圣埃蒂安市、圣太田市,美国纽瓦克市、特拉伯尔市,日本半田市,奥地利雷欧本市,德国波鸿市、埃尔富特市、克雷费尔德市,澳大利亚大丹德农市,俄罗斯梁赞市、奥廖尔市,乌克兰基诺沃格勒州市,巴西奥萨斯库市,韩国井邑市,新西兰霍克斯湾地区,意大利兰恰诺市等60个城市结为友好城市,增强了与国际的经济、文化交流。

第二节 地理交通与文化特征

一、地理与生态

徐州市境内东西长约210千米,南北宽约140千米。四面环山,域内除中部和东部存在少数丘岗外,大部分皆为平原。丘陵山地约占全市面积的9.4%,海拔一般在100~200米。丘陵山地分两大群:一群分布于市域中部,山体高低不一,其中贾汪区中部的大洞山为全市最高峰,海拔361米;另一群分布于市域东部,最高点为新沂市北部的马陵山,海拔122.9米。平原总地势由西北向东南降低,海拔一般为30~50米。丘陵山地和平原约占陆地总面积的90%。

徐州市属暖温带湿润半湿润气候,受东南季风影响较大,气候资源较有利于农业经济发展。境内林木覆盖率达32.6%,其中城市绿化覆盖率41.6%,人均公共绿地13.52平方米。

徐州市以黄河故道为分水岭,形成北部的沂、沭、泗水系和南部的濉、安水系。境内河流纵横交错,湖沼、水库星罗棋布,废黄河斜穿东西194千米,京杭大运河纵贯南北181.16千米,东有沂、沭诸水及骆马湖,西有夏兴、大沙河及微山湖等,形成了防洪、灌溉、航运、水产等多功能的河、湖、渠、库相连的水网系统,水域面积占10.12%。

二、经济资源

徐州市是资源富集且组合条件优越的地区之一。煤、铁、钛、石灰石、大理石、石英石等30多种矿产储量大、品位高,其中煤炭储量69亿吨、石膏44.4亿吨、岩盐21亿吨、铁8300万吨、石灰石250亿吨。农副产品品种众多,特色鲜明,银杏、富士苹果、牛蒡等20多种农副产品享誉海内外。徐州年产煤炭2500多万吨,是江苏唯一的煤炭产地。全市发电装机容量超过1300万千瓦,是江苏省重要的能源基地。

徐州市为华东地区电力能源基地,国家电网"西电东输"和江苏"北电南供"的枢纽,年外送电量超过300亿千瓦时,占供电总量近七成。国内迄今装机容量最大的20兆瓦太阳能发电站在徐州市贾汪区成功投运。

徐州市已形成机械、建材、化工、食品四大支柱产业,积极发展新医药、电子信息、环保设备等新兴产业,打造以工程机械为主的国际装备制造业基地、能源工业基地、现代农业基地,不断提升淮海经济区中心城市、长三角区域中心城市、淮海经济区商贸物流中心地位。

三、交通建设

徐州市已实现铁路、公路、水运、航空、管道立体化"五通汇流"。京沪、陇海、京福、连霍等国家铁路干线和京沪高铁、徐兰高铁在徐州交汇或过境,徐州北站是中国最高等级编组站之一,列亚洲第二。311、104、205、206、310等国道从此过境,北通京津,南达沪宁,西接兰新,东抵海滨,为全国性综合交通枢纽和东西、南北经济联系的重要"十字路口",有"通徐州,则通全国"的美誉。高速公路通车里程在全国设区市中位居第一。

京杭大运河傍城而过贯穿徐州南北。徐州港是国家28个内河主要港口之一,有生产泊位330多个,有"京杭运河第一港"的美称。2022年货物吞吐量达5015.08万吨。

徐州观音国际机场是淮海经济区唯一的大型干线机场,是京杭大运河上的枢纽港口之一。现已开通北京、上海、香港、深圳、广州、昆明、海口、成都、大连、太原、厦门、温州等30余条国内航线和泰国、韩国、日本等6条国际航线。年旅客吞吐量近300万人次。

2022年,国家确定徐州建设全国性综合交通枢纽城市。

徐州市区交通便捷,现已开通地铁交通线路3条,营运里程64.3千米。

四、地域文化特征

徐州是汉风文化的发源地,也是现今汉风文化遗存最多的地区,具有以下几个特征:

其一,徐文化为其远源。徐州为中华四大族系之一的东夷族系发祥地。徐夷文化,后融合发展为楚汉文化,是江苏地域文化的初始阶段与古文明代表。特殊的文化地理位置使徐州地域文化带有明显的典雅质重、粗犷豪迈的北方文化特点与人文精神。夏、商时期,彭、徐地域辽阔,国力强盛,文化发达。

其二,雄伟、豪放、凝重、浪漫为其文化特质。徐州历史上为华夏九州之一,有6500年以上的人类居住史和3200多年的建城史,被称为"千年帝都""帝王之乡",有"九朝帝王徐州籍"之说。徐州是彭祖文化、两汉文化的发源地,有"彭祖故国、刘邦故里、项羽故都"之称,其现存大量的文化遗产、名胜古迹,无不显示出其特有的文化气质。

其三,楚汉文化为其文化核心。地域广阔的楚汉文化带蕴含着极为繁富的物质、精神文化形态。汉兴,徐夷文化强势西上,在政治、文学、艺术、哲学、美学、宗教、习俗、语言等文化领域融合了中原文化,升格发展为国家文化主体形态,成为封建社会典范文化——汉唐文化的重要组成部分,影响深远。

其四,帝王政治文化推动国家文化及江苏地域文化发展。徐州地区走出多位开国立邦、政绩卓著的君主,其结果是帝王政治文明的建构与徐夷文化的远渐、发扬,促进江苏地域文化的大发展。汉朝建立使得徐州地区的语言、习尚、哲学等地域文化融合中原文化,上升为国家汉民族整体与核心文化。

徐州市除新沂市沂河以东地区使用江淮方言外,均使用中原官话。徐州话语音系统与普通话较为接近,词汇与普通话差异稍大,保存着古代汉语或早期白话的面貌。市树为银杏,市花为紫薇花。

第三节　历史文化遗产

一、史前文化遗址

徐州历史文化积淀丰厚,遗存丰富。早在6 000多年前的新石器时代,徐州地区就出现了大汶口文化氏族公社居住村落。邳州市大墩子、刘林、新沂花厅等遗址,是新石器文化的代表性遗存。

大墩子遗址。位于邳州市四户镇竹园村,面积约5万平方米,为原始社会新石器时代文化遗址,距今约6 500～4 000年。先后两次发掘,共清理出墓葬344座,以及部分窑穴、居住遗迹。遗址上层为大汶口文化中、晚期遗存,下层属北辛或称青莲岗文化早期遗存。下层出土的泥质陶器有钵和碗,外施红色陶衣,上绘红色花纹,有直线、曲线、复道弧线等花纹。反映了远古先民各时期社会状况和发展脉络,为研究黄河、长江流域间文化关系的重要依据。其中,绚丽的彩陶最具大墩子文化特质。

刘林遗址。位于邳州市戴庄镇刘庄村西南。为新石器时期的遗址,处于大汶口文化早期,距今约6 200～5 500年。遗址共发现墓葬145座,出土文物814件,其中石器69件,骨、角、牙器215件,陶器530件。表明当时人类已进入父系氏族社会,生产力有了一定程度的发展,出现了社会分工、产品交换和财产私有。该遗址对研究我国原始社会晚期历史具有一定的科学价值。

花厅遗址。位于新沂市马陵山西麓。先后四次发掘,清理墓葬78座,出土陶器1 058件,石器134件,玉器1 091件,骨器123件。其中一块镶嵌8颗绿松石的陶板,为我国首次发现的新石器时期陶器上的绿松石镶嵌。8座墓有人殉现象,如18号墓中有两具殉葬幼儿的骸骨,60号墓中有两具殉葬幼儿、一具殉葬少年、两具中青年男女骸骨。为我国目前发现的时代最早的人殉人祭现象。为探索中国文明史的起源,研究黄淮河下游的史前文化,提供了一批前所未有的十分珍贵的实物资料。

梁王城遗址。位于邳州市戴庄镇李圩村。该遗址面积有100多万平方米,文化层堆积普遍在4米左右,最深处达5米。清理西周时期各类墓葬66座,出土了陶、青铜、骨器、水晶等器物,以及大汶口文化晚期房屋、道路、窑址、作坊、墓地等遗迹。文化层堆积从早到晚依次为大汶口文化层、龙山文化层、商周文化层、春秋战国文化层、北朝至隋文化层以及宋元文化层等,历史延续约5 000年。经过钻探确定梁王城城址的始建年代为战国时期,很有可能是春秋战国时期当地的繁华闹市区域或政治经济中心。该遗址周围分布有徐偃王等大型墓葬，这说明梁王城遗址与徐方国关系非常密切。

二、历史文化遗存

2022年末，徐州地区已发现各类历史文化遗存400多处。其中国家级重点文物保护单位9处27个点，省级文物保护单位34处，市级文物保护单位216处。

古徐国遗迹。古徐国（存在于前2025—前512年），又称徐戎、徐夷或徐方，是西周、春秋时期诸侯国之一，为东夷集团之一，国君为嬴姓。据《元和姓纂》《通志·氏族略》载，夏启六年封助禹治水有功者伯益次子若木于徐，徐国始创。此后，徐国人筚路蓝缕，刀耕火种，在黄海地区创造出了灿烂的徐夷文化，为农业、手工业发达，军力强盛和笃重"礼乐""仁义"的东方文明之邦。商武乙前后，徐国都泗水；后南迁费县—郯城—徐州（彭城）—泗县—邳州。历夏、商、周三代递44君，存世1 600余年，疆域与《尚书·禹贡》所言"海岱及淮惟徐州"大致相当。宿迁市泗洪县尚有徐国都城遗址，徐州邳州市有徐国墓葬遗址多处。

大彭国遗迹。徐州为禹时九州之一，彭城邑为这一自然经济区域的中心城市。据《世本》《逸周书》《竹书纪年》《左传》《史记》及《夏商周年表》等典籍记载，帝尧时篯铿建彭国，筑城于彭，故徐州有彭城之称。据《彭城志》记载：大彭国在徐州市城西30千米。此为江苏境内最早人类活动的文字记载和城邑纪元。彭国夏商时国力强盛，为五霸之一，曾助夏讨平武观、助商攻败姺和邳国。武丁四十三年（前1207年）为商所灭，存国800余年。现铜山区夹河乡大彭山下有大彭集村，村西有古井，碑镌"彭祖井"。市区统一北街北首路西有彭祖宅，砖额"彭祖祠"，宅内原有彭祖古井及碑，现移存徐州市博物馆。

龟山汉墓。位于徐州市鼓楼区龟山西麓。龟山高约35米，状似乌龟，故名。该墓出土的龟纽银印，确认此为西汉第六代楚王襄王刘注（前128—前116年在位）夫妻的合葬墓。墓依山为陵，凿石为葬，由两条墓道、两条甬道和15间墓室组成。主次分明的墓室，卧室、客厅、马厩、厨房一应俱全，井然有序，仿佛是一座地下宫殿。总面积700多平方米，容积量达到2 600多立方米。工程浩大，几乎掏空了整座山。建筑雄伟、奇巧，体现了汉代粗犷豪放的建筑风格。墓中两条各56米长的甬道沿中线开凿，最大偏差仅5毫米，棺室北面墙上清楚地显示着一位真人大小的影子是如何形成的等千古之谜，至今令人叹为观止。

狮子山汉兵马俑。位于徐州市云龙区狮子山西侧300米处，是西汉楚国第三代楚王刘戊的陪葬品，象征着卫成楚王陵的部队。兵马俑种类丰富、数量众多，共有博袖长袍的官员俑、冠帻握兵器的卫士俑、执长器械的发犟俑、蹲战靴和抱弩鱼弓的甲士俑等十余种4 000多件，为汉代艺术珍品及徐州作为军事重镇的历史见证，对研究汉代雕塑、社会生活、丧葬制度、军制战阵都有极高的价值。

汉画像石遗存。汉画像石是汉代人雕刻在墓室、礼堂石壁上的壁画。汉时盛行画像石墓，徐州为中国汉画像石主要分布地，遗存丰富。现出土的1 000余块画像石，多以农业生产活动为题材，《牛耕图》《纺织图》《女娲伏羲图》《车马出行图》为其代表作。此外，雕刻的百戏中有掷倒、冲狭、跳丸、跳剑、寻橦等表演，奇技玄妙，栩栩如生，说明徐州有着悠久的杂技艺术底蕴，是中国杂技的发源地之一。这些画像石形象地再现了汉代政治、经济、军事、文化与社会生活等各个方面，是两汉文化乃至中华文明最生动的图像见证。

户部山古建筑群。位于徐州老城南门外。户部山，原名南山，是徐州城外最近的制高点。明末为避黄河水患,许多官绅富贾不惜重金在此建宅。至民国初年,户部山周围高宅大院密布,依山就势的民居,参差错落。既有北方四合院的规整划一,又有南方民居的曲折秀美。墙体多用青石与青砖,梁架用材硕大,雕梁画栋,琢刻精细,建筑风格独特。代表性的古民居有崔家大院、李蟠状元府、余家大院等,是苏北乃至苏鲁豫皖接壤地区少有的一处古民居建筑群。

三、非物质文化遗产

徐州是中国民间工艺美术兴盛产地之一,历史悠久。新石器时代彩陶、骨雕,汉代陶塑、画像石都出自民间艺人之手。2022年末,徐州市有市级以上非物质文化遗产148项。其中,徐州剪纸入选联合国教科文组织认定的《人类非物质文化遗产代表作名录》。有国家级非物质文化遗产8项,省级非物质文化遗产43项,市级非物质文化遗产96项。流传至今的剪纸、农民画、泥玩、布玩、面人、风筝、彩灯、纸塑、糖人、木雕、石刻、刺绣、木版年画、草编、柳编、织锦等,异彩纷呈,各具特色。徐州是著名的曲艺之乡,流行剧种有柳琴戏、江苏梆子、徽剧、京剧、柳子戏、花鼓戏、四平调、丁丁腔、皮影戏、评剧、话剧等。徐州地方戏曲、民间舞蹈,兼具北曲刚健、豪迈与南音委婉、含蓄之长。

徐州琴书。流传于徐州及周边地区的戏曲剧种之一,是在明、清小曲的基础上演变而成的曲艺种类,已有300多年历史。起初只是农闲时的自娱活动,表演形式有单人唱、对唱、三人坐唱和多人联唱等。基本句式为七字句,可以加三字头和衬字。演唱韵味独特,艺人坐中间打板击琴,伴奏者列左右。唱词源于百姓日常生活,多为家长里短,故唱琴书又称"唱针线筐",传统曲目有《张延秀赶考》《猪八戒拱地》等。

江苏梆子。又称大戏,流行于徐州及周边地区的江苏地方戏曲剧种之一,已有300多年历史。因其以枣木梆子为击节乐器,故名。江苏梆子由曹州(今山东省菏泽市)梆子(又称山东梆子)演化而来,后又吸收河南梆子的长处,演唱风格既有山东梆子的刚烈,又有河南梆子的细柔,分工精细,声腔豪放,表演夸张。传统剧目有600多出,经改编、创新的优秀剧目有《胭脂》《战洪州》《红梅》《胜利渠》《心事》《四方楼》《打神告庙》《李瓶儿》《华山情仇》等。

柳琴戏。流行于徐州及周边地区的江苏主要地方戏剧种之一,已有200多年历史。因其唱腔有拉魂动魄的魅力,极为人们所喜爱,被民间称为"拉魂腔"。20世纪50年代初,因其主要伴奏乐器为柳叶琴,始正式定名为柳琴戏。柳琴戏有"九腔十八调七十二哼哼",可见唱腔之繁茂,颇有北方剧种的阳刚粗犷之气。传统剧目有200余出,小戏以《喝面叶》《小姑贤》《芈建游宫》等为代表;大戏以《四告》《观灯》《大花园》等为代表。

徐州香包。香包,又称香囊,俗称香布袋。徐州香包始于汉代,当时用高级锦绣制成,内储茅香根茎或掺拌辛夷等香料。以后历代盛行,材料改进,还被用作男女爱情的信物。题材多以喜庆吉祥题材为主,如龙凤呈祥、鸳鸯戏水、松鹤延年、喜鹊闹梅等,寄托着人们祈求祥瑞、辟邪纳福、丰衣足食的美好愿望。随着社会发展和人民生活水平的提高,又出现了以戏曲人物脸谱、布袋和尚(招财)、麒麟送子、观音送福、两汉文化、卡通娃娃等题材的作品。形状有心形、圆形、菱形、元宝形、蝴蝶形、花瓶形(保平安)、水滴形、长方形等,局部刺绣,精致细腻,神形兼备,极具装饰性。

丰县糖人贡。糖人贡,俗称供品。原为宫廷用品,后流入民间,主要用于传统丧葬祭祀活动。始创于清代中期,流行于丰县及周边地区的农村。采用优质白糖、食用色素(包括胭脂红、食用绿、食用黄)为原料,用模具注塑而成。形象古朴优美、生动传神,意趣天成。题材多取自神话传说、历史故事等。主要品种有寿桃、老寿星、王母娘娘、天官、八仙人等。

邳州喜床画。喜床画是上辈老人按家庭的美好心愿和对子女的吉祥祝福,给子女打制喜床(面子床)时,在面子上绘制、雕刻的一种传统绘画。起源于汉代,宋代以来在邳州地区广泛流行。从 20 世纪 80 年代开始,随着绘画的载体喜床(面子床)逐步淘汰,喜床画逐渐消失。目前,仅在边远的农村还有部分传统家庭的老人在使用。喜床画纹样内容广泛,多取其纹样的谐音、寓意,祝福子女婚姻美满,多子多福,心想事成,合家安康。更多的则是以画传意,寄托对爱情的祝福。代表作有《娃娃坐莲花》《四季平安》《喜鹊登枝》《荷花鸳鸯》《凤凰牡丹》《麒麟送子》等。

四、民俗文化节日

徐州市民俗文化品类丰富,意蕴生动。户部山古民居建筑群、彭城五楼(霸王楼、彭祖楼、黄楼、奎楼、燕子楼)代表了徐州楼台建筑的传统文化特色。

正月十五赏灯日,徐州城中点灯、放爆竹、点"滴溜金儿"。往东至邳州一带,鞭炮和灯少了,多出了"抛扫帚"火把的游戏。再往东至新沂一带,活动方式与邳州略同,但玩火把的时间,却是在二月初二。

吃腊八粥。腊八这一天,人们要吃一顿腊八粥,是千百年来流传的习俗。所谓腊八粥,就是以糯米和赤豆、红枣、桂圆、莲子、花生等杂粮干果熬成的粥。民俗把这一天叫小年。据说,腊八粥(又称腊八饭)有这样的成分,是为了顺应农民预祝来年五谷丰登之意。

二月初二龙抬头日,徐州城中祭福神(土地老爷),爆米花、炒糖豆表示惊蛰打雷。用柴木灰圈仓,仓中放铜元,以祈富贵,并用敲床桄、照烛光的方式诅咒毒虫。邳州一带,用草木灰圈仓,仓中埋五谷杂粮,祈五谷丰登。再往东至新沂一带,草木灰圈的仓中放炒熟了的杂粮,引鸟雀来啄食,名为吃虫,意为可以使农作物免遭虫害。

徐州市还有形式多样、内容丰富的民俗文化节日。汉文化国际旅游节于每年 10 月举行,届时有大型广场仿古文化仪式汉宫盛典及乐、舞、民俗表演,展出汉代精品文物、民间工艺。沛县汉城演出《高庙祭典》。尚有徐州彭祖伏羊节,刘邦文化节,李可染、马可艺术节,云龙山、泰山、子房山庙会,新沂马陵山槐花节,丰县梨花节等。

五、宗教文化述略

徐州是道家文化的发源地,谊家鼻祖老子一生主要活动在苏、鲁、豫、皖的交界处,晚年居住在鲁和徐州市沛县,在这一带传授其学说。孔子曾七次到沛县向老子问道。道教创始人张道陵是沛国丰县人,传说他的祖先是张良。张良从道教主赤松子学道,好黄老之学。张道陵年轻时也在丰沛一带和浙江等地讲诵《老子》,曾著有《老子想尔注》。可以说,徐州是道教祖师的故里。汉灵帝时,张角创建太平道,以善道教化信众,以符水治病,十几年间聚集信众数十万人,遍布青州、徐州等八个州。后沛国丰县人张道陵在此基础上制定出完善的经典、礼仪,创立了道教。唐高祖李渊、唐太宗李世民自认老子李耳为祖宗,道教尊崇老子为道宗,故唐代尊道教为国教,张道陵被封为太师,道教盛行一时,宫观遍布全国。明代嘉靖年间(1522—1566 年),徐州人集资在城南太山建造碧霞元君祠。乾隆四十五年(1780 年),改称碧霞宫,每年举办太山庙会,苏鲁豫皖接壤地数以万计的信众均来此进香赶会。民国以来,倡导破除封建迷信,道教宫观及神像多被捣毁,道教走向衰落。1994年,徐州重建并开放碧霞宫。

玉皇宫是徐州现存规模最大的道观。始建于宋元时期,明代燕王朱棣曾在此安营扎寨12年之久。朱棣信奉道教,称帝后大规模扩建玉皇宫。玉皇宫供奉的玉皇大帝是天界至尊神,即民间尊称的老天爷,在道教神界中有着崇高的地位,是中国民间诸神的象征,更是统领万神的尊神。20世纪40年代玉皇宫毁于炮火,仅遗存有一座大殿。"文化大革命"时期,大殿被拆除,30余块各朝石碑被国家文物部门收藏。现今重建的玉皇宫、凌霄殿为仿清代重檐歇山式建筑,金黄色的琉璃瓦象征皇权的威严,香火十分旺盛。

东汉时佛教传入徐州市。公元65年,东汉楚王刘英崇信佛教,在徐州组建了中国第一个佛教团体。据有关资料,中国第一位女出家人是徐州的净检法师,她在洛阳建造了中国第一座比丘尼寺院。中国第一座具有印度建筑风格的建筑是徐州龙华寺。

徐州市出土的雕刻有圣经故事的汉画像石和发现的《汉代基督教福音铭文镜》证明基督教在东汉时期已传入中国。康熙四十六年(1707年),法国籍耶稣会传教士到徐州西北的沛县传教。光绪三十三年(1907年),法国籍耶稣会传教士再次来到沛县传教,并在沛县城西购置土地,大兴土木,兴建教堂。1890年,基督新教也传入徐州地区。1931年7月,天主教在徐州设立教区。

徐州市佛教、道教、伊斯兰教、基督教、天主教等五教齐全。2022年末,全市有信众46万余人,依法登记的省级宗教团体天主教徐州教区1个,市级宗教团体6个,宗教活动场所607处,宗教教职人员464人。

六、历史名人

徐州自古龙飞凤翥,人灵地杰,群英荟萃,人物风流。帝王将相、文人骚士、艺术大家、民族英杰,立德立言立功,彪炳史册。

籛铿立彭,为徐州最早封君。除汉皇刘邦外,南朝宋武帝刘裕、南唐烈祖李昇、南朝齐高帝萧道成、梁武帝萧衍、后梁太祖朱全忠等皆祖籍徐州。徐州籍王侯将相更是层出不穷。除刘姓诸侯王外,因功封侯者有20多人。如"五里三诸侯"的安国侯王陵、绛侯周勃、汝阴侯灌婴,萧何、曹参、周昌、樊哙等。东汉末年被誉为江东第一谋士的彭城人张昭、东晋骁将刘牢之、清初状元李蟠、雍正重臣李卫等都是中国历史上的有名人物。

传说籛铿曾因烹调雉羹(鸡汤)进奉尧帝而受封,创立大彭氏国,被后世称为彭祖。相传他为中华烹饪鼻祖,所创名肴多传于世。其居官无为爱民,掘土为井,清洁水源。长于养生与房中术,以导引服气功法为民祛病。孔子尊其德,庄子誉其道。籛铿有中国第一长寿老人之美誉。徐州现存大彭村、彭祖井、彭祖墓、彭祖楼、彭祖园等遗迹和名胜。

刘邦(前256—前195),字季,泗水郡沛县(今徐州市沛县)人。出身农家,初为秦泗水亭长。秦二世元年(前209年),陈胜、吴广于大泽乡起义,刘邦起兵响应,称沛公。后投奔项梁军,与项羽同为反秦主力。秦亡后,刘邦与项羽展开长达四年的楚汉战争。由于刘邦善于用人,体恤民情,受到广泛拥护,最终打败项羽,建立汉朝。汉高帝十一年(前196年),刘邦亲征平叛而归沛里,置酒沛宫宴乡父老,击筑高歌曰:"大风起兮云飞扬,威加海内兮归故乡,安得猛士兮守四方。"今沛县歌风台有大风歌碑。刘邦在位期间,加强中央集权统治,发展经济;汉高帝十二年(前195年)以太牢之礼祭孔,开帝王祭孔先河;修订《汉律》九章、定算法、历法和度量衡等,对安定社会、改善民生、促进经济发展起到了重要作用。

萧何(？—前193),沛县人,与汉高祖刘邦同乡,是个有政治眼光和才干的人。萧何知人善任,唯才是举。"萧何月下追韩信"成为千古美谈。病危临终时,他捐弃个人恩怨,向朝廷推荐曹参作为自己的继承人。在楚汉战争中,他以丞相身份留守关中,刘邦每次被项羽打败后,他都很快又筹足粮饷,补充士兵,使刘邦能够重整旗鼓,保证了战争的最后胜利。萧何为汉王朝的建立立下了不可磨灭的功勋,位居"汉初三杰"之首,受封郸侯。

张良(？—前186),字子房,传为城父(今安徽亳州市东南)人。秦二世元年(前209年),陈胜起兵反秦,张良在下邳聚集青年100多人响应。刘邦此时起兵于沛,率领几千人攻占下邳以西一带地方。张良归依刘邦,成为刘邦的重要谋士,后来张良被封为留侯。今沛县东微山之侧有张良墓。

张道陵(34—156),本名陵,字辅汉,沛国丰(今徐州市丰县)人。东汉著名宗教首领、道教创始人,"五斗米道"教主。相传为西汉名臣张良之后。7岁通《道德经》。曾为江州令,后客居蜀中,学道于四川成都市鹤鸣山,作道书24篇,以符水咒法为人治病,并聚徒传道,自称"太清玄元真人"。后被道徒奉为"张天师",其道又称"天师道"。

刘裕(363—422),字德舆,小字寄奴,祖籍彭城绥舆里(今徐州西12.5千米),为汉代楚元王刘交的21世孙。幼年家境贫穷,靠战功得到升迁,最终掌握了东晋的实权。义熙六年(410年)、十二年(416年),两度率兵北伐,先后灭南燕、后秦。公元418年,回师至彭城,受封为宋公。东晋元熙二年(420年),受晋室禅让,成为南朝宋的开国皇帝,史称宋武帝。即位后,宽政减刑,励精图治。在用人制度方面,破格起用人才,不受魏晋时期"九品中正制"(从士族中选用官员)的限制,擢用出身寒门的人才为文臣武将。

七、学术翘楚

刘安(前179—前122),沛(今徐州市沛县)人。汉高祖刘邦之孙刘长之子,袭封淮南国王。好读书鼓琴,潜心治国之学,荟萃国都寿春(今安徽省寿县)文客著成《淮南子》(又名《淮南鸿烈》),分《内篇》《外篇》《道训》计20余万字。又著《淮南杂星子》《淮南万毕术》及诗赋。其学术成果包罗宏富,涉及政治、哲学、伦理、文史、经济、物理、化学、天文、地理、农林水利、医药养生等领域,集中体现了道家思想。

刘向(约前77—前6),原名更生,字子政,楚国彭城(今徐州市区)人。西汉著名经学家、目录学家、文学家。曾校阅皇家藏书,撰成《别录》,为我国最早目录学著作。有《新序》《说苑》《列女传》存世。治《春秋谷梁传》。整理并命名《战国策》,为"战国"名称由来。

刘歆(约前46—23),字子骏,刘向之子,楚国彭城(今徐州市区)人。西汉著名经学家、目录学家、文学家,古文经学开创者,中国儒学史重要人物之一。少时通习六艺,善属文,成帝诏与其父刘向领校内府藏书。哀帝时总校群书,在刘向《别录》基础上修成中国第一部图书分类目录《七略》。重排六艺序次,置《周易》于首位;首次披露《古文尚书》和《逸礼》来历,将秘藏古文经本传出内朝;首归《毛诗》《周官》于古文经典;重新整理《左氏春秋》,探求其义理。为倡导、振兴古文经学做出了空前贡献。

华佗(生卒年不详),字元化,沛国谯(今安徽省亳州市)人。著名医药学家,毕力于医药研究,行医于与徐州接壤的地区,深得百姓爱戴。其最突出的贡献是麻醉术——酒服麻沸散的发明和体育疗法"五禽之戏"的创造。首创全身麻醉法施行外科手术,被后世尊为"外科鼻祖""神医",并精通方药、诊断、针灸法。曾撰成《青囊经》,惜亡佚不传,其后学医著中多有存述。

刘义庆(403—444),字季伯,原籍南朝宋彭城(今徐州市区),世居京口(今镇江市),南朝宋文学家。宋宗室,袭封临川王,曾任南兖州刺史、都督加开封仪同三司。爱好文学,喜招纳文士。一生著作甚丰,计有《世说新语》10卷、《徐州先贤传》10卷、《文集》8卷、《小说》10卷、志怪小说《幽明录》30卷。其中《世说新语》记述汉末、魏、晋士大夫的言行,是魏晋逸事小说的代表作品,为我国古代笔记小说的先驱,对后世文学有深远的影响。

刘知几(661—721),字子玄,彭城(今徐州市区)人,所著《史通》为古代最杰出的史学理论著作,含内篇39、外篇13,各10卷。内篇主要叙述史书体例,辨别是非;外篇论述史籍源流及品评古人得失。《史通》全面梳理唐前史籍,建史学批评、史学史和史学编撰理论体系,于我国史学发展史有里程碑意义。

张竹坡(1670—1698),名道深,号竹坡,徐州市铜山区人。清初著名文艺理论家,因26岁完成评点文学巨著《金瓶梅》而闻名,为我国小说批评留下宝贵遗产。他创建性地提出《金瓶梅》是泄愤世情书,是史公文字、第一奇书,而非淫书,确立《金瓶梅》为我国"四大奇书"之首的崇高地位,精辟独到地评价《金瓶梅》的艺术,论及情节结构、人物形象、艺术手法、文学风貌等,高度总结了因《金瓶梅》出现而丰富了的小说艺术。张竹坡首创的书首总论的评点方法,健全了中国小说批评理论的组织结构体系。

八、文艺才俊

白居易(772—846),字乐天,号香山居士,又号醉吟先生。祖籍太原,生于河南省新郑市。中唐著名诗人,寓居徐州23年,以为第二故乡,作《江南送北客因凭寄徐州兄弟书》、《燕子楼诗》三首、《长相思》二首、《朱陈村》等。

刘禹锡(772—842),字梦得,彭城(今徐州市区)人。中唐哲学家、文学家,有"诗豪"之称。唐贞元九年(793年)进士。诗文俱佳,涉猎题材广泛。诗与柳宗元、白居易齐名,富于哲理,并善于向民歌学习。著有《刘梦得文集》《刘宾客集》。

李煜(937—978),字重光,号钟隐、莲峰居士,彭城(今徐州市区)人。史称南唐后主。以词名世,其词善以白描抒情,从自己的真实感受出发,大胆抒发,绝无拘束,因此极具感染力。亡国之前,词以艳情为主;亡国之后,词的题材始见开阔,情感真切。

苏轼(1037—1101),字子瞻,号东坡居士,眉州眉山(今四川省眉山市)人。嘉祐进士。熙宁十年(1077年),调任徐州知州,勤政爱民。建苏堤,抗洪水。寻找石炭(煤炭),造福徐州百姓。徐州今存黄楼、快哉亭、放鹤亭、东坡石床、苏堤等众多与苏轼有关的胜迹。在徐期间,著有诗词170余首,其散文名篇《放鹤亭记》流传甚广。

陈师道(1053—1101),字履长、无己,号后山居士,彭城(今徐州市区)人。北宋诗人。元祐时因苏轼等推荐,为徐州教授。后任太学博士、秘书省正字等职。家境困窘,爱苦吟,有"闭门觅句陈无己"之称。常与苏轼、黄庭坚等唱和。诗多写生活琐事,风格奇峭清新,是江西诗派代表作家之一。著有《后山居士文集》。

张伯英(1871—1949),字勺圃,别署云龙山民,晚号东涯老人。祖籍浙江绍兴,出生于徐州市铜山区。光绪时举人,民国时期著名书法家、碑帖学家、方志学家、文物鉴赏家、收藏家、诗人、彭城书派的创始人,是著名画家齐白石的老师。著有《法帖提要》《小来禽馆诗草》;主编《徐州续诗征》《黑龙江志稿》等。

第四节 地方特产与旅游资源

一、佳肴美食

徐州市饮食文化源远流长,彭祖为我国烹饪界公认始祖。其贡献是将人类饮食由熟食推向味食,由粗食推向精食,将饮食与养生相结合,开创了药膳、食疗等饮食新天地。对发展民族饮食文化,增强民族体质有极大的推动作用。

徐州菜肴为苏菜组成部分之一,讲究色香味形,口味咸辣麻酸,秉承大彭风味,制作考究,自成体系,渊源流布,常有动人传说。彭祖所创雉羹、云母羹、羊方藏鱼、糜鱼鸡等羹菜名品流传至今。传统名菜有霸王别姬、沛县狗肉、冯天兴烧鸡、麻老歪卤菜等。名羹饮有三汤一粥等。

羊方藏鱼。也叫套菜、二套菜,徐州菜系中最古老的名菜之一,已有4 300年历史,至今流传。制作时,将鱼置于割开的大块羊肉中,加上调料后烹煮或蒸炖。鱼鲜和羊鲜合成一体,其味鲜美无比。羊肉酥烂味香,内藏鱼肉鲜嫩。

霸王别姬。原名龙凤烩,徐州传统名菜之一。据民国初年《大彭烹事录》(又名《彭祖菜谱》)载,此菜为项羽定都彭城(今徐州)时,虞姬所创制。主要食材为乌龟(龟属水族,龙系水族之长)和雉(雉属羽族,凤系羽族之长),引申为龙凤相会而得名。此菜肴世代相传,成为喜庆宴会上不可缺少的大菜。现以鳖(甲鱼,别名王八)和鸡取代龟、雉,辅以香菇、料酒、姜葱等佐料,采取先煮后蒸的烹调方法制作而成。汤汁清澄,味鲜醇厚,鸡、鳖肉质鲜嫩酥烂,营养丰富,为宴席肴馔中之上品。现菜名中的"霸王"指西楚霸王项羽,菜中的鳖和鸡谐音为"别姬",演绎出一个历史故事,配合得如此巧妙,令人拍案叫绝。

鼋汁狗肉。沛县传统特色食品,成品呈酱红色,色泽鲜亮,味美醇香,肉质韧而不挺,烂而不腻,色、香、味俱佳。据《史记》载:樊哙少时以屠狗为业,刘邦与他交深,常食其狗肉不付分文。为躲刘邦,樊哙将肉摊迁至湖东夏阳。刘邦闻讯赶去,遇河受阻,苦于无钱乘舟,忽河中游来一只大鼋,驮刘邦过河。刘邦找到樊哙,抓起狗肉就吃。其后刘邦常乘鼋过河吃狗肉,樊哙恼鼋,杀之与狗肉同煮,狗肉更加好吃。从此,沛县狗肉又称鼋汁狗肉。樊哙将鼋汁汤传给其侄,世代相承。

二、名特地产

徐州市特色食品有烙馍、龟打、桂花山楂糕、小儿酥糖。地方特产有邳州苔干、邳州银杏、丰县苹果、睢宁三水梨、沛县冬桃、马陵山春茶、新沂银鱼、新沂捆蹄等。地方手工艺品有草编、剪纸、泥人、纸塑、布艺等。

徐州剪纸。主要分布于邳州、新沂、沛县等地。分为装饰剪纸(窗花、顶棚花、盆花、枕花、帐花、灯花等)、绣花纹样(鞋花样)、特种剪纸等形式。作品取材丰富,内容广泛,有历史故事、民间传说、戏剧人物等,也有以现实生活为主题、反映新时代精神风貌的。工艺简洁明快,画面朴实,保持了原生艺术的纯正品格。在众多的剪纸艺人中,最具有代表性和艺术成就最高的是新沂剪纸大师王桂英。

小儿酥糖。徐州特产之一,始产于清乾隆年间(1736—1795年)。制作方法独特,要先把花生、芝麻等各种原料碾碎混合,然后将白砂糖加工成乳白色,将做好的糖仁包容起来,放进小儿形状的制糖机内,待凝固后即成。因形状如同小儿,故名。其特点是酥脆可口,香气馥郁,回味无穷。现经制糖技师的挖掘整理,在保持原有特色的基础上加以创新,风味更加独特,品质更加优良,备受消费者欢迎。

窑湾绿豆烧。曾名金泊酒、辣黄酒,产于新沂市窑湾镇。始产于清乾隆二年(1737年),以优质高粱、大小麦等为原料,加入人参、砂仁、杜仲等50余种名贵中药酿成。成品酒色棕绿,香醇甜美,具有舒筋、活血、开胃、健脾之功效。传说乾隆皇帝三下江南,两经窑湾,一次偶染小疾,饮此酒后顿觉舒爽,赞不绝口,遂将其定为贡酒。

邳州苔干。苔干实为莴苣,主要产于邳州仪堂、土山、八路、新河等镇。因历史上作为贡品进贡朝廷,又称为贡菜。明代从安徽亳地传入。成品色泽青绿,形状细长,组织致密,肉质肥厚,质地脆嫩。食用起来清脆可口,清香沁脾,有天然海蜇的美称。

三、丰富的旅游资源

悠久的历史为徐州留下了大量文化遗产和名胜古迹。作为汉文化发源地,尤以"汉代文化三绝"——汉兵马俑、汉墓、汉画像石为代表的两汉文化景观最为著名。自古徐州是兵家必争之地,项王戏马台、九里山古战场、淮海战役纪念馆等战争文化遗迹丰富。而以云龙山水、泉山国家森林公园、新沂马陵山为中心的风景区兼有北雄南秀之美。

狮子山楚王陵。坐北朝南,依山为陵,凿山为葬,陵墓直接开凿于山体之中。陵主人是第三代楚王刘戊。陵南北长117米,宽13.2米,深入山体20余米,总面积851平方米,开凿石方量5 100余立方米。宏大的地下玄宫几乎把山体掏空,工程浩大,气势磅礴,全国罕见,是徐州地区所有汉代陵墓中规模最大、保存最好、出土文物最多、内涵最丰富、历史及文物考古价值最高的一处特大型西汉楚王陵墓。陵墓是模仿地面宫殿的建筑群体,结构复杂,形制奇特。整座陵墓呈南北中轴线对称式建筑布局,从外到内依次为三层露天垂直墓道,天井、耳室、墓门、甬道、侧室、前堂和后堂等。其中包括庖厨间、浴洗室、御府库、御敌库、钱库、印库、前厅堂、棺室、礼乐房以及楚王嫔妃陪葬室等大大小小墓室12间,其设施结构一应俱全,再现了西楚汉王奢侈的生活场景,也印证了汉代盛行的"视死如生"的丧葬观。

宝莲寺。始建于南朝宋武帝永初年间(420—422年),是中国第一座具有印度风格的寺庙。一千多年来历经沧桑,几度兴废,先称龙华寺,后名洪峰寺、红莲寺,清乾隆年间(1736—1795年)定名宝莲寺。20世纪40年代在战乱中被毁坏而荒废,2009年重修并恢复开放。建筑尽显盛唐恢宏大气的风格。其中七佛殿为国内最大的大雄宝殿,殿内的南海拜观音壁画,是国内单体面积最大的佛教壁画;通天阁是国内最高的佛阁,供奉的天冠弥勒佛像是国内最大的室内锻铜佛像。

白云寺。位于徐州城西北九里山西麓,始建于唐贞观年间(627—649年)。最初为火神庙,因常有僧人在此闭关静修,遂扩建为佛教道场白云寺。大雄宝殿下方有一天然溶洞,名白云洞。洞宽40米,长60米。相传古代每逢夏秋交接季节,清晨常有一团白云从寺内洞中冉冉升起,慢慢飘向西南空中。在洞中修炼的青龙时常亦随白云升空,与天神交会。久而久之,周围的百姓认为是菩萨点化,神仙下凡,故称白云洞,洞上面的寺庙改称白云寺。历代屡毁屡建。乾隆皇帝游白云寺,题诗碑刻:"神迹千秋仰,仙踪万古流。"20世纪40年代,白云寺被侵华日军焚毁。1994年重建。

兴化寺。原名石佛寺,位于徐州城南云龙山东麓,初建于唐开元年间(713—741年),为佛教禅宗寺院。寺中较出名的文物是北魏时期的大石佛和唐代的摩崖石刻。石佛为释迦牟尼佛半身像,依山石而凿,高约11.52米,被称为云龙山石佛。与云冈石窟、龙门石窟时代相通,距今已有1500多年历史。

千佛寺。位于铜山区大彭镇楚王山西南坡,因千佛洞而得名。千佛洞掘于唐代,深数十米,宽6米多,洞壁上刻有千余尊坐、卧、立等不同形态的佛像,一般高约20厘米,刻工高超,千姿百态,栩栩如生。洞内还有明代石佛数尊,分别为如来佛、文殊菩萨、普贤菩萨以及十八罗汉等。洞门上刻有"千佛古洞"字样。洞内西南方有一子洞,洞内有一井,约3米深,直径1.5米,井水充溢。洞内西北方有一小洞,深7米多,可容1人,相传为僧人闭关修炼的关房。千佛寺院落悬砌于峭壁悬崖之间,20世纪60年代惨遭破坏。现仅存一株唐代古槐树和一座诸佛宝塔。古槐树干周长4.5米,苍劲壮观。诸佛宝塔,七层八面,高7米,雕以人物、龙凤、花鸟走兽,栩栩如生。

铁佛寺。位于邳州市九龙山风景区,因供奉一尊16.8米高的大铁佛而得名。始建于元代,明清两代多次重修,后毁于20世纪60年代。2009年在原址重建,现有山门殿、天王殿、大雄宝殿、千佛殿、铁佛殿等五进大殿,以及观音殿、地藏殿、居士林、禅院和九龙佛塔等配套建筑。九龙佛塔由主塔及四周的9条龙组合而成。主塔高37.7米,龙分别高9.7米,塔身的雕塑由八观音、狮吼鼓、白象尊及释迦牟尼佛像等图案组成。塔以其精巧的设计和恢宏的气势重现了佛祖、菩萨同时显灵的各种祥瑞异相,蔚为壮观。

禅堂寺。位于新沂市南郊马陵山西麓,三面环山,一面临水。始建于明成化十年(1474年);明万历四十七年(1619年)重修,新建九层砖塔一座。清康熙时(1662—1722年)达到极盛,有僧众数百人。该寺屡建屡毁,历尽沧桑,到20世纪50年代初,尚存二进院落,有殿房三座。2005年重建并恢复宗教活动。大雄宝殿内有4.4米高的三尊佛像、十八罗汉像、西方三圣像,有重达3吨的平安钟,还有千佛灯、弥勒佛像、滴水观音像等。

云龙湖景区。据清代《徐州府志》载:"城南东西各有一山,因形似簸箕,故名簸箕山。下有簸箕洼,洼久成湖,南山之水交注于此,民田多涝,明万历年间作石狗镇之。"后因此湖与云龙山相连,更名为诗意盎然的云龙湖。云龙湖水域面积7.5平方千米,山清水秀,主要有荷风不染、杏花春雨、季子挂剑台、苏公塔影、云湖春晓、刘备泉、汉画像石馆、水族馆、果树盆艺园、月亮岛婚庆主题公园、秋韵园、钓鱼岛等知名景点。

云龙山景区。云龙山海拔142米,蜿蜒起伏,长达3千米,状似神龙。山上苍松翠柏蓊郁蔽日,殿宇亭台掩映,四时风光不同。山上古迹有北魏时期的大石佛;唐宋摩崖石刻,宋代的放鹤亭、招鹤亭、饮鹤泉、张山人旧居、兴化禅寺;清代的大士岩、山西会馆、船厅、御碑亭、碑廊等。新中国成立后修复和新建了幽邃轩、洞天小庐、跨云阁、云龙书院、杏花村、观景台、同心台等一大批景点。

淮海战役烈士纪念塔。坐落于徐州市南郊凤凰山东麓,由建筑大师杨廷宝设计,毛泽东亲笔题写"淮海战役烈士纪念塔"名。塔高38.15米,塔座镌刻着张爱萍上将撰写、陈毅元帅润色定稿的碑文。塔顶五角星照耀下的两支相交步枪和松子绸带组成的塔徽,象征烈士们的精神万古长青。塔四周回廊、角亭环绕,回廊里镶嵌着周恩来、刘少奇、朱德、陈云、邓小平、刘伯承、陈毅、江泽民等党和国家领导人为淮海战役中牺牲的烈士的题词,镌刻着3.1万名在淮海战役中牺牲的烈士英名。

淮海战役纪念馆。坐落于徐州市南郊凤凰山东麓,陈毅元帅题写馆标。馆内陈列分正厅、序言、战役实施、人民支前、缅怀先烈五个部分,共展出珍贵的革命文物、历史照片2 000余件,生动记述了淮海战役波澜壮阔、激动人心的历史场景。陈列内容设计紧扣战争题材,精心编排,形成重点线、亮点线、故事线三条隐形主线。陈列形式设计注重复原陈列,营造战争氛围,再现历史瞬间。纪念馆分为上下两层,一层为序厅、战前形势厅、战役实施厅,二层为战役胜利厅、人民支前厅、缅怀英烈厅。

第十五章

宿迁地域文化

宿迁市,简称宿。古称下相、宿豫、钟吾。地处江苏省西北部,长江三角洲地区,是长三角城市群成员城市,淮海经济圈、沿海经济带、沿江经济带的交叉辐射区。南与淮安市相接,东、北分别与连云港市、徐州市相连,西与安徽省宿州市接壤。全市总面积 8 555 平方千米。2021 年末,常住人口 499.9 万人,城镇化率 63.24%。

第一节 历史沿革与国际交往

一、历史沿革

宿迁市境内泗洪县双沟镇发现的下草湾遗址表明,在约 5 万年前就有古人类在此逐水而居。据考证,这里是世界人类起源中心之一。距今 8 300 多年的泗洪县梅花镇顺山集遗址被确认为江苏省境内已发现的最早的新石器时代遗址。该遗址的发现将江苏文明史至少推前了 1 600 年。

夏、商、周时期,古族徐夷即在此生息劳作。周初,徐夷建立徐国,鼎盛时期徐王曾数次联合淮夷对抗周王室。春秋时为钟吾子国。吴王阖闾三年(前 512 年)并于吴。周元王四年(前 471 年)归于楚。

公元前 221 年,秦置下相县。下相因境处古相水下游而得名。城址位于今宿城西南郊(废黄河西岸)古城村,此为宿迁建城之始。西汉时仍置下相县,属楚国。汉景帝(前 156—前 141 在位)时属临淮郡。东汉后,改属下邳国。西晋时(265—316 年)属临淮郡。东晋安帝义熙元年(405 年),改下相县为宿豫县,同时置宿豫郡,郡县同治。宿豫地名因春秋时宿国人曾迁于此而得名。其治在今泗阳县西北郑楼镇废黄河北岸古城。南朝宋泰始三年(467 年),地入北魏,废宿豫县,改为宿豫镇。南朝梁太清三年(549 年),恢复宿豫县。隋开皇九年(589 年),宿豫县属泗州,州治所仍在宿豫县城。

唐开元二十三年(735 年),宿豫县城被黄河冲毁,同城而治的泗州治所南迁至临淮县,宿豫县治则北迁至原下相县城旧址,仍属泗州。唐代宗宝应元年(762 年),为避代宗李豫讳,改宿豫县为宿迁县。以宿豫县城北迁下相城旧址之事命名,沿用至今。境内曾设怀文、潼阳、桃源三县和临淮郡。宋、元、明、清时期,属州也屡有废替。

民国时期,运河以东为宿豫县,运河以西一度属泗宿县,今晓店镇以北至徐州新沂市新安镇为宿北县。1946 年,宿迁县与宿北县新沂河以南地区合为新的宿迁县,属淮阴专区。1970 年属淮阴地区。1983 年属淮阴市。1987 年,宿迁县改为县级宿迁市。1996 年升格为设区市。

二、行政区划与发展格局

宿迁市现辖宿豫、宿城2个区,沭阳、泗阳、泗洪3个县。宿豫区,以宿迁古称为区名;宿城区,因位于宿豫县旧城遗址和今宿迁城区中心而得名;沭阳县,因位于沭河北面而得名;泗阳县,因位于泗水下游北面而得名;泗洪县,1947年6月,泗南县(时属安徽省)与洪泽县湖西部分地区合并,建立泗洪县,取两县首字而得名。

宿迁市城市建设条件优越。根据城市地理特点,中心城市发展战略以运河为轴线,北扩西进、南拓东延。宿豫区退出老城区到运河以东发展,市府新区在古黄河以西发展,在运河以北、骆马湖畔开发建设湖滨新城区。在市府新区以西启动宿城新区建设,形成以湖滨新城为引领,市府新区为主体,宿豫新区、宿城区为两翼的多中心、组团式发展格局。通过中心城市、湖滨新城和古黄河风光带建设,以中心城市道路、9座运河桥、6座古黄河桥将各区连为一体,凸显宿迁的水城特色,打造以轻型工业为主导、现代旅游休闲服务业为特色的生态园林城市。

三、国际友好交往

改革开放以来,宿迁市与德国偌伊维德市、新西兰因弗卡吉尔、韩国青松郡、日本喜多方市、南萨摩市、意大利比林蒂西市、加拿大安纳波利斯市、比利时特姆塞市、罗马尼亚奥内什蒂市等7个城市结成友好城市,密切了与国际的经济、文化的交流。

第二节　地理交通与文化特征

一、地理与生态

宿迁市地貌总体呈西北高、东南低的格局,最高点海拔71.2米,最低点海拔2.8米。陆地占总面积77.6%,水域占总面积22.4%。境内平原辽阔,土地肥沃,河湖交错,资源丰富,为全国唯一拥有两大天然淡水湖(洪泽湖、骆马湖)的地级市。

宿迁市属暖温带季风性气候,四季分明,光照充足,雨水丰沛。年均气温14.6℃,年均降水量919毫米。境内有京杭大运河、废黄河、新沂河、淮沭河、总六塘河、淮河等10条流域性河道,有向阳水库等39座。京杭大运河纵贯内112千米,古黄河斜穿东西121.5千米。河湖经济、农业经济较为发达。

二、经济资源

宿迁市据平原沃野之地,擅两湖、六河之利,区位优势明显,经济资源丰富,农业生产条件优越。盛产粮食、棉花、油料、蚕茧、木材、花卉等,是中国著名的商品粮与林业资源基地。以意杨为主的木材成片林达50余万亩,活立木蓄积量约500万立方米。全市林木覆盖率达29.84%,为著名的"杨树之乡"。沭阳县境内花木面积达60万亩,花木品种达5 000多种,是远近闻名的"花卉之乡"。宿迁还是闻名中外的"水产之乡",境内有两湖、六河,盛产银鱼、青虾、螃蟹等50多种水产品。银鱼出口量江苏省第一,螃蟹产量全国第一,是闻名的"中国螃蟹之乡"。

宿迁市境内矿产资源丰富,非金属矿藏储量较大。目前,已经发现、探明并开发利用的矿种主要有：石英砂、蓝晶石、硅石、水晶、磷矿石以及黄沙等。有待探明和开发利用的矿种有云母、金刚石、铜、铁、石油、钾矿石等。沭阳境内蓝晶石矿储量为240万吨，蓝晶石含量占18.37%，预计可开采40年。

宿迁市是苏北地区商品集散地，已形成食品、酿酒、纺织、建材、电子、化学、机械等具有地方特色的工业体系。玻璃工业有近百年历史，系列玻璃制品远销国际市场。其南临洪泽湖，北有骆马湖。洪泽湖杨毛嘴湿地自然保护区、洪泽湖农场白鹭自然保护区、穆墩岛及嶂山森林公园等著名景观，以及水乡、酒乡风情，生态农业风光等均具诱人魅力。洋河、双沟两大白酒是江苏重要的品牌资源，在全国白酒中独树一帜。

三、交通建设

宿迁市是苏北重要的交通枢纽。由铁路、公路及京杭大运河等河湖构成了便捷的水陆交通体系，水陆干线四通八达。新长铁路、宿淮铁路连接宿迁，特别是徐宿淮盐高铁通车，拉近了宿迁与南京、上海、杭州等大城市的时空距离。京沪、宁宿徐、徐宿淮盐、新扬高速公路，205、305、344省道穿境而过，宿新、宿沭、宿邳一级公路等构成了畅通的陆上交通网。京杭大运河纵贯南北，内河通航里程达980千米。运河宿迁港，2022年集装箱吞吐量达17.6万标箱。开通了至太仓港、南京港、连云港港等5条集装箱航线。全年港口货物吞吐量达2 435.55万吨。宿迁西、北、东分别临近徐州观音国际机场、连云港白塔埠机场、淮安涟水国际机场，空港共享优势明显。

四、地域文化特征

宿迁市地处地理上的中国南北分界线附近，同时，又横跨黄淮平原和沿海平原地区，历史上就有"北望齐鲁，南接江淮，居两水中道、扼二京咽喉"之称，独特的地理位置造就了特色鲜明的宿迁地域文化特征。

其一，宿迁有5万年以上的人类居住史，成为江苏古人类社会活动的标志之一。闻名于世的下草湾文化使宿迁享有世界生物进化中心之一、人类起源中心之一的美誉。下草湾新人在人类发展史上地位重要，标志江苏地区古人类社会活动历史悠久。

其二，名人文化与民间传统文化异彩纷呈。如西楚霸王项羽、一代烈女虞姬、民族英雄杨泗洪、新四军师长彭雪枫、少年英雄韩余娟等，弘扬其历史业绩和精神品格，在社会经济活动、城市文明建设中地位重要，并发展为重要的地域人文精神。民间优秀传统文化资源的系统发掘、整理和保护，使淮海戏、泗洲戏、花船戏、柳琴戏、大岗锣鼓等传统文化艺术绽放出异彩。

其三，酒文化悠久醇厚。宿迁以洋河、双沟等为代表的白酒企业在社会文明及城乡经济建设中贡献卓著，成为中国悠久历史和灿烂文明的构成要素之一。

宿迁市宿城区、宿豫区话为北方方言区的中原官话；属县沭阳、泗阳、泗洪三县话为江淮方言。市树为杨树、槐树，市花为桂花、紫薇花。

第三节　历史文化遗产

一、史前文化遗址

1954年治理淮河时,古人类学家杨钟健教授在泗洪县双沟境内发现了一段人类股骨化石,定名为"下草湾新人"。这是旧石器时代晚期的新人,见证着地球生物演化和人类文明的进程,宿迁也因此被誉为中华文明起源地之一。

下草湾遗址。位于泗洪县双沟镇东南8千米处的下草湾引河东岸,南临淮河,北滨洪泽湖,为江苏省发现最早的古人类遗址。该遗址采集的一段长15.27厘米的骨化石,经考证确定为人的股骨化石,是新世晚期人类化石。距今约5万~4万年,属晚期智能人,被命名为"下草湾新人",同北京的"山顶洞人"时代相当,考古界称为下草湾文化。同时,还发现了更新世和中新世古脊椎哺乳动物化石近百种,多为新种新属,被称为下草湾动物群。下草湾遗址的发现,使宿迁有着世界生物进化、人类起源中心之一及地球上"生命圣地"之誉。1981年春,在下草湾东南1千米的火石岭,还发现了与下草湾新人同时期的旧石器遗址,面积约1 500平方米,出土有刮削器、尖状器等。尤其是出土的双沟醉猿、江淮宽齿猿文化,对研究从猿到人的演变过程,具有重要作用。下草湾新人是北京猿人的后裔,是现代中国的祖先之一。

顺山集遗址。位于泗洪县梅花镇顺山集。该遗址发掘面积约2 500平方米,发现长约1 000余米,深约4米的环壕,以及房址、墓葬等。文化层厚度约1.5米左右,从断面看,遗物的残片较多,剖面采集陶片以夹砂红褐陶和泥质红陶为主,可辨器形有鼎、豆、钵、罐、带纹饰的陶支架等。此外,还有石斧、骨器、陶塑艺术品以及炭化稻等。经考证确认,该遗址距今约8 300余年,填补了淮河下游史前文明的空白,被列为当年全国十大考古发现之一。

赵庄龟墩遗址。位于泗洪县城西北重岗山西麓赵庄,为黄淮地区大型古人类生活聚落遗址,是泗洪县悠久文化历史的见证。遗址文化堆积层时间跨度从公元前4 500—前1 000年,历时3 500年之久,涵盖了新石器晚期直至商周时期的重要古文化遗存。自下而上分四大文化层:第一层相当于大汶口文化(青莲岗文化)晚期,男女合葬的墓制说明社会形态已超越母系氏族社会,距今超过5 000年;第二层相当于龙山文化层,距今约5 000~4 000年。遗址第三、四层,相当于商、西周文化层,与江淮地区古文化——"徐文化"关系密切。

二、历史文化遗存

2022年末,宿迁市已勘明古遗址、古建筑和纪念地等各类文物点500余处。其中,国家级重点文物保护单位7处,省级文物保护单位13处,市级文物保护单位83处。包括御码头、京杭大运河、雪枫墓园、极乐律院、三庄汉墓群、泗洪县曹庙镇东汉画像石、杨泗洪墓、朱家岗烈士陵园、耶稣堂、孔庙大成殿等。2014年龙王庙行宫作为大运河宿迁段的遗产点入选联合国教科文组织认定的《世界文化遗产名录》。

古徐国遗址。位于宿迁市泗洪县境内。西周初年分布于淮河下游的徐夷所建立的古徐国,春秋时迁都泗洪县,其疆域以今泗洪县一带为中心,占有江苏北部、安徽东北部,南到浙江北部,北至山东南部的广大地区。20世纪50年代,发现的"徐器"有24件,主要是日常生活、战争等方面遗物,例如徐子氽鼎、沇儿钟、徐王义楚铺、王孙遗者钟等,它们上面都有铭文。泗洪县半城镇及周边地区,有多个古徐国文化遗址,徐庄、徐圩、徐沟、徐园这类地名、村名也星罗棋布。

三庄汉墓群。是古泗水国的重要遗址,位于泗阳县三庄乡东部的邢西支渠与新邢码河之间。古墓分布于橡树、三李、夫庙等村,东西2 500米,南北7 500米的范围内,计40余座。墓葬呈5组分布,均以大墓为中心。坐落有序,并处南北同一轴线上,具有一定的规律性。其规模不一,高低起伏,逶迤连绵。该墓群出土文物600多件,有玉器、漆器、金器、陶器、木俑等。根据外藏椁原木上"泗水王冢"四个字,初步断定大青墩汉墓为王墓。20世纪60年代,田野考古调查,初步认为汉墓群的大墓为泗水国王的陵墓,周围的土墩墓为贵族和官员的陪葬墓。此汉墓群组成面积大,数量多,在苏北地区十分少见。

下相古城遗址。位于宿城区西南郊(废黄河西岸)古城村。2005年初,宿迁市义乌商城施工时,考古人员发掘清理了不少文化层中的陶片,多为战国到汉代的遗物。根据出土的陶片推测,这是一个古代城址,为文献中记载的秦汉时期下相县治所在。这一发现将宿迁的建城史追溯至公元前200年。同年,还在金柏年广场施工工地上,发掘出土了明代城墙51米,在区府广场工地上发掘出土了明清城墙60余米。

极乐律院遗址。位于宿城区博物馆内。唐代时这里是一座马神庙,明代改建为极乐庵,后又改为极乐律院。清康熙年间(1662—1722年)开始大规模扩建。历经嘉庆、道光两朝,至清末进入鼎盛时期。寺院五进院落,占地数十亩,房屋近千间,常住僧众六七百人。院落每进除主殿外,左右各有配殿,其高低宽长与正殿相适应,建筑宏伟,蔚为壮观。偏院及路南建有库房、香橱、僧塔院、园林、茶园以及草园、马厩。后历经战乱、兵燹,建筑大半毁坏。现存大雄宝殿、藏经楼、方丈室、玉佛楼、僧舍等五处建筑。其中大雄宝殿、藏经楼为建筑之精华,特别是"人字梁"建筑结构为极乐律院全木结构的典型特征,对于研究古建筑构作发展史具有极高的实物参考价值。

真如禅寺。原名寿圣禅寺,俗称南大寺,位于宿迁城南,与西楚霸王项羽故里毗邻。始建于元大德年间(1297—1307年)。明洪武三年(1370年),曾大规模修缮。山门宽敞,二进院为罗汉殿,四周飞檐翼蔽,壁间嵌有元、明两代碑刻,殿内佛像栩栩如生。三进院为大雄宝殿,画栋雕梁。后进院为藏经楼,上覆琉璃瓦。整体建筑气势恢宏。后因战火频仍,香火日衰。唯存一株高16.2米,生长600多年的银杏树。2013年重建后,占地面积45亩,主要建筑有大雄宝殿、玉佛殿、藏经楼、斋堂、钟鼓楼、宝塔、方丈院、水上观音等。

大运河宿迁段文化遗存。该遗存有古运河沿线唯一保存较好的国家级重点文物保护单位,清代北方宫殿式古建筑群——皂河龙王庙行宫,以及泗阳的云渡桃雕等民间工艺,淮红戏、淮海戏、苏北琴书、宿迁锣鼓、苏北大鼓等地方曲艺及"打蛮船"等民间传说等。这些历史遗存和非物质文化遗产,使大运河宿迁段形成了一条完整的、真实的、持续的、流动的历史文化遗产长廊。

明清酿酒作坊遗址。宿迁为中国最重要的白酒产地之一,酒文化内涵丰富。明清酿酒作坊遗址位于宿迁市区东大街。考古证明,该遗址距今有300多年历史。考古清理出的砖筑墙基、土筑墙基、酒坛、酒壶、酒杯、酒糟等与酒有关的器物,为研究宿迁酿酒史,解读宿迁酒文化提供了难得的实物资料。

三、非物质文化遗产

2022年末,宿迁市有市级以上非物质文化遗产123项,其中国家级非物质文化遗产有苏北大鼓、柳琴戏、泗州戏和传统舞蹈洪泽湖渔鼓等4项。省级非物质文化遗产有淮海戏、工鼓锣、天岗锣鼓、大兴旱船、洪武花棍舞、蔡集手抄草纸制作技艺、苏北琴书、云渡桃雕、洋河酒传统酿造技艺、双沟酒传统酿造技艺和皂河正月初九庙会等21项。

苏北大鼓。原名打鼓说书,也称睢宁大鼓、宿迁大鼓,流传于苏北的宿迁、徐州、连云港、苏中的淮阴及皖东北和鲁南地区。演出形式多为一人表演。表演者凭一面书鼓,两片月牙形钢板伴奏,有说有唱,并带有手、眼、身、步的表演。唱腔粗犷,唱词严谨,讲究平仄相对,优雅和谐,结构规范,情节扣人心弦。苏北大鼓以长篇书目为主,叙事说理,轰轰烈烈,一人可调动千军万马,一展歌喉,可道出人间深切真情。长篇大书,百唱不厌;言情小段,歌颂模范,教育民众。经典曲目有《金枪北宋》《八部春秋》《说唐》《银河走国》《云台中汉》《响马传》等。

洪泽湖渔鼓。洪泽湖周边地区的一种传统舞蹈表演形式,流行于泗洪、泗阳、洪泽、盱眙等地。表演时主要道具是渔鼓,曲调为"嚷神咒""念佛记"等,因敲的渔鼓总是由一串"咚咚"的迭音字组成,故渔民又称之"咚咚腔""娘娘腔",有着浓郁的渔家风格。形成于明末清初,繁盛于清末、民国,延续至今。渔鼓的前身是流行于北方的太平鼓,由北方逃荒的难民传入洪泽湖流域,当时只是作为乞讨时说唱伴奏的工具。后成为神汉用于为渔民烧大纸还愿或在神坛祈祷的用具。新中国成立后,专业文化工作者在保留渔鼓特色的基础上,吸收了民间舞蹈元素,不断创新,形成渔鼓舞蹈形式,使这一湖区古老的文艺表演形式得以传承。

柳琴戏。宿迁地方戏曲剧种之一,主要分布于江苏、山东、安徽、河南四省接壤地区。形成于清代中叶以后,柳琴戏是在流行民间的小演唱"拉魂腔"和"肘鼓子"基础上形成的。最初只是由单人或双人清唱的曲艺,为表现更多的人物,又衍变出一种由一人赶扮几个剧中人物的演出形式,称"当场变"或"抹帽子戏",并采用柳叶琴伴奏。之后又增加了行当,丰富了剧目,并吸收、借鉴了京剧及梆子戏的音乐伴奏和表演艺术。男唱腔粗犷、爽朗、嘹亮,女唱腔婉转、悠扬。演唱者可以随心所欲地发挥、创造,自由变化。"怡心调"是该剧种的最大特点。

大兴旱船。流行于宿豫区大兴镇一带的传统民俗舞蹈。源于明末清初大旱年间当地百姓祭祀求雨的一种形式。大兴旱船分单船、双船和多船表演,以舞为主,说唱为辅,形象地塑造行船时的动作情景。因其唱词诙谐,表演滑稽,场面热闹而倍受当地群众喜爱。随着宿迁的庙会、乡会、民俗节日长期存在并不断发展,大兴旱船已成为群众自娱自乐的主要民俗文艺形式。一般每只船由4人组成,1名年轻貌美的女子担当"船芯子",船的左侧2人,分别装扮老汉和篙拐子,右侧1人装扮丑婆,一手挎着提篮,一手拿着蒲扇。表演步法灵活多变,常对行船各个环节的动作进行夸张。各种招式、花样的变化都有约定,基本舞步为十字步、碎步、垫步、弓箭步、趾步、矮步、挪步等。

洪武花棍舞。泗洪县境内及淮河沿岸具有鲜明地方特色的一种传统民间舞蹈。最初出现于泗洪县西南岗的四河、峰山、孙园一带。据说明朝开国皇帝朱元璋小时候因家贫给人放牛,放牛时,常与牧童伙伴以放牛棍对打、戏耍,舞棍玩耍的方式,逐步形成套路。后在民间长期流传，并形成一种舞蹈形式，命名洪武花棍舞。洪武花棍舞可二人对打，也可群众齐舞，大型表演时，可多达上百人。可任意选用相关曲子、歌谣伴奏，节奏明快。

泗州戏。原名拉魂腔，1952年定名为泗州戏，江苏地方戏剧种之一。泗洪县是泗州戏的重要发源地之一，距今已有270多年历史。泗州戏擅长演唱农村题材的生活小戏和现代戏，传统剧目有200多出。小戏有《跑窑》《小书房》《借妻》《站花墙》等，大戏有《皮秀英四告》《大花园》《罗鞋记》《绒花记》等。

四、民俗文化节日

宿迁市的岁时、礼仪风俗很多，如祭灶、过年、二月二、上巳日、六月六等，在婚丧嫁娶、生育寿庆席面上的仪式也别有一番程式。生活上，因宿迁历史上为旱作物产区，居民以小麦、玉米、甘薯等为主食，可加工做成煎饼、馒头、粉丝、曲酒等，以吃面食为主。但自"旱改水"后，逐渐改为以吃大米为主，居民多喜食葱、蒜、辣椒。冬季习惯腌制大白菜、雪里蕻、萝卜、大头菜等备冬。

宿迁酒俗。宿迁人淳朴豪爽，热情好客。待客必有酒，无酒不成席。以泗阳为例，宿迁的饮酒风俗，一是酒席座次有讲究。一般方桌，每边2座，座位以面门者为上席。而两个上席，主陪（或主人）居右，左边为主宾首席；上席对面亦依"左上右次"为第3、第4席；两侧则为陪席。如为圆桌，虽常有"圆桌无上下"之说，但实际上往往仍有座位主次之分，且与方桌不同。面门为主人（主陪），其右手坐主宾，左手为副主宾；主陪对面背门为副陪，其右为三宾，其左为四宾等。二是席设"酒司令"一至二人（由主人指定或自任），坐于席侧位，一般为主人的至交、晚辈，以年轻、善饮、机灵能言者胜任。义务是及时斟酒，权力是掌赏罚大权。斟酒须按座次顺序，由主宾到主陪，顺时针方向，最后自斟。酒司令须审时度势，掌握饮酒进度，适当行使赏罚之权，不偏不倚。三是"门面杯"。第一杯酒斟齐后，断不能独自先饮。一般要待主人致辞，然后举杯同饮，谓之"门面杯"。"门面杯"一般为双杯或四杯，除有特殊情况，来客不能不饮。四是互相敬酒。一般是依次先向坐上席者敬酒。敬酒者一般先饮干方成敬意；被敬者一般多饮少饮不拘，但不可拒绝。敬上席后，相互间便可各找对象敬酒，逐渐达到饮酒高潮。敬酒必须全桌都敬到方为有礼。敬酒杯数一般成双；被敬者须回敬，方为成礼。五是主人敬酒。酒宴将尽，主人（往往偕女主人）便会出来敬酒。或分次序，或敬全体。最后，在首席提议、大家附议下，全体碰杯，共同饮尽最后一杯，谓之"满堂红"或"门前盅"。

皂河龙王庙会。每年正月初九在皂河龙王庙地区举办的集会。史载，明孝帝弘治八年（1495年），黄河水从兰封县铜瓦乡向东南流，经徐州、宿迁，至皂河镇时直灌运河，导致此地洪灾频发。当地百姓为了祈求神灵护佑，消除水患，集资在皂河镇南首建造了一座龙王老爷庙，并于每年正月初九，成群结队地到龙王庙敬香祭神，祈求风调雨顺。附近山东、河南、安徽几省的行商坐贾、民间艺人也纷至沓来。清初，康熙皇帝六下江南时，将"龙王老爷庙"改建为"安澜龙王庙"。原先单纯的祭祀活动也融入了商品贸易和文化交流的内容，一时间，逛庙的、敬神的、看景的、购物的人来来往往，热闹非凡。500年来，经久不衰。如今会期已发展为每年农历正月初八、初九、初十3天。

宿迁民俗文化节日，还有西楚文化节、骆马湖渔火节、沭阳花卉节、泗阳杨树节、泗洪螃蟹节等。

五、历史文化名人

宿迁历史上名人辈出，有政治、军事著名人物鲁肃、刘世勋、魏胜、杨泗洪、朱瑞等。有纺织科学家卢廷兰，近代地理科学奠基人张相文，哲学、史学家叶蠖生，中科院院士胡宁、陈禹页，植物学家吴印禅，蚕种专家段佑云，名医张汉、蔡克元、陆裕朴等。

徐偃王，嬴姓徐氏，名诞。西周诸侯国徐国国君，建都徐城（今宿迁市泗洪县）。据《史记》《说苑》载，周穆王时徐国实力强大，统辖淮河、泗水一带，方圆250千米。曾联合九夷伐周，穆王为势所迫，承认其为东方霸主。诸侯割地而朝者36国。受命于周王巡游天下，推行仁义，予诸侯以礼，待百姓以仁，来归者日增。后穆王命造父联合楚军攻徐，徐偃王为苍生计避战，北走彭城武原东山下。百姓感其恩义，跟随者达数万之众。

项羽（前232—前202），名籍，字羽，楚国下相（今宿迁市）人。秦末反秦起义军领袖之一。少年勇武有大志。公元前209年，跟随叔父项梁在吴中（今苏州）起义反秦。项梁阵亡后，其率军渡河救赵王歇，所向披靡，势如破竹，巨鹿一战摧毁秦军主力。公元前206年秦亡，自立为西楚霸王，定都彭城。楚汉战争中，败于刘邦。公元前202年被困于垓下，最后突围至乌江，自杀。其"力拔山兮气盖世"的英雄气概，为后人世代称颂。

刘世勋（？—1147），号真君，宋淮安府桃源县崔镇（今泗阳县临河镇）人。南宋爱国名将。幼年即立志学文习武，报效国家。成年后，仗义疏财，联络豪杰，聚义抗暴，扶正祛邪，颇得乡里拥护。为人处世，耿介无私。随岳飞转战南北，立下许多战功。死后，宋高宗敕封"真君"之号，封其为"通天彻地刘真君"，并立庙祭祀。清乾隆帝沿运河南巡时，听其事迹后，御笔亲书"大宋敕封通天彻地刘真君之墓"碑。当地人称之刘老墓。民国时期，泗阳境内多处盖有刘老庙，供奉其塑像，烧香礼拜者不绝。惜御题墓碑毁于"文革"。2004年重立。

房震亨（1781—1847），字长卿，岁贡生，桃源县临河乡（今泗阳县临河镇）人。清代著名诗人。生于乱离时代，漂泊外乡，半生侨寓，就馆于淮阴、金陵（今南京）等地。一生坎坷，对诗文则颇有造诣。诗学白居易、陆游，直抒胸臆，庄重诙谐兼具。题材丰富，体裁多样，五言、七言、绝、律皆善。诗风清新隽永，明白晓畅。著有《苏翁诗文集》（又名《苏翁存稿》）。

杨泗洪（1847—1895），清代将领，民族英雄。字锡九，号茂龄。江苏宿迁人。出身武术世家，少有大志，读书未竟，即投笔从戎。光绪十年（1884年），随台湾事务大臣刘铭传赴台抗击入侵的法军，任营官，击退敌军，威名大震。甲午战争中，《马关条约》割让台湾和澎湖列岛给日本之事激起台湾民众强烈反抗，众人推举刘永福为军统，杨泗洪为分统，指挥各路军民抗日。杨和其他爱国将领一道抗旨拒绝内渡，在敌我力量悬殊的情况下，以不要官、不要钱、不要命的决绝精神留台坚志拒敌，以死报国。曾屡败日军，取得新竹、南溪大捷。后在嘉义县大莆林战斗中身负重伤，牺牲于彰化。后归葬宿迁，家乡绅民在马陵山顶真武殿前建杨公亭，以志纪念。

季德胜（1898—1991），生于宿迁。6岁时母病故，随父到荒山野外采集药草，捕捉蛇、蝎、蜈蚣等虫类，配制祖传蛇药。串乡走巷，摆地摊，耍蛇卖药。8岁时，宿迁大旱，随父外出逃荒，沿途卖药来到南京。父亲捉蛇之技巧，养蛇的方法，采药炼秘方的诀窍，治疗蛇伤病人的技术，季德胜耳濡目染，10岁时已初步"入门"，逐渐成为父亲的得力助手。25岁时父病逝，他决心遵照父亲嘱咐，把蛇药秘方继承下来。1956年，季德胜将祖传秘方献给国家。晚年潜心研究用蛇毒治疗白内障和癌症的药方，惜未完成即病逝。

朱瑞(1905—1948),宿迁市宿豫区人。1924年加入中国社会主义青年团,同年考入广东大学。1925年赴莫斯科中山大学、克拉辛炮兵学校学习。1928年加入苏联共产党,后转为中国共产党党员。1930年春回国,历任中共中央特派员、长江局军委参谋长兼秘书长、红军总司令部科长、红三军政治委员等职。1946年任东北民主联军和东北军区炮兵司令员兼炮兵学校校长。1948年在辽沈战役攻克义县战斗中壮烈牺牲。2009年被评为"100位为新中国成立作出突出贡献的英雄模范"之一。2013年朱瑞将军纪念馆在其家乡开馆。

第四节　地方特产与旅游资源

一、佳肴美食

黄狗猪头肉。宿迁市民间厨师黄德烹制的猪头肉,因其诨名黄小狗,故名。始创于乾隆十二年(1747年)。其肉色泽红润,香味浓郁,肥肉酥烂,精肉鲜香,味纯而正。乾隆下江南时曾品尝并赞赏此肉,故又雅称乾隆老汤。

穿城大饼。泗阳县穿城镇生产的一种大饼,体大如锅盖,厚四五寸,重七八斤,内里熟透,外皮不焦,香气浓郁,食之暄透透、筋拽拽、甜津津、香喷喷。传为隋唐时穿城镇百姓为犒劳瓦岗寨程咬金农民义军抗击官军、夺回民财时而制,名扬至今。

五香大头菜。又名正德香菜、乾隆香菜。宿迁名特小菜,中国名菜,始创于明正德年间(1506—1521年)。选用当地产优质大头菜,辅以茴香、花椒、丁香、八角、桂皮等5种香料腌制而成,故称。成品色泽鲜黄,香味纯正,脆嫩爽口,口嚼无渣。

二、名特地产

洋河大曲。因出产于宿城区洋河镇而得名。以优质高粱为原料,以小麦、大麦、豌豆制成的高温火曲为发酵剂,辅以闻名遐迩的美人泉水精工酿制而成,属浓香型大曲酒。该酒采用传统老五甑续渣法和人工培养老窖低温缓慢发酵、中途回沙、慢火蒸馏、分等贮存、精心勾兑等传统工艺和新技术,形成甜、绵、软、净、香的独特风格,被誉为浓香型大曲酒的正宗代表。

双沟大曲。因出产于泗洪县双沟镇而得名。以优质高粱为主要原料,用特制高温大曲为糖化发酵剂。采取传统的混蒸工艺,经老窖适温长期缓慢发酵,分甑蒸馏,分段截酒,分等入库,分级贮存,精心勾兑而成。窖香浓郁,绵甜甘洌,香味谐调,尾净余长。清末,曾参加南洋名酒赛,被评为第一名,荣获金质奖章。

八集小花生。炒品,因产于泗阳县八集乡而得名,已有2 500年历史。特点是壳薄、肉白、味香、微甜、嫩脆,入口无渣,营养丰富,食而不腻。据载,孔子当年讲学于八集学城时,盛赞此果"食可长生"。

铁球山楂。又名麻球,植于宿迁黄河故道沿线、马陵山麓、蔡集、皂河一带,明代即有栽培。此山楂树果实圆形,红色,味酸甜。因其质坚硬,状如铁球,故名。

水晶山楂糕。宿迁地产名特果制品之一。选取当地优质山楂果精制而成,成品玫瑰色,富于弹性,晶莹透明,酷似红色水晶,故名。口感酸甜适中,甜而不腻,酸而不苦,清凉可口,生津健胃。初名"霸王糕",传为怀念西楚霸王项羽而创制。

骆马湖银鱼。宿迁境内骆马湖产名贵鱼种之一。鱼体纤细,洁白透明如玉,无鳞软骨,肉嫩味美，具色、香、味于一体。清康熙年间（1662—1722年）被列为贡品。

三、丰富的旅游资源

宿迁注重保护城市自然风貌，努力打造"生态宿迁、绿色家园"城市品牌，努力建设集湖光山色、运河景观、古黄河新姿、人文景观于一体的森林式、环保型、园林化、湖滨特色的生态城市。

项王故里。又称梧桐巷、项里。坐落于宿城区古黄河与大运河之间。为唐宋时纪念项羽而建。建筑群前宫后院三进，风格仿汉式。山门横匾"项王故里"为溥杰手书。核心建筑的题匾"英风阁"为赵朴初手书。阁内尊置项羽石雕像及镶嵌壁画，院内置霸王巨鼎。鼎周边分植槐树、橡树各两株，寓怀念项羽之意。后院有项王手植"天下第一槐"及项里桐。故居纪念室有虞姬雕像等。

虞姬公园。坐落于沭阳县城北虞姬故里，1929年为纪念虞姬而建。公园面积120余亩，湖面占三分之一，景区内珍稀古木繁多，有蒋介石手植百龄枸杞。逍遥厅斗拱飞檐，古朴幽雅，结构独特，为沭阳县唯一保存完好的古建筑。

龙王庙行宫。原名敕建安澜龙王庙，坐落于宿豫区皂河镇。始建于清顺治年间（1644—1661年），为祈求龙王"安澜息波，消除水患"的祭祀建筑。改建于康熙二十三年（1684年）。后经雍正、乾隆、嘉庆皇帝的复修和扩建，形成了现在占地36亩的四院三进闭合式北方宫殿式建筑群。中轴线自南向北为：古戏楼、广场、乾隆御笔"敕建安澜龙王庙"山门、乾隆敕建御碑亭、主殿龙王殿、禹王殿。乾隆皇帝六次下江南，五次宿顿于此，故又俗称"乾隆行宫"。

梵音寺。坐落于泗阳县城黄河故道南岸，系旅台乡友陈慧剑先生倡议台众捐款于1994年择地重建。其前身为观音庵，始建于清代初年，原址在京杭大运河北岸众兴镇北门内，至今已有300余年历史。重建的梵音寺分前天王殿、中大雄宝殿、后地藏殿，面积500余平方米，内供释迦、弥陀、观音、地藏等。

宿迁市耶稣堂。坐落于宿城区，始建于1925年。教堂为西方传统建筑形式，砖木结构，平面呈十字方形，分上下两层，面南，东西长20.67米，南北深19.37米，建筑面积近400平方米，外墙青砖，清水砌筑，堂内东面建有圣台，中央并南、北、西面为听众席，下层可容400人左右，上层可容200人左右，是一座规模较大较完整的西式风格建筑。

古黄河水景公园。位于宿迁环城西路、环城北路和骆马湖路的围合区，占地面积85万平方米，其中水域面积34万平方米，是国家AAA级旅游景区。园内主要有水景园广场、十六大纪念林、棋苑、应急避难场所、凝岚峰、连通古黄河风光带景观的24座桥梁、凝翠阁等7座亭阁、雨谷岛等12个岛屿，以及3条沿河栈道和3个游船码头，展示了古黄河水文化的魅力。

妈祖文化园。位于泗阳运河船闸西南侧之如意岛上，三面环水，一派波光。泗阳自古为中国南北漕运之要津，漕运经济与漕运文化繁荣。园内妈祖庙主体建筑有妈祖圣像、莲花广场、山门、钟鼓楼、圣母殿、观音殿、福禄寿三星殿，还有堪称"天下第一"、高32.3米的三面妈祖雕像。该园为全球5 000多座妈祖庙中罕见的集水利、生态、风光及佛、道为一体的多元文化园区。

宿北大战纪念馆。位于宿迁市幸福路中心广场北端，系瞻仰先烈、学习革命历史和旅游休憩的公墓陵园、公园合一的人文景观。园内有烈士纪念碑、高33.12米的纪念塔、29尊宿北大战群英雕像、革命文物陈列馆及各种新式建筑。纪念馆展馆分两部分：一是宿北大战资料陈列，共展出图片、画面、实物和革命文物930余件；二是宿迁地区革命斗争史料陈列及拥军支前资料陈列，陈列展品305件。

中国杨树之乡。泗阳县被誉为杨树之乡，杨树覆盖率高达32.4%，在全国平原地区独占鳌头。全长约7千米的平原林海景区紧邻古黄河、古运河沿岸，景区内的桃源渡、古黄河栈道等景点文化底蕴深厚。占地约9 650平方米的中国杨树博物馆，是全球唯一以杨树为主题的专业博物馆。四株"杨树王"，足以使人体验出浓郁的杨树之乡的乡土文化气息。

洪泽湖湿地自然保护区。位于泗洪县东南部，是国家级湿地自然保护区。该保护区由杨毛嘴湿地生态系统、湖滨珍禽保护区、生态森林公园、生物科普区、水产养殖区和无公害稻蟹养殖示范区组合而成，并建有洪泽湖湿地博物馆、鱼类繁育中心、赏荷苑和景观大道等诸多旅游景点。核心区面积近15万亩，为江苏省最大的淡水湿地自然保护区。2021年被评为国家5A级旅游景区。

第十六章

连云港地域文化

连云港市,简称连,古称海州。别名新海连。地处我国东部沿海中部,长江三角洲北翼,山东丘陵与苏北平原接合部,江苏省东北部。连云港是中国十大海港之一,新亚欧大陆桥东方桥头堡,国家首批对外开放的14个沿海城市之一。东濒黄海,与朝鲜、韩国、日本隔海相望,北与山东省日照市接壤,西与山东省临沂市和本省徐州市毗邻,南连宿迁市、淮安市和盐城市。全市陆域面积7 615平方千米,海域面积7 516平方千米。2021年末,常住人口460.2万人,城镇化率62.37%。

第一节　历史沿革与国际交往

一、历史沿革

连云港市历史悠久。大贤庄细石器的发现,把连云港市境内人类活动的历史推到1万年以前。海州区锦屏镇桃花村锦屏山南麓将军崖岩画距今约7 000年,被史学界誉为"我国最早的一部天书"。上古时期连云港一带分属古东夷部落、鲁国、楚国、郯子国等。

秦代置朐县(今灌云县),为连云港市境内最早的行政建制之一。初属薛郡,后属郯郡。两汉时期,先属东海郡,后属徐州刺史部东海郡。三国时期,属东海国。两晋时期属徐州东海郡。北朝东魏武定七年(549年)置海州,辖6郡19县,治所在龙苴(今灌云县龙苴镇)。因地三面环海,一面有河,故名。此为海州得名之始。

隋初仍称海州,大业三年(607年)改为东海郡,辖五县。唐武德元年(618年)复改为海州,属河南道;天宝初又为东海郡;乾元初再改为海州。宋代仍为海州;南宋时曾两度沦为金国治地。

元代升为海州路总管府,后改称海宁府。明代改为海州,属淮安府,清代升为直隶州。古海州长期为州、府、郡治所,最盛时辖6郡19县,属较大的区域政治、经济和文化中心。

1932年,南京国民政府按照孙中山的《实业计划》,决定在原海州海边开辟海港。国民政府铁道部核准了陇海铁路局在老窑(今连云港市连云区连云街道)建港的报告,同年10月10日成立了由总务、车务、工务、机务等组成的港务管理委员会。1933年2月,经国民政府铁道部核准,颁布连云港港名。同年7月,荷兰治港公司承包的连云港港口建设开工。1935年1月,江苏省于连云港埠设置连云市,为建制最早的省辖市之一。市名由连岛和云台山两处名胜之首字组成。

1936年港口建设竣工。随着陇海铁路的贯通和连云港港口的兴建,开创了连云港市现代交通的先河。1948年连云港地区解放,设新海连特区,属山东省鲁中南行署。1949年更名新海连市,改属山东临沂专署。1953年划归江苏省,属徐州专区领导。1961年9月,更名为连云港市,因面向连岛、背倚云台山、环抱港口而得名。1962年置为设区市。1983年实行市管县体制,连云港市下辖赣榆县、东海县、灌云县。1996年,灌南县由淮阴市划属连云港市。

二、行政区划与发展格局

连云港市现辖海州、连云、赣榆3个区,东海、灌云、灌南3个县。海州区,以连云港市古称为区名;连云区,以连云港市1935年的旧称为区名;赣榆区,赣榆,本作赣揄,意思是东夷氏族观天测象的中心,汉代演变为地名,《汉书·地理志》写作"赣榆",沿用至今;东海县,因史上与海州均濒临东海而得名;灌云县,因其境南有大川灌河,北有名山云台,遂取两者之首字命名;灌南县,因位于灌河之南而得名。

作为沿海发展与沿东陇海发展的交点和支点,连云港市在区域战略发展中定位为我国沿海中部沟通东西、连接南北的区域性中心城市,新亚欧大陆桥东桥头堡,中部沿海地区区域性中心港口和综合性交通枢纽。

在城市布局上,拓展南北两翼港群,形成"一体两翼"港口布局,真正成为"新亚欧大陆桥最便捷出海口",逐步成为长三角和渤海湾之间重要的区域性枢纽大港、集装箱干线大港和带动区域发展之组合大港。以连云新城为核心,以海州城区、南翼新城、赣榆城区为支点,建构"一心三极"的城市空间结构,形成现代化的港口工业城市和海滨旅游城市。

三、国际友好交往

改革开放以来,连云港市先后与日本堺市、佐贺市,韩国木浦市,新西兰纳皮尔市,澳大利亚大吉朗市、俄罗斯伏尔加斯基市结为国际友好城市,与日本新宫市、德国威尔堡市、美国休斯敦市、韩国木浦市、西班牙萨瓦德尔市、吉尔吉斯斯坦比什凯克市等8个城市结为友好交流城市,扩大了与国际的经济、文化交流。

连云港市先后引进了近百个国家和地区数千个合资合作项目,世界500强的美国杜邦、法国罗盖特、日本味之素等著名跨国公司相继在连投资办厂。国家级经济技术开发区、出口加工区、高新技术园区、旅游度假区等特色园区,业已成为连云港市扩大开放的重要窗口及经济合作的重要载体。

第二节 地理交通与文化特征

一、地理与生态

连云港市境内东西最大横距约129千米,南北最大纵距约132千米。山海齐观,平原、大海、高山齐全。河湖、丘陵、滩涂、湿地、海岛俱备。地势由西北向东南倾斜,形如一只飞向海洋的彩蝶。地貌基本分布为西部岗岭区、中部平原区、东部沿海区和云台山区四大部分。西部丘陵海拔100~200米。中部平原海拔3~5米,主要是山前倾斜平原、洪水冲积平原及滨海平原3类,总面积5 409平方千米。拥有耕地面积3 797.9平方千米。东部沿海主要是约700平方千米的盐田和480平方千米的滩涂。云台山脉属于沂蒙山的余脉,有大小山峰214座,其中云台山主峰玉女峰海拔624.4米,为江苏省最高峰。此外,还有云台山、锦屏山、马陵山、羽山等山脉。

连云港市有标准海岸线166千米,21个岛屿中的东西连岛为江苏第一大岛,面积7.57平方千米,基岩海岸为江苏省独有。水生动物中的海洋水产品占连云港水产品总量的72.8%,海州湾渔场为中国八大渔场之一。主要经济鱼类为带鱼、鳓鱼、黄鱼、加吉鱼四大类。近海水域和内陆水域主要生产对虾、海带及淡水鱼类。前三岛海区为江苏省唯一的海珍品基地。

连云港市水系基本属于淮河流域沂沭泗水系。沂沭地区的主要排洪河道新沂河、新沭河等均从市内入海,故有"洪水走廊"之称。境内还有玉带河、龙尾河、兴庄河、青口河、锈针河、柴米河、蔷薇河、善后河、盐河等大小干支河道40余条,有17条为直接入海河流,有盐河等河直接与运河及长江相通,水域面积约占23%。

二、经济资源

连云港市土地肥沃,资源丰富,历来有"享山川之饶,受渔盐之利"的美称,是全国重要的商品粮基地之一,油料、烟草、林果、茶桑、出口蔬菜、肉禽蛋奶、对虾养殖、紫菜生产加工等产业发展迅速。云台山云雾茶位列江苏三大名茶之一,珊瑚及金镶玉竹为江苏珍稀名特物产。

矿产资源约有40余种,主要有海盐、磷矿、金红石、蛇纹石、水晶、石英及大理石等。淮北盐场为全国四大海盐产区之一。锦屏磷矿为全国六大磷矿之一。东海县金红石矿储量达250多万吨,为目前国内最大。现已初步勘探出黄海大陆架海底石油蕴藏量巨大。

陆地生物和鸟类动物资源丰富。陆上动物主要为人工饲养畜禽类12科18属90多个品种。有各种鸟类225种,列入国家珍稀保护鸟类计31种。

三、交通建设

连云港港古代就是国际交通门户和中国东方良港。秦汉时已同越南、缅甸、印度、斯里兰卡等国有贸易往来,素有"海道第一程""海上丝绸之路"之称。唐宋时期可沟通外海内河,北通登、荣、胶、烟,南连通、泰、江、浙。清康熙年间(1662—1722年)作为"钦定口岸",设海关以征海运货税。1668年海州发生8级地震,城崩,海水退后30里,朐港报废。1933年在老窑(今连云区连云街道)兴建新港,即今天的连云港港。

连云港市现已形成海、河、陆、空四通八达的立体化、现代化交通网络,具备较强的物流承载和运输能力。连(连云港市)霍(新疆霍尔果斯市)、沈(沈阳市)海(海口市)、长(长春市)深(深圳市)三条国家干线高速公路和204国道穿境而过,对外交通已全部实现高速化。陇海铁路由此始发直通内陆。西邻新沂市有新长铁路与陇海铁路交汇,可直达全国各大中城市,并开通至郑州、西安、成都、兰州、阿拉山口和绵阳等地的集装箱运输,客货运列车可直通北京、上海、南京、武汉、成都、宝鸡等大中城市,承担新亚欧大陆桥90%以上的过境集装箱运输。

连云港港为国家27个沿海主要港口、12个区域性中心港口和江苏省重点打造的集装箱干线港之一,有万吨级以上泊位79个,最大泊位等级达30万吨,开通了50条远近洋航线,可到达世界主要港口。以连云港港为起点,西至荷兰鹿特丹港全长1.09万千米的铁路干线开通后,被誉为新欧亚大陆桥东桥头堡。2022年货物吞吐量超过3亿吨。连云港市白塔埠机场已开通至北京、上海、广州、深圳等近30条国内航线和至韩国首尔的国际航线。

2022年,国家确定连云港建设全国性综合交通枢纽城市。

四、地域文化特征

连云港市有1万年以上的人类居住史。经过长期的历史积淀,连云港市文化有着鲜明的地域文化特征:

其一,连云港文化以古代东夷文化为远源,并深受北方齐鲁文化、西方楚汉文化、南方吴越文化的影响。连云港历史文化资源基础丰厚,有被誉为"东方天书"的将军崖岩画及藤花落遗址等闻名的国家级重点文物,因《西游记》《镜花缘》等享有文学名著故乡的盛名,以及较多的非物质文化遗产,为文化城市建设提供良好基础和巨大潜力。

其二,新兴海港城市文化个性突出。连云港有"港城"之称,为适应国际性滨海城市发展需求,在传承本土文化精髓、彰显地域文化特色的同时,凸显海纳百川、兼容并包的开放、多元、包容、创新的海洋文化特质。

其三,山海文化特色鲜明。连云港作为山海相拥的滨海城市,山海兼备的自然风景,具有神、奇、古、幽的鲜明文化内涵。古云台山"海中仙山"的神奇背景,《西游记》中花果山的名著背景,扬名山之灵气,展名山之文气。挖掘"海洋文化"潜力,构建"海洋文化"形态,展示滨海城市文化的特质和形象。

其四,区域经济文化兼容包举。随着长三角滨海城市经济带、陆桥经济带及淮海经济圈的建设发展,连云港市的经济文化、城市文化集历史文化、海洋文化与大陆文化于一体,陆桥文化、滨海文化与淮海文化特色鲜明。

连云港话构成丰富,可分为江淮官话江淮方言海泗片(市区及灌云、灌南、东海3县的部分地区)、中原官话徐州片(东海县大部)、胶辽官话青州片(赣榆区)等3片。市树为银杏,市花为玉兰花。

第三节 历史文化遗产

一、史前文化遗址

连云港市地处苏鲁之间,兼受齐鲁文化和江淮文化乃至江南文化的多重影响,自古以来就是先民安居耕种渔猎的乐土,从新石器时代中期开始,这里就陆续有先民居住,留下了大量的史前文化遗址。

大贤庄遗址。位于东海县马陵山中段山左口乡前贤村。1978年9月,在此采集到252件石器标本,有细叶石、细石核、舟状石核、铅笔头状石核、指甲盖形刮削器、圆底形镞、雕刻器等,都是选用地产燧石、玉髓、水晶、石英、玛瑙等石料间接打制而成。1984年春,又在这里采集到159件石器标本,有用间接压制和直接打击法加工的石器。石器类型属于旧石器时代晚期的文化遗物。其中一件与磨光石斧器形相同而无磨制痕迹的打制石斧,明显反映出从旧石器向新石器过渡的特征,距今约1.6万~1万年。大贤庄细石器的发现,把连云港市境内人类活动的历史推到1万年以前。

藤花落史前遗址。位于连云港市国家级经济技术开发区中云街道西诸朝社区南部。

发掘总面积达 4 000 平方米，发现奠基坑、灰坑、灰沟、道路、房址、水沟、水稻田、石埠头等遗迹 200 多处，共出土石器、陶器、玉器以及炭化稻米等动植物标本 2 000 余件。据专家考证，该遗址是赣榆先民——东夷少昊氏族后裔句芒氏族的故城，是史前东夷文化的代表之一。藤花落史前城址为目前我国聚落考古和史前城址考古重大收获之一。

二涧遗址。位于海州区锦屏镇岗嘴村锦屏山东南麓二涧水库。面积约 2 万平方米。1959 年、1960 年两次发掘，出土新石器时代红衣陶钵、磨光石斧、带槽石斧等 100 余件典型器物和 2 500 余件陶片及战国、秦汉遗物，为探索我国文明起源和连云港市海岸线变迁提供了重要的实物资料。

陶湾遗址（含马腰岭遗址）。位于海州区锦屏镇陶湾村锦屏山东南麓，面积约 5 万平方米。该遗址出土了一批新石器时期红砂质粗陶器、蚌壳，商代和战国陶片及汉代以后青瓷片。马腰岭遗址出土了一批新石器时代泥质平底碗和粗砂质陶罐腹片。在该遗址地表还采集到了打制石器，对研究连云港市古文化面貌有重要价值。

朝阳遗址。位于连云区朝阳镇水库西北侧，面积约 3 200 平方米。该遗址文化堆积层较丰厚。1976 年、1994 年两次发掘，其上层多见夹砂红陶，器形多为鼎、盆、罐，纹饰多指甲纹、附加堆纹，鼎足多为圆柱形、扁凿形。下层多见鸟头形鼎足以及薄如蛋壳的黑陶，属典型龙山文化。另外，还发现了属于大汶口文化的泥质红陶残片。该遗址为我省距海岸线最近的新石器时代遗址之一，对研究龙山文化地理分布及连云港市海岸线变迁有重要价值。

大村遗址（含小村遗址）。位于海州区花果山街道南云台山西麓。面积约 2 万平方米，文化层厚 1 米余。1959 年、1960 年曾进行发掘。出土遗物有新石器时代红色细泥质陶钵、石斧、石锛等，西周早期青铜器，汉代筒瓦，六朝瓷片。小村遗址出土遗物有新石器时代陶片，西周时鬲足、豆柄、战国时几何印纹陶片，汉代绳纹瓦片等。

土船顶遗址。位于海州区锦屏镇锦屏山北麓坡积台地上。面积约 3 500 平方米，文化层厚 2 米。遗物有红陶及灰陶鬲足、鼎口、几何印纹陶片、豆把、砺石、石斧（残缺）等。遗址曾发现木炭、多处火烧痕迹及骨针。鉴定为商周遗址，对连云港市商周文化研究有重要价值。

九龙口遗址（含尾矿坝）。位于海州区锦屏镇陶湾村。面积约 15 万平方米。1957 年在此曾出土过商代陶器、铜镞及一套战国编钟和若干陶片。其中一件红砂质分裆陶鬲，可见东夷文化端倪。此遗址对探索东夷文化具有重要价值。

二、历史文化遗存

2022 年末，连云港市有国家级重点文物保护单位 9 处、省级文物保护单位 32 处、市级文物保护单位 90 处。包括孔望山摩崖造像、海清寺塔、大伊山石棺墓、将军崖岩画、盐仓城遗址、尹湾汉墓简牍、大伊山梅花鹿岩画、伊芦山六神台佛教造像、曲阳城遗址、抗日山烈士陵园、白虎山摩崖题刻、龙祠摩崖石刻群、郁林观石刻群、孔望山古城遗址、塔山古道、石棚山摩崖题名石刻、东连岛东海琅琊郡界域刻石、刘志洲山宋金交战战场遗址、刘志洲山石刻苑囿图、云台山抗日石刻群等。

赣榆古城。位于赣榆区龙河乡盐城村南，史载此为春秋时盐官驻地，故名盐仓城。城垣略呈方形，东西长 800 米，南北宽 700 米，周长 3 000 米，总面积 5.6 万平方米。南部和西北部现存的两段城墙，高出地面 3~5 米，墙体沙石混合，为夹板夯筑而成。城内西部有一大型台基，台基上有大面积的夯土层和红烧土块，并有厚达 60 厘米的汉代建筑遗物堆积。城内曾出土两周时期的陶片和鬲足以及汉板瓦、筒瓦、云纹瓦当、釉陶壶、铜镜、五铢钱等遗物。

墟沟战国墓。位于连云区墟沟街道南固山北麓，为战国时期墓葬，土坑竖穴。清理出的文物有青铜鼎1件，鼓腹、折沿、辫状纹双耳立于口沿之上，圆底有烟苔的痕迹，器壁厚仅2毫米，是长期使用过的炊器。几何印纹硬陶罐3件，颈短微内敛，狭肩，鼓腹，器形短而粗，平底，有窗格印纹和席纹，壁较薄，叩之铿锵有声，音质清脆，是连云港市首次发现的完整的几何印纹硬陶器。夹砂红陶鼎足1件，由高岭土烧制的灰白胎施豆青釉原始青瓷片3件。从鼎、印纹陶罐、原始青瓷的形制风格来看，具有吴越文化的风格。

孔望山摩崖造像。位于连云港市南2千米孔望山南麓西端。相传孔子曾登临此山以望东海，故名孔望山。造像共分13个组体，雕刻在东西长17米、高8米的峭崖上。最大的造像高1.54米，最小的头像仅10厘米。摩崖画像东侧约70米处，有一石雕大象，略大于真象，长鼻巨牙、卷尾粗足，背上刻有一身着丁字形头饰的象奴，手执钩鞭，脚戴镣铐，右书"象石"二字。南侧约150米处，有一圆雕石蟾蜍。摩崖造像内容有饮宴图、叠罗汉图，还有佛教的涅槃图、舍身施虎图及佛像、菩萨弟子、力士以及供养人画像等。孔望山摩崖造像为东汉摩崖佛教艺术造像，比敦煌莫高窟壁画早200多年，是中国迄今发现最早的佛像石刻。对于研究中国佛教史、美术史和中外关系史都具有重要意义。

东海古城。即古东海县城。其城墙始筑于南朝宋元徽年间（473—477年）。南北朝时（420—589年）在此侨立青、冀二州。唐代仍为东海县治所在。清咸丰元年（1851年）重修城南门，曾掘得石刻"宁海门"一块，字径17厘米，上有"贞观十三年春魏征题"9个小字题款。现存古凤凰城门（即南门）为清咸丰十一年（1861年）海州知州黄金龙修复，门额"古凤凰城"为楷书，字径50厘米，上款：咸丰辛酉年，下款：海州州牧黄金龙。1985年维修，城门西侧有石级可通城上。

海宁禅寺。位于连云港市花果山南麓，始建于唐代。宋代重修，明代扩建，规模宏大。海宁禅寺佛道并奉，但多由僧人住持。明万历三十年（1603年），神宗皇帝敕赐寺名"护国三元宫海宁禅寺"，并两次颁赐《大藏经》。清康熙三十一年（1692年），康熙皇帝御笔书赐"遥镇洪流"匾额，恩荣显赫，寺院香火益盛，遂为苏北、鲁南佛教重镇，有淮海第一丛林之称。清代乾隆、嘉庆、道光年间均有修葺。民国初年雄姿依旧，抗日战争中毁于日军炮火，几成瓦砾。1993年，重新修复并对外开放。增饰殿宇佛像，修建方丈室、千佛殿、凿池建亭。时任中国佛教协会会长赵朴初为该寺题写"海宁禅寺""大雄宝殿"匾额。

刘志洲山宋金交战战场遗址。位于海州区锦屏镇刘志洲山、夹山等处。遗址有石刻船画6处，刻船13艘；有戍守城垣、残垣长约500米，宽4.7米，并有马面。城垣为巨石垒成，残存地段高约2米。还有当年士兵留下的招信军、招信前部、苏总管、安淮军、金人及人物、动物、建筑、钟形画像等众多石刻。从山岩画上船的形制、戍守城垣、哑巴山炮台以及众多石刻等大量宋金遗迹看，刘志洲山为宋金对峙时期双方交战的战场，船画石刻可能与《宋史》记载的南宋李宝舟师"锚泊东海"与魏胜共抗金兵的事件有关。

石佛寺。位于灌云县大伊山腹地小山圩山麓，始建于元皇庆二年（1313年）。后遭兵燹，明洪武十年（1377年）重修。此后屡遭兴废。20世纪40年代，遭侵华日军破坏，再度被毁。2007年，重修和扩建伊山大佛石窟和石佛寺。现有山门牌楼、大雄宝殿、文殊殿、普贤殿、观音殿、地藏殿及锻铜工艺制造的33米高的伊山大佛圣像和露天弥勒佛、四大天王殿等。大雄宝殿为元代典型单层三檐歇山顶建筑,规模宏大,东西有廊坊围成四合院式院落,大殿红漆包柱上镏金楷书"有意焚香,何须远求圣境;诚心向善,此处就是名山"楹联一副,大殿中央供奉释迦牟尼佛、药王弟子和阿弥陀佛大理石石佛三尊,释迦牟尼佛十大弟子石佛分列左右,十三尊石佛因此而得名。

三、非物质文化遗产

2022年末,连云港市有市级以上非物质文化遗产项目180个,其中国家级非物质文化遗产5项,省级非物质文化遗产33项,市级非物质文化遗产142项。地方特色鲜明,种类齐全,民间文学类有徐福传说、花果山传说、姐儿溜;传统美术类有剪纸、面塑、木雕、砖雕、铜雕、玉雕、水晶补画、根雕;传统音乐类有海州五大宫调、锣鼓乐、唢呐吹奏乐;传统舞蹈类有龙舞、跑马灯、狮舞、旱船;传统戏曲类有淮海戏、海州童子戏、京剧;曲艺类有工鼓锣、苏北大鼓、琴书、渔鼓;传统技艺类有板浦汪恕有滴醋酿造技艺、汤沟酒酿造工艺、黑陶与砖瓦制作、吹糖人、柳编、虎头鞋、香荷包、拓片技艺;传统医药类有五妙水仙膏、马宝治疗顿咳、戴晓觉膏药、蛇药、山螃蟹接骨等。

徐福传说。徐福,即徐市,字君房。齐地琅邪(今赣榆区)著名方士。博学多才,通晓医学、天文、航海等知识。公元前210年,秦始皇第二次东巡,看到海州湾内出现海市蜃楼,遂派徐福率3 000童男童女、各类工匠以及五谷、药材等,从赣榆出海去传说中的蓬莱仙岛寻不死之药。求药数年不得,徐福担心无法向秦始皇交代,故率众东渡至亶州(今日本九州岛)。徐福是中日文化交流史上的第一位使者,他带去了中国先进的农业技术和中医中药,被日本人民尊为"司农耕神"和"司药神"。据考证,徐福即日本开国的神武天皇。

东海孝妇传说。连云港市以口头方式世代传讲的汉代东海孝妇窦娥的故事。故事说,孝妇很早死了丈夫,又没有儿子,但赡养婆婆非常周到。婆婆因不想拖累她,上吊自缢。而孝妇却因此入狱,并屈打成招,最终被太守杀死。孝妇被斩时,许下三宗愿,如系冤杀,血将倒流、六月飞雪、大旱三年。孝妇被杀后,郡中果然大旱,直至新太守亲自祭奠孝妇之墓并表彰其德行后,天才下起雨来。东海孝妇死后三年,故里的百姓为其修建了东海孝妇祠、东海孝妇冢。到了元代,孝妇的故事被戏剧家关汉卿编写成《窦娥冤》杂剧,唱响大江南北,更是家喻户晓。

淮盐制作技艺。连云港是淮盐的主产区,2 000多年来,淮盐制作技艺经历了从海水煮盐到天日晒盐的两个漫长过程。淮盐制作有四道工序:一是开辟亭场,即选择卤气旺盛的滩涂,翻耕碾平形成亭场。然后在四周开挖小沟,浸灌海水,以摊灰曝晒,待卤质充分吸收后,将灰堆聚起来挑入灰坑。灰坑经水浇灌后,卤汁通过竹管流入卤池,成为煮盐或煎盐的原料。二是利用潮汛纳潮引水。大潮退后根据亭场位置,先高后低依次摊灰开晒,每天下午收灰入淋。三是将灰坑内淋过卤水的残灰以及煎灶内的半生灰,挑到亭场上摊平曝晒,待远望有白光时再扫成堆,以备担灰入淋。四是用石莲子测验卤水浓度的高低。如果莲子全部浮出,则卤水浓度高,可以全部煎盐。如果有一半石莲子浮出,则卤水浓度减半,产量也就相应减半。如果石莲子浮出不到一半,则不能煮盐或煎盐,需重新淋灰取卤。

海州五大宫调。流行于海州区及周边地区的民族音乐,是古老"诸宫调"的宝贵遗存。按传统曲牌划分,海州五大宫调可分为大调和小调两类。大调多为单支,主要曲调有软平、叠落、南调、满江红等。特点是委婉细腻,节奏舒缓,类似昆曲的赠板,演唱时字少腔多,有一唱三叹之妙,多用于抒情。小调多为明清小曲,如叠断桥、凤阳歌、闹五更、杨柳青、京垛子、剪靛花等。特点为节奏明快,字多腔绍,长于叙事。小调和大调,既可单独演唱,也可小调、大调连缀,组成套曲,演唱各种故事。

姐儿溜。流传于东海县西部的一种民间顺口溜。据说有360种之多。因这些顺口溜开头的一句都是姐儿做什么,故名。顺口溜的基本结构为四句,有长有短。短的只有几句、十几句,长的有上千行。今人整理的姐儿溜《房四姐》,唱的是少女马姐儿为救全家性命,不惜以自身为题材,编唱应付隋炀帝的艳曲,以致羞辱而死的故事。整个故事共有1 008行,252段,分16个章节,打破了苏北无长诗的定论,被专家誉为"《孔雀东南飞》第二"。

四、民俗文化节日

连云港市民俗众多,仅衣食住行方面即可举出许多。以住宅为例,就有许多不同于别的地区的习俗。

农村建房习俗。选宅基要在河湾里,靠近水或山腰、山脚,认为这样能致富。奠基,又叫镇宅,要鸣放鞭炮,认为能驱恶避邪。上梁,即建造顶部时,要选吉日卯时,铺好桁条后,放鞭炮,抛撒馒头和糖果,在梁上贴红对联。滚梁,当整个顶部骨架固定后,瓦匠站在顶上放鞭炮,说吉祥话,撒糖果、糕、钱币等。上梁当晚亲朋好友、左邻右舍会前来贺喜。

住宅居室安排。在一个庭院中,堂屋为主,厢房为次;左为上,右为下。依辈分、年龄大小居住不同位置的房子。同辈人长兄居上首,晚辈或弟弟居下首。床放在靠山墙后檐。偏房或过道安放锅灶,灶门一般和大门同向。磨置门右,碓放门左。碾在院外远处,猪圈建在前门朝南。房前不栽桑,屋后不种槐,门前栽桃树,院中多植石榴树。院内阴沟居左,向大门方向流水。

门窗"四不冲"。相距不远的房屋之间,门窗所向忌讳很多。门与窗不能相对(相冲),否则,传说会家庭不和睦,会害疮疖。门不对烟囱,传说烟囱是黑煞神,门对烟囱的人家会不吉利。门不对屋爪,认为屋脊是一条龙,屋爪就是龙爪,会入门抓人。门不对路头和水沟,认为路和水沟是暗箭,门冲了路和水沟,会冲走财气,还会伤人。

以上习俗,至今仍有一些农村的年老百姓沿袭,甚至在市镇上有时还能看到人家的门框上面钉一个小镜子,对着别人家的门窗或烟囱,认为这样可以辟邪消灾。

徐福节。每年11月24日至26日在赣榆区徐福故里举办的节日。节日期间有祭祀大会、仿古乐舞表演、彩车游行、徐福研讨会等活动。

西游记文化节。围绕《西游记》主题每年在花果山不定期举办的文化节日。始办于2001年。孙悟空老家花果山是《西游记》文化的发源地,具有鲜明的"西游"文化特色和良好的生态环境。花果山有五圣广场、蟠桃涧大型瀑布、三元宫钟鼓楼等,具有浓郁的《西游记》文化氛围。

玉兰花会。每年4月10日至14日在云台山南麓东磊举办的花会。因东磊有古白玉兰4株,其中两株树龄上千年,称"玉兰花王"。花会以玉兰为主题,开展诗词、书画、摄影等艺术交流活动。

水晶节。东海县每年5月上旬举办的不定期的水晶节日。由于地球的造山运动,在一些富含石英矿脉的溶洞中,形成一种水晶矿体。在地下水流的冲击下,质地坚硬的水晶被泥沙埋入地下,便形成了水晶矿。东海县是我国水晶的重要产区,现已探明水晶储藏量约为30万吨。东海县年产水晶500多吨，占全国产量的一半。年产水晶首饰2 000多万件、水晶工艺品500多万件，被誉为"中国水晶之都"。水晶节期间热闹非凡，有各种民俗文娱表演，书画、儿童版画展览，还举办水晶研讨会，以及农副产品展销会等活动。

五、历代文化名人

徐福（生卒年不详），即徐市，字君房，齐地琅邪（今赣榆区）人，秦著名方士。博学多才，通晓医学、天文、航海等知识，在沿海一带民众中名望颇高。曾两次奉秦始皇之命东渡入海寻访仙山灵药。第二次出海时在今日本九州岛登陆后，没有找到长生不死之药，返回恐遭杀身之祸，便长居于此，不再复返。徐福等人在此向日本土著民族传播农耕知识和捕鱼、锻冶、制盐等技术，还教给日本人民医疗技术等秦朝先进文化，促进了社会发展，深受日本人民敬重。日本尊徐福为"司农耕神"和"司药神"。

鲍照（405—466），字明远，北海郡（今连云区）人。南北朝时期著名文学家、诗人。出身寒微，久居建康（今南京），曾任秣陵（今南京）令、中书舍人等职。后为临海王刘子顼前军参军，人称鲍参军。其诗反映庶族地主对当时士族专权政治现状的不满。长于乐府，尤擅七言歌行。善于摹写形状，风格清俊飘逸，对唐代李白等影响较大。与谢灵运、颜延之并称"元嘉三大家"。也长于赋及骈文，乐府《拟行路难十九首》《芜城赋》《登大雷岸与妹书》等较著名。有《鲍参军集》。

李汝珍（1763—1830），字松石，号松石道人，直隶大兴人，清代著名小说家。19岁随兄李汝璜来板浦（今海州区），居住在板浦场盐保司大使衙门里。其后除两次去河南做官外，一直居住在板浦。代表作《镜花缘》为其采拾古海州地方风物、乡土俚语及古迹史乘，消磨数十年心血的名著。鲁迅在《中国小说史略》中称之为能"与万宝全书相邻比"的奇书。苏联女汉学家费施曼称该书是"熔幻想小说、历史小说、讽刺小说和游记小说于一炉的杰作"。

许鼎霖（1857—1915），字九香，赣榆区人。光绪八年（1882年）中举。历任内阁中书、秘鲁领事官、盐运使、庐州知府、大通税监、安徽道员、浙江省洋务局总办、本溪湖煤铁公司督办、盐政正监督、奉天交涉使、苏北荡营垦务总办、江北贩务主办等。曾与张謇等合伙经营镇江开成铅笔罐厂、赣榆海赣垦牧公司、上海同利机器纺织洋线麻袋公司、上海大达外江轮船公司，并向北京博利呢革厂、景德镇江西瓷业公司等企业投资，被誉为实业界的"江北名流"。

第四节　地方特产与旅游资源

一、佳肴美食

连云港市菜肴基本以淮扬菜系为主，重海鲜原料，如对虾、凤尾虾、银刀鱼、梭子蟹等。熏黄鱼、酒醉螃蟹、清汤海蜇、锅塌鲈鱼等各式海鲜菜肴享有盛名。

清汤海蜇。连云港市美食之一，以新鲜海蜇为主要材料烹制而成，属于苏菜系列。烹制工艺为：将海蜇切片，用温水泡洗干净；辅料菠菜择洗干净，切成小段；炒锅内放入适量水烧开，用湿淀粉勾芡，下入菠菜段、海蜇片、精盐、姜片烧沸，加味精、香油调味，倒入汤碗内即成。菜品色彩调和，食之鲜嫩清香，汤鲜爽口。汤含有优质蛋白质、钙、铁、多种维生素及纤维素，有补铁、补血、生津、润肠胃的作用。

锅塌鲈鱼。连云港市美食之一,以新鲜鲈鱼为主要材料烹制而成,属于苏菜系列。烹制工艺为:将鲈鱼刮鳞,去鳃、鳍,沿脊背由头至尾剖开(腹部相连,成双头双尾状),剔去脊骨和胸刺,洗净,在鲈鱼肉面上划十字形刀纹,将鸡蛋黄、淀粉加水搅匀后,抹在鲈鱼肉面上;将鱼肉放入油锅炸至金黄色,沥去油;放入砂锅中,加葱、姜、鸡汤、黄酒、酱油、绵白糖等作料,烧熟后,用湿淀粉勾芡,沿锅边淋入香油,晃动炒锅,翻身起锅装入盘中即成。

虾婆饼。连云港市美食之一,以黄海产虾婆婆为主要材料,辅以各种作料烹制而成。连云港市海州湾渔场生长着一种形似螳螂又像虾的软体动物,俗称虾婆婆。虾婆婆体大肉多,尤以雌虾婆婆为佳。雌虾婆婆脖下均有一白色正楷"王"字。烹制时先把虾婆婆洗净去尾,用擀面棍从其头部向尾部压挤出肉汁,再加上少量淀粉、鸡蛋等配料搅拌成糊状后在油锅中烙制而成。食之,其味鲜美无比。

灌云豆丹。豆丹,学名豆天蛾,是一种以吃豆叶、喝甘露为生,在天然无毒、无公害状态下生长的昆虫。体形与蚕相似,成虫长约5厘米,嫩绿色,头部色较深,尾部有尾角。从腹部第一节起,两侧有七对白色线。做成佳肴,十分鲜美,是一种天然有机食品,食之令人难忘。被誉为"国内少有,苏北仅有,灌云特有"的美味珍品。

二、名特地产

连云港市地方特产有汪恕有滴醋、云台山板栗、葛根粉、云雾茶、山螃蟹、樱桃酒、冬青桃、水晶制品等。

汪恕有滴醋。汪恕有,为滴醋创始人汪懿余店号,因汪氏酿制的醋酸甜香醇和,每次食用只需几滴即可,故名滴醋。该醋选用优质高粱和独特的传统固态发酵工艺酿制而成。始创于清康熙十四年(1676年)。成品滴醋色泽鲜明不浑浊,酸度浓醇,味香绵甜。传说乾隆皇帝下江南,船过运河时,海州知府前往拜见,在进贡的地方特产中就有汪恕有滴醋。乾隆皇帝食用后大加赞赏,滴醋遂成为海州属地贡品,从此名声大振。

连云港云雾茶。因产自黄海之滨连云港市云雾缭绕的云台山中,故名。该茶精选鲜叶嫩芽,经过特殊的工艺炒制而成。成品条索紧圆,形似眉状,峰苗挺秀,色泽绿润,具有味醇、色秀、香馨、液清等特点。饮后齿颊留香,神清气爽。其以色、香、味、形俱佳而跻身于太湖碧螺春、南京雨花等江苏名茶之列。

樱桃酒。以成熟的新鲜樱桃为主要原料,经发酵、陈酿、无菌过滤等特定工艺酿制而成的果酒。连云港市花果山已有2000多年的樱桃栽培史,现拥有万亩中国红樱桃果园,年产新鲜樱桃1.9万吨。连云港市樱桃品种优良,果实色泽艳丽,个大皮薄,肉细汁多,酸甜适口,营养丰富,是酿酒的优质原料。该酒香气悠长,口感滑爽,酒体丰满。

水晶饰品。东海县出产的水晶从天然颜色分,以白色为主,也有烟、茶、黄、粉红和紫等颜色。从天然晶体内部看,有毛发状的"发晶",草木状的"草木晶",水珠状的"水胆晶"。水晶制品五颜六色,花样繁多,有精卫填海、送子观音等观赏品;奔马、拓荒牛等摆件;水晶酒具、眼镜等实用品;水晶项链、胸花、戒指等装饰品。科学研究证明,水晶有清热、解毒、过滤有害射线等功能。水晶项链和眼镜作为保健装饰品越来越受到人们的青睐。

三、旅游资源

花果山。位于连云港市南云台山中麓。唐宋时称苍梧山,亦称青峰顶,为云台山脉的主峰,是江苏省诸山的最高峰。以集山石、海景、古迹、神话于一身,及古典名著《西游记》所描述的孙大圣老家而著称于世。山上古树参天,水流潺潺,花果飘香,猕猴嬉闹,奇峰异洞,怪石云海,景色神奇秀丽。山上野生植物种类达1 700余种,其中药物资源1 190种。金镶玉竹、古银杏等均为省内罕见、国内少有的树种和古树名木。山中遍布古建筑、古遗址、古石刻、历代文人墨客的游踪手迹。唐诗、宋词、元曲的韵律在山间流淌,明代、清代、民国的香火在寺中弥散。花果山素有佛教圣地、海内四大灵山之誉。

连岛。古称鹰游山,由东西两岛相连,又称东西连岛,面积7.6平方千米,为江苏省第一大天然海岛,与连云港港隔海相望。岛上森林覆盖面积达80%,集青山、碧海、金滩、浴场、茂林、奇石于一体。全国最长的拦海大堤,记载汉代文明的海上界域石刻,物产丰饶堪称鸟岛的前三岛,富含负离子的海洋空气,冬无严寒,夏无酷暑,四季怡人的海滨气候,使连岛成为人们休闲娱乐度假疗养的理想之地。

渔湾。位于云台区云台乡渔湾村。200年前这里还是海岛渔村码头,后来海水逐渐退离海岸变为陆地。以悬崖峭壁、怪石深潭闻名,悬泉瀑布,飞漱其间,自然景观纯净峻美,被誉为"江苏的张家界""连云港的九寨沟"。李汝珍文学名著《镜花缘》中对山林风光的描述,多取材于此。景观以山为骨,以水为魂,以龙为山海精灵。著名景点有鱼化龙、九孔桥、三龙潭、藏龙洞、上天梯、龙床等,尤以白练飞挂、飞珠溅玉、淙淙叮咚、水光潋滟的瀑布泉潭景致,与山色云影交会融合,自然天籁,令人心旷神怡,物我两忘。

锦屏山。位于连云港市区西南3千米处,因山色锦绣,美如画屏,传清康熙皇帝命名为锦屏山。这里是古海州文明发祥地,古代遗迹众多。有孔望山摩崖石刻,桃花涧旧石器时代遗址和新石器时代将军崖岩画等。相传孔望山为孔子在此登山望海而得名。孔望山南麓的国家级重点文物保护单位佛教造像具有较高的考古价值,早于敦煌莫高窟200年,有誉"九州崖佛第一尊"。

徐福村。位于赣榆区金山镇,为秦代方士徐福的故里。徐福村建有徐福祠,供奉徐福塑像。祠前广场立有前全国政协副主席赵朴初题写的"徐福村"碑和前全国人大副委员长彭冲书丹的"徐福故里"碑。每年秋季徐福节,众多中外来宾会聚徐福故里,缅怀徐福的东渡开拓精神。2007年10月26日,日本前首相羽田孜等客人到徐福村参加第七届徐福节。羽田题碑拜祭,表示家族之根来自中国,祖先是徐福。

宿城。位于连云区东南部宿城街道。隔宿城山与连云港港口相望,传唐王李世民曾为东征宿营筑城于此,故名。城三面环山,一面临海,中为坦荡川原。山上多激流飞瀑、古树奇峰,有保驾山、仙人屋、船山飞瀑、卧龙松、水库、金刚石等胜景。下有河流环绕,隔绝尘世,山清水幽,有"世外桃源"之称,为国家级风景名胜区。

东海温泉。位于东海县温泉镇边的羽山脚下,故又称羽山温泉。相传大禹父亲鲧因治水不力,被杀死于羽山脚下。温泉发现于唐代,史籍称"汤泉",千余年前即有开发、利用。地下水温94 ℃,出井水温82 ℃,日供水量近千吨。泉中含有钾、钠、镁、氡等多种元素,水质爽身,可与南京汤山温泉和西安华清池媲美。对各种皮肤病、动脉硬化、高血压、关节炎等均有良好的疗效。被国内外温泉康疗专家誉为"华东第一温泉"。

东磊风景区。位于连云港市云台山南麓,距花果山6千米,渔湾1千米。云台山二十四景美,三分之一在东磊。尤其是石海,奇石成片,鳞次栉比,一望无际,故名,并称我国四大名海之一。玉兰花树800年树龄,太阳石有5 000多年历史。小说《西游记》半数人物、《镜花缘》的全部情节,《东游记》后半部的龙王落难处,都在东磊景区,三部古代神话小说与一个景区紧密联系在一处,在全国绝无仅有。北麓山峰中树木葱郁,杂花遍地,葛藤蔓蒙,气象非凡。有三磊石,险峻奇绝,镌有"磊磊落落""重来东磊"等题刻,有天然石刻博物馆之称。

抗日山烈士陵园。位于赣榆区班庄镇王洪村夹谷山南端,是我国第一座也是唯一一座以抗日命名的山,素有"中国抗日第一山"之称。山上的烈士陵园总面积24万平方米,园内建有751座烈士墓、安葬着800余位烈士的忠骨。9座大型纪念碑上镌刻着3 576位烈士的英名。1982年以来,陵园先后被列为"全国重点烈士纪念建筑物保护单位""全国青少年爱国主义教育基地""全国爱国主义教育示范基地""全国首批国防教育基地"。

第十七章

盐城地域文化

盐城，简称盐。位于江苏沿海中部，长江三角洲北翼。东临黄海，南与南通市、泰州市接壤，西与淮安市、扬州市毗邻，北隔灌河与连云港市相望。盐城有着得天独厚的土地、海洋、滩涂资源，是江苏省土地面积最大、海岸线最长的省辖市。全市陆域面积 16 972 平方千米，海域面积 18 900 平方千米。2021 年末，常住人口 671.3 万人，城镇化率 64.75%。

第一节　历史沿革与国际交往

一、历史沿革

盐城市是江苏省沿海成陆较早的地区之一。境内海陆几经变迁，经历了桑田沧海、沧海桑田的演变过程。距今 7 000～5 000 年的新石器时期，境内海面基本稳定。长江、淮河搬运入海的大量泥沙在浅海湾底部逐步堆积，形成了呈西北—东南走向的岸外沙堤，海岸线长期稳定在阜宁、盐城一线。东台与兴化两市交界处发掘的蒋庄遗址，为新石器时期晚期文化，距今约 5 200～4 200 年。表明此时东台一带已有先民在此活动。阜宁县羊寨镇一带石器、骨器的发现，表明至迟在 4 000 年前新石器时代晚期，阜宁县境内就有靠渔猎为生的原始部落群在此生活和劳动。

夏商两代，盐城为淮夷地。西周初年，鲁侯伯禽令奄民南迁，途中有一部分奄民留在今盐城一带定居，这是盐城早期的开拓者。西周时盐城属青州，春秋时属吴，后属越。战国时属楚，开始出现"煮海为盐"兴利的生产活动。秦代属东海郡。

西汉初，盐城为射阳侯刘缠的封地。汉武帝元狩四年（前 119 年），"鉴于前秦盐铁之利，十倍于古"（《汉书·食货志》），一度实行"弛山泽之禁"的政策。此时，古黄海海滨地区煎盐之业大兴。不久，中央政府析古射阳县东部（今宝应县一带）靠黄海的一部分置盐渎县，专管食盐产销，并制定了募民煎盐制度。官府招募游民与流放犯人到淮南海滨地区煮盐，由官府提供煮盐器具，并发给制盐者工钱，此为江苏盐民来源之始。从事煎盐的人叫"亭户"，又称"灶户"，从此，制盐成为一种正式的职业。渎，指沟渠、水道。盐渎，指专门用来运输食盐的河道。以地产和河道功能得盐渎之名，此为盐城地区最早的行政建制。西汉时盐渎属临淮郡，东汉时属广陵郡。

三国时盐渎县属魏，不久废除县制。西晋时恢复县制，属海陵郡。东晋义熙七年（411 年），改盐渎县为盐城县，取环城皆盐场之意。此为现名之始，沿用至今。

南北朝陈时，置盐城郡。隋初废郡复为盐城县，属江都郡。唐代仍属江都郡。至唐宝应年间（762—763年），境内设有海陵监、盐城监，每岁煮盐百余万石。盐城已成为"甲东南之富，边饷半出于兹"的东南沿海盐业生产中心。五代十国南唐时，盐城县属泰州。宋代属淮南东路楚州。元代属河南江北行省淮安路。明代属南直隶（今南京）淮安府。清初属江南省，康熙六年（1667年）江南省东西分省，划归江苏省，属淮安府；雍正九年（1731年）建阜宁县；乾隆三十三年（1768年）建东台县。19世纪中叶以后，盐城逐渐成为里下河地区粮、棉、油、盐的贸易集散地和区域中心。

民国初，盐城县属江苏省第十行政督察区。1946年盐城城区一度更名叶挺市，1949年恢复原名。

1983年实行市管县体制，置设区盐城市，下辖响水、滨海、阜宁、射阳、建湖、大丰、东台等7个县。

二、行政区划与发展格局

盐城市现辖盐都、亭湖、大丰3个区，东台1个县级市，建湖、射阳、阜宁、滨海、响水5个县。盐都区，由盐城古称盐渎谐音而得名；亭湖区，2003年由盐城市城区更名而来，亭湖为"亭户"的谐音，汉代以来，境内居住者多为"亭户"（煎盐的人），故名。一说源于20世纪30年代宋泽夫在此兴办的亭湖初级中学；大丰区，取清末状元张謇创办的"大丰盐垦股份有限公司"名中"大丰"二字为区名；东台市，因位于泰州东部的一片台升地而得名；响水县，1966年建县时因县城建在响水口而命名；滨海县，因东濒黄海而得名；阜宁县，取阜墩安宁无患之意命名；射阳县，因流经县境的射阳河得名；建湖县，1949年建县时取境内建阳、湖垛两镇名的首字命名。

盐城市发展战略是重点向南、适度向西、推进河东、优化城北的城市发展方向，建立以市本级、亭湖区、盐都区、大丰区为建设管理主体的城中分区、城南分区、城西分区、城北分区、西南分区、河东分区六大板块，最终建成东北亚特色物流转运基地、长三角新兴工商业城市、沿海湿地生态旅游城市。

三、国际友好交往

20世纪80年代以来，盐城市以开放、开拓、走向世界的姿态，与日本鹿岛市，美国圣地亚哥郡，韩国南原市、九里市，意大利基亚提市、阿斯科利皮切诺市，罗马尼亚德瓦市，澳大利亚博沃德市，俄罗斯圣彼得堡市彼得格勒区，芬兰洛伊马市等10个城市建立了友城交往关系，密切了盐城与国际的经济、文化往来。

第二节 地理交通与文化特征

一、地理与生态

盐城市拥有得天独厚的土地、海洋、滩涂资源，是江苏省土地面积最大、海岸线最长的设区市。境内全为平原地貌，西北部和东南部高，中部和东北部低洼，大部分地区海拔不足5米，最大相对高度不足8米。黄淮平原区位于苏北灌溉总渠以北，其地势大致以91.7千米长的废黄河为中轴，向东北、东南逐步低落。废黄河海拔最高处为8.5米，东南侧的射阳河沿岸最低处仅1米左右。里下河平原区位于苏北灌溉总渠以南，串场河以西，属里下河平原的一部分，总面积 4 000 多平方千米，该平原区四周高、中间低，海拔最低处仅 0.7 米。滨海平原区位于灌溉总渠以南，串场河以东，总面积为 7 000 多平方千米，约占全市总面积的一半，该平原区大致从东南向西北缓缓倾斜。东台境内地势较高，海拔一般约为 4～5 米，向北逐渐低落，到射阳河处为 1～1.5 米。

盐城市海岸线长 582 千米，海域面积 1.89 万平方千米，其中内水面积 1.21 万平方千米，领海面积 6 800 平方千米，沿海海域是中国唯一无赤潮的内海水域。

领海内滩涂面积宽广，其中潮上带 1 677 平方千米，潮间带 1 610 平方千米。隶属于大丰、东台、射阳、滨海、响水等地区的沿海滩涂，近期可供开发利用的面积达 1 300 平方千米。

流经盐城市区的新洋港、蟒蛇河、串场河、皮岔河、小洋河、通榆河等大小河流有 98 条，成了盐城主要的生态水脉和生态走廊，加上市区中心大洋湾湿地，盐城市区水乡特色显著。

二、经济资源

盐城市油气资源丰富，现已探明石油天然气蕴藏量达 800 亿立方米，为中国东部沿海地区陆上最大的油气田。沿海和近海有约 10 万平方千米的黄海储油沉积盆地，居全国海洋油气沉积盆地第二位，有着广阔的勘探开发前景。

盐城市为江苏最大的商品粮基地、优质棉基地和农副产品生产基地，粮棉油、桑果菜和禽蛋鱼等主要农产品的种养规模和总量均位居全省首位。

沿海滩涂上建有野生麋鹿和丹顶鹤两个国家级自然保护区，被誉为"东方湿地之都"。

大丰麋鹿国家级自然保护区目前有麋鹿种群 7 033 头，其野生种群总量、繁殖率和存活率均居世界首位。国家级珍禽自然保护区有国家重点保护的一类野生动物 14 种，二类野生动物 85 种，每年来此越冬的丹顶鹤多达 1 200 只，占世界野生种群的 60% 以上。

三、交通建设

盐城市海陆空交通便捷，现已基本形成高速公路、铁路、航空、海运、内河航运五位一体的立体化交通运输网络。宁靖盐、盐通、盐连、徐淮盐高速公路在境内交汇，四通八达，实现了县县通高速。新长铁路盐城站开通了全国客货运输，可直达北京、哈尔滨、太原、成都、青岛、兰州、济南等城市。2021 年铁路客运量 1 348 万人次。

盐城市是同时拥有空港、海港两个一类开放口岸的设区市。盐城南洋国际机场已开通至韩国首尔，日本大阪、静冈等城市的国际航班和北京、广州、长沙、昆明、香港、台北、厦门、哈尔滨等城市的国内航线近 40 条，架起了通向全国走向世界的空中桥梁。2021 年旅客吞吐量 175.4 万人次。

盐城是水运大市。响水县陈家港为国家二级航道、二类开放口岸，大丰港为国家对外开放一类口岸，滨海港为国家一类开放口岸，与日本、韩国隔海相望，为江苏沿海最好的深水岸段之一，可建 10 万～15 万吨级深水航道码头泊位。阜宁港、射阳港为重要内河港口。2022 年全市港口货物吞吐量超过 1.35 亿吨。

四、地域文化特征

盐城市有5 200年以上的人类居住史。其独特的地理生态,加上漫长的史前文化洗礼,形成了以下文化特征:

其一,海盐文化是盐城的文化根脉和基础元素。盐城以"盐"名城,盐文化发达。汉代因域内煮盐亭场遍布、盐运河渎纵横而建盐渎县。东晋安帝义熙七年(411年)以"环城皆盐场"更名盐城县。唐代为东南沿海盐业中心。明初大规模移民海滨烧盐。清嘉庆时仅东台富安盐场即设总30个。全国唯一反映中国悠久海盐文化的中国海盐博物馆落户盐城,充分展示经2 000多年历史沉淀的丰厚的海盐历史文明。

其二,独特的湿地水绿文化。盐城境内河流众多,水网密布,河渠纵横,四通八达。通榆河、串场河、灌河、废黄河、淮河入海水道、苏北灌溉总渠、射阳河、黄沙港、新洋港、斗龙港等"两纵九横"骨干河道贯穿全境。沿海滩涂面积占全省面积一半以上,有着得天独厚的湿地资源,享有"湿地之都""百河之城"之美誉。沿海与里下河滩涂湿地的保护、开发与利用,体现盐城人科学发展的经济价值观与城市文明精神。

其三,红色军事文化突出。盐城市是革命老区,红色文化底蕴深厚。铁军文化即其文化内容之一,为中国人民一大宝贵精神财富,内涵深刻,影响深远。拥有全国规模最大、资料最全、最具代表性的新四军纪念设施,市区有新四军纪念馆、纪念塔和重建军部旧址泰山庙,大丰区白驹镇建有新四军、八路军会师纪念碑。

其四,淮剧、杂技地方文化驰名。盐城市为淮剧发源地与杂技之乡。淮剧和杂技是盐城市地方文化艺术成就的集中体现。淮剧艺术以其独特的语言和唱腔表演艺术形式,"十八团"杂技以其气功、顶技、蹬技、走索、狮舞、马术等精湛技艺,驰名中外。

盐城话属于北方方言中的江淮方言,按语言特点可分为滨阜片、建盐片、丰台片。滨阜片、建盐片属淮扬片,丰台片属通泰片。市树为合欢、水杉,市花是紫薇、石榴。

第三节　历史文化遗产

一、史前文化遗址

盐城市虽然行政建制设置时间较晚,但这里早在新石器时代就有人类活动和居住,并留下大量的史前文化遗址,其中比较著名的有东园、陆庄新石器时代中晚期文化遗址、焦庄古文化遗址。盐城市史前文化遗址多数分布在阜宁县境内,证明了阜宁县在盐城文化发展进程中的历史地位。

东园遗址。位于阜宁县施庄镇东园村。1978年发掘,出土有石斧、石锛、石环、石凿等百余件属新石器时代的遗物。其中较珍贵的是一种穿孔石斧,长24.5厘米,上阔11厘米,用石质颇为美丽的青绿石磨制而成,质量之高,形体之大,为我省所罕见。还有一件刻画东海日出纹祭瓶,均藏于盐城市博物馆内。另在距此地200米处还出土了一批战国、汉代和隋唐时代的文物,并出现陶片堆积层。经考证,认定这是一处新石器时代晚期的文化遗址,距今约6 500～4 200年。

陆庄遗址。位于阜宁县板湖镇陆庄村,东西长约300米,南北宽约200米,面积5万多平方米。文化层厚0.2～0.3米,曾出土过兽面纹玉琮。地面采集有汉代釉陶双系壶、瓿、泥质灰圆腹绳纹罐等。1995 年发掘灰坑 3 座，出土新石器时代夹砂红陶、袋足鬲、实足鬲、深腹盆、石锛、石斧、石凿、石钺等。器物具有北方大汶口文化和南方良渚文化元素，同时也具有一定的地方文化特征。据考证，距今约 4 000 年。

二、历史文化遗存

2022 年末，盐城市有新四军军部旧址、新四军盐阜区抗日阵亡将士纪念塔等 2 处全国重点文物保护单位，以及国家级历史文化名镇东台市安丰镇。有省级文物保护单位 23 处，市级文物保护单位 73 处，包括陆公祠、宋曹宅、抗大五分校旧址、顾正红烈士故居、富安明代古宅、朦胧塔、大丰区草堰镇汉墓群、草堰石闸、草堰镇古盐运集散地保护区、苏中四分区抗日烈士纪念碑、海春轩塔、冯道立宅、华中鲁艺抗日殉难烈士陵园、鲍氏大楼、开庄遗址等。

永宁寺。原名护国永宁禅寺，旧址位于盐城光明巷北首，始建于唐武德六年（624 年）。宋元明清历代屡毁屡建。民国时期，寺庙毁于兵火。1993 年迁建盐城市区海纯路 12 号，名永宁寺。寺庙坐北朝南，有山门、天王殿、大雄宝殿、钟鼓楼、藏经楼、宝塔及厢房、僧舍等。天王殿内，风调雨顺四大天王均用香樟木雕成。大雄宝殿内卧佛和几尊坐佛均用玉石雕成，其中卧佛长 5.2 米，重 8 吨。殿前 15 米高的露天观音像，清净庄严，相好光明，再现了永宁寺昔日十方丛林景象。

泰山寺。又名护国寺，位于东台市西溪镇通圣桥南。始建于南宋嘉定年间（1208—1224 年）。明万历年间（1573—1620 年）重建。占地 3.88 万平方米，有殿房 99 间半。为佛教、道教共存一院的宗教场所。因寺内天妃山顶碧霞宫供奉着东岳神女碧霞元君，故名泰山寺。碧霞宫西侧建有关岳、老君、华佗、鲁班、神农五庙。民国以来，屡遭损毁，1985 年修复。主要建筑有山门、天王殿、大雄宝殿、碧霞宫、钟楼和鼓楼。登楼可俯瞰寺内全景，远眺寺外的水光塔影。

陆公祠。位于亭湖区儒学街，是为纪念南宋末丞相、爱国民族英雄陆秀夫而设的祠堂。始建于明嘉靖十年（1531 年），初建为"三进两厢"和"一坊一亭"。一进为门厅，二进为仰止堂，三进为正祠堂。大门外建有中流砥柱坊，门厅内有表忠亭等建筑。后毁于战火。20 世纪 80 年代依原样重建，整个建筑体现了明、清古建筑的风格和特点，庄严素雅，古朴大方。门厅正中保留了原"宋丞相陆公祠"碑刻。浩然堂内"海岳忠贞"匾额系原国务委员兼国防部长张爱萍题写。祠内还有许多古今碑刻、历代古井陈列、名人楹联和有关陆秀夫的史料、研究资料等。

海春轩塔。位于东台市西溪镇，建筑年代不详。塔为七层八角砖结构密檐塔，高 20.8 米，面向西北，无台基、副阶。二层及以上每层八面各设佛龛一座，六层共 48 座佛龛。底层以上出密檐七层，塔的外形逐层收分，塔身内部为空间式结构。建筑之初，可能是作为一个标志性建筑为海湾船只导航的。

避潮墩。为盐城海盐文化遗存。盐城海滨历代先民多以渔业、盐业为生，每年夏初至秋末，沿海常有飓风或台风，以及随之出现的海啸海溢。当海潮上涌时，常常耳一闻声，涛已立至，猝不及防。如未事先筑墩防备，后果不堪设想。古人为防止涨潮时来不及回到安全的陆地，就靠人工挖掘，筑起高大的避潮墩，供滨海劳作的盐民渔民暂时避让海潮之用，故又称救命墩。大丰区境内现存较完整的避潮墩有新丰潮墩，位于新丰镇大团村二组，面积约 200 平方米。三龙潮墩，位于三龙镇下坝村三组，面积约 1 500 平方米，墩呈慢坡状，高出地面 3 米。小海黄墩,位于小海镇江北村五组,面积约 400 平方米,墩高 5 米。

三、非物质文化遗产

2022 年末,盐城市有市级以上非物质文化遗产 52 项,其中国家级非物质文化遗产有东台市董永传说、淮剧、建湖"十八团"杂技等 5 项,省级非物质文化遗产包括盐城老虎鞋、东台发绣、盐都区沈拱山传说、大丰区麦秆剪贴、江苏省银宝盐业公司海盐晒制技艺、盐都区八桅立式大风车制作技艺、东台陈皮酒酿造技艺、施耐庵与《水浒》传说、东台市弶港渔民号子、义丰龙舞、阜宁县面塑、盐都区柳编、东台鱼汤面制作技艺、阜宁大糕制作技艺、盐都区藕粉圆子制作技艺、亭湖区枯枝牡丹传说等 29 项。

淮剧。又名江淮戏。是清代中叶在盐城市、阜宁县一带流行的民间小调与酬神香火戏结合的江北小戏。后受徽剧和京剧的影响,在唱腔、表演和剧目等方面逐渐丰富,形成淮剧。早期淮剧以老淮调和靠把调为主,唱腔基本是曲牌连缀结构,未采用管弦乐器伴奏。后经历代艺人改进,使淮剧的唱腔曲调和配器不断丰富。早期的淮剧传统剧目有《对舌》《赶脚》等生活小戏,大戏有《白蛇传》《岳飞》《千里送京娘》《状元袍》《官禁民灯》等。

沈拱山传说。沈拱山(1790—1855),盐城沈家墩(今盐都区郭猛镇下戴村)人。幼年丧父,与母亲相依为命。幼年天资聪明,才智过人。在母亲的严厉教管下,学业日渐长进,不久便考取秀才。清嘉庆初年,政治腐败,官府靠加税卖官增加收入,官吏们政治上无所作为,贪污受贿成风,搜刮民财颇有一手。沈拱山见官场黑暗,遂弃考不愿为官,甘过农耕生活。其虽无功名和官职,却胸怀正义,疾恶如仇,仗义为民。每遇有以官压民,以富欺贫之事,常挺身而出,一生先后与七任知县、三任知府进行过说理斗争,并为此 7 次坐牢,在民间留下大量传奇故事,被百姓称为"布衣青天"。

董永传说。董永与七仙女的生活原型出自东台西溪镇。传说东汉初年,西溪镇西北角有一叫董家舍的小村庄。董永就出生在此村。镇北有一水塘叫凤凰池。王母娘娘的七个女儿常来凤凰池中沐浴。七仙女深为董永的勤劳和卖身葬父的孝心所感动,在六个姐姐的帮助下来到人间。在镇西的十八里河口与董永相见。两人在附近的老槐树下,拜天地成了亲。故十八里河口旁的村庄后改名河口村(今属台南镇)。镇西广福寺后院内有一口古井,传说是七仙女当年为帮助董永赎身替曹长者家织 300 匹云锦时汲水缫丝的井。明英宗天顺六年(1462 年),巡宰李诚莅临西溪,查看了这个遗迹,并建亭其上。兴化人顾繁在亭上作《缫丝井亭记》。董永和七仙女一个月内还清曹长者的债务后,来到西溪南面的董家垛寒窑中,过上了男耕女织的新生活,此地后来由此得名新生,现为广山镇新生村。数月后,王母娘娘得知七仙女下凡之事,大为震怒,遂派天兵天将捉拿七仙女。董永追赶至西溪南仓河口,夫妇二人抱头痛哭,生离死别。七仙女被天兵天将抓上半空,她扔下脚上穿的一双绣花鞋给董永留作纪念,一只落河东,一只落河西,落鞋处分别得名东鞋庄和西鞋庄,两庄又合称双鞋庄(今广山镇双超村)。为使董永免遭天兵天将加害,七仙女在空中拔金钗向地面划出一条河,阻挡董永追赶,并用双钗插地,遂成两口井,一井河东,一井河西,以示与董永在此绝别,永无相见之日。后人为井取名双钗井,又名金钗井;为河取名辞郎河。辞郎河边有个村落,得名辞郎庄(今属广山镇)。七仙女别董永凌云而去后,人们在河上建凤升桥,俗称南仓桥(即今牛桥,旧曾为西溪第一桥),旁边建凌云亭,今亭已不存。翌年,七仙女在天庭为董永生得一子。玉帝难容,她只好忍痛把儿子送到十八里河口老槐树下,托梦嘱董永领子。放孩子的地方由此得名舍子头（今为台南镇杜沈村）。董永得到儿子，更加思念七仙女，天天来到老槐树旁远眺，遥望天空，殷切期盼妻子回归，全家团聚。董永伫立之处便得名殷庄（今属广山镇）。董永死后，后人有感于其孝心，为其建董孝贤祠，又称董永庙。有砖墙瓦盖四合院十余间。祠内供董永塑像，四时香火不断。院内有土建董永墓，墓有石碑，碑文："汉董孝子讳永墓——道光乙未里人修。"为了永久纪念董永，将当地村庄取名董家坨，后改为董贤乡，现名台南镇董贤村。20世纪50年代，黄梅戏《天仙配》上演，使这一传说家喻户晓。

东台发绣。发绣又称墨绣，是以人发作绣线，在绸或绢上刺绣而成的工艺品，源于唐代佛教盛行时期。佛教信女喜欢以头发绣成如来佛像或观音菩萨，焚香膜拜，以示虔诚。后突破宗教题材，成为一种摹物绣景的工艺品。发绣以妙龄少女头发为材料，经过设计、勾样，运用滚、施、缠、套、接、切、扣、虚实针等数十种针法刺绣，直至装裱，最终成为平、齐、细、密、匀、薄、和、顺、光的工艺品。作品具有新奇别致，清秀淡雅，不褪色，耐腐蚀，便于收藏等特点。其中双面发绣和双色发绣更是色彩斑斓，华丽多姿，既有水墨画的意味，又能体现民族风格。南宋发绣《东方塑像》和明代韩希孟的发绣《弥勒佛》，分别被英国伦敦博物馆和日本正仓院作为珍宝收藏。上海博物馆收藏的唯一发绣《停琴伫月图》也为韩希孟所绣。

老虎鞋。民间一种传统的虎头形工艺品。盐城市民间有穿老虎鞋祛病驱邪，消灾降福的习俗，认为婴幼儿穿了能长得虎头虎脑，强壮结实。老虎鞋制作和虎文化密不可分，是人们对虎文化的传承和发展。我国出土的汉、唐古墓文物中，就曾出现过虎枕、虎鞋、虎帽和其他虎饰品。相传，南宋民族英雄岳飞幼时最喜欢穿母亲做的虎鞋，明太祖朱元璋一出生就穿着仙人赐予的虎鞋。虎鞋适应了人们崇尚传承中华民族虎文化的心理需要。

四、民俗文化节日

爆谷卜年华。每当临近春节时，盐城市的街头巷尾不时传出炸米的爆谷声。成群的孩子提篮挂兜争着炸炒米，主妇和老人也参与其中。据说春节爆米花，可以卜年华，各人所卜之事是否验灵，过后谁也不再去追问。年复一年，代代相传，爆米花卜年成了过年期间的一桩趣事。人们见到这好似报春的点点小花，无穷的乐趣便在其中了。

三月踏青。农历三月，平原水乡已是草长莺飞。度过了严冬的人们纷纷来到郊外田野，嬉戏闲游，踏青漫步。过去，三月三这天，盐阜平原的百姓们，无论男女老幼均可携手至河边举柳枝洒水嬉戏。有的带着风筝去郊外放飞，有的在乡间野外拔茅针，采野花，挖荠菜，尽情娱乐。当夕阳西下时，他们才带着大地的芬芳返回家门。如今三月三踏青的习俗虽已部分消失，但人们在三月三前后去郊外春游的却日益增多。春日郊游已成为人们日常生活的一大乐事。

清明门前插柳枝。相传此习俗源于唐代。农民起义领袖黄巢在阜宁喻口村（今施庄镇境内）筑城安寨，到处攻城夺地，斩杀贪官污吏。土匪恶霸对起义军恨之入骨，造谣说黄巢杀人800万，在劫难逃。一次，起义军在追杀一个贪官时，途中遇一妇女背着十来岁的大男孩，搀着五六岁的小男孩，跑得上气不接下气。黄巢感到纳闷，这人要是背着小的，搀着大的，不是省力吗？便下马问道："你这个嫂子，为何不背小的搀大的，那样不跑得快吗？"妇人答道："大孩子是前母所生，小儿是我亲生的。前娘只有这么一条根，要是黄巢追来，我就丢下小的，背着大的好逃命哪！"黄巢听了深受感动，告诉妇人："我就是黄巢，专杀坏人，像你这样有德有义的好心人,我决不杀你!"妇人听说,连忙下跪哀求道:"你不杀我,你手下人也不杀我吗?"黄巢扶起妇人叫她放心回家。第二天就是清明节,为防止部下误杀,黄巢对那妇人说:"你在家门前插上柳枝作记号,我手下人见插柳枝的人家决不骚扰。"妇人连连磕头道谢,回家后,告诉全村的人,家家都在门前插上柳枝,果然平安无事。从此,每年清明节,百姓们为祈求平安,便在家门前插上柳枝,此俗一直延续至今。

端午节吃红萝卜。东台市民间有端午节吃红萝卜的习俗。相传,此俗源于清同治元年(1862年)端午节。这一年李鸿章收编了原太平军林凤翔部下的一支叛军,其中有个叫詹以安的七品武官,自恃降叛有功,到处横行无忌。同治二年(1863年),李鸿章派他带领200多人,分乘十余条船到东台、大丰一带收购军粮,船只停泊在三昧寺码头。这些镇压太平天国的刽子手,所到之处,无恶不作。东台地方官也畏之如虎,不敢有一点怠慢。东台知县高风清,泰州盐运分司(驻东台)萧风孙,都不敢受理控告詹以安军的案件。一天,詹以安在东台十字街游荡,瞧见沈记熟食店有个姑娘长得美丽俊俏,顿时心生歹念,命其爪牙将沈姑娘抢上船,肆意蹂躏。沈老汉与詹贼论理,惨遭毒打,一命归天。沈女悲愤交加,趁詹手下不备,纵身投河自尽。沈女的母亲见状,痛不欲生,一头撞向三昧寺石碑。一家四口人,只剩一个14岁的女儿。她来到县衙击鼓鸣冤,知县官官相护,非但不主持公道,反将她投入监牢。这起冤案,激起东台人民的强烈反抗。他们相约在五月初五端午节这天,以"关帝显灵"为掩护,数十万民众,一手拿钉耙大锹,一手举着红萝卜为起义标志,纵火焚烧詹军的兵船。詹以安被起义军打死,兵船全部焚尽,知县吓得望风而逃。人们打开监狱,救出了告状的民女。为纪念这次起义的胜利,每年五月初五,东台民间都要吃红萝卜,此俗至今仍存。

摸秋。盐城北部地区有摸秋的习俗。中秋夜晚,人们可以在私人或集体的瓜园中摸回各种瓜果,俗称"摸秋"。丢了"秋"的人家,无论丢多少,也不叫骂,此俗相传始于元代。元末,淮河流域出现一支农民起义军。起义将士都是农民出身,对元军的侵扰深恶痛绝。起义军纪律严明,所到之处,秋毫无犯。一天深夜,他们转移到淮河岸边,为不打扰百姓,便在旷野露天宿营。少数战士饥饿难忍,在田间摘了一些瓜果充饥。此事被主帅发觉,天明时,便准备将那几个战士治罪。村民们得知后,纷纷向主帅求情。为开脱战士的过错,有一老者随口说道:"八月摸秋不为偷。"那几个战士因此获赦免。那天正好是中秋节,从此留下了"摸秋"的习俗。

开船习俗。盐城的渔民们在汛期出海之前,都要举行贡会,贡会是为了祈求"龙王保佑,满载而归",故又叫满载会。下海若能满载而归,便认为是龙王发了慈悲,船主须备足酒菜,拜谢龙工。然后全船人开怀畅饮,一醉方休,称之满载酒。此俗已延续许多年,至今沿袭。渔船出海归来,家家还有饮酒放鞭炮的习俗。

开网习俗。每年正月初,渔民出海之前,都要举行开网仪式。这天船老大装点香烛、恭奉三牲(猪头、鸡、鱼)。仪式开始后,船老大领头,阖船渔夫一齐跪拜海神,祈求出海平安。祭拜后,众船民在船老大家吃满载酒。酒后,由船老大主持祭网仪式。他们敲锣鸣炮,将渔网平放海滩上,请一孕妇在网上剪2~3个眼,然后再拖网上船,起锚开航。开船时,先将船掉个头,谓之"攘风"。无风时,船老大站立船头,领头高喊"哦嚙嚙哦嚙……嚙",叫作唤风,说是风在天上转,船上要人唤。此俗流传至今。

盐城市民俗文化节日主要有:东台市董永七仙女文化旅游节、响水县黄圩风筝节、大丰区麋鹿文化节、射阳县洋马镇菊花节及晒盐日等。

五、历代文化名人

陈琳(？—217)，字孔璋，射阳县人。东汉末著名文学家，"建安七子"之一。才华出众，长于章表书檄，风格雄放，文气贯注，笔力强劲，与阮瑀齐名。相传他为袁绍起草讨伐曹操的檄文，在各州郡县张贴后，不久传到许都。时曹操正患头痛病卧床，见了檄文，深为震撼，出了一身冷汗，顿觉病好了大半，盛赞陈琳文笔高超。袁绍失败后，陈琳为曹军所俘。曹操爱其才而不咎，署为司空军师祭酒，与阮瑀同管记室。诗以《饮马长城窟行》最为著名，描写繁重的劳役给广大人民带来的苦难，表达诗人对人民的同情，颇具现实意义。明代张溥辑有《陈记室集》。

范仲淹(989—1052)，字希文，吴中(今苏州市吴中区)人。北宋著名思想家、政治家、军事家、文学家。大中祥符八年(1015年)进士。历任兴化县令、陈州通判、苏州知州等。曾在今泰州西溪任盐官，有人劝他不要在这个小地方做盐税官，范公不以为然，用诗答道："谁道西溪小，西溪出大才。"(《至西溪感赋》)其任西溪盐仓监时倡修的捍海堰，屏蔽盐灶，泽被后世，被称为"范公堤"。庆历三年(1043年)，范仲淹出任参知政事，提出十项改革措施。庆历五年(1045年)，新政受挫，被贬出京。皇祐四年(1052年)，改知颍州，扶疾上任，行至徐州，与世长辞。谥号文正，世称范文正公。著有《范文正公集》。

陆秀夫(1236—1279)，字君实，一字宴翁，别号东江，楚州盐城长建里(今建湖县建阳镇)人。南宋左丞相，与文天祥、张世杰并称"宋末三杰"。幼随父迁居京口，于鹤林寺(位于今镇江焦山)读书。任礼部侍郎、端明殿学士金书枢密院事职。祥兴元年(1278年)，任左丞相，驻军崖山(今广东省江门市新会区境内)抗元。次年元军攻破崖山，英勇不屈，投海而死。明初于建阳镇立"丞相陆公故里碑"以为纪念。

卞元亨(？—1419)，自称东溟叟，又号柏门老人，原籍便仓(今亭湖区便仓镇)。生活于元末明初。少时即长得虎背熊腰，修眉宽颐，高鼻阔口。膂力过人，曾赤手空拳打死过猛虎。其为施耐庵表弟，是《水浒传》中武松打虎事迹的原型。后在山东永王军中任谋划。永王兵败被俘，其作文生祭，申明大义，后被中丞李炳之陷害，发配辽东。明永乐元年(1403年)赦免归乡，1419年去世，享年约90岁。诗词音律皆通。诗作有《辽东有感》《戍归》《示后》《戍归咏牡丹二首》等。

张士诚(1321—1367)，原名张九四，兴化白驹场(今属大丰区)人。元末农民起义领袖。盐贩出身。为反抗盐警欺压率领盐民17人举事，史称"十八条扁担起义"。队伍不断壮大，先后攻下盐城、泰州、高邮，自封诚王，国号大周，年号文佑。继而下平江(今苏州)、湖州、松江、常州、杭州等。元至正二十三年(1363年)于平江自立为吴王。4年后败俘于朱元璋，解往金陵(今南京)后自缢，年仅46岁。葬于吴县(今苏州市吴中区)斜塘。

宋曹(1620—1701)，字彬臣，号射陵，又号耕海潜夫。盐城县北宋庄(今盐都区大纵湖镇)人。明末清初大书法家。入清后，不满清政府腐朽统治，不愿做官，过着隐居生活，以诗书自娱。其诗表达对劳动人民困苦生活的深切同情和对清廷腐败统治的不满，是一位很有骨气的爱国诗人。著有《书法约言》、木刻双钩《草书千字文》《杜诗解》《会秋堂诗文集》等。

戈公振(1890—1935)，原名绍发，字春霆，号公振，东台市人。新闻学家。其编写的《中国报学史》为我国第一部论述新闻史的著作。考察欧美新闻事业，编译了《新闻学撮要》。具有强烈的爱国主义精神，九一八事变后，积极参加抗日救国运动，创办《生活日报》宣传抗日。另著有《新闻学》《世界报业考察记》等。

周巍峙(1916—2014),原名良骥,东台市人,音乐家。曾于上海在邹韬奋、李公朴身边工作。新中国成立后,任文化部副部长、代部长、党组书记,中国文联主席等职。《中国人民志愿军战歌》的曲作者。领导创作了音乐舞蹈史诗《东方红》《中国革命之歌》等。

第四节　地方特产与旅游资源

一、佳肴美食

盐城市濒临黄海,饮食文化属淮扬菜系。该地区居民饮食以汤水菜和海鲜为主。

东台鱼汤面。东台地区传统美食之一,已有200多年历史。以面条和鱼汤为主要原料,辅以姜、葱等辅料精制而成。鱼汤主要选择野生鲫鱼和鳝鱼骨、猪骨等煮制,汤白汁浓,滴点成珠,清爽可口,余味悠长。食后不上火、不口干,营养丰富,符合当代人所追求的膳食养生。民间常有"吃碗鱼汤面,赛过老寿星"之说。

奇园蟹黄包。盐城市区蟹黄包以奇园菜馆烹制的为佳,故名。已有300多年历史。以盐城西乡湖中母蟹蟹黄和猪肉、精面等为主要原料,辅之以其他作料精制而成。风味独特,极为鲜美。

藕粉圆子。建湖、阜宁等县名特地产之一,已有200多年历史。采用上等藕粉为原料,辅以白糖、枣泥、芝麻粉等拌以荤素油脂及桂花为馅,封口搓圆,于开水中多次氽制而成。形如弹丸,色呈淡紫,柔软细嫩,甜润爽口,余香不绝。

大纵湖醉蟹。大纵湖,位于盐城盐都区和泰州兴化市交界处。醉蟹,因用酒醉制而成,故名。系江苏菜系传统名菜之一。大纵湖螃蟹个大黄多,烹饪时,先洗净,然后配以盐城曲酒、米酒、淮盐、花椒等原料浸泡醉制。菜品外观似活蟹,肉质细嫩、味醇浓郁,风味独特,为佐酒之佳品。

醉螺。又称黄泥螺,因用酒浸制而成,故称醉螺。为盐城市大丰、射阳等区县的传统海味特产之一,已有100多年的历史。呛制方法为:选用本地沿海油泥滩上新鲜泥螺,以白酒(或黄酒)、白砂糖等配料醉制而成。肉嫩香脆,鲜美爽口,独具风味,为佐酒之佳品。

二、名特地产

何首乌。又名多花蓼、紫乌藤。多年生缠绕藤本植物,块根肥厚,长椭圆形,黑褐色,为常见贵细中药材。与灵芝、人参、冬虫夏草历来被称为我国中草药中的四大仙草。据李时珍《本草纲目》记载:首乌止心痛、益血气、乌须发、悦颜色、久服令人长筋骨、益精髓、延年益寿。相传清咸丰年间(1851—1861年)滨海县就有种植。现种植基地已达4万公顷,年产量48万吨,占全国产量的95%以上。

四鳃鲈鱼。产于响水县灌河中下游。体扁嘴大鳞细,身体呈青灰色,两侧和背鳍上有黑色斑点,头部有重叠鳃纹,看似四鳃,故名。菜花盛开时节,鱼体花纹黑白相间,又称"菜花鲈鱼"。每年芒种前后,为最肥美季节。肉质洁白肥嫩,烹调后肉似蒜瓣,汤汁呈乳白色,色、香、味俱佳,可与上海松江鲈鱼媲美。清代曾为皇室贡品。

阜宁大糕。又名玉带糕,阜宁地区糕类佳品。选用优质糯米、纯净白糖、精制油脂及高级蜜饯,按一定比例加工而成。制作工艺为:选择上等糯米用温水浸泡一天一夜,捞起晾干后放热锅里爆炒并筛净,再与白糖液、麻油、花生油、青梅、红绿丝、桂花、青果等放在一起搅拌,制成长方形糕坯,放温水中适当加热后,放进笼中蒸煮,焐一昼夜后,切成薄片包装。成品具有色白、片薄、细软、卷得起、放得开等特点。

五醍浆大曲。滨海县八滩镇的地产白酒,因此酒出甑时酒质醇厚,造酒师要用五竹提子酒加一竹提子水进行调兑,以适合人们的口感,故有"五提浆"之名。后雅称"五醍浆"。始酿制于清乾隆年间(1736—1795年)。以优质高粱为原料,辅以小麦、大麦、豌豆精心制作的麦曲为自然糖化发酵剂,以及八滩镇的地下纯净泉水,经科学配料、低温入池、掐头去尾、分段截酒、分级贮存等流程精心勾兑而成。成品色清透明,窖香馥郁,入口圆润,绵柔甘洌,余味悠长,有"隔墙三家醉,开坛十里香"之美誉。

龙冈茌梨。产于盐都区龙冈镇北的沙岗地带。该梨形似纺锤,味似嫩菱,属白梨系统的一个优良品种。茌梨果个大、果形正、成熟适中,采摘期长。皮薄褐色,肉厚白色,石细胞少,果核小,细脆。汁液多,味甜酸,品质优,光泽好。

此外,盐城糖麻花、杨五香肠、滨海首乌糕、葛武姜片、建湖花炮等亦较为著名。

三、旅游资源

盐城地区风光秀丽,生态环境独具特色,旅游资源尤其是海洋及滩涂旅游资源十分丰富。其中绵延数百千米的滩涂湿地拥有丹顶鹤和麋鹿2个国家级自然保护区和1个中华鲟自然保护区,为近百种国家一、二类保护动物和近千种动植物的栖息和生长地。

中国海盐博物馆。坐落于古代著名的串场河与宋代捍海名堤范公堤之间。建筑面积1.8万平方米,反映中国海盐发展史,展示海盐文化研究成果,收藏和陈列了丰富的中国海盐历史文物和资料。博物馆采用蜡像、雕塑、沙盘等演示手法,展现古代"炼卤煎盐""晒海为盐"等海盐生产和盐民生活的多层文化场景。

盐渎公园。位于盐城市区中心地段,与古老的运盐河——串场河水脉相连相通,占地486公顷,是市区最大的综合性水绿生态公园,彰显盐城水、绿、盐的特色。在公园水街内,不仅可以观赏民间绝活和淮剧、杂技等表演,还可以品尝地方特色小吃,购买旅游文化用品和地方名特优商品。盐政衙门、盐宗祠、盐商会馆为市民了解海盐历史和文化的理想场所。美食街、娱乐街、水城为集餐饮、休闲会所和度假酒店功能于一体的休闲度假区。

枯枝牡丹园。位于亭湖区千年古镇便仓。枯枝牡丹因花艳叶绿而树干憔悴欲朽得名,以奇、特、怪、灵驰名中外。古典小说《镜花缘》及明、清《盐城县志》中均有载述。牡丹花信为谷雨前后3日,是时满园姹紫嫣红,芬芳馥郁。花多为12瓣、13瓣,分紫红、粉红两种,花蕊金黄。园中有牡丹70余品400多株。园中珍稀枯枝牡丹已有740多年花龄。近年还新建了墨香阁、古韵廊、花雨廊、八角回廊、奇葩轩、碑亭、牡丹仙子、极乐寺、浮雕广场、旱桥、元亨雕塑、天香亭等景点。

盐城新四军纪念馆。由主馆区(位于市区城东)、建军广场(市中心大铜马)、新四军重建军部旧址(位于城西泰山庙内)三部分组成。主馆区占地50亩,门前挂有前国家主席李先念题写的"国民革命军新编第四军重建军部纪念馆"金字匾额。大厅左面墙上有中共中央原总书记江泽民的题词:"江淮英杰,卫国干城。"广场正中矗立的"国民革命军新编第四军重建军部纪念碑"高11.75米,背面刻有中国人民解放军前总参谋长、开国大将黄克诚撰写的《盐阜会师记》碑文。展览大厅建筑造型呈新四军的"四"字形,正面上方东、西各有一幅

"新四军盐城重建军部"和"新四军八路军会师"的花岗石阴雕画。两幅雕画中间是新四军佩戴的"N4A"臂章图案。门前陈列有前国家主席飞机、大炮、军舰等。厅内展出新四军华中抗战照片1 000多幅及大批文物史料。

新四军盐阜区抗日阵亡将士纪念塔。坐落于阜宁县芦蒲乡芦蒲村,为纪念在单港、陈集、八滩、伍佑、合德等数百次战斗中牺牲的抗日将士而建。始建于1943年。1947年,主塔上半部遭国民党军队炮击毁坍。1959年按原式重建。塔高5丈,上有前国家主席刘少奇、开国元帅陈毅等党和国家领导人的碑题。塔顶屹立铁铸全副武装战士像一尊。塔下建三层台阶,最高层竖有一人高的铜质炮弹数枚,以铁链连缀。在十块8尺高、3尺宽的碑石上,镌刻有1 760名烈士姓名。

大丰丹顶鹤珍禽园。江苏省唯一一处鸟类生态旅游景区,占地7万平方米。珍禽园依美丽的日月湖西岸滨水而建,设有标本展示、放飞平台、丹顶鹤舍、火烈鸟园、孔雀园、涉禽园、水禽园等10个景点。园内还汇集了国内及世界各地的珍稀鸟类上百个品种,其中世界级珍稀鸟类20多种、国家级珍稀鸟类30多种,是国内鸟类品种最全、数量最多、鸟艺表演最丰富的珍禽园之一。

大丰麋鹿国家级自然保护区。位于大丰区境内,面积3 000公顷,主要保护对象为麋鹿及其生态环境。保护区内拥有大面积滩涂、沼泽、盐碱地,具有典型沿海滩涂湿地生态系统及其生物多样性特征。1986年,国家林业局与世界野生生物基金会合作从英国引种39头麋鹿入区。目前保护区共有麋鹿7 033头,其中野生种群3 116头,为世界最大的野生麋鹿群,其繁殖速度和成活率均居世界前列。在这片广阔美丽的保护区内,同时还生存着1 800多种野生动植物,构成了一个原始古朴、奇异斑斓的湿地景观。在麋鹿园内,不仅可以看到百鹿奔腾的壮观场面,还能观赏到丹顶鹤、天鹅、大雁、白尾海雕等30多种国家一、二级保护动物的英姿。

大纵湖旅游景区。位于盐都区滨湖街道。湖面呈椭圆形,东西长9千米,南北宽6千米,总面积36.78平方千米,享有苏北第一湖美誉。景区分为佛教文化区、芦荡迷宫区、历史人文区、水上运动区、拓展训练区、科考探秘区、生态美食区等10多个功能区,60余处景点。另有鱼鹰捕鱼、水上婚礼、地方淮剧等具有苏北地方特色的民俗表演,构成了以赏美景、闯迷宫、品湖鲜、玩野趣为卖点的旅游产品体系。

附 录

一、江苏省世界文化、灌溉工程遗产名录

名　称	项　目			
苏州古典园林	拙政园、网师园、留园、环秀山庄、艺圃、藕园、沧浪亭、狮子林、退思园			
明清皇家陵寝	明孝陵			
世界文化遗产	京杭大运河（江苏段）	河段	河道	遗产点
		淮扬运河淮安段	里运河、里运河故道、古黄河、中运河、张福河	双金闸、清江大闸、清口枢纽、洪泽湖大堤、总督漕运公署遗址
		淮扬运河扬州段	古邗沟故道、里运河（高邮明清大运河故道）、江都邵伯明清大运河故道、扬州古运河、邗江瓜洲运河、扬州瘦西湖	高邮盂城驿、江都邵伯古堤、江都邵伯码头、扬州个园、扬州天宁寺行宫（含重宁寺）、扬州盐业历史遗迹、扬州汪鲁门住宅、扬州卢绍续住宅、扬州盐宗庙
		中运河宿迁段	中运河宿迁段	龙王庙行宫
		江南运河常州城区段	古运河、江南运河	—
		江南运河无锡城区段	古运河、老运河	清名桥历史文化街区
		江南运河苏州段	山塘河、上塘河、胥江、平江河、环城河、古运河和江南运河	山塘历史文化街区、平江历史文化街区、盘门、宝带桥、吴江古纤道
世界灌溉工程遗产	江苏里运河—高邮灌区			
	江苏兴化垛田灌排工程体系			

二、江苏省世界文化遗产预备名单

（2012年11月更新，国家文物局发布）

名　称	项　目
扬州瘦西湖及盐商园林文化景观	扬州瘦西湖及盐商园林文化景观
无锡惠山祠堂群	无锡惠山祠堂群
江南水乡古镇	甪直镇、周庄镇、千灯镇、锦溪镇、沙溪镇、同里镇
中国明清城墙	南京城墙
海上丝绸之路	南京市、扬州市

三、江苏省人类非物质文化遗产代表作名录

类　型	项　目
表演艺术	昆曲
传统音乐	古琴艺术虞山琴派（常熟）、金陵琴派、梅庵琴派（南通）
中国蚕桑丝织技艺	苏州宋锦织造技艺、苏州缂丝织造技艺、南通缂丝织造技艺
南京云锦织造技艺	南京云锦木机妆花手工织造技艺
中国雕版印刷技艺	金陵刻经印刷技艺、扬州雕版印刷技艺
中国剪纸	南京剪纸、金坛刻纸、徐州剪纸
中国传统木结构营造技艺	苏州香山帮传统建筑营造技艺
端午节	苏州端午习俗
中国传统制茶技艺及其相关习俗	南京雨花茶制作技艺、苏州碧螺春制作技艺、扬州富春茶点制作技艺

四、江苏省国家级、省级非物质文化遗产名录（摘录）

类型	级　别	项　目
文学	国家级	苏锡常地区吴歌、靖江宝卷、流布于镇江地区的白蛇传传说、宜兴地区的梁祝传说、东台和金坛地区的董永传说、民间文学东海孝妇传说
文学	省级	流布于淮安地区的韩信传说、镇江等地《华山畿》和华山畿传说、苏州寒山拾得传说、连云港花果山传说、东海孝妇传说和姐儿溜歌谣、徐州九里山古战场传说、彭祖传说、洪泽和盱眙巫支祁传说、水漫泗洲城传说、扬州隋炀帝传说、露筋娘娘传说、丰县张道陵传说、盐城沈拱山传说、赣榆徐福传说、丰县和沛县刘邦传说、泰州和大丰施耐庵与《水浒》传说、南京六合达摩传说、高淳卞和献玉传说、伍子胥故事、崔致远与双女坟故事、南京项羽故事、扬州和常熟竹西谜语、海虞谜语、流传苏州等地的河阳山歌、白茆山歌、芦墟山歌、双凤山歌、胜浦山歌和同里宣卷、锦溪宣卷、河阳宝卷、胜浦宣卷、常州宣卷
美术	国家级	苏州桃花坞木版年画、常州梳篦、扬州剪纸、苏绣、无锡精微绣、南通仿真绣、扬州玉雕、苏州玉雕、苏州光福核雕、无锡留青竹刻、常州留青竹刻、惠山泥人、苏州泥塑、丰县糖人贡、苏州灯彩、南京和句容的秦淮灯彩、邳州纸塑狮子头、徐州香包、扬州刺绣、常州象牙浅刻、扬州和泰州扬派盆景技艺、南京十竹斋饾彩拱花技艺
美术	省级	邳州年画、江都漆画、镇江玻璃雕绘画、常州掐丝珐琅画、南京戏剧脸谱、大丰麦秆剪贴（画）、宜兴刻纸、无锡纸马、扬州刺绣、常州和镇江乱针绣、东台发绣、邳州绣花鞋、盐城老虎鞋、镇江上党挑花、苏州金山石雕、藏书澄泥石刻、铜山石刻、南京仿古牙雕、扬州牙刻、常州象牙浅刻、虞山派篆刻艺术、徐州和苏州泥塑、沛县泥模、金陵竹刻、扬州竹刻、扬中竹编、徐州花灯、丰县吹糖人、宿迁云渡桃雕
音乐	国家级	高邮民歌、海门山歌、常州吟诵、太仓江南丝竹、连云港海州五大宫调、古琴艺术（广陵琴派）、淮安楚州十番锣鼓、江都邵伯锣鼓小牌子、常州天宁寺梵呗唱诵、苏州玄妙观道教音乐、无锡道教音乐、传统音乐宝卷（吴地宝卷）、佛教音乐（金山寺水陆法会仪式音乐）、茅山道教音乐
音乐	省级	镇江南乡田歌、金湖秧歌、江都邵伯秧号子、启东吕四渔民号子、南京六合留左吹打乐、扬州胥浦农歌、泰州道教音乐、句容茅山道教音乐、金坛乾元观道教音乐、常熟辛庄十番音乐、高淳民歌、淮安南闸民歌、兴化茅山号子、徐州和连云港鼓吹乐、南通、溧阳、泗洪锣鼓乐

类型	级别	项目
舞蹈	国家级	高淳东坝大马灯、邳州跑竹马、溧水骆山大龙、传统舞蹈洪泽湖渔鼓
舞蹈	省级	南京麻雀蹦、睢宁落子舞、宜兴男欢女喜、如东钟馗戏蝠、淮阴马头灯、六合湾北小马灯、东海南辰跑马灯、溧阳蒋塘马灯等行马舞、溧阳跳幡神、扬州跳娘娘、如东跳马夫、高淳跳五猖等傩舞、句容二龙戏珠、无锡凤羽龙、南京栖霞龙舞、高淳长芦抬龙、金坛直溪巨龙、江阴段龙、兴化沙沟板凳龙、常州太平龙灯等龙舞、南京江浦手狮、铜山高台狮子舞、丹阳九狮舞、海安和如东以及泰兴和常熟花鼓舞、太仓滚灯、金坛谈庄秧歌灯、睢宁龙虎斗、宿迁和灌云花船舞、姜堰和如皋及泗洪武莲湘舞、高淳龙吟车和沛桥高跷、溧水跳当当和柘塘打社火、江阴茶花担舞和渔篮虾鼓舞、常州万绥猴灯、金坛指前鱼灯和新沂七巧灯舞、镇江宝堰双推车、睢宁云牌舞、如皋倒花篮、昆山千灯跳板茶、泗洪和洪泽的洪泽湖渔鼓、通州抬判、荷花盘子舞
戏曲	国家级	苏剧、扬剧、无锡和常州锡剧、盐城淮剧、淮安和连云港淮海戏、南通童子戏、徐州梆子、徐州柳琴戏、扬州杖头木偶戏等、薅草锣鼓（金湖秧歌）
戏曲	省级	宿迁市柳琴戏、沭阳县淮海戏、连云港市童子戏、高淳阳腔目连戏、泰兴和如皋市杖头木偶戏、淮安市和省演艺集团的京剧、苏州滑稽戏、泗洪县泗州戏、丰县四平调、金湖香火戏
曲艺	国家级	苏州评弹（苏州评话、苏州弹词）、扬州评话、扬州清曲、扬州弹词、徐州琴书、南京白局
传统手工技艺	国家级	宜兴紫砂陶制作技艺、南通蓝印花布印染技艺、苏州御窑金砖制作技艺、南京金箔锻制技艺、苏州明式家具制作技艺、扬州漆器髹饰技艺、镇江恒顺香醋酿制技艺、苏州制扇技艺、苏州剧装戏具制作技艺、南通板鹞风筝制作技艺、南京和江都金银细工制作技艺、苏州民族乐器制作技艺、丹阳和金坛封缸酒传统酿造技艺、苏州雷允上六神丸制药技艺、装裱修复技艺（苏州书画装裱修复技艺）
民俗	国家级	秦淮灯会、苏州甪直水乡妇女服饰、姜堰溱潼会船、金坛抬阁

五、江苏省县以上行政建制地名解读

地名是什么？法国学者绍克吕说："地理是横的历史，历史是纵的地理。"可以说，地名就是这"纵横"网络线脉上繁星一般的自然实体和物体的标记，是人类活动空间相关实体、物体特定的声像符号。"地名"一词最早见于《周礼·夏官》："嗣师，掌四方之地名。"地名是人类社会发展的产物，因为即便是渔猎时代，人们也需要认识所处的地理环境，至少应该知道将去采集、狩猎或放牧的处所。打上时代烙印的地名，能够维系人们对历史的记忆，刺激人们的心理和情绪。"老乡见老乡，两眼泪汪汪"，形象地说明了一种地域的或乡土的情结，这一情结很容易提高人们的凝聚力。有些地名，如镇江、淮安、江宁、靖江、海安、泰州、泰兴、宜兴、丰县、常熟、太仓、金坛等，还能满足人们安全、安定、幸福的心理；连云港、南通、启东、新沂、新北、新吴、金湖等，还能给人以遐想、启迪、鼓舞等。

地名还蕴含着命名时代的地理、社会、历史、政治、民俗、宗教、审美观、价值观以及民族和语言的大量信息。江苏省县以上行政区划地名大都源远流长，即使是新地名，也多有历史传承和发展的理据，是一笔重要的文化遗产。一个地名常常就是一个动人的历史故事，甚至可以说一个地名就是一部文化史。从这些地名中可以窥视其所蕴含的深厚的历史文化、丰富的民俗文化、缤纷的地域文化。

(一) 江苏省县以上行政建制地名概况

1983年,江苏省实行省管市、市管县体制。该年年末,全省有南京、镇江、苏州、无锡、常州、扬州、淮阴、南通、徐州、连云港、盐城共11个设区市;有105个市辖区、县和县级市,其中市辖区41个,县62个,县级市2个(泰州、常熟)。

截止到2020年末,江苏有南京、镇江、苏州、无锡、常州、扬州、泰州、淮安、南通、徐州、宿迁、连云港、盐城共13个设区市;下辖95个市辖区、县和县级市,其中市辖区55个,县19个,县级市21个。

江苏省最古老的地名扬州、徐州已有3 000年以上的历史,晋代郭璞《尔雅·释地》中有:扬州"自江南至海";徐州"自济东至海"。但这里扬州、徐州的概念和地域范围与今天的概念和地域范围已相差甚远。沛县、丰县、赣榆、淮阴等地名也有2 200年以上的历史。最年轻的地名新吴区、梁溪区2015年10月设立,清江浦区2016年设立。

地名能够折射出当地的历史痕迹和社会变迁,彰显一定时期的历史信息。例如,东海县曾经三面环海,一面临水;海陵区曾为东海岸边的丘陵陆地。经过沧海桑田的变化,它们现都已经远离大海,成为内陆县、区。淮安,是该地区曾多次遭受淮河水灾侵扰,当地人民在对淮河进行多次治理之后的美愿地名。人们期盼治理后的淮河安澜,不再有水患,人民能够安居乐业。靖江市得名,折射出历史上这一带除遭受过长江水患外,江面上还时有江洋大盗出没,天灾人祸使人们产生了恐惧感。在设置行政建制时,人们自然期盼长江安澜,水上太平,不再有水患,也不再有水匪。

江苏是全国唯一拥有大江、大河、大湖、大海的省份,素有"水乡"之称,水文化是江苏地名的主要特征之一。全省109县以上行政建制地名中,以水命名的有52个,占总数的47.7%。13个设区市都有以水命名的地名,如,淮安市8个地名(淮安市与淮安区专名相同)中有7个以水命名;连云港市7个地名中有6个以水命名;镇江市7个地名中有4个以水命名。

江苏境内陆地以平原为主,低山丘陵及岗地仅占14.3%,故以山和丘陵岗地命名的市县区地名只有19个,占17.4%。其中苏南9个,接近一半,苏中3个,苏北7个。以古建筑、古文化遗址、传说等命名的有18个,占16.5%。其余均为以嘉言隽语、岩矿植物等命名,或君主赐名、因避讳改名等类别。

(二) 江苏省县以上行政建制地名理据

1. 以地理方位命名。中华民族非常讲究阴阳乾坤,并赋予其广泛、深刻、丰富的内涵。既含有奥妙的哲学意义,又含有实际的地理方位意义。山南水北为阳,山北水南为阴,成为确定地理方位的规律,在地名中使用十分广泛。例如,淮阴区,秦王政二十四年(前223年)始置县,因地处淮河南岸而得名。1983年实行市管县体制,撤销淮阴地区专员公署,置设区的淮阴市,淮阴县为其所属。2001年,淮阴市更名为淮安市,淮阴县更名为淮安市淮阴区。江阴市,南朝梁绍泰元年(555年)置县,因地处长江南岸而得名。1987年撤县设市(县级)。溧阳市,唐武德三年(620年)废永世县,划溧水东部之地置溧阳县。1990年撤县设市(县级)。沭阳县,北周建德七年(578年),改怀文县为沭阳县,因位于沭河北岸而得名。泗阳县,西汉元鼎元年(前116年)置县,因位于泗水下游北岸而得名。射阳县,西汉武帝元狩六年(前117年)置县,因其地在射水之阳而得名。灌南县,1958年置县,因位于灌河之南而得名。东海县,南朝宋泰始七年(471年)置县,因史上地境濒临东海而得名。如东县,1940年置县,因位于如皋的东面而得名。东台市,系 12 世纪末由黄河夺淮后带下的泥沙,经海潮多年冲击、堆积而成的陆地。乾隆三十三年(1768 年)置县,境内大部分地区属滨海平原,从东向西看,地势平坦如台,故名。一说东台即东泰,意为泰州东部的一片台升地。1987 年撤县建市(县级)。南京市,1368 年,明太祖朱元璋称帝,改集庆路为应天府,后又取南部京城之意,改应天府为南京。

2. 以水命名。江苏地名中多带江河湖海,或与江河湖海相关。扬州为夏代九州之一,《尚书·禹贡》中有"淮海惟扬州"的记述。《尔雅·释地》记述的商代九州,扬州为其一。扬州得名与水有关。东汉刘熙《释名·释州国》云:"扬州州界多水,水波扬也。"玄武区,1955 年建区,因境内玄武湖而得名。玄武湖,古名桑泊,南朝刘宋元嘉年间(424—453 年),湖中两次出现黑龙。黑者,玄也,湖因此得名。秦淮区,1955 年设区,因横贯全境的秦淮河而得名。溧水区,隋开皇十一年(591 年)置县,因境内溧水而得名。2013 年撤县设区。吴江区,五代吴越天宝二年(909 年)建县,因境内有吴淞江,以其简称而得名。1992 年撤县设市(县级),2012 年撤市设区。梁溪区,2015 年设立,用无锡市别称为区名。南朝梁大同年间(535—546 年),无锡兴修水利,治理梁溪河水患,为百姓造福,梁溪河被无锡人称为母亲河,久而久之,梁溪成了无锡的别称。以梁溪命名或与梁溪有关的地名在今无锡境内随处可见。这类命名能够折射出一个历史阶段的文化印痕,而且对古地名的传承和保护十分有价值。京口区,东汉建安十四年(209 年),割据江东的孙权自吴郡(今苏州)移驻丹徒(今镇江)。在北固山前峰筑城池,以为京城。因京城凭山临江,地当江南运河入江之口,故得名京口里,简称京口。宋代《嘉定镇江志》载:"京上郡城,城前浦口,即是京口。"润州区,隋代开皇十五年(595 年)置州。因境内城东润浦渡口而得名。1984 年改镇江市郊区为润州区,使镇江的古地名得以传承。唐代李吉甫撰《元和郡县志》载:"隋置润州,取此浦为名。"隋时润州辖境相当于今江苏镇江、南京、丹阳、句容、金坛、江宁等市县地域。邗江区,邗江因春秋时吴王夫差于临近江海处开邗沟、筑邗城而得名。隋开皇十八年(598 年)废广陵县设邗江县。2000 年撤县建区。南通市,后周显德五年(958 年),置通州(今南通市),并置静海、海门两县归其管辖。因其境位于长江入海口,由海路北上可达齐燕辽东,南下可抵闽越,沿江南可至三吴,西可通楚蜀,故名通州。清代,直隶顺天府也置有通州(今北京市通州区),因两州同名,为加以区别,俗称江苏的通州为南通州,顺天府的通州为北通州。1912 年,中华民国政府废州、厅设县,改通州为南通县。1949 年南通县城解放,设南通市驻南通县城。1993 年撤销南通县,建立通州市(县级),使古地名得以传承。2009 年通州撤市设区。清江浦区,2016 年设立,由原清河区和清浦区合并而来,因境内古运河河道清江浦而得名。涟水县,汉武帝元狩六年(前 117 年)始置淮浦县。隋开皇五年(585 年),因境内涟河而改现名。洪泽县,位于洪泽湖东畔。1941 年置县,因境内洪泽湖而得名。洪泽湖本名破釜涧,公元 616 年,隋炀帝从洛阳乘龙舟游幸江南,一路干旱,经过此涧时喜降大雨,湖中波涛汹涌,隋炀帝一时兴起,遂改此湖为洪泽浦。《元和郡县志》载:"洪泽浦在盱眙县北三十里,本名破釜涧,炀帝幸江都,经此浦宿,时亢旱,至是降雨流泛,因改破釜为洪泽。"唐代起改名洪泽湖。2016 年撤县设洪泽区。新沂市,因境内新沂河得名。新沂河原为沂水,历史上水患不断。新中国成立后,修建了一系列水利工程,根除了水患,两岸人民广泛受益,故名新沂河,寓沂水"重获新生"之意。1949 年置新安县,后因与河南省新安县重名,1952 年更名为新沂县。1990 年撤县建市(县级)。丰县,公元前 208 年置县,因丰水流经境内,物产丰富,农畜并茂而得名。沛县,周赧王二十九年(前286年)置县。因境内尧时有沛泽而得名。海陵区,汉武帝元狩六年(前117年)置海陵县。南宋王象之撰《舆地纪胜》曰:"傍海而高,为海渚之陵。"清代官修地理志《大清一统志》卷六十七曰:"以其地傍海而高故曰海陵。"宋代改置泰县。1996年,置设区的泰州市,原县级泰州市行政区域改置海陵区。海州区,北朝东魏武定七年(549年)置州时,因其地三面环海,一面有河,故名。1952年析连云港市城区为海州区。

江苏许多处于交通要道的地名,都是以港、浦、渡口为名的,例如连云港、张家港、高港、清江浦、浦口、京口等。古代水路交通比陆路交通要道更著名,具有地理标签的作用。

3. 以山命名。这种命名方式反映了先人珍视自然,关注地方特色资源的地域思想。栖霞区,1955年设区,因境内栖霞山而得名。栖霞山,本名摄山,因南朝时建有栖霞寺而得现名。六合区,隋开皇元年(581年)置县,因境内六合山而得名。六合山,因其六峰环合而得名。2002年六合县与南京市大厂区合并,成立南京市六合区。苏州市,隋文帝开皇九年(589年)改吴州为苏州,因境内姑苏山得名,故别称姑苏。姑苏山,一名姑胥山,在今苏州市西南15千米。上有吴王阖闾所建姑苏台,山因台而得名。姑苏区,2012年由苏州市沧浪区、平江区和金阊区合并而成,取苏州别称为区名。虎丘区,2000年,由苏州市郊区改名而来,因境内有名胜古迹虎丘而得名。相传春秋时吴王夫差葬其父阖闾于此,葬后三日有白虎踞其上,故名虎丘。一说"丘如蹲虎,以形名"。昆山市,南朝梁大同二年(536年)置县,因境内昆山(又名天马山)而得名。1989年撤县设市(县级)。锡山区,2000年无锡市行政区划调整,撤销锡山市,析为锡山、惠山两个区。锡山区,因境内锡山而得名。惠山区,因境内惠山而得名。惠山的得名有不少故事。清代官修《大清一统志》载:惠山,在无锡县西,一名慧山。《无锡县志》载:西域僧慧照居之,故名。唐魏征等撰《隋书·经籍志》载:无锡县有九龙山。《太平寰宇记》:九龙山,一名冠龙山,又曰惠山。意思是说,惠山又称慧山、九龙山、冠龙山,因西域僧人慧照在此居住而得名。云龙区,1955年设区时,因境内云龙山而得名。云龙山位于徐州南部,因山中云雾缭绕,山势蜿蜒如龙,故名。中国人是龙的传人。在封建臣民眼里,龙就是天子,是皇帝;在文人眼里,卧龙是才华横溢、才能超众的隐士;在古代天象学家眼里,龙是天上的星宿。人们有时还把江河比喻为龙。龙是传说中的神异灵物,变化多端,"兴云雨,利万物",因而不少地方喜欢选其作地名。泉山区,1993年设区,因境内泉山而得名。铜山区,清雍正十一年(1733年)置县,因境内微山湖中铜山岛而得名。2010年撤县设区。

此外,还有以山水并称、山山并称命名的。例如灌云县,民国元年(1912年)建县时,因其境南有大川灌河,北有名山云台,遂取两地之首字命名。连云区、连云港市也属此类命名。

4. 以地貌特征命名。江苏有不少描述地形、地貌的地名。浦口区,1955年设区,取元代长江岸边浦子口的简称命名。扬中市,1914年为避免与安徽、浙江等省的太平县同名,废太平县置扬中县,因位于扬子江(长江)下游的江中而得名。1998年撤县建市(县级)。吴中区,2001年2月,苏州行政区划调整,撤销吴县市,析为相城、吴中两个区。吴中区因地处古代吴国中心地区而得名。句容市,西汉元光七年(前130年)置县,因境内勾(勾,古同"句")曲山(今名茅山)山形似"已",勾曲而有所容,故名。1995年撤县设市(县级)。茅山为中国三大道教圣地之一,唐宋以后被列为道教"第一福地,第八洞天",享有"秦汉神仙府,梁唐宰相家"之美誉。滨湖区,2000年设区,因全境环抱太湖而得名。滨海县,1949年置县,因东濒黄海而得名。虽是新地名,但其反映了历史的积淀,富含历史古韵,能够唤起联想,产生怀古之情。这对于传承该地区的文脉,具有重要的历史价值。新北区,本为常州市郊区,2003年改置新北区,因其境位于常州北部,又是新设之区,故名。广陵区,周慎靓王二年(前319年),楚怀王置广陵邑,此为其得名之始。广陵寓"江岸绵延广阔的丘陵高地"之意。这是对当时自然地貌的一种铭记。秦统一六国后,置广陵县。汉武帝元狩六年(前117年),置广陵国,后改称吴州、扬州、邗州、江都等。1983年实行市管县体制,扬州市升格为设区市,扬州城区设广陵区。江都区,公元前209年,项羽率江东8 000子弟兵渡江来广陵,欲临江建都,江都之名始见于史。西汉景帝前元四年(前153年)建江都县。1994年撤县建市(县级),2011年撤市建区。盱眙县,秦代置县,写作"盱台"。许慎《说文解字》:"张目曰盱。"即睁大眼睛;台,通"怡",怡悦也。因其治所在山陵丘岗之上,取居高而远望,心旷神怡之意得名。西晋以后写作"盱眙",沿用至今。海门市,五代后周显德五年(958年)置县,属通州。其地东临黄海,南依长江,如同长江入海之门户,故名。1994年撤县建市(县级),2020年撤市设海门区。如皋市,长江从其境南奔腾而过。东晋义熙七年(411年)置县,取《荀子·大略》"望其圹,皋如也"之意命名。如,往也;皋,水边高地。意思是可前往居住的高而平的水边之地。《太平寰宇记》载:"县西北五十步,有如皋港,港侧有如皋村,县因以为名。"1991年撤县建市(县级)。宿城区,1996年设区,因位于宿豫旧县城遗址和今宿迁城区中心而得名。响水县,1966年置县,因县城设在响水镇而得名。响水镇因位于响水口而得名。响水口每逢黄海潮起潮落,其支流跌水轰响,在数里之外都能听见水响,故名。

5. 以岩矿资源、植物等命名。人类崇拜自然、敬畏自然、利用自然、保护自然,常通过以自然资源命名地名的方式来铭记自然的恩惠。无锡市,汉高祖五年(前202年)置县,史书记载,位于无锡城西的锡山盛产铅和锡。秦代百姓竞相挖采,至汉代,锡矿被挖尽,故名无锡。一说无锡为古越语,"无"是语气词,无义。在"以山命名"部分提到的锡山、铜山得名均与境内的岩矿资源有关。盐城市,东晋义熙七年(411年)改盐渎县为盐城县,取"遍地皆盐池,环城为盐河"之意。1983年撤县建立设区盐城市。盐都区,1996年盐城市郊区改名为盐都县,以盐城古称盐渎的谐音而命名。2004年撤县设区。亭湖区,2004年由盐城市城区改名而来。亭湖为"亭户"(煎盐的人)的谐音,因汉代以来境内居民多为亭户。盐都、亭湖等新地名使盐城的根脉得以延续,文脉得以传承。丹阳市,秦代置丹杨县,因邑界杨树生丹而得名。唐代房玄龄等撰《晋书·地理志》载:"丹杨山多赤柳。"故名。不久改云阳县,旋又改曲阿县。唐代天宝元年(742年)废曲阿县,复称丹杨县。宋代改称丹阳县。一说因境内赭山得名。北宋欧阳忞撰《舆地广记》载:"县西有赭山,其山丹赤。"古人认为"二说皆通"。1987年,丹阳撤县设市(县级)。

6. 以远祖、古建筑、传说命名。徐州市,为《尚书·禹贡》记述的夏代九州之一。《尔雅·释地》记述的商代九州,徐州也在其列。一般认为,徐州得名源于商代由远古时东夷族的一支——徐夷族所建立的徐国。汉武帝元封五年(前106年),分全国为13个监察区,徐州为其中之一,称徐州刺史部,并由此得名。1952年起,徐州市为江苏省的设区市。宿迁市,春秋时期宋庄公十年(前701年)三月,宋国以强欺弱,将宿国迁往自己的领地,成为其附庸国,故名。地名中蕴藏着一个历史事件。秦代境内置下相县。东晋安帝义熙元年(405

年),改下相县为宿豫县。唐代宗宝应元年(762年),为避代宗李豫之讳,改称宿迁县。1987年宿迁撤县设市(县级)。1996年升格为设区市,原县级宿迁市析为宿豫和宿城两个下辖区。赣榆区,秦代始置赣榆县,属琅琊郡,县名源于上古神话传说和氏族图腾。赣榆,本作赣揄,最初指东夷氏族观天测象的中心。《汉书·地理志》写作"赣榆",沿用至今。2014年撤县设区。高邮市,秦王嬴政二十四年(前223年),在此筑高台,置邮亭,故名高邮,也称秦邮。西汉元狩五年(前118年)置高邮县,属广陵郡。1991年撤县设市(县级)。雨花台区,1956年设区,因境内雨花台而得名。雨花台是南朝梁代南京城南的一个讲台,高僧云光法师曾在此讲经。相传此举感动了如来佛祖,天空突然落花如雨,雨花台因此得名。新吴区,2015年设区,因境内梅村(今无锡梅里一带)曾为古吴国都城,又是新设之区,故名。新吴区虽是新地名,但反映了历史的积淀,富含历史古韵,能够唤起联想,使人产生怀古之情。这对于传承该地区的文脉,具有重要历史价值。

南京、徐州都有鼓楼区,均因境内有明代所建鼓楼而得名。常州市钟楼区,1955年始建区,因境内南唐时所建钟楼而得名。太仓市,明弘治十年(1497年)置太仓州,因境内元至正二十七年(1367年)所置太仓卫而得名。民国元年(1912年)改置太仓县。1993年撤县设市(县级)。天宁区,1956年设区,因境内天宁古寺而得名。金坛区,隋开皇十五年(595年)置金山府。唐垂拱四年(688年)改置金山县。后因境内茅山华阳洞内有"金坛百丈",遂更名为金坛县。1993年撤县建市(县级),2015年撤市改为常州市金坛区。丹徒区,秦代置县,据说公元前210年,秦始皇东巡时,听信术士之言,说谷阳(今镇江)京岘山有王气,遂遣三千赭衣囚徒凿断山脉,裁其直道,以败其势。因秦代囚徒都身着赭色囚衣,故改谷阳县为丹徒县。2002年,丹徒撤县设区。

7. 以居民姓氏、历史人物命名。张家港市,1962年始置沙洲县。1986年撤县设立张家港市(县级)。张家港得名于清咸丰年间(1851—1861年)。当时人们在老夹江口筑坝,因入江水道经过张家埭,故名张家港。张家埭最早以张姓族人聚居而得名。高港区,地处长江北岸,1997年设区时,因高港而得名。高港因古时高姓氏族聚居之地得名,取"高家创业港口"之意。元代,这里已是重要的长江渡口。清雍正十三年(1735年)以后,逐渐发展为长江北岸的一个重要港口和物资集散地。高是一种境界,高嵌入地名,渗进了人的精神和期盼,能够激发人们不懈追求高远的理想和目标。贾汪区,1965年由贾汪矿区改置而来。贾汪得名于明万历年间(1573—1620年)。其境位于徐州主城区东北部,因最早有一贾姓宗族临汪(水塘)而居,后移住者不断增多,遂名之贾家汪,简称贾汪。姜堰区,姜堰由水而生,古时,长江、淮河、黄海三水在此汇聚,故名三水。又因三水汇聚,冲击成塘,塘水多旋涡,形似人手指上的罗纹,又名罗塘。北宋年间(960—1127年),洪水泛滥,有富商姜仁惠、姜谔父子仗义疏财,率领民众筑堰抗洪,保护了一方百姓的生命财产。后人将所筑之堤命名姜堰,以表彰姜姓父子的义举。这一地名注入了历史人物内涵的文化符号,寄托着后世人民对前贤的永恒纪念,也成了一个地方的特色品牌。1994年撤销泰县,设立姜堰市(县级),取市府所在地姜堰镇名为市名。2012年姜堰撤市,改为泰州市姜堰区。

8. 以境内两三个地名或古镇名命名。如,江苏省,清康熙六年(1667年)建省,取江宁府、苏州府的首字命名。连云区,1935年设连云市,取境内连岛和云台山两处名胜的首字命名。1952年改作连云区名,属山东省新海连市。1953年,新海连市部分辖区划归江苏省。1961年,新海连市改称连云港市。泗洪县,1947年,泗南县(时属安徽省)与洪泽县湖西部分地区合并置县,取两县首字而得名。建湖县,1951年置县时,取境内建阳、湖垛两镇名的首字命名。金湖县,因境内湖泊串联,古时曾名津湖。1959年置县时,境内大小金沟等集镇名均以金字为首,故名。大丰区,1942年,析东台县北部置台北县。因与台湾省台北县重名,1951年取县内大中镇和新丰镇中大、丰二字改名大丰县。一说取张謇创办的"淮南草堰场大丰盐垦股份有限公司"名中"大丰"二字命名。1996年,撤县建市,2015年撤市设区。连云港市,因面向连岛、背倚云台山、环抱海港港口,由三个地名组成。蕴含"民帆舰船连云,海运昌盛"之意。相城区,2001年2月,苏州市行政区划调整,撤销吴县市,析为相城、吴中两个区。相城区因境内相城镇得名。相传伍子胥建苏州大城时,曾"相其地,欲筑城于斯",即于此察看城址,故名。由于这里地势低洼,后大城建在了苏州。

9. 以嘉言隽语命名。镇江市,北宋徽宗政和三年(1113年)升润州为镇江府。命名寓意镇住江水,使不泛滥。因镇江北部沿江岸一带地势比较低洼,古代常受水害,为表达消除水患的愿望,故名。一说当时统治者认为镇江地理位置优越,背山面江,形势雄险,为镇守江防重地,故名。泰州市,"泰"是人们追求的一种社会状态。南唐升元元年(937年),升格海陵县置泰州。南宋王象之《舆地纪胜》载:"以海陵有屯田煮海之饶,因建为泰州。"取国泰民安之义而命名。其实,这一地名不仅取意吉祥,还是泰州历史上富庶安宁的真实写照。泰州的粮盐经济曾闻名全国,地理上靠近京杭运河但又不在运河交通线上,州城近长江但又不紧邻长江。从军事上来说,泰州处于一个缓冲地带。当江淮南北发生战事时,泰州因处于侧面和腋间,可以避过战争的直接破坏,因而城市和经济受战争的直接破坏较少,这种区位环境使得泰州即使在动荡的年代也常常能保持安定繁荣的局面。泰兴市,南唐烈祖升元元年(937年)置县,取国泰民安,五业兴旺之意命名。1992年撤县设市(县级)。兴化市,五代吴武义二年(920年)置县,取昌兴教化之意命名。1987年撤县建市(县级)。安,嵌入地名,具有安稳、安定、安宁、平安等意思。淮安市,南朝齐永明七年(489年)置县。1988年撤县设市(县级)。2001年,设区的淮阴市更名为淮安市,原县级淮安市改为淮安市楚州区。2012年,淮安市楚州区更名为淮安区。海安县,南朝宋泰始七年(471年)析宁海县置海安县。2018年海安撤县建市(县级)。淮安、海安两个地名寓意淮河、海水永不扬波,不再泛滥,百姓安居乐业。启东市,原为长江中的沙洲,由于江流海潮的影响,直到清末才渐渐与大陆连接,并日渐向东延伸。1928年置县,取"启吾东疆"之意而命名。1991年撤县建市(县级)。邳州市,秦置下邳县,邳有大义。后在此置楚国,汉高祖五年(前202年)封韩信为楚王。金太宗天会七年(1129年)置邳州。民国元年(1912年)废州置邳县。1992年撤销邳县,设立邳州市(县级)。阜宁县,清雍正九年(1731年)建县,因其地处水陆交通要塞,历代战争纷乱,人们日夜期盼阜墩安宁无患,故名。宿豫区,东晋安帝义熙元年(405年)改下相县为宿豫县,因春秋时宿国人曾迁于此而得名。豫,安适,安乐,意为宿国的安适(安乐)之所。2004年撤县设区。常熟市,南朝梁大同六年(540年)改南沙县为常熟县。中国历来以农为本,农耕社会都信奉民以食为天。因其境内土地肥沃,水旱不侵,岁得常稔而得名。1983年,撤县设市(县级)。常州市,隋文帝开皇九年(589年)于常熟县置常州。常州与常熟义近,有恒常、延续之州的含义。武进区,武力在立国、治国中具有重要作用。从汉武帝到武则天,都比较崇尚武力,新设郡县多冠以"武"字。《三国志·吴书·孙权传》载:吴嘉禾三年(234年)夏五月,"权率十万众围合肥",秋八月"以诸葛恪为丹杨太守,讨山越",冬十一月"诏复曲阿为云阳,丹徒为武进"。一年内,以武力连取数城,故取"以武而进"之意命名。当时武进在今镇江境内。西晋太康二年(281年),析丹徒、曲阿(今丹阳)两县地另置武进县,即今日武进之所在。1995年武进撤县设市(县级),2002年撤市设区(2015年4月,撤销戚墅堰区,并入武进区)。靖江市,明成化七年(1471年)置县,属常州府。靖,是安定太平的意思;江,是因为它濒临长江。靖,体现了封建统治者坚持社会稳定、安靖、平安的心理和政策。靖江当时地处长江入海口,江上常有江洋大盗出没,官民心多不宁,命名靖江,寓含"江海安定太平"之意,以寄托人们美好的愿望,在精神和心理上给人们以抚慰。明郭子章撰《郡县释名》曰:"以江洋多盗,设县以靖江寇。"这类地名说明政策和策略正确,王朝就会兴盛,这是千古不破的定律。睢宁县,其境内的睢水曾在汉初黄河夺淮时为流沙所淤,良田毁没,人民长期颠沛流离。直至金代始置县,县名寓含睢水不再为患,人们生活安宁的期盼。万国咸宁,盼望生活安宁,是老百姓永远不变的夙愿。古时候,水患之类的自然灾害不时作祟,地名中的"宁""安"之词就寄托了一种盼祷之情。

10. 君主赐名或因避讳而改名。江宁区,西晋太康二年(281年)改临江县为江宁县。南北朝末顾野王撰《舆地志》曰:晋武帝司马炎南巡至临江县,见"江外无事,宁静如此",遂改称江宁县。2000年撤县设区。宝应县,秦王政二十六年(前221年)于其境内置东阳县。南朝齐永明二年(484年)改置安宜县。传说唐上元三年(676年),一名叫真如的尼姑在境内得八件宝物献于皇上。肃宗视为祥瑞,遂改上元三年为宝应元年,赐安宜县为宝应县,以皇帝年号为地名。高淳区,明弘治四年(1491年)置县,因治所在高淳镇(今名淳溪镇)而得名。相传史上高淳镇以地高民朴而得名。《郡县释名》曰:"地控三湖,专事耕织,逐末者寡,其高淳之谓乎。"清光绪年间版《续修高淳县志》载:县名"初拟淳化,钦定高淳"。2013年高淳撤县设区。

避讳制度产生于春秋时期,兴盛于汉、唐、宋、明、清等朝代。"普天之下,莫非王土。""畏大人"(君主)、"畏圣人"是公讳,"畏亲人"是家讳。"尊者讳""亲者讳""贤者讳"已成为封建社会的一个原则。避讳一般是用音同义近的词代替原来的词。例如,建邺区,公元229年,孙权取"建立千秋伟业"之意改秣陵县为建业县。西晋太康二年(281年),改建业为建邺。邺,原指邺城,是河南省的古地名,系司马氏发迹地。以建邺为县名,以示晋武帝司马炎不忘故土。一说孙权为建帝王之大业,改秣陵为建业,司马氏一统后,在"业"旁加"阝",以示孙氏子孙后代的耳朵拎在司马氏手中,永远也成不了大业。可见地名之中也暗藏着玄机。公元313年,为避愍帝司马邺名讳,又改建邺为建康。1955年设区时,以南京古称建邺为区名。

宿迁市,唐代宗宝应元年(762年),为避代宗李豫讳,改名宿迁县。1987年撤县设市(县级)。1996年宿迁市升格为设区市。

宜兴市,秦王政二十六年(前221年)境内置阳羡县。西晋永兴元年(304年),因阳羡人周玘"频兴义兵平叛,三定江南,帝以彰其功,于永兴元年设义兴郡",下辖阳羡县等。隋开皇九年(589年),废义兴郡,改阳羡县为义兴县。北宋太平兴国元年(976年),为避宋太宗赵光义名讳,取《礼记·中庸》"义者,宜也"之意,改称宜兴县。1988年撤县设市(县级)。

仪征市,唐代永淳元年(682年),在今仪征境内设扬子县,因境内江面名扬子江、临江渡口名扬子津而得县名。宋代的几位皇帝都信奉道教。大中祥符五年(1012年),宋真宗命大臣在县境设冶炉,熔铸玉皇、圣祖、太祖和太宗四座金像。翌年像成,送往京城供奉。因金像仪容逼真,真宗甚悦,遂下诏在铸地小山上建天庆仪真观和青鸾、白鹤二亭,并在该县置真州。明洪武二年(1369年),废真州和扬子县,改置仪真县,属扬州府。清雍正元年(1723年),为避雍正皇帝胤禛讳,改称仪征县。清宣统元年(1909年),溥仪登基,为避其名讳,改仪征县为扬子县。辛亥革命后,无需再避被推翻的宣统皇帝讳,遂恢复仪征县。1986年撤县建市(县级)。

崇川区,宋仁宗天圣元年(1023年),为避宋真宗刘皇后父亲刘通讳,改通州为崇川,又称崇州。"崇"冠地名,使地名变得尊贵起来,充满高尚的意味。10年后,即宋仁宗天道二年(1033年),太后病逝。仁宗下诏,不必避讳,复用通州之名。1991年南通市行政区划调整,崇川作为南通市的一个区。

(三) 江苏省县以上行政建制地名品牌

江苏历史悠久,文化底蕴丰厚,地域特色鲜明,经济、文化、教育、科技发达,在全国具有很大的影响力和很高的知名度。深入研究江苏地名,揭示江苏地名文化的丰厚内涵,凝练江苏地名文化特征及江苏地名文化品牌价值,塑造江苏地名品牌形象,对于进一步提高江苏各市县区的知名度,提升当地的文化品位和文化竞争力,具有重要的社会意义和现实意义。

地名是地理变迁的缩影,是历史文化的活化石,同时也是一个地域整体品牌形象的识别元素,是一个巨大的无形资产,更是一个地域精神情感的根底。例如,一说到南京,人们马上就会想到"六朝古都""十朝都会",同时,也会联想到明城墙、明孝陵、中山陵、总统府、夫子庙、雨花台等。说到苏州,人们马上就会想到"上有天堂,下有苏杭"的誉美之词,想到苏州园林、丝绸特产、虎丘、寒山寺以及水乡古镇等。提到无锡,人们马上就会想到太湖鼋头渚、灵山大佛、蠡园、油面筋和酱排骨等。提到镇江,人们就会想到金山、焦山、北固山、西津古渡等佛教圣地和历史遗存。说到扬州,人们就会想到瘦西湖、扬州盆景、三和四美酱菜、扬州八怪等。说到泰州,人们会立刻想到溱湖会船、京剧大师梅兰芳、黄桥烧饼等。说到徐州,人们就会想到楚汉文化的雄伟风貌。谈到盐城,人们就会想到茫茫湿地、麋鹿和丹顶鹤自然保护区。而连云港、张家港、高港等地名,则充分显示现代港口城市开放、致远、国内外交流的深刻内涵。

塑造一个地域的品牌形象,离不开这个地域的地名。地名是一个地域最重要的精神文化财富之一,也是一个地域历史文化和精神情感的根底。淮安市在地名品牌塑造方面曾做出过尝试。淮阴,自秦王政二十四年(前223年)置县,已有2 200多年的行政建制史。1983年江苏省实行省管市、市管县体制,原淮阴专区改置为设区的淮阴市,淮阴县属淮阴市。这一改变对古老而又有较高知名度的淮阴来说,是一次很好的地名品牌的提升。周恩来出生于淮安县,担任中华人民共和国第一任总理27年,功勋卓著,深受人民的爱戴。在国际上,周恩来是一位杰出的政治家和外交家,影响广泛。1988年,淮安县撤县改设淮安市(县级),意在借助周恩来的伟大形象塑造其地名牌。2001年,为不与设区的淮安市重名,却令人不解地更名为楚州区,从而使设区的淮安市失去了立市之本。2012年,楚州区改为淮安区,这一改,终于找回了淮安市的根,真正实现了改名淮安市的目的,较好地塑造和提升了淮安地名品牌的形象。

地名品牌与经济发展密切相关。在经济活动中,物资流通是促进经济发展的重要手段。有些地名品牌能够为地方经济发展提供启示,指引方向。例如,家喻户晓的小说《西游记》及其影视片中描写东海龙王居住的水晶宫十分迷人。一提起水晶宫,人们就会联想到东海,提起东海县,不禁就联想到东海龙王和水晶宫。借助《西游记》故事,提升东海县地名品牌形象,提升资源、产品的知名度,取得了十分显著的经济成效。东海县水晶的质量、贮藏量位居全国之首,水晶饰品出口量占全国的 30%。水晶产业的发展,为东海县提供了 20 多万个就业岗位。东海县地名品牌形象在国内外产生了广泛的影响。

主要参考文献

[1] 张岱年,方克立.中国文化概论.北京:北京师范大学出版社,1994.
[2] 朱光岳.江苏通史.北京:中国文联出版社,1999.
[3] 王长俊.江苏文化史论.南京:南京师范大学出版社,1999.
[4] 陈书禄.江苏文化概观.南京:南京师范大学出版社,1998.
[5] 汪小洋,徐四海,姚义斌.江苏地域文化概论.南京:东南大学出版社,2011.
[6] 汪小洋,周欣.江苏地域文化导论.南京:东南大学出版社,2008.
[7] 江苏省地方志编纂委员会办公室.江苏年鉴2021.南京:江苏年鉴杂志社,2021.
[8] 江苏省政协文史委员会.江苏文史资料存稿选编.南京:江苏人民出版社,2007.
[9] 江苏省政协文史委员会.江苏老店.南京:江苏人民出版社,2006.
[10] 江苏省政协文史委员会.江苏老街与历史街区.南京:江苏人民出版社,2007.
[11] 陈乃林,周新国.江苏教育史.南京:江苏人民出版社,2007.
[12] 江苏省地方志学会.江苏掌故.南京:江苏古籍出版社,1997.
[13] 江苏省地方志编纂委员会办公室.江苏地名溯源.北京:方志出版社,2004.
[14] 蒋赞初.南京史话.南京:江苏人民出版社,1980.
[15] 王桂芳.金陵文化概观.南京:南京师范大学出版社,1999.
[16] 南京市地方志编纂委员会办公室.南京非物质文化遗产集萃.南京:南京出版社,2008.
[17] 吕武进.南京地名趣话.南京:南京出版社,2007.
[18] 梁白泉.南京的六朝石刻.南京:南京出版社,1998.
[19] 南京市地方志编纂委员会办公室,《南京年鉴》编辑部.南京年鉴2022.南京:南京出版社,2022.
[20] 王骧,等.镇江史话.南京:江苏古籍出版社,1984.
[21] 镇江市史志办公室.镇江年鉴2021.北京:方志出版社,2021.
[22] 政协句容市委员会.句容村庄记忆.南京:江苏人民出版社,2014.
[23] 许伯明.吴文化概观.南京:南京师范大学出版社,1998.
[24] 吴恩培.勾吴文化的现代阐释.南京:东南大学出版社,2002.
[25] 徐国保.吴文化的根基与文脉.南京:东南大学出版社,2008.
[26] 廖志豪,叶万忠,浦伯良.苏州史话.南京:江苏人民出版社,1980.
[27] 李书剑.苏州园林.长春:吉林文史出版社,2010.
[28] 苏州市统计局,国家统计局苏州调查队.苏州统计年鉴2021.北京:中国统计出版社,2021.
[29] 王赓,唐冯炬.无锡史话.南京:江苏古籍出版社,1988.
[30] 无锡市档案史志馆.无锡年鉴2021.北京:方志出版社,2021.
[31] 罗我白,史洪,等.常州史话.南京:江苏人民出版社,1984.
[32] 常州市地方志办公室.常州年鉴2021.常州:常州年鉴社,2021.
[33] 潘宝明.维扬文化概观.南京:南京师范大学出版社,1997.

[34] 朱福烓,许凤仪.扬州史话.南京:江苏古籍出版社,1985.

[35] 朱海正.大运河与扬州.扬州:广陵书社,2007.

[36] 扬州市地方志编纂委员会.扬州年鉴2021.扬州:广陵书社,2021.

[37] 徐金城,张剑.泰州史话.南京:江苏文艺出版社,2007.

[38] 泰州市党史方志办公室.泰州年鉴2021.北京:方志出版社,2021.

[39] 高岱明.淮安园林史话.北京:中国文史出版社,2005.

[40] 荀德麟.淮阴城镇史话.南京:江苏科学技术出版社,1990.

[41] 淮安市志编纂委员会.淮安市志.南京:江苏科学技术出版社,1998.

[42] 淮安市统计局,国家统计局淮安调查队.淮安统计年鉴2021.北京:中国统计出版社,2021.

[43] 南通市统计局,国家统计局南通调查队.南通统计年鉴2021.北京:中国统计出版社,2021.

[44] 蔡葵.楚汉文化概观.南京:南京师范大学出版社,1999.

[45] 邓毓座,李银德.徐州史话.南京:江苏古籍出版社,1990.

[46] 徐州市统计局,国家统计局徐州调查队.徐州统计年鉴2021.北京:中国统计出版社,2021.

[47] 宿迁市地方志编纂委员会.宿迁市志.南京:江苏人民出版社,1996.

[48] 宿迁年鉴编纂委员会.宿迁年鉴2021.南京:江苏人民出版社,2021.

[49] 连云港市地方志编纂委员会.连云港市志.北京:方志出版社,2000.

[50] 连云港市地方志编纂委员会办公室.连云港年鉴2021.南京:江苏人民出版社,2021.

[51] 中共盐城市委宣传部.盐城史话.南京:江苏古籍出版社,1987.

[52] 盐城市地方志编纂委员会.盐城市志(上、中、下).南京:江苏科学技术出版社,1998.

[53] 盐城市地方志办公室.盐城年鉴2021.北京:方志出版社,2021.

[54] 华林甫.中国地名学源流.长沙:湖南人民出版社,2010.

[55] 杨光浴,刘保全.基础地名学概论.北京:中国社会出版社,2012.

[56] 徐兆奎,韩光辉.中国地名史话.北京:商务印书馆,1998.

[57] 褚亚平,尹钧科,孙冬虎.地名学基础教程.2版(修订本).北京:测绘出版社,2009.

[58] 高峻.地名趣谈.北京:中国人民大学出版社,2015.

[59] 刘宝全,等.地名文化遗产概论.北京:中国社会出版社,2011.

[60] 李如龙.汉语地名学论稿.上海:上海教育出版社,1998.